Wie löse ich einen Privatrechtsfall?

Aufbauschemata – Mustergutachten – Klausurschwerpunkte

Professor Dr. iur. Karin Metzler-Müller
Hessische Hochschule für Polizei und Verwaltung

7. neu bearbeitete Auflage, 2016

BOORBERG

Bibliografische Information der Deutschen Nationalbibliothek | Die Deutsche Nationalbibliothek verzeichnet diese Publikation in der Deutschen Nationalbibliografie; detaillierte bibliografische Daten sind im Internet über www.dnb.de abrufbar.

7. Auflage, 2016
ISBN 978-3-415-05528-5

Satz: Dörr + Schiller GmbH, Curiestraße 4, 70563 Stuttgart | Druck und Bindung: Kessler Druck + Medien, Michael-Schäffer-Straße 1, 86399 Bobingen

Richard Boorberg Verlag GmbH & Co KG | Scharrstraße 2 | 70563 Stuttgart
Stuttgart | München | Hannover | Berlin | Weimar | Dresden
www.boorberg.de

Vorwort zur 7. Auflage

Ziel dieses „Falllösungsbuches“ ist es, den Studierenden die Technik der Fallbearbeitung zu vermitteln und ihnen durch Prüfungsschemata für die gängigen Klausurkonstellationen einen „Fahrplan“ zur Bearbeitung zivilrechtlicher Fälle an die Hand zu geben.

Denn der Einstieg in das Bürgerliche Recht und vor allem das Klausurenschreiben fallen den Studienanfängern nicht leicht. Die vorliegende Sammlung von Klausurfällen mit Lösungsgutachten soll Studierenden an (Fach-)Hochschulen – vor allem: für Verwaltung und Wirtschaft – und Berufsakademien sowie Jurastudenten in den Anfangssemestern die Möglichkeit geben, sich gezielt auf das Klausurenschreiben vorzubereiten und den Anforderungen gerecht zu werden, die bei Prüfungsarbeiten an den (Fach-)Hochschulen und bei Übungsarbeiten für Anfänger an den Universitäten an sie gestellt werden.

Die Falllösung wird mit einem **besonderen didaktischen Konzept** vermittelt: Anhand eines ausführlichen „Prüfschemas“ (= Gliederung) wird zunächst der Lösungsweg aufgezeigt. Anschließend wird in einem ausformulierten Gutachten die – vor allem für Anfänger schwierige – **Klausurtechnik** (Prüfung der Tatbestandsvoraussetzungen und Subsumtion) **optisch dargestellt**.

Hierfür wurden 19 überwiegend neue Prüfungsarbeiten ausgewählt, die an der Hessischen Hochschule für Polizei und Verwaltung geschrieben wurden, auf Wunsch von Studierenden auch Fälle mit Schwerpunkt Amtshaftung und Haftung des Beamten. Mit dem vorliegenden Buch will die Verfasserin aus der Erfahrung ihrer langjährigen Lehr- und Prüftätigkeit als Professorin eine Hilfestellung geben und Muster für die Lösung von Fällen aus dem Bürgerlichen Recht vorstellen.

Die materielle Stoffvermittlung erfolgt im Rahmen der „Vertiefungen“ und „Exkurse“. Durch Beispiele und zahlreiche Prüfungsschemata wird diese anwendungsbezogen und anschaulich dargestellt.

Das Literaturverzeichnis und die bei den einzelnen Rechtsgebieten angegebene „Literatur zur Vertiefung“, im Rahmen derer auch Hinweise auf Zeitschriftenbeiträge erfolgen, sind auf dem neuesten Stand. Vor allem wurde Wert auf neuere Aufsätze aus den für Studierende besonders geeigneten Ausbildungszeitschriften JA, JuS und JURA gelegt. Auf ältere Aufsätze wird nur dann hingewiesen, wenn sie von grundlegender sowie didaktisch wertvoller Bedeutung sind.

Die zahlreichen positiven Rückmeldungen von Kolleginnen und Kollegen sowie Studierenden auf die Vorauflage dieses Buches dokumentieren, wie wichtig eine gute Anleitung beim Aufbau und bei der Lösung von Übungs- und Prüfungsklausuren im Privatrecht ist.

Ich hoffe, dass dieses Falllösungsbuch vielen Studierenden eine Hilfestellung sein wird, und nehme dankbar und gerne konstruktiv-kritische Anmerkungen und „Fehlermeldungen" entgegen.

Meine Anschrift lautet:
Hessische Hochschule für Polizei und Verwaltung
Abteilung Mühlheim
Tilsiter Str. 13, 63165 Mühlheim
E-Mail: karin.metzler-mueller@hfpv.de

Bad Orb, im September 2015 Karin Metzler-Müller

Inhaltsverzeichnis

2. Abschnitt

Verzeichnis der Prüfschemata

Abkürzungsverzeichnis

a. A.	andere/r Ansicht
ABl.	Amtsblatt
Abs.	Absatz
AG	Aktiengesellschaft/Amtsgericht
AGB	Allgemeine Geschäftsbedingungen
AGBG	Gesetz zur Regelung des Rechts der Allgemeinen Geschäftsbedingungen
a. F.	alte Fassung
AGG	Allgemeines Gleichbehandlungsgesetz
AktG	Aktiengesetz
Alt.	Alternative
a. F.	alte Fassung
AT	Allgemeiner Teil
Art.	Artikel
Aufl.	Auflage
Az.	Aktenzeichen
BAG	Bundesarbeitsgericht
BB	Betriebsberater (Zeitschrift)
BBG	Bundesbeamtengesetz
BeamtStG	Beamtenstatusgesetz
BGB	Bürgerliches Gesetzbuch
BGH	Bundesgerichtshof
BGHZ	Entscheidungen des Bundesgerichtshofs in Zivilsachen
BT	Besonderer Teil/Bundestag
BürgerlR	Bürgerliches Recht
c.i.c.	culpa in contrahendo
DB	Der Betrieb (Zeitschrift)
DVP	Deutsche Verwaltungspraxis (Zeitschrift)
EFZG	Gesetz über die Zahlung des Arbeitsentgelts an Feiertagen und im Krankheitsfall (Entgeltfortzahlungsgesetz)
EG	Europäische Gemeinschaft/Einführungsgesetz
EGBGB	Einführungsgesetz zum Bürgerlichen Gesetzbuch
EMRK	Europäische Menschenrechtskonvention
EU	Europäische Union

EuGH	Europäischer Gerichtshof
f./ff.	folgende (Seite)/folgende (Seiten)
FamRZ	Zeitschrift für das gesamte Familienrecht
Fußn.	Fußnote
gem.	gemäß
GG	Grundgesetz
ggf.	gegebenenfalls
GmbH	Gesellschaft mit beschränkter Haftung
G. o. A.	Geschäftsführung ohne Auftrag
HBeamtVG	Hessisches Beamtenversorgungsgesetz
HBesG	Hessisches Besoldungsgesetz
HBG	Hessisches Beamtengesetz
HBO	Hessische Bauordnung
HGB	Handelsgesetzbuch
HGO	Hessische Gemeindeordnung
Hk	Handkommentar (vgl. Literaturverzeichnis: Schulze u. a.)
h. L.	herrschende Lehre
h. M.	herrschende Meinung
HPVG	Hessisches Personalvetretungsgesetz
Hrsg.	Herausgeber
HS	Halbsatz
i. d. R.	in der Regel
i. H. v.	in Höhe von
i. S. d./v.	im Sinne des/der/von
i. V. m.	in Verbindung mit
JA	Juristische Arbeitsblätter (Zeitschrift)
JherJb	Jherings Jahrbücher für die Dogmatik des Bürgerlichen Rechts
JURA	Juristische Ausbildung (Zeitschrift)
JuS	Juristische Schulung (Zeitschrift)
JZ	Juristenzeitung (Zeitschrift)
Kap.	Kapitel
KG	Kammergericht
lat.	lateinisch
LG	Landgericht
MDR	Monatsschrift für Deutsches Recht (Zeitschrift)
MüKo	Münchener Kommentar
m. w. N.	mit weiteren Nachweisen

NJW	Neue Juristische Wochenschrift (Zeitschrift)
NJW-RR	NJW-Rechtsprechungs-Report Zivilrecht (Zeitschrift)
Nr.	Nummer
NVwZ	Neue Zeitschrift für Verwaltungsrecht
OAR	Oberamtsrat
o. Ä.	oder Ähnliche/s
OLG	Oberlandesgericht
PK	Praxiskommentar (vgl. Literaturverzeichnis *Herberger* u. a.)
ProdHaftG	Produkthaftungsgesetz
PWW	Prütting/Wegen/Weinrich (vgl. Literaturverzeichnis)
RGZ	Entscheidungen des Reichsgerichts in Zivilsachen
RiL	Richtlinie/n
Rn.	Randnummer/n
S.	Seite/Satz
s.	siehe
SachenR	Sachenrecht
ScheckG	Scheckgesetz
SchuldR	Schuldrecht
SGB XII	Sozialgesetzbuch (SGB) Zwölftes Buch (XII) – Sozialhilfe
s. o.	siehe oben
sog.	sogenannt/e/er
StGB	Strafgesetzbuch
str.	streitig
StrEG	Strafverfolgungsentschädigungsgesetz
StVG	Straßenverkehrsgesetz
StVO	Straßenverkehrsordnung
u. a.	und andere; unter anderem
UAbs.	Unterabsatz
UKlaG	Unterlassungsklagengesetz
UrhG	Urheberrechtsgesetz
usw.	und so weiter
v. g.	vorgenannte/r/s
Vorbem.	Vorbemerkung
WG	Wechselgesetz

z. B.	zum Beispiel
ZGS	Zeitschrift für das gesamte Schuldrecht
z. T.	zum Teil
Ziff.	Ziffer
zit.	zitiert
ZPO	Zivilprozessordnung

Für Anfänger seien noch folgende „Zeichen“ erklärt:

§	Paragraf
§§	Paragrafen
§ 433 I	§ 433 Absatz 1 (Absätze werden in römischen Ziffern zitiert)
§ 433 I 1	§ 433 Absatz 1 Satz 1 (einzelne Sätze eines Absatzes werden in arabischen Ziffern zitiert)
§ 929 S. 1	§ 929 Satz 1 (eine Vorschrift hat keine Absätze, sondern nur mehrere Sätze)
⟶	„will von“ (bei der Prüfung „Wer will von wem was woraus?“)
(+)	Ergebnis der Prüfung ist positiv
(–)	Ergebnis der Prüfung ist negativ
? (im Prüfschema/ in der Lösungsskizze)	Die betreffende Voraussetzung ist fraglich, das Problem ist (ggf.) ausführlich zu erörtern.

Literaturverzeichnis

Aufsätze werden mit Titeln nur in der Literatur zur Vertiefung am Ende der dargestellten Themenbereiche und in den Fußnoten mit Verfasser und Fundstelle zitiert.

Baur/Stürner	Sachenrecht, 18. Aufl. 2009
Benning/Oberrath	Computer- und Internetrecht, 2. Aufl. 2008 (zit.: *Benning/Oberrath* Computer/InternetR)
Benning/Oberrath	Gestaltungsleitfaden AGB, 3. Aufl. 2015 (zit. *Benning/Oberrath* AGB)
Bitter	BGB AT, 2. Aufl. 2013
Braun	Der Zivilrechtsfall, 5. Aufl. 2012
Brox/Walker	Allgemeiner Teil des Bürgerlichen Gesetzbuchs, 38. Aufl. 2014 (zit.: *Brox/Walker* BGB AT)
Brox/Walker	Allgemeines Schuldrecht, 39. Aufl. 2015 (zit.: *Brox/Walker* SchuldR AT)
Brox/Walker	Besonderes Schuldrecht, 39. Aufl. 2015 (zit.: *Brox/Walker* SchuldR BT)
Däubler	BGB kompakt – Allgemeiner Teil, Schuldrecht, Sachenrecht, 3. Aufl. 2008
Deutsch/Ahrens	Deliktsrecht, 6. Aufl. 2014
Eisenhardt	Einführung in das Bürgerliche Recht, 6. Aufl. 2011
Emmerich	Das Recht der Leistungsstörungen, 6. Aufl. 2005
Fezer	Klausurenkurs zum BGB Allgemeiner Teil, 9. Aufl. 2013
Fikentscher/ Heinemann	Schuldrecht, 10. Aufl. 2006
Fritzsche	Fälle zum BGB Allgemeiner Teil, 5. Aufl 2014
Führich	Wirtschaftsprivatrecht, 12. Aufl. 2014
Grunewald	Bürgerliches Recht, 8. Aufl. 2009

Gursky	Schuldrecht, Besonderer Teil, 5. Aufl. 2005
Herberger u. a. (Hrsg.)	juris Praxiskommentar BGB, Band 1 – Allgemeiner Teil; Band 2 – Schuldrecht, jeweils 7. Aufl. 2014 (zit.: jurisPK-BGB/*Bearbeiter*)
Hirsch	Allgemeiner Teil des BGB, 8. Aufl. 2015
Jauernig (Hrsg.)	Bürgerliches Gesetzbuch, Kommentar, 15. Aufl. 2014 (zit.: Jauernig/*Bearbeiter*)
Kaiser	Bürgerliches Recht, 12. Aufl. 2009
Kallwass/Abels	Privatrecht, 22. Aufl. 2015
Kittner	Schuldrecht, Rechtliche Grundlagen – Wirtschaftliche Zusammenhänge, 3. Auflage 2003
Klunzinger	Einführung in das Bürgerliche Recht, 16. Aufl. 2013 (zit.: *Klunzinger* Einführung)
Klunzinger	Übungen im Privatrecht, 10. Aufl. 2012 (zit.: *Klunzinger* Übungen im Privatrecht)
Köhler	BGB Allgemeiner Teil, 39. Aufl. 2015
Kötz/Wagner	Deliktsrecht, 12. Aufl. 2013
Larenz/Wolf	Allgemeiner Teil des deutschen Bürgerlichen Rechts, 10. Aufl. 2012
Looschelders	Schuldrecht Allgemeiner Teil, 12. Aufl. 2014 (zit.: *Looschelders* SchuldR AT)
Looschelders	Schuldrecht Besonderer Teil, 10. Aufl. 2015 (zit.: *Looschelders* SchuldR BT)
Medicus/Lorenz	Schuldrecht I, Allgemeiner Teil, 20. Aufl. 2012 (zit.: *Medicus/Lorenz* SchuldR I AT)
Medicus/Lorenz	Schuldrecht II, Besonderer Teil, 17. Aufl. 2014 (zit.: *Medicus/Lorenz* SchuldR II BT)
Medicus/Petersen	Grundwissen zum Bürgerlichen Recht, 10. Aufl. 2014 (zit.: *Medicus/Petersen* Grundwissen)

Medicus/Petersen	Bürgerliches Recht – Eine nach Anspruchsgrundlagen geordnete Darstellung – 24. Aufl. 2013 (zit.: *Medicus/Petersen* BürgerlR)
Möllers	Juristische Arbeitstechnik und wissenschaftliches Arbeiten, 7. Aufl. 2014
Münchener Kommentar	zum Bürgerlichen Gesetzbuch Band 1: Allgemeiner Teil, §§ 1–240; ProstG; AGG, 7. Aufl. 2015 Band 3: Schuldrecht, Besonderer Teil, §§ 433–610, 6. Aufl. 2012 (zit.: MüKoBGB/*Bearbeiter*)
Musielak/Hau	Grundkurs BGB, 13. Aufl. 2013
Niebling	Allgemeine Geschäftsbedingungen, 9. Aufl. 2011
Oetker/Maultzsch	Vertragliche Schuldverhältnisse, 4. Aufl. 2013
Olzen/Wank	Zivilrechtliche Klausurenlehre mit Fallrepetitorium, 6. Aufl. 2010
Palandt (Hrsg.)	Bürgerliches Gesetzbuch, Kommentar, 74. Aufl. 2015 (zit.: Palandt/*Bearbeiter*)
Prütting	Sachenrecht, 35. Aufl. 2013
Prütting/Wegen/Weinreich	BGB-Kommentar mit Nebengesetzen, 10. Aufl. 2015 (zit.: PWW/Bearbeiter)
Reinicke/Tiedtke	Kaufrecht, 8. Aufl. 2008
Richter	Vertragsrecht, 2009
Rüthers/Stadler	Allgemeiner Teil des BGB, 18. Aufl. 2014
Schellhammer	Schuldrecht nach Anspruchsgrundlagen samt BGB Allgemeiner Teil, 9. Aufl. 2014
Schmidt-Futterer	Großkommentar des Wohn- und Gewerbemietrechts, 11. Aufl. 2013 (zit.: *Schmidt-Futterer/Bearbeiter*)
Schreiber	Sachenrecht, 8. Aufl. 2005

Schulze/Dörner/Ebert	Bürgerliches Gesetzbuch, Handkommentar, 8. Aufl. 2014 (zit.: Hk-BGB/*Bearbeiter*)
Schwab/Löhnig	Falltraining im Zivilrecht – Ein Übungsbuch für Anfänger, 5. Aufl. 2012
Soergel	Bürgerliches Gesetzbuch mit Einführungsgesetz und Nebengesetzen, Band 5, 1. Schuldrecht (§§ 705–822), 12. Aufl. 2007 (zit.: *Soergel/Bearbeiter*)
Staake	Gesetzliche Schuldverhältnisse, 2014
Vieweg/Werner	Sachenrecht, 6. Aufl. 2013
Wandt	Gesetzliche Schuldverhältnisse, 6. Aufl. 2014
Westermann	BGB – Sachenrecht, 12. Aufl. 2011 (zit.: *Westermann* SachenR)
Westermann	BGB – Schuldrecht, Allgemeiner Teil, 8. Aufl. 2013 (zit.: *Westermann* SchuldR)
Westermann	Grundbegriffe des BGB, Eine Einführung anhand von Fällen, 17. Aufl. 2013 (zit.: *Westermann* Grundbegriffe)
Wolf/Neuner	Allgemeiner Teil des Bürgerlichen Rechts, 10. Aufl. 2012
Wolf/Wellenhofer	Sachenrecht, 29. Aufl. 2014
Wörlen/Kokemoor	Sachenrecht, 9. Aufl. 2014
Wörlen/Metzler-Müller	BGB AT, Einführung in das Recht und Allgemeiner Teil des BGB, 13. Aufl. 2014 (zit.: *Wörlen/Metzler-Müller* BGB AT)
Wörlen/Metzler-Müller	Schuldrecht AT, 12. Aufl. 2015 (zit.: *Wörlen/Metzler-Müller* SchuldR AT)
Wörlen/Metzler-Müller	Schuldrecht BT, 11. Aufl. 2013 (zit.: *Wörlen/Metzler-Müller* SchuldR BT)
Wörlen/Schindler	Anleitung zur Lösung von Zivilrechtsfällen – Methodische Hinweise und Musterklausuren –, 9. Aufl. 2009

Einleitung

Die Studierenden müssen während des Studiums und im Examen zahlreiche Klausuren aus verschiedenen Rechtsgebieten bearbeiten. In der Regel wird eine Falllösung im Gutachtenstil verlangt. Es geht dabei um die Aufgabe, einen Sachverhalt entsprechend der Fallfrage im Hinblick auf alle in Betracht kommenden Rechtsfragen zu begutachten. Das Erlernen der Gutachtentechnik ist nicht nur für das Studium von Bedeutung, sondern wird auch später in der Berufspraxis gebraucht. Schwierige Fälle müssen zunächst im Gutachtenstil gelöst werden, um zu einer folgerichtigen Entscheidung zu gelangen. Diese wird schließlich – ggf. als Urteil oder Bescheid – im Urteilsstil formuliert.

Nach einer „Allgemeinen Anleitung zur Lösung eines Zivilrechtsfalles“ folgen – zum Teil ergänzte – Prüfungsklausuren, die so ausgewählt wurden, dass sie die für die jeweiligen Rechtsgebiete typischen Fallgestaltungen wiedergeben. Sie beziehen sich auf den Allgemeinen Teil des BGB, das Schuldrecht (einschließlich Deliktsrecht) und die für die Falllösungen notwendigen Anspruchsgrundlagen des Sachenrechts (nur Recht der beweglichen Sachen). Für die Bezeichnung der Anspruchsteller und -gegner werden Abkürzungen verwendet, die ggf. auf einen bestehenden Vertrag hinweisen. So steht in der Regel „K“ für Käufer, „V“ für Verkäufer, „M“ für Mieter, „B“ für Besteller, „U“ für Unternehmer, „E“ für Eigentümer, „N“ für Nichtberechtigter usw. Die Studierenden sollten versuchen, jeden Fall selbst zu lösen. Das geschieht zunächst in einem „Prüfschema“ (= Lösungsskizze), das dann die Grundlage des anschließenden juristischen Gutachtens darstellt. Genauso wird in diesem Buch verfahren:

Zunächst wird der Lösungsweg für die Fallfragen anhand eines Prüfschemas/einer Lösungsskizze aufgezeigt; dann folgen konkrete Formulierungsvorschläge für das juristische Gutachten. Aus didaktischen Gründen werden die *Anspruchsvoraussetzungen sowie ggf. deren Konkretisierung/ Definition durch Kursivdruck hervorgehoben;* anschließend folgt im Normaldruck die Subsumtion. Die Ziffern im Gutachten entsprechen denen in der Lösungsskizze. Dies erfolgt aus methodischen Gründen und sollte von den Studierenden in ihren Prüfungsklausuren **nicht** übernommen werden. Der Lernerfolg ist größer, wenn die Studierenden nach ihrer eigenen Ausarbeitung die aufgezeigte Falllösung durcharbeiten. Jede zitierte Vorschrift sollte dabei aufmerksam gelesen werden.

Im Anschluss an einige Gutachten sind Themenschwerpunkte, die für die Lösung der einzelnen Fälle von besonderer Bedeutung sind, methodisch zur Vertiefung aufbereitet.

Häufig wiederholen sich in Klausurfällen Rechtsprobleme, wobei es aber nicht darauf ankommt, Klausuren nach „ähnlichen" Fällen, wie man sie im Studium gehört oder gelesen hat, zu lösen. Jeder Klausurfall kann anders gelagert sein, und deshalb müssen die Lösungsgutachten immer neu durchdacht werden, da bereits geringe Abwandlungen im Sachverhalt zu anderen Ergebnissen führen können.

Mit dieser Fallsammlung kann und soll nicht erst der Stoff vermittelt werden, der zur Falllösung präsent sein muss. Sie soll vielmehr den Studierenden eine Gelegenheit bieten, ihre Kenntnisse anzuwenden und zu überprüfen. Außerdem dient sie der Wiederholung und Vertiefung des im Studium erlernten Wissens.

Zusätzlich wird das Durcharbeiten von Grundrissen oder Lehrbüchern zu den ersten beiden Büchern des BGB empfohlen.[1] Darüber hinaus kann ein weiteres Anleitungsbuch über den Aufbau eines zivilrechtlichen Gutachtens zur Vertiefung des hier Dargestellten herangezogen werden.[2]

---

1 Zu empfehlen sind die Lehrbücher von *Wörlen/Metzler-Müller*, BGB AT, Schuldrecht AT und BT sowie *Wörlen/Kokemoor*, Sachenrecht (siehe Literaturverzeichnis): Der Stoff wird didaktisch klar und strukturiert dargeboten, das Privatrecht auf verständliche Weise vermittelt.

2 Weitere Anleitungsbücher: *Braun* (Der Zivilrechtsfall), *Fezer* (Klausurenkurs im BGB), *Fritzsche* (Fälle zum BGB Allgemeiner Teil), *Klunzinger* (Übungen im Privatrecht), *Möllers* (Juristische Arbeitstechnik), *Olzen/Wank* (Zivilrechtliche Klausurenlehre mit Fallrepetitorium), *Schwab/Löhnig* (Falltraining im Zivilrecht – Ein Übungsbuch für Anfänger), *Wörlen/Schindler* (Anleitung zur Lösung von Zivilrechtsfällen).

1. Abschnitt
Allgemeine Anleitung zur Lösung eines Zivilrechtsfalles

I. Konzept erstellen[1]

1. Erfassen des Sachverhalts

Zunächst muss der in der Klausur mitgeteilte Sachverhalt richtig und vollständig erfasst werden. Hierbei genügt nicht oberflächliches Lesen; hierfür sollte der Text mehrmals gründlich durchgearbeitet werden. Der Gesetzestext muss zunächst noch nicht benutzt werden. Es ist auf Zahlenangaben, wie z.B. das Alter (Minderjährigkeit?) und Daten (Fristen?, Verjährung?), zu achten. Wichtiges im Sachverhalt kann durch Unterstreichen von Textteilen hervorgehoben werden, damit dies während der weiteren Bearbeitung der Klausur präsent ist.

Fallbearbeitungen scheitern manchmal daran, dass der Bearbeiter[2] von einem ganz anderen Sachverhalt ausgeht oder aber wichtige Hinweise im Text außer Acht gelassen hat. Bei manchen Studierenden stellen sich beim ersten Lesen des Klausurtextes Erinnerungen an bekannte ähnliche Fälle ein. Dies verleitet dazu, die Besonderheiten der gestellten Aufgabe zu vernachlässigen und eine „Sachverhaltsquetsche" vorzunehmen.

Deshalb sollte jeder Sachverhalt immer so gelesen werden, als ob er „ganz neu" wäre. Sofern in der Sachverhaltsschilderung sachliche Argumente oder Rechtsansichten vorhanden sind, müssen diese beachtet werden, denn dadurch wird der Bearbeiter zu bestimmten Prüfungen veranlasst bzw. auf weniger bekannte Rechtsnormen hingewiesen. Auf alle Fälle muss man sich mit diesen gutachtlich auseinandersetzen. Entsprechend der allgemeinen Lebenserfahrung darf der Sachverhalt auch insoweit ergänzt werden, wie es dem **Regelfall** entspricht.

Beispiel:
Wenn jemand eine Bürgschaft übernommen hat, für die gem. § 766 S. 1 BGB Schriftform vorgeschrieben ist, und im Sachverhalt auf ein Schreiben Bezug genommen wird, darf unterstellt werden, dass dieses vom Aussteller – wie in § 126 I BGB gefordert – eigenhändig unterzeichnet ist.

Bei Anfängern kommt es auch vor, dass sie sich nicht für eine Lösung entscheiden können und deshalb Alternativlösungen aufzeigen. Davor ist zu

---

1 Dieses darf **nicht** in die schriftliche Lösung (das Gutachten) übernommen werden.

2 Es wird in diesem Buch zur besseren Lesbarkeit nur die männliche Form verwendet. Die Personen- und Funktionsbezeichnungen gelten in gleicher Weise für weibliche Personen.

warnen! Bei richtigem Erfassen des Sachverhalts ist nur **eine** Lösung möglich. Nur für den – sehr seltenen – Fall einer Sachverhaltslücke kann der Studierende ein „Hilfsgutachten“ anfertigen.

2. Skizze anfertigen

Es empfiehlt sich, die Personenbeziehungen in einer Skizze darzustellen. Die Linie steht für einen „Vertrag“, eine gestrichelte Linie für eine Vertragsanbahnung. Die Angabe der entsprechenden Vorschrift zeigt den Sachverhalt „auf einen Blick“, z. B.:

K ———————— V § 433 BGB[3]	Zwischen K und V wurde ein Kaufvertrag geschlossen.
U ———————— B § 631	Zwischen U und B besteht ein Werkvertrag.
K – – – – – – – – – V	Zwischen K und V bahnt sich ein Vertrag an.

Vor allem die Beteiligung von mehr als zwei Personen kann hier optisch verdeutlicht werden, z. B.:

K ———————— V · § 433 · ·	Zwischen K und V ist ein Kaufvertrag zustande gekommen, wobei K durch M vertreten wurde
· § 164 · · M	Die senkrecht gepunktete Linie steht für eine bestimmte Rechtsbeziehung, wie z. B. Stellvertretung (§ 164), Erfüllungshilfe (§ 278).

Sofern es auf die Abfolge mehrerer Ereignisse ankommt, sollte man eine chronologisch geordnete Tabelle erstellen;[4] z. B.:

1. Abgabe des Angebots durch V
2. Zugang des Angebots bei K
3. Widerruf des Angebots durch V

usw.

oder aber einen Zeitstrahl mit Datum:

---

3 Sofern die folgenden zitierten Paragrafen nicht anders bezeichnet sind, handelt es sich um solche des BGB.

4 Auch diese soll nur die eigene Übersicht erleichtern; sie erscheint nicht in der abschließenden Darstellung (dem Gutachten).

1.6.	2.6.	3.6.
Abgabe des Angebots durch V	Zugang des Angebots bei K	Widerruf des Angebots durch V

Durch eine solche Zeittafel kann auch die Prüfungsreihenfolge verdeutlicht werden.

3. Fallfrage feststellen

Die Fallfrage legt fest, welche der im Sachverhalt aufgeworfenen Fragen beantwortet werden sollen. Nur das muss geprüft werden! Deshalb ist es wichtig, der Fragestellung genügend Aufmerksamkeit zu schenken. Die Fallfrage sollte nach dem Lesen des Falles zweimal gelesen werden. Anschließend sollte man noch einmal den Sachverhalt anschauen und wichtige Stellen markieren (man liest dann anders!).

Bei den Fallfragen gibt es mehrere Möglichkeiten:

a) Abstrakte Fallfragen

Beispiel:
„Wie ist die Rechtslage?“

Diese Fragen müssen erst noch konkretisiert werden. Es sind alle möglichen Ansprüche unter allen Beteiligten zu erörtern.

Es ist hilfreich, wenn man sich – zunächst ganz „unjuristisch“ – die Frage stellt, welches „natürliche Interesse“ die Beteiligten haben. Worum streiten sie sich? Mit welchem Ziel? Geht es um Geld, um eine Sache, um Ersatz, Erfüllung o. Ä.? Wenn Sie beim Erfassen des Sachverhalts eine Skizze – wie eingangs erwähnt – angefertigt haben, wird das Auffinden der erörterungsbedürftigen Personenbeziehungen sehr erleichtert. Innerhalb der möglichen Rechtsbeziehungen kann dann nach dem Anspruchsziel gefragt werden.

Bei der Fallfrage „Welche Ansprüche hat K gegen V?“ müssen alle in Betracht kommenden Ansprüche zwischen diesen Personen geprüft werden.[5]

5 In vielen Fällen ist dies nur eine rhetorische Frage, die in Bezug auf den vorhergehenden Klausurtext zu lesen ist, z. B.: „V verweist auf die Minderjährigkeit der K und verlangt die übereignete Ware zurück. Wie ist die Rechtslage?“ Fehlt ein solcher Zusammenhang, ist anhand des unter 4. aufgezeigten Schemas die konkrete Fallfrage zu ermitteln.

Beispiel:
Hat K gegen V einen Anspruch aus Vertrag, auf Herausgabe einer Sache, aus Delikt … usw.? Kann V von K Kaufpreiszahlung, Schadensersatz … verlangen?

b) Konkrete Fallfragen

Beispiel:
„Kann V von K Zahlung des Kaufpreises verlangen?"

Das zu Prüfende wird genau vorgegeben. Bei mehreren konkreten Fragen sollte die vorgegebene Reihenfolge eingehalten werden, da diese Fragen regelmäßig logisch aufeinander aufbauen. Im Gutachten kann man bei der Beantwortung von nachfolgenden Fragen zurückverweisen.

Klausurtipp: Unter Berücksichtigung der Fallfrage den Sachverhalt wiederholt lesen! Dann werden die Probleme des Falles besser erkannt.

4. Anspruchsgrundlage suchen

Zunächst müssen der Anspruchsteller, der Anspruchsgegner sowie das Anspruchsbegehren ermittelt werden:

Wer z. B.: V	will von wem will von K	was? Kaufpreiszahlung

Man kann die Fallfrage auch um ein „Warum" ergänzen und somit auf die mögliche Anspruchsgrundlage stoßen.

Wer z. B.: V	will von wem will von K	was Kaufpreiszahlung,	warum? weil er glaubt, dass K aufgrund eines Kaufvertrages dazu verpflichtet ist.

Das Wichtigste ist das „Woraus", d. h. das Auffinden der Anspruchsgrundlage, also der gesetzlichen Vorschrift, die die begehrte Rechtsfolge enthält. Eine typische Formulierung hierfür im Gesetz ist: „…ist verpflichtet". Die Anspruchsgrundlage bestimmt regelmäßig den Gang der weiteren Prüfung und entscheidet – fast wie der Ansatz bei einer mathematischen Aufgabe – weitgehend über Erfolg und Misserfolg der ganzen Arbeit.

In einer Zivilrechtsklausur wird in der Regel nach Ansprüchen gefragt.[6] Möglich ist aber auch eine Frage nach der Ausübung eines Gestaltungs-

6 Legaldefinition s. § 194 I: „Das Recht, von einem anderen ein Tun oder Unterlassen zu verlangen."

rechts, z. B.: „Kann K den Vertrag anfechten?“, oder „Kann der Personalchef P der Angestellten A fristlos kündigen?“

Bei der Prüfung eines Anspruchs ist also nach folgendem Schema vorzugehen:

Wer	will von wem	was	warum[7]	woraus?
z. B.: V	will von K	Kaufpreiszahlung		§ 433 II

Dieses Schema kann man sich als **„Die 5 Goldenen Ws“** merken:

Unter dem „**W**er“ versteht man die Person, welche einen möglichen Anspruch geltend machen will (= Gläubiger/Anspruchsteller).

Damit einher geht das Fragewort „(von) **W**em“, das den Anspruchsgegner (Schuldner) beschreibt.

Mittels „**w**ill“ und „**w**as“ ist zu ermitteln, was der Gläubiger genau begehrt, z. B. Kaufpreiszahlung.

„**W**oraus“ steht für die Anspruchsgrundlage, z. B. den Anspruch auf Kaufpreiszahlung nach § 433 II, auf die sich der Anspruchsteller stützt.

Das „will von“ wird im Folgenden als Pfeil „⟶“ dargestellt.

Ob Sie die bisher aufgezeigten Schritte zur Fallbearbeitung beherrschen, können Sie anhand der folgenden kleinen **Übung** testen. Zeigen Sie jeweils
den Anspruchsteller (WER),
den Anspruchsgegner (von WEM),
das Anspruchsziel (WAS) und
die Anspruchsgrundlage (WORAUS) auf!
Die **Lösung** zu dieser Übung finden Sie am Ende des Buches auf S. 410.

1. Aufgabe:
   Hat V gegen K einen Anspruch auf Kaufpreiszahlung in Höhe von 1.000,– €?
2. Aufgabe:
   Hat V gegen K einen Anspruch auf Zahlung von 1.000,– €?
3. Aufgabe:
   Welche Ansprüche hat K gegen V?
4. Aufgabe:
   Welche Ansprüche hat M?

7 Dieser Zwischenschritt des „Warum“ wird bei den folgenden Falllösungen nicht eingeschoben, da er für die gutachtliche Prüfung nicht zwingend erforderlich ist. Vielmehr folgen die Gliederungen dem Schema **„Wer will von wem was woraus?“**

5. Aufgabe:
   Im Sachverhalt kommen A, B und C vor. Die Fragestellung lautet: Wie ist die Rechtslage?

Klausurtipp:
Bei mehr als einem Anspruchsteller und mehr als einem Anspruchsgegner sollte man wie folgt vorgehen:
- Der Sachverhalt ist in Zweipersonenverhältnisse aufzuspalten.
- Innerhalb jedes Zweipersonenverhältnisses ist das Anspruchsziel (oder sind die -ziele) des Anspruchstellers herauszuarbeiten.
- Zu jedem Anspruchsziel ist die passende Anspruchsgrundlage zu suchen.

5. Voraussetzungen der Anspruchsgrundlage aufzeigen und den Sachverhalt subsumieren

Hier ist vertieftes Arbeiten mit dem Gesetz – unter Berücksichtigung des Sachverhalts – erforderlich.

Zunächst müssen die einzelnen **Tatbestandsvoraussetzungen** aufgezeigt werden.

Was darunter zu verstehen ist, ergibt sich aus dem Aufbau einer Anspruchsgrundlage, die meist aus **Tatbestand** und **Rechtsfolge** besteht: Das Recht trifft verbindliche Anordnungen, um seine Aufgabe, das Zusammenleben der Menschen zu ordnen und Konflikte zu entscheiden, zu erfüllen. Ansprüche werden begründet, Befugnisse eingeräumt oder Ge- und Verbote ausgesprochen.

Die Voraussetzungen, unter denen die Rechtsfolge eintreten soll, nennt man den Tatbestand der Norm. Die in einem Tatbestand enthaltenen gesetzlichen Voraussetzungen bezeichnet man als Tatbestandsmerkmale.

Tatbestand (mit Tatbestandsmerkmalen)	⟶	**Rechtsfolge** Anspruch Befugnis Gebot oder Verbot

Erst wenn die Tatbestandsmerkmale erfüllt sind, tritt die Rechtsfolge ein.

Klausurtipp:
Um den Tatbestand und die Rechtsfolge aus einer Vorschrift „herauszufiltern“, einfach die Rechtsnorm umformulieren:
„Wenn …, dann … .“

Beispiel:
§ 433 I 1
„Durch den Kaufvertrag wird der Verkäufer einer Sache verpflichtet, dem Käufer die Sache zu übergeben und das Eigentum an der Sache zu verschaffen."

WENN... ein Kaufvertrag geschlossen worden ist,	⟶	**DANN...** kann der Käufer vom Verkäufer die Übergabe und Eigentumsverschaffung an der Sache verlangen.

Beispiel für mehrere Tatbestandsmerkmale:
§ 812 I 1, 1. Alt.:

WENN... (1) Der Anspruchsgegner etwas erlangt hat (2) durch Leistung des Anspruchstellers und (3) die Leistung ohne rechtlichen Grund erfolgt ist,	⟶	**DANN...** kann der Anspruchsgegner vom Anspruchsteller die Herausgabe des Erlangten verlangen.

Als nächster Schritt folgt die Subsumtion:[8] Für jedes einzelne Tatbestandsmerkmal muss ein entsprechendes Element im Sachverhalt gesucht und beides muss auf Deckungsgleichheit hin untersucht werden. Die tatsächlichen Geschehensabläufe bzw. Mitteilungen des Sachverhalts werden also (schrittweise) den Tatbestandsvoraussetzungen der Anspruchsgrundlage unter- bzw. zugeordnet.[9] Die einzelnen Prüfpunkte sowie die Ergebnisse sollten stichwortartig niedergeschrieben werden; damit wird eine sichere Grundlage für die spätere „Reinschrift", das Gutachten, geschaffen. Das Ergebnis der Subsumtion kann durch ein Plus- oder Minuszeichen markiert werden. „Plus" bedeutet: Die Voraussetzung liegt vor; ein „Minus" besagt, dass diese Anspruchsvoraussetzung nicht gegeben ist. Im letztgenannten Fall muss die Prüfung abgebrochen und der Anspruch verneint werden. Sofern sich bei den Falllösungen in dem Prüfschema/der Lösungsskizze ein Fragezeichen (?) befindet, bedeutet dies, dass die betreffende Voraussetzung fraglich und das Problem (ggf. ausführlich) zu erörtern ist.

---

8 Subsumtio (lat.) = Unterordnung; hier: Unterordnung eines Sachverhalts unter einen Rechtssatz.

9 Beispiel für § 812 I 1, 1. Alt. siehe Fall 8, Aufgabe 3.

Zur Falllösung sind ggf. auch **Hilfsnormen** erforderlich. Diese enthalten nicht Tatbestand und Rechtsfolge, sondern Definitionen, Begriffsbestimmungen oder Beschreibungen von Pflichten. Sie werden in die Prüfung der Anspruchsgrundlage „eingebaut". So ergibt sich z.B. nicht aus der Anspruchsgrundlage des § 433, wie ein Kaufvertrag (= Tatbestandsvoraussetzung) zustande kommt. Dies enthalten die Hilfsnormen der §§ 145 ff. (Angebot und Annahme).

Beispiel:
V ⟶ K Kaufpreiszahlung gem. § 433 II
Kaufvertrag
1. Angebot i. S. d. § 145 (+)
Äußerung des K gegenüber V, die Hose für 58 € kaufen zu wollen.
2. Annahme i. S. d. § 147 (+)
Entgegnung des V: „ja"
Folglich: Kaufvertrag, § 151 S. 1 (+)
Ergebnis: V ⟶ K Kaufpreiszahlung gem. § 433 II (+)

> **Merke:**
> Eine Anspruchsgrundlage besteht aus einem Tatbestand (= den Tatbestandsvoraussetzungen) und der Rechtsfolge.

6. Ergebnis überprüfen

Am Ende muss gefragt werden, ob das gefundene Ergebnis eine gerechte Entscheidung ist. Sollte das Ergebnis dem eigenen Rechtsempfinden widersprechen, ist zu überlegen, ob vielleicht irgendetwas übersehen wurde.

Das Ergebnis des Konzepts stellt eine Lösungsskizze dar, die Grundlage für das ausformulierte juristische Gutachten ist. Bei den folgenden praktischen Fällen wird jedem Gutachten ein Prüfschema (= Lösungsskizze) vorangestellt.

Ihr bisher Erlerntes können Sie mit der **folgenden Übung zur Struktur einer Anspruchsgrundlage** vertiefen.

Lesen Sie die folgenden Vorschriften und strukturieren Sie diese nach Tatbestandsvoraussetzung(en) und Rechtsfolge. Die Lösung ist auf S. 412 abgedruckt.

1. § 433 I 1
   Tatbestandsvoraussetzung:
   Rechtsfolge:

2. § 823 I
   Tatbestandsvoraussetzungen:
   Rechtsfolge:
3. § 631 I
   Tatbestandsvoraussetzung:
   Rechtsfolge 1:
   Rechtsfolge 2:
4. § 812 I 1, 1. Alt
   Tatbestandsvoraussetzungen:
   Rechtsfolge:
5. § 985
   Tatbestandsvoraussetzungen:
   Rechtsfolge:

Tipp zur Gesetzeslektüre:
In der Klausur muss der Sachverhalt unter das Gesetz subsumiert werden. Die genaue Lektüre des Gesetzestextes ist daher unerlässlich. Deshalb ist jeder Paragraf ganz zu lesen, auch bekannte Paragrafen. Zur Sicherheit sind die Paragrafen davor und danach zu „überfliegen“. Findet man die Anspruchsgrundlage nicht auf Anhieb, hilft oft das Inhalts- oder Stichwortverzeichnis (von den Studierenden auch als „Idiotenwiese“ bezeichnet).

II. Gutachten formulieren

Zunächst sollte man sich vergewissern, ob bei einer (Prüfungs-)Klausur gewisse Formalien einzuhalten sind (z. B. einseitiges Beschreiben, Korrekturrand. . . usw.).

Der Leser soll eine verständliche, nachprüfbare, erschöpfende und überzeugende Antwort auf die Fallfrage erhalten. Dies gelingt am besten im Gutachtenstil[10], der wie folgt formuliert wird:

1. Aufstellen eines hypothetischen Ergebnisses

Die Arbeitshypothese ist im **Konjunktiv** aufzustellen. Da er für die Darstellung einer Möglichkeit benutzt wird, wird dieser auch als „**Möglichkeitsform**“ bezeichnet. Es ist der **einfache Konjunktiv („könnte“, „müsste“)** zu verwenden. Der Konjunktiv in der Form „hätte“, „wäre“ oder

---

10 Anders: gerichtliches Urteil, behördlicher Bescheid. Hier wird die Entscheidung vorangestellt und anschließend begründet.

„würde" ist ungeeignet. Denn im Gutachten ist erst noch zu prüfen, ob tatsächlich auch ein Anspruch besteht. Hier hilft die herausgearbeitete Fragestellung.

Wer	will von wem	was	woraus?
z. B.: V	⟶ K	Kaufpreiszahlung	§ 433 II

Damit ist der „Einstieg", das hypothetische Ergebnis, leicht formuliert:

„V **könnte** von K die Zahlung des Kaufpreises gem. § 433 II verlangen." Oder: „V **könnte** gegen K einen Anspruch auf Zahlung des Kaufpreises gem. § 433 II haben."

Die einschlägigen Rechtsvorschriften müssen mit Absatz, Satz, Ziffer bzw. Nummer, Buchstabe (evtl. auch Halbsatz oder Alternative) exakt angegeben werden.

Beispiele:
§ 433 I 1 oder: § 433 Abs. 1 S. 1, § 812 I 1, 1. Alt oder: § 812 Abs. 1 S. 1, 1. Alt.

Sofern sich die Anspruchsgrundlage aus mehreren Rechtsvorschriften ergibt, sind Paragraphenketten zu bilden. Die Norm, die die gesuchte Rechtsfolge enthält, steht an der Spitze.

Beispiele:
Anspruch auf die abgetretene Mietforderung: § 535 II i. V. m. § 398,[11]
Anspruchsgrundlage für den Anspruch des Käufers auf Rückzahlung des Kaufpreises bei mangelhafter Kaufsache (Rücktritt vom Kaufvertrag): § 346 I i. V. m. §§ 437 Nr. 2, 1. Alt., 434, 323 I.[12]

2. Voraussetzungen der Anspruchsgrundlage aufzeigen

Hier müssen die einzelnen Tatbestandsvoraussetzungen genannt, der Gesetzestext sollte aber nicht wortwörtlich abgeschrieben werden. Man kann Merkmal für Merkmal aufzeigen oder aber einzelne Voraussetzungen zusammenfassen. Die Formulierung sollte im **Indikativ** erfolgen.

Beispiel für den Kaufpreiszahlungsanspruch gem. § 433 II:
„Voraussetzung **ist**, dass zwischen K und V ein wirksamer Kaufvertrag geschlossen wurde."

Beispiel für § 823 I:
„Dann **muss** S zunächst durch eine Handlung eines der in § 823 I genannten Rechtsgüter des B verletzt haben."

---

11 Beispiel hierfür in Fall 19, Aufgabe 3 a.

12 Beispiele hierfür in Fall 8, Aufgabe 3; Fall 9, Aufgaben 1 und 2.

Durch die Formulierung „zunächst“ wird angezeigt, dass noch weitere Tatbestandsmerkmale zu prüfen sind.

Oft ergibt sich auch die Notwendigkeit – vor allem wegen der Komplexität vieler Tatbestandsmerkmale –, **das jeweilige Tatbestandsmerkmal**, sofern es nicht ganz selbstverständlich ist, zur Verdeutlichung und zur Erleichterung der Zu- bzw. Unterordnungen **inhaltlich darzustellen** (man kann dies auch als **Konkretisierung** bezeichnen). Dies geschieht in der Regel durch eine **Definition** bzw. Beschreibung des Tatbestandsmerkmals oder durch sog. Hilfsnormen.

Wann ein Vertrag vorliegt bzw. wie er zustande kommt, ergibt sich nicht aus § 433 I 1. Dies folgt vielmehr aus den Bestimmungen der §§ 145 ff. Diese Normen sind selbst keine Anspruchsgrundlagen, da sie keinen Anspruch gewähren, sondern nur den Vertragsschluss regeln. Man bezeichnet derartige Vorschriften, die man im Zusammenhang mit der Anspruchsgrundlage ergänzend heranziehen muss, als **Hilfsnormen**.

Beispiel:
Prüfung der Voraussetzung „Kaufvertrag“ (für den Kaufpreiszahlungsanspruch gem. § 433 II oder den Übereignungsanspruch nach § 433 I 1):
„Ein wirksamer Kaufvertrag kommt durch übereinstimmende Willenserklärungen zweier Parteien, Angebot und Annahme i. S. d. §§ 145 ff., zustande.

Definition des „Angebots“ (das Gesetz spricht von „Antrag“): Ein Angebot ist eine empfangsbedürftige Willenserklärung, die alle wesentlichen Vertragsbestandteile enthält und durch die der Vertragsschluss einem anderen so angetragen wird, dass das Zustandekommen des Vertrages nur noch von dem Einverständnis des Empfängers abhängt.

Definition der „Annahme“: Die **Annahme** ist eine empfangsbedürftige Willenserklärung, die in der vorbehaltlosen Bejahung des Antrags besteht. Damit kommt der Vertrag zustande (§ 151 S. 1).

Beispiel für die Definition eines Tatbestandsmerkmals (Eigentumsverletzung im Rahmen des § 823 I):
„In Betracht kommt die Verletzung des Eigentums des B. Darunter ist jede Zerstörung oder Beschädigung einer Sache zu verstehen.“

Durch diese Vorgehensweise hat man genau beschrieben, was man prüfen will.

3. Sachverhalt subsumieren

Der Sachverhalt ist unter jede Tatbestandsvoraussetzung (bzw. unter die zusammengefassten Tatbestandsvoraussetzungen) zu subsumieren. Es ist also zu prüfen, ob die aufgestellten Voraussetzungen vom Sachverhalt erfüllt werden. Hinweise auf Gerichtsentscheidungen, Literaturmeinungen und Zitate gehören nicht in eine Klausur.

Beispiele für die Subsumtion:
„Mit seiner Äußerung, er wolle den Pkw für 20.000 € an K verkaufen, hat V ein wirksames Angebot abgegeben. K hat das Angebot des V mit der Erklärung, es gehe in Ordnung, uneingeschränkt angenommen."
„Indem S den Pkw des B zu Schrott gefahren hat, hat er dessen Auto zerstört."

Wenn man den Satz mit „indem", „da", „dadurch", „dass", „weil" beginnt, verhindert man, dass man den Sachverhalt – den man als bekannt vorauszusetzen hat – wiederholt und ihn offenkundig nicht verarbeitet.

Behauptungen

Beispiele:
„davon kann ausgegangen werden", „die Voraussetzung ist laut Sachverhalt gegeben" usw.

stellen keine Begründung dar und dürfen nicht in einer Klausur vorkommen.

Die Sätze sollten einfach und klar formuliert werden.[13]

4. Ergebnis (einschließlich Endergebnis) feststellen

Wenn alle Voraussetzungen geprüft sind, wird das Ergebnis festgestellt.

Beispiel:
„Folglich ist ein Kaufvertrag zwischen K und V zustande gekommen."
Endergebnis:
„Danach hat V einen Anspruch gegen K auf Zahlung des Kaufpreises gem. § 433 II."
oder:
„Somit hat S das Eigentum des B durch eine Handlung verletzt" und – falls auch die anderen Voraussetzungen des § 823 I erörtert und bejaht wurden –: „Folglich ist ein Anspruch des B gegen S auf Schadensersatz gem. § 823 I gegeben."

Als „Schlusssatz" kann man auch ganz einfach den „Einleitungssatz" wiederholen; nur statt des Konjunktivs **„könnte"** steht hier der Indikativ **„kann"**:

„V **kann** von K Kaufpreiszahlung gem. § 433 II verlangen."

(Der Einleitungssatz lautete: „V **könnte** von K Kaufpreiszahlung gem. § 433 II verlangen.")

13 Fehlerfreie Rechtschreibung und Interpunktion sind leider nicht immer vorzufinden!

Damit ist gewährleistet, dass alle Elemente, die in das Ergebnis gehören (wer will von wem was woraus?), auch dort stehen. Oft wird nämlich vergessen, gegen wen sich der Anspruch richtet, oder aber die Anspruchsgrundlage wird nicht genannt.

Um den Lesern eine Hilfestellung bei dem Erlernen der Gutachtentechnik zu geben, wurden in den ausformulierten Falllösungen die Tatbestandsvoraussetzungen einschließlich der Definitionen bzw. der Hilfsnormen optisch (durch ein anderes Druckbild, und zwar mittels *Kursivdrucks*) hervorgehoben.

Da in einem Gutachten immer Schlussfolgerungen gezogen werden, können die Worte „somit", „danach", „folglich", „deshalb", „also", „mithin" u. Ä. benutzt werden. Für die Niederschrift muss mindestens die Hälfte der Arbeitszeit zur Verfügung stehen.

Diese Arbeitsschritte können aus folgender Übersicht und der Zusammenfassung ersehen und für jede Klausur als „Schablone" benutzt werden. Am Ende befindet sich eine Auflistung der – nach ihrem Entstehungsgrund – verschiedenen Ansprüche.[14]

III. Prüfung der einzelnen Anspruchsgrundlage

Beispiel für eine Anspruchsgrundlage mit drei Tatbestandsvoraussetzungen: Herausgabeanspruch des V gegen K gem. § 812 I 1, 1. Alt., da V den zugrunde liegenden Kaufvertrag über ein Gemälde wirksam angefochten hat.

Fragestellung = gesuchte Rechtsfolge	V könnte von K die Herausgabe des Gemäldes gem. § 812 I 1, 1. Alt. verlangen.
Voraussetzung 1	*Voraussetzung hierfür ist zunächst, dass K etwas erlangt hat.*
Definition/ Konkretisierung	*„Etwas" i. S. d. § 812 I 1 ist jeder Vermögensvorteil.*
Subsumtion des Sachverhalts	K hat durch die Übergabe des Gemäldes Besitz und Eigentum daran, also einen Vermögensvorteil erhalten.
Ergebnis	Folglich hat K „etwas" i. S. d. § 812 I 1 erlangt.

14 Die Einteilung (S. 40 f.) ist weder vollständig noch ausschließlich. In den meisten Fällen ist sie aber praktisch gut brauchbar.

Voraussetzung 2	*Weiterhin muss dies durch die Leistung des V geschehen sein.*
Definition/ Konkretisierung	*Eine Leistung ist jede bewusste und zweckgerichtete Vermehrung fremden Vermögens.*
Subsumtion des Sachverhalts	Indem V dem K das Eigentum an dem Gemälde übertragen hat, wollte er seine Verpflichtung aus dem Kaufvertrag erfüllen.
Ergebnis	Folglich hat V „geleistet".
Voraussetzung 3	*Letztlich muss diese Leistung ohne rechtlichen Grund erfolgt sein.*
Definition/ Konkretisierung	*Dies ist der Fall, wenn die Rechtsordnung dem Bereicherten für den erlangten Vermögensvorteil keinen Behaltensgrund zur Verfügung stellt.*
Subsumtion des Sachverhalts	Der zwischen K und V geschlossene Kaufvertrag ist aufgrund der durch V erfolgten Anfechtung gem. § 142 I von Anfang an nichtig.
Ergebnis	Die Leistung des V ist also ohne rechtlichen Grund erfolgt.
Antwort auf die Fragestellung	**Folglich kann V von K die Herausgabe des Gemäldes gem. § 812 I 1, 1. Alt. verlangen.**

Falls **eine** Voraussetzung **nicht** vorliegt (z. B. Voraussetzung 2), bleiben die einzelnen Arbeitsschritte zunächst die gleichen, d. h., es ist von der Fragestellung auszugehen und die erste Voraussetzung zu erörtern. Gleiches gilt für die zweite Voraussetzung, die dann aber nicht erfüllt ist. Die Prüfung muss hier **abgebrochen** und als Ergebnis festgestellt werden, dass diese Anspruchsgrundlage einen Anspruch nicht trägt.

Beispiel:
„Da V das Bild nicht dem K übereignet hat, liegt keine Leistung des V an K vor. Folglich kann V von K die Herausgabe des Bildes gem. § 812 I 1, 1. Alt. nicht verlangen.

Wurde das Vorliegen einer Anspruchsgrundlage verneint, so bedeutet dies nicht, dass die Prüfung automatisch beendet ist. Es sind vielmehr – bei entsprechender Fragestellung – **alle** vernünftigerweise in Betracht kommenden Anspruchsgrundlagen zu prüfen.

Das vorgenannte Verfahren eignet sich für die – meist in Klausuren vorkommenden – Aufgaben, für deren Lösung einzelne Ansprüche zu prüfen sind. Zielt die Fallfrage auf etwas anderes ab,

Beispiele:
„Kann K seine Willenserklärung anfechten?" oder „Was ist X zu raten?" bzw. „Hat K ein Minderungsrecht?" oder „Kann die Stadt B ggf. gegen diese Forderung aufrechnen?"

muss evtl. die Ausübung eines Gestaltungsrechts erörtert werden. Es handelt sich hierbei um ein **subjektives Recht**, mit dem der Inhaber einseitig (also ohne Mitwirkung eines anderen) auf eine bestehende Rechtslage einwirken kann. Dies kann zur Begründung, Änderung oder Beendigung eines **Rechtsverhältnisses** führen.

Beispiele:
„K könnte seine Willenserklärung gem. § 119 I 1. Alt. anfechten."
„Ein Minderungsrecht des K gegenüber B könnte sich aus § 437 Nr. 2, 2. Alt. i. V. m. §§ 434 I 2 Nr. 2, 323, 441 ergeben."
„B könnte mit ihrer gegenüber U bestehenden Forderung gegen die Forderung des U gem. §§ 387 f. aufrechnen."

IV. Prüfungsreihenfolge für die Ansprüche

Die verschiedenen Ansprüche kann man nach ihrem Entstehungsgrund unterscheiden und auf diese Weise eine allgemeine Regel entwickeln: Es gibt

- die Gruppe der vertraglichen bzw. rechtsgeschäftlichen Ansprüche, die auf einem Vertrag beruhen und meist Erfüllungsansprüche sind (z. B. Anspruch des Käufers auf Lieferung der Ware/Übereignung der Kaufsache),
- die „quasivertraglichen" Ansprüche (u. a. wegen Pflichtverletzung vor Vertragsschluss),
- die dinglichen Ansprüche, die sich auf ein dingliches Recht gründen (z. B. der Herausgabeanspruch des Eigentümers gem. § 985),
- die deliktischen Ansprüche, die aus einer unerlaubten Handlung entstehen, und
- die sonstigen ausgleichenden Ansprüche.

Die Einhaltung der vorgenannten Reihenfolge entspricht dem Gesichtspunkt der Zweckmäßigkeit: Dadurch wird vermieden, dass Fragen aus dem Bereich einer Anspruchsnorm zu Vorfragen für eine andere werden und die Fallprüfung somit nicht mehr konsequent verläuft.[15] Die Ansprüche aus dem Vertrag sind – sofern ein solcher vorliegt – immer vorrangig

15 Ausführlich hierzu *Medicus/Petersen* BürgerlR, Rn. 7 ff.

zu prüfen, denn der Vertrag kann auf alle anderen Anspruchsgrundlagen Auswirkungen haben.

Deshalb ist die **Reihenfolge** – bis auf die Prüfungen „deliktische/bereicherungsrechtliche Ansprüche“ – **zwingend**.

Man kann die Anspruchsgrundlagen in das folgende Schema einordnen, das eine Art „Checkliste“ darstellt.

Jeder Anspruch sollte wie folgt durchgeprüft werden:

1. Anspruch entstanden?

Die Anspruchsgrundlage suchen und inhaltliche Bestimmung, was geschuldet ist.

Ansprüche aus Rechtsgeschäft (vertragliche Ansprüche)	**1. Rechtsgeschäftliche/Vertragliche Ansprüche:** **a) Primärleistungspflichten** z. B. § 433 I 1, II (Kauf), § 535 I 1, II (Miete), § 611 I (Dienst-/Arbeitsvertrag), § 631 I (Werkvertrag) = Erfüllungsansprüche **b) Sekundärleistungspflichten** aa) Schadensersatz wegen Pflichtverletzung • § 280 I (Grundsatz) • §§ 280 I, 241 II (Verletzung nicht leistungsbezogener Nebenpflichten) bb) Schadensersatz statt der Leistung • §§ 280 I, III, 281 I 1 (Verzögerung der Leistung) • §§ 280 I, III, 282, 241 II (Verletzung nicht leistungsbezogener Nebenpflichten) • §§ 280 I, III, 283, 275 IV (Ausschluss der Leistungspflicht bei nachträglicher Unmöglichkeit) • §§ 311 a II, 275 IV (Ausschluss der Leistungspflicht bei anfänglicher Unmöglichkeit) cc) Schadensersatz als „Gewährleistung“ § 437 Nr. 3, 1. Alt. i. V. m. §§ 440, 280, 281, 283 (Kaufvertrag), § 536 a (Mietvertrag), § 634 Nr. 4, 1. Alt. i. V. m. §§ 636, 280, 281, 283 (Werkvertrag) **c) Rückgabe** z. B. § 546 (Miete), § 604 (Leihe), § 667 (Auftrag), § 695 (Verwahrung), § 732 S. 2 (Gesellschaft)
Quasivertragliche Ansprüche	**2. Ansprüche aus vertragsähnlichen Beziehungen** z. B. §§ 677 ff. (G. o. A.), §§ 280 I, 311 II, 241 II (Schadensersatz wegen Pflichtverletzung **vor** Vertragsschluss)

Ansprüche aus Gesetz (gesetzliche Ansprüche)	**3. Sachenrechtliche/dingliche Ansprüche** (Rechtsfolge z. B.: Herausgabe) z. B. § 985 (stellt auf Eigentum des Antragstellers ab) §§ 861 I, 1007 (stellen auf Besitz des Antragstellers ab)
	4. Deliktische Ansprüche (Rechtsfolge: Schadensersatz), §§ 823 ff.
	5. Bereicherungsrechtliche (ausgleichende) Ansprüche (Rechtsfolge: Herausgabe), §§ 812 ff.
	6. Sonstige Ansprüche z. B. aus Gefährdungshaftung (§§ 833, 834; § 7 StVG, § 1 ProdHaftG)

Man kann sich dieses Schema mit folgendem Merksatz einprägen:

„Viel **Q**uatsch **s**chreibt **d**er **B**earbeiter".

Die Anfangsbuchstaben eines jeden Wortes stehen für die zu prüfenden Ansprüche:

Viel	1. vertragliche Ansprüche
Quatsch	2. quasivertragliche Ansprüche
schreibt	3. sachenrechtliche/dingliche Ansprüche
der	4. deliktische Ansprüche
Bearbeiter	5. bereicherungsrechtliche Ansprüche

Kommen in einem Fall sowohl vertragliche als auch dingliche und/oder bereicherungsrechtliche Ansprüche in Betracht, dann sind **alle** zu prüfen, und zwar in der Reihenfolge des vorgenannten Schemas.[16] Es sind allerdings nur die **vernünftigerweise** in Betracht kommenden Anspruchsgrundlagen zu prüfen – und es ist nicht in jedem Fall zu erörtern, ob vertragliche, sachenrechtliche, deliktische oder bereicherungsrechtliche Ansprüche vorliegen. Wenn eine einzelne Prüfung bereits zur Bejahung des Anspruchs führt, müssen im Gutachten ggf. – je nach Fragestellung – alle in Betracht kommenden rechtlichen Möglichkeiten geprüft werden – unabhängig vom Ergebnis.

Beispiel:
Wenn die Fallfrage lautet: „Hat K gegen V einen vertraglichen Anspruch?", so muss nur dieser geprüft werden.

16 Beispiel hierfür u. a. in Fall 17, Aufgabe 1. Siehe hierzu auch *Westermann* SchuldR, § 1.

Fehlt ein Rechtsgeschäft, kommen rechtsgeschäftliche Ansprüche nicht in Betracht (hier ist die Skizze sehr nützlich!). Wird nichts herausverlangt, dürfen auch keine Herausgabeansprüche geprüft werden. Ergibt der Sachverhalt keinen Schaden, so scheiden Schadensersatzansprüche aus. Man muss nur die Checkliste „Schritt für Schritt" durchgehen! Es ist wichtig, auch nach Bejahen eines Anspruchs andere Anspruchsgrundlagen mit demselben Ziel zu prüfen, sofern es sich nicht um eine konkrete Fallfrage handelt, die das zu Prüfende genau vorgibt.

Wenn man z. B. zu dem Ergebnis gekommen ist, dass ein Kaufpreiszahlungsanspruch des Verkäufers gegenüber dem Käufer gem. § 433 II besteht, muss man – sofern im Sachverhalt entsprechende Anhaltspunkte vorhanden sind – als Nächstes prüfen:

2. Rechtshindernde Einwendungen (bei Verträgen: Wirksamkeitshindernisse)

Es wird die Frage erörtert, ob der Anspruch auch wirksam entstanden ist.

Beispiele für Nichtigkeitsgründe:
Ist die vorgeschriebene (bestimmte) Form des Vertrages eingehalten? – Sonst: § 125
§§ 104 ff. (Geschäftsunfähigkeit)[17]; §§ 116 ff. (Willensmängel);
§§ 134, 138 (Gesetzes- oder Sittenverstoß)[18];
§ 142 I i. V. m. §§ 119, 120, 123 (Anfechtung)[19]. Die Anfechtung wird auch als rechtsvernichtende Einwendung angesehen, weil der Vertrag zunächst zustande kommt und erst später, aber eben mit rückwirkender Kraft, wieder entfällt.

3. Rechtsvernichtende Einwendungen

Ist der Anspruch untergegangen oder erloschen?

Beispiele:
§ 275 (Unmöglichkeit)[20]; § 362 (Erfüllung);
§§ 372 ff. (Hinterlegung); §§ 387 ff. (Aufrechnung)[21];
§ 397 (Erlass); §§ 346 ff. (Rücktritt)[22]; § 398 (Abtretung)[23]; § 313 (Störung der Geschäftsgrundlage).

---

17 Beispiel hierfür in Fall 1, Aufgabe 3.
18 Beispiel in Fall 7, Aufgabe 3.
19 Beispiele in Fall 2, Aufgabe 1, Fall 3, Aufgabe 1.
20 Beispiel: Fall 7, Aufgabe 1.
21 Beispiel: Fall 3, Aufgabe 3 und Fall 12, Aufgabe 5 b).
22 Beispiel: Fall 9, Aufgabe 1.
23 Beispiel: Fall 19, Aufgabe 3 a).

4. Rechtshemmende Einwendungen

Der Anspruch ist wirksam entstanden und auch nicht wieder untergegangen, aber nicht durchsetzbar, sofern der Schuldner sich auf sein Gegenrecht beruft. Diese Einwendungen heißen im Privatrecht auch **Einreden**, weil sie vom Gericht nur berücksichtigt werden, wenn der Schuldner sie geltend macht („redet"), während die übrigen Einwendungen von Amts wegen zu berücksichtigen sind, da sie den Anspruch kraft Gesetzes nicht entstehen oder erlöschen lassen.

Beispiele:
Verjährung (§ 214) = rechtshindernde Einrede (der Schuldner ist berechtigt, die Erfüllung des Anspruchs zu verweigern, obwohl dieser fortbesteht)[24]; Stundung; Einrede des nicht erfüllten Vertrages (§ 320);
Zurückbehaltungsrecht (§§ 273, 1000).

5. Beendigungsgründe

Beispiele:
Rücktritt (§§ 346 ff.)[25], Kündigung (§§ 543, 620 II, 626).

V. Beispielsfall/Technik der Fallbearbeitung

> Valentin Verkauf (V) hat sich entschlossen, wegen Platzmangels sein zehnbändiges Nachschlagewerk zu verkaufen. Zufällig trifft er seine Nachbarin Klara Kauffrau (K) und erzählt ihr von seiner Absicht. K bekundet ihr Interesse, die Bücher zu erwerben. V verlangt daraufhin 200 €. K ist einverstanden. Beide kommen überein, dass die Werke am nächsten Tag um 15.00 Uhr in der Wohnung des V gegen Zahlung des Kaufpreises übergeben werden sollen.

Kann K die Bücher von V verlangen?

24 Beispiel: Fall 2, Aufgabe 3.
25 Beispiel: Fall 5, Aufgabe 2.

Prüfschema/Lösungsskizze

1. Fallfrage (hypothetisches Ergebnis)	K ⟶ V Übergabe der Bücher und Verschaffung des Eigentums gem. § 433 I 1
2. Voraussetzung der Anspruchsgrundlage aufzeigen (einschl. Konkretisierung/Definition)	*wirksamer Kaufvertrag zwischen K und V §§ 145ff. – Angebot und (uneingeschränkte) Annahme*
3. Sachverhalt subsumieren	Angebot i. S. d. § 145 = Erklärung des V, die Bücher für 200 € an K zu verkaufen Annahme, § 147 = Einverständniserklärung der K
4. Ergebnis feststellen	Zwischen K und V ist ein wirksamer Kaufvertrag zustande gekommen. K kann von V Übereignung und Übergabe der Bücher gem. § 433 I 1 verlangen.

Ausarbeitung (Gutachten):

K könnte gegen V einen Anspruch auf Übergabe der Bücher und Verschaffung des Eigentums gem. § 433 I 1 haben.

Voraussetzung hierfür ist, dass zwischen K und V ein wirksamer Kaufvertrag zustande gekommen ist. Dies ist der Fall, wenn zwei übereinstimmende Willenserklärungen, Angebot und Annahme, vorliegen. Erforderlich ist zunächst ein hinreichend bestimmtes Angebot i. S. d. §§ 145ff., also eine empfangsbedürftige Willenserklärung, die vom Gegenstand und vom Inhalt so formuliert sein muss, dass der andere Vertragsteil mit einem schlichten „Ja" den Vertrag zustande bringen kann. Die Erklärung des V, seine Bücher verkaufen zu wollen, ist noch zu unbestimmt, zumal der Preis nicht feststeht. Erst als er erklärt, die Lexika für 200 € verkaufen zu wollen, liegt ein Angebot vor. *Dieses Angebot muss K angenommen haben. Die Annahme ist eine empfangsbedürftige Willenserklärung, die in der vorbehaltlosen Bejahung des Antrags besteht.* Indem sie sich mit dem Preis vorbehaltlos einverstanden erklärte, hat sie dies getan. Deshalb liegt ein wirksamer Kaufvertrag vor.

Also kann K von V die Übergabe der Bücher und Verschaffung des Eigentums gem. § 433 I 1 verlangen.

Variante 1 (= Beispiel für Wirksamkeitshindernis bei Verträgen):
V ist geisteskrank.

Prüfung wie im Ausgangsfall („Insoweit liegt ein Kaufvertrag zwischen V und K vor."); anschließend:
rechtshindernde Einwendung des § 105 I.

Ausarbeitung (Gutachten) Variante 1:

Fraglich ist, ob sich die Geisteskrankheit des V auf die Wirksamkeit seiner Willenserklärung auswirkt. *Gem. § 104 Nr. 2 ist, wer sich in einem die freie Willensbestimmung ausschließenden Zustand krankhafter Störung der Geistestätigkeit befindet, geschäftsunfähig.* Weil V geisteskrank ist, liegt Geschäftsunfähigkeit bei ihm vor. Nach § 105 I sind Willenserklärungen Geschäftsunfähiger nichtig mit der Folge, dass der ganze Vertrag nichtig ist.

Somit war das Angebot des V nicht wirksam, und es ist kein wirksamer Kaufvertrag zwischen K und V zustande gekommen.

K kann nicht von V die Übergabe der Bücher und Verschaffung des Eigentums gem. § 433 I 1 verlangen.

Variante 2 (= Beispiel für rechtsvernichtende Einwendung):
Versehentlich hat eine „Entrümpelungsfirma" die Lexika bei V nach Abschluss des Kaufvertrages mitgenommen und zum Altpapier gegeben.

Prüfung wie im Ausgangsfall (Anspruch ist zwar entstanden, aber evtl. untergegangen); anschließend:
Rechtsvernichtende Einwendung gem. § 275 – Erlöschen der Leistungspflicht.

Ausarbeitung (Gutachten) Variante 2:

Wie im Ausgangsfall: „Deshalb liegt ein wirksamer Kaufvertrag vor. Also könnte K von V die Übergabe der Bücher und Verschaffung des Eigentums gem. § 433 I 1 verlangen."

Der Anspruch der K könnte aber gem. § 275 I ausgeschlossen sein. *Dazu muss dem V die Leistung unmöglich sein.* V kamen die Lexika nach Vertragsschluss durch die Entrümpelungsfirma abhanden, und er kann sie deshalb nicht mehr an K übergeben. V wurde daher nach § 275 I von seiner Leistungspflicht frei.

Deshalb kann K von V nicht die Übergabe der Bücher und Verschaffung des Eigentums gem. § 433 I 1 verlangen.

> **Variante 3 (= Beispiel für rechtshemmende Einwendung):**
> K hat am nächsten Tag ihren Geldbeutel zu Hause vergessen. V will ihr die Bücher erst dann mitgeben, wenn sie das Geld dabei hat.

§ 320 I legt für gegenseitige Verträge (= z. B. Kaufvertrag) fest, dass in der Regel keine Partei vorleistungspflichtig ist, sondern die Leistungen Zug um Zug zu erbringen sind. Da K ihr Geld vergessen hat, kann V die Übereignung der Lexika so lange verweigern, wie K nicht ihrerseits zur Leistung in der Lage ist.

Ausarbeitung (Gutachten) Variante 3:

Wie im Ausgangsfall: „Deshalb liegt ein wirksamer Kaufvertrag vor. Also könnte K von V Übereignung der Lexika gem. § 433 I 1 verlangen."

Möglicherweise kann V die *Einrede des nicht erfüllten Vertrages gem. § 320 I 1* erheben. *Voraussetzung ist, dass V aus einem gegenseitigen Vertrag verpflichtet ist. Ein gegenseitiger Vertrag ist dadurch gekennzeichnet, dass beide Parteien Hauptleistungspflichten übernommen haben, die miteinander verbunden sind.* Die Pflichten zur Übergabe der Sache und Verschaffung des Eigentums daran einerseits und zur Kaufpreiszahlung und Abnahme andererseits stehen im Gegenseitigkeitsverhältnis. Folglich ist der Kaufvertrag ein gegenseitiger Vertrag i. S. d. §§ 320 ff. Aufgrund der Vereinbarung zwischen K und V über die Leistungszeit ist auch die Kaufpreisforderung des V um 15.00 Uhr in der Wohnung fällig. V verhält sich selbst vertragstreu, und K hat nicht erfüllt. Damit kann V seine Leistung bis zur Bewirkung der Gegenleistung gem. § 320 I 1 verweigern und muss nur Zug um Zug leisten.

K kann somit von V die Übergabe der Bücher und Verschaffung des Eigentums gem. § 433 I 1 nur Zug um Zug gegen Zahlung des Kaufpreises verlangen.

VI. Zusammenfassung: Arbeitsschritte für die Lösung eines Falles

1. Konzept erstellen

a) *Aufgabe/Fall durchlesen – Fallfrage lesen – anschließend Fall nochmals durchlesen*

b) *Skizze anfertigen – grafische Erfassung des Sachverhalts*
(falls mehrere aufeinander folgende Handlungen vorliegen: chronologisch geordnete Tabelle oder Zeitstrahl)

c) *Fallfrage feststellen*
Es gibt
- **abstrakte Fallfragen**, z. B.: „Welche Ansprüche hat V gegen K?“ Diese müssen noch konkretisiert, ggf. in mehrere konkrete Einzelfragen aufgeschlüsselt werden (z. B. Anspruch des V gegen K auf Schadensersatz, auf Herausgabe der Sache...)
- **konkrete Fallfragen**, z. B.: „Kann V von K die Kaufpreiszahlung verlangen?“

d) *Die Anspruchsgrundlage suchen – mit Hilfe der „5 goldenen Ws“*

Wer	will von wem	was	woraus?
z. B.: V	⟶ K	Kaufpreiszahlung	§ 433 II

e) *Voraussetzungen der Anspruchsgrundlage aufzeigen/ggf. Konkretisierung/Definition*
Sachverhalt subsumieren

f) *Ergebnis überprüfen*

Merke:
Kurzfassung der Prüfungsreihenfolge eines Anspruchs (insbesondere Primärleistungsansprüche)

1. Anspruch entstanden?
falls (+): weiter bei 2.
falls (–): Anspruch (–)

2. Anspruch untergegangen?
falls (+): weiter bei 3.
falls (–): Anspruch (–)

3. Anspruch durchsetzbar?
falls (+): Anspruch (+)
falls (–): Anspruch (–)

2. Gutachten formulieren

a) *Aufstellen eines hypothetischen Ergebnisses (im Konjunktiv!)*
„V könnte gegen K einen Anspruch auf Zahlung des Kaufpreises in Höhe von 100 € gem. § 433 II BGB haben.“

b) *Voraussetzungen der Anspruchsgrundlage aufzeigen, ggf. Tatbestandsmerkmal definieren/konkretisieren (im Indikativ!)*
„Dann muss zwischen K und V ein wirksamer Kaufvertrag zustande gekommen sein.“
oder:

„Voraussetzung ist, dass zwischen K und V ein wirksamer Kaufvertrag über... geschlossen wurde."
„Dies ist der Fall, wenn zwei sich gegenseitig entsprechende Willenserklärungen, nämlich ein (Kaufvertrags-)Angebot und eine (Kaufvertrags-)Annahme vorliegen. Erforderlich ist demnach ein Angebot eines der Beteiligten auf Abschluss eines Kaufvertrages und die Annahme des Angebotes durch..."

c) *Sachverhalt subsumieren*
„V hat dem K das... (z. B.: Bild) zum Preis von 100 € angeboten, und K hat erklärt, er nehme das Bild."

d) *Ergebnis (einschließlich Endergebnis) feststellen*
„Folglich ist ein Kaufvertrag zwischen K und V zustande gekommen. V hat einen Anspruch gegen K auf Kaufpreiszahlung gem. § 433 II BGB."

2. Abschnitt
Fälle und Lösungen

Fall 1: BGB AT – Der missglückte Tablet-Kauf

> **Schwerpunkte:**
> Angebot und Annahme – Elektronische Willenserklärung – Stellvertretung – Anscheins- und Duldungsvollmacht – Haftung des Vertreters ohne Vertretungsmacht – Offenkundigkeitsprinzip – Minderjährigenrecht

Der 17-jährige Auszubildende für Fachinformatik Andreas Ärgermann (A) ärgert sich darüber, dass ihm sein Chef, der Inhaber der Fa. Karl Kuhlmann (K), kein leistungsfähiges Tablet zur Verfügung stellt. Als er auf dem PC der Firma surft, sieht er auf der Homepage des Großhändlers Viktor Vaupel (V) ein Tablet zum Preis von 300 € und bestellt dieses im Namen der Firma K, indem er es in den „Warenkorb" legt und auf den Button „Bestellung absenden" klickt. Am gleichen Tag erhält A die Bestätigungsmail von V.

Den Paketdienst, der das Tablet liefert, fängt A ab. Er unterzeichnet auch den Auslieferungsschein.

Nach Erhalt der Rechnung verweigert K die Bezahlung des Kaufpreises gegenüber V mit der Begründung, er habe von dem Kauf des Tablets nichts gewusst. A sei erst seit zwei Wochen bei ihm beschäftigt und habe keine Einkäufe tätigen dürfen; bisher habe sich A auch daran gehalten.

Aufgabe 1: V möchte wissen, ob und von wem er den Kaufpreis i. H. v. 300 € verlangen kann.

1. Variante:

A befindet sich bereits im dritten Ausbildungsjahr. Er hatte schon wiederholt bei V Hard- und Software bestellt, die stets von K bezahlt worden waren, nachdem K jeweils den A wegen seines eigenmächtigen Vorgehens gerügt hatte. Jetzt aber wird die Sache dem K zu dumm, und er verweigert die Bezahlung mit der Begründung, er habe den A nicht mit dem Kauf beauftragt.

Aufgabe 2: Kann V den Kaufpreis i. H. v. 300 € nunmehr von der Fa. K verlangen?
Ist auch ein Anspruch gegen A gegeben?

2. Variante:

Der 17-jährige A geht in das Geschäft des V, um dort das Tablet zu kaufen. Er wird mit V einig und erklärt, ohne den Namen des K erwähnt zu haben:

„Ich nehme das Tablet, bitte liefern Sie es in die Weberstraße 5."

Danach geht er.

Erst jetzt wird dem V klar, dass er überhaupt nicht weiß, wer A ist. Er packt das Tablet ein und fährt in die Weberstraße 5, wo sich Ks Firma befindet. Dort ist auch A.

K verweigert die Annahme des Tablets mit der Begründung, ihn gehe die Sache nichts an. A verweigert die Annahme ebenfalls und erklärt, er habe das Tablet nicht für sich, sondern für K kaufen wollen.

Aufgabe 3: Kann V unter den Voraussetzungen der Variante 2 den Kaufpreis i. H. v. 300 € von der Fa. K oder von A verlangen?

Fall 1: Prüfschema/Lösungsskizze

Fa. K ———— V
· § 433
·
· § 164
·
·
A
(17 Jahre)

Aufgabe 1:

I. V ——→ Fa. K Kaufpreiszahlung in Höhe von 300 € gem. § 433 II

wirksamer Kaufvertrag

Angebot durch V (–)
Homepage/Internetofferte ist bloße invitatio ad offerendum.

Angebot durch Fa. K?
A als Vertreter der Fa. K – § 164 I 1

1. Willenserklärung des A (§ 165) (+)
2. im Namen der Fa. K (+)
3. innerhalb der Vertretungsmacht, § 166 II 1 (–), § 177 I (–)

Duldungsvollmacht, Anscheinsvollmacht (–)

Ergebnis: V ⟶ Fa. K Kaufpreiszahlung in Höhe von 300 € gem. § 433 II (–)

II. V ⟶ A Kaufpreiszahlung gem. § 179 I i. V. m. § 433 II

A ist Vertreter ohne Vertretungsmacht
aber: § 179 III 2

Ergebnis: V ⟶ A Kaufpreiszahlung gem. § 179 I i. V. m. § 433 II (–)

Aufgabe 2:

I. V ⟶ Fa. K Kaufpreiszahlung in Höhe von 300 € gem. § 433 II

Kaufvertrag

1. Angebot durch A als Vertreter der Fa. K – s. o.
   Vertretungsmacht (–),
   aber: Duldungsvollmacht (+)
   a) Vertretener weiß vom Auftreten des angeblichen Vertreters und duldet dies.
   b) Dritter (V) ist gutgläubig.

   Rechtsfolge: Vertretener muss sich den von ihm gesetzten Rechtsschein zurechnen lassen – §§ 164 ff. analog
2. Annahme durch V (+), folglich: Kaufvertrag (+)

Ergebnis: V ⟶ Fa. K Kaufpreiszahlung in Höhe von 300 € gem. § 433 II (+)

II. V ⟶ A Kaufpreiszahlung gem. § 179 I i. V. m. § 433 II

A handelte mit Duldungsvollmacht, die der rechtsgeschäftlich erteilten Vollmacht gleichsteht.

Ergebnis: V ⟶ A Kaufpreiszahlung gem. § 179 I i. V. m. § 433 II (–)

Aufgabe 3:

I. V ⟶ Fa. K Kaufpreiszahlung gem. § 433 II

A ist **nicht** als Vertreter aufgetreten.

Ergebnis: V ⟶ Fa. K Kaufpreiszahlung gem. § 433 II (–)

II. V ⟶ A Kaufpreiszahlung gem. § 433 II

Kaufvertrag (–) oder (+)
Angebot durch A – § 164 II (+)
Annahme durch V (+)
aber: ist Willenserklärung des A wirksam?
da A minderjährig ist: §§ 106ff.

§ 107: lediglich rechtlicher Vorteil (–)
Einwilligung der Eltern (–)

§ 108 I: Genehmigung der Eltern?

Ergebnis: V ⟶ A Kaufpreiszahlung gem. § 433 II (–) oder (+)

Fall 1: Ausarbeitung (Gutachten)

Aufgabe 1:

I. V könnte gegen die Firma K (K) einen Anspruch auf Zahlung des Kaufpreises in Höhe von 300 € gem. § 433 II haben.

Dann muss zwischen V und K ein Kaufvertrag zustande gekommen sein. Ein Vertrag kommt durch zwei übereinstimmende Willenserklärungen, nämlich Angebot[1] *und Annahme, zustande. Das Vertragsangebot ist eine empfangsbedürftige Willenserklärung, durch die einem anderen ein Vertragsschluss so angetragen wird, dass das Zustandekommen des Vertrages nur noch von dessen Einverständnis abhängt. Es muss die wesentlichen Vertragsbestandteile bestimmt oder bestimmbar enthalten und den Schluss auf einen Rechtsbindungswillen zulassen.* Fraglich ist, ob die Homepage des V ein Angebot darstellt. Da es hier am Rechtsbindungswillen fehlt, handelt es sich lediglich um eine invitatio ad offerendum.[2]

---

1 Das Gesetz spricht von Antrag.

2 Invitatio ad offerendum (lat.) bedeutet wörtlich übersetzt: Einladung zur Abgabe eines Angebots. Im Unterschied zum Angebot ist die invitatio ad offerendum nicht verbindlich, sondern die unverbindliche Aufforderung an jeden potentiellen Vertragspartner, selbst ein Angebot abzugeben.

Indem A das Tablet in den „Warenkorb“ gelegt und auf den Button „Bestellung absenden“ geklickt hat, hat er den für einen Vertragsschluss erforderlichen Antrag (Angebot) erklärt.[3]

Fraglich ist, ob diese Willenserklärung unmittelbar für K wirkt. Dies ist der Fall, wenn *A für K als Vertreter gem. § 164 I 1 gehandelt hat.*

1. *Voraussetzung hierfür ist, dass der Vertreter – hier A – eine eigene Willenserklärung*

2. *im Namen des Vertretenen abgibt.* A ist allerdings nach § 2 minderjährig und gem. § 106 in der Geschäftsfähigkeit beschränkt. Eine Willenserklärung, die ein Minderjähriger für einen anderen abgibt, verpflichtet ihn aber nicht selbst und ist deshalb für ihn ein sog. neutrales Geschäft. Dementsprechend *schadet nach § 165 die beschränkte Geschäftsfähigkeit eines Vertreters der Wirksamkeit seiner Willenserklärung nicht.* Indem A bei V per Mausklick ein Tablet zum Preis von 300 € im Namen der Fa. K bestellt, liegt eine Willenserklärung im Namen der Vertretenen (Fa. K) vor.

3. *Damit das von A abgegebene Angebot unmittelbar für K wirkt, muss A innerhalb der ihm zustehenden Vertretungsmacht gehandelt haben. Gem. § 167 I wird die durch Rechtsgeschäft erteilte Vertretungsmacht (Vollmacht, vgl. § 166 II 1) durch Erklärung gegenüber dem zu Bevollmächtigenden oder dem Dritten erteilt.* K hat A weder ausdrücklich noch konkludent dazu ermächtigt, für K Verträge abzuschließen, noch dies gegenüber V geäußert.

   Der Antrag, den A erklärt hat, könnte aber nach den *Regeln der Duldungs- oder Anscheinsvollmacht für und gegen K wirken. Danach muss derjenige, der es duldet, dass jemand ohne Vollmacht für ihn handelt, das vollmachtlose Handeln gegen sich gelten lassen, wenn der Vertragspartner aus bestimmten Gründen von einer Vollmacht des Handelnden ausgehen durfte (Duldungsvollmacht). Dieselbe Rechtsfolge tritt ein, wenn der Vertretene das vollmachtlose Handeln eines anderen für sich zwar nicht bewusst duldet, dieses aber aus Fahrlässigkeit nicht kannte und bei Kenntnis hätte verhindern können (Anscheinsvollmacht).* Es ist nicht

---

3 Es handelt sich hierbei um eine sog. **elektronische Willenserklärung**. Wird im Internet eine Willenserklärung abgegeben (z. B. wie hier per E-Mail), geschieht das meist durch Mausklick oder Betätigen der „Return“-Taste. Dadurch wird die Willenserklärung als elektronisches Signal in Richtung Empfänger auf den Weg gebracht. Bei Interesse: *Wörlen/Metzler-Müller* BGB AT, Rn. 212 mit weiteren Literaturhinweisen unter Rn. 213.

bekannt, dass K von der Bestellung durch A etwas wusste oder dass A schon früher ähnlich gehandelt hat. Da A erst seit zwei Wochen bei K beschäftigt ist, besteht auch kein Grund zu der Annahme, dass K ein vollmachtloses Handeln des A geduldet oder fahrlässig nicht gekannt hat.

Somit hängt die Wirksamkeit der von A abgegebenen Bestellung *nach § 177 I von der Genehmigung der K, also der nachträglichen Zustimmung (§ 184 I) ab.* Diese verweigert K.

Nach alledem ist zwischen V und K kein Kaufvertrag zustande gekommen. Ein Anspruch des V gegen K auf Kaufpreiszahlung gem. § 433 II ist nicht gegeben.

II. V könnte gegen A einen Anspruch auf Zahlung des Kaufpreises nach § 179 I i.V. § 433 II haben.

Wie bereits festgestellt, hat A als Vertreter der K mit V einen Kaufvertrag abschließen wollen, obwohl er keine Vollmacht hatte. Seine Vertretungsmacht kann er nicht nachweisen, und K hat die Genehmigung verweigert.[4] Folglich könnte V von A die Erfüllung des Kaufvertrages nach § 179 I i.V.m. § 433 II verlangen.

Nach § 179 III 2 haftet der Vertreter allerdings dann nicht, wenn er in der Geschäftsfähigkeit beschränkt war, es sei denn, die gesetzlichen Vertreter stimmen dem Rechtsgeschäft zu. A ist als 17-Jähriger nach §§ 2, 106 beschränkt geschäftsfähig. Eine Zustimmung seiner gesetzlichen Vertreter (Eltern gem. §§ 1626, 1629) liegt nicht vor.

Folglich besteht kein Anspruch des V gegen A auf Kaufpreiszahlung nach § 179 I i.V. § 433 II.

Aufgabe 2:

I. V könnte gegen K einen Anspruch auf Zahlung des Kaufpreises gem. § 433 II haben.

Wie bei Frage 1 bereits erörtert, wollte A als Vertreter der K – allerdings ohne entsprechende Vertretungsmacht – mit V einen Kaufvertrag über das Tablet zum Preis von 300 € abschließen.

---

4 Bereits Geprüftes muss nicht mehr im Gutachtenstil erörtert, sondern kann (im Urteilsstil) festgestellt werden.

1. In diesem Fall könnte das von A erklärte *Angebot nach den Regeln über die Duldungsvollmacht* bewirken, dass – nach Annahme durch V – zwischen V und K ein Kaufvertrag zustande gekommen ist.
   a) *Voraussetzung hierfür ist, dass der Vertretene den Rechtsschein der Vertretung zurechenbar gesetzt hat und der Vertragspartner (V) auf die Vertretungsmacht vertraute sowie*
   b) *dabei gutgläubig war.* K hatte ein gleichartiges Verhalten des A geduldet. Er wusste davon und hätte es verhindern können – z. B. durch eine kurze Nachricht an V, dass A keine Vollmacht besitzt, Bestellungen aufzugeben. Da alle früheren Lieferungen, die A für K bestellt hatte, bezahlt worden waren, durfte V auch darauf vertrauen, dass A Vollmacht von K hat.

   Das von A erklärte Angebot wirkt also in entsprechender Anwendung von § 164 I 1 gegen K.
2. Dieses *Angebot* muss V *angenommen* haben. *Die Annahme ist eine empfangsbedürftige Willenserklärung, die in der vorbehaltlosen Bejahung des Antrags besteht. Damit kommt der Vertrag zustande (§ 151 S. 1).* Eine ausdrückliche Erklärung wurde von V nicht abgegeben. Indem V die Ware lieferte, hat er schlüssig die Annahme des Angebots erklärt.

Somit ist zwischen V und K ein Kaufvertrag zustande gekommen, und V hat gegen K einen Kaufpreiszahlungsanspruch in Höhe von 300 € nach § 433 II.

II. V könnte von A die Zahlung des Kaufpreises nach § 179 I i. V. m. § 433 II verlangen.

Die Duldungsvollmacht steht der rechtsgeschäftlich erteilten Vollmacht gleich. Deshalb handelte A nicht als vollmachtloser Vertreter.

Ein Anspruch des V gegen A gem. § 179 I i. V. m. § 433 II scheidet folglich aus.

Aufgabe 3:

I. V könnte gegen K einen Anspruch auf Zahlung des Kaufpreises gem. § 433 II haben.

Voraussetzung für das Zustandekommen eines Kaufvertrages zwischen V und K ist, dass A als Vertreter i. S. d. §§ 164 ff. für K eine entsprechende Willenserklärung (Angebot) abgegeben hat.

Dieses ist fraglich. A hat nur ein Tablet ausgesucht und angegeben, wohin dieses geschickt werden soll. Er hat nicht den Adressaten benannt, sondern nur den Lieferort. Aus diesen Umständen ist nicht zu entnehmen, dass A als Vertreter für K auftritt. Somit konnte V nicht davon ausgehen, dass er mit der von A vertretenen Fa. K einen Vertrag schließen soll.

Folglich ist kein Vertrag zwischen V und K zustande gekommen. Ein Anspruch des V gegen K auf Kaufpreiszahlung in Höhe von 300 € nach § 433 II ist nicht gegeben.

II. V könnte von A die Kaufpreiszahlung gem. § 433 II verlangen.

Voraussetzung hierfür sind Angebot und Annahme, d.h. zwei übereinstimmende Willenserklärungen.

A hat gegenüber V ein Angebot auf Abschluss eines Kaufvertrages erklärt. Dass er dabei nicht für sich, sondern für K handeln wollte, kann nach seiner Erklärung bei Anlieferung des Tablets angenommen werden. *Gem. § 164 II kommt allerdings der Mangel des Willens, für sich handeln zu wollen, nicht in Betracht.* Folglich könnte der „Vertreter" A selbst Vertragspartner werden. Das von ihm gemachte Angebot hat V – durch Lieferung des Tablets – auch angenommen (vgl. §§ 145, 151 S. 1). Fraglich ist, ob die von A abgegebene Willenserklärung wirksam war. Denn der 17-jährige A ist in seiner Geschäftsfähigkeit beschränkt. *Gem. § 107 bedarf er für das Kaufangebot, das keinen rechtlichen Vorteil mit sich bringt (sondern eine Verpflichtung zur Kaufpreiszahlung), der Einwilligung seiner gesetzlichen Vertreter.* Eine vorherige Zustimmung (§ 183 S. 1) liegt nicht vor.[5] *Nach § 108 I können diese den Vertrag noch genehmigen.*

Solange die gesetzlichen Vertreter des A (also seine Eltern, §§ 1626, 1629) keine nachträgliche Zustimmung erteilen, ist der Vertrag schwebend unwirksam, ein Kaufpreiszahlungsanspruch des V gegen A gem. § 433 II besteht (noch) nicht.

5 Für § 110 („Taschengeldparagraf") gibt es im Sachverhalt keine Anhaltspunkte.

Exkurs: Vertragsschluss im Internet – Onlineauktionen

Der Vertragsschluss im Internet erfolgt nach den allgemeinen Regeln. Wenn Produkte im Netz präsentiert werden, handelt es sich um eine **invitatio ad offerendum**. Gibt der Kunde eine **Bestellung per „Mausklick“** ab, liegt hierin das **Angebot** i.S.d. § 145. Bei Verträgen im elektronischen Geschäftsverkehr ist auch § 312i zu beachten, der für Verträge zwischen einem Unternehmer und einem Kunden gilt. Ob der Kunde Verbraucher (§ 13) oder Unternehmer (§ 14) ist, ist gleichgültig.[6] Nach § 312i I 1 Nr. 3 hat der Unternehmer den Zugang der Bestellung unverzüglich zu bestätigen. Handelt es sich hierbei um eine automatische Auftragsbestätigung, so stellt diese die Annahme des Angebots dar. Häufig bestimmen allerdings Allgemeine Geschäftsbedingungen des Internet-Vertreibers, dass nicht die Auftragsbestätigung, sondern erst die E-Mail, mit welcher der Warenversand mitgeteilt wird, als Annahme anzusehen ist.

Ein Zugang dieser Willenserklärungen liegt gem. § 312i I 2 vor, wenn der Empfänger die Erklärung unter gewöhnlichen Umständen abrufen kann. Das ist der Fall, wenn die Erklärung auf dem vom Empfänger benutzten Server eingetroffen ist – nicht erst bei tatsächlichem Abruf der E-Mail. Allerdings ist auf die „normalen Geschäftszeiten“ abzustellen. Wenn also die E-Mail zur Nachtzeit eintrifft, dann ist der Zugang am nächsten Morgen bzw. zur nächsten üblichen Geschäftszeit erfolgt.

Bei **Onlineauktionen**, wie zum Beispiel bei **eBay**, werden regelmäßig **Kaufverträge** über Waren geschlossen. § 156, nach dem bei einer Versteigerung der Vertrag erst durch den Zuschlag zustande kommt, findet keine Anwendung.[7]

Teilweise wurde in den Anfängen des Handels mittels Online-Auktionen noch die Auffassung vertreten, das Einstellen eines Artikels auf einer Internet-Auktions-Plattform zum Verkauf habe keinen rechtsverbindlichen Charakter.[8] Nach der Grundsatzentscheidung des Bundesgerichtshofs ist nunmehr geklärt, dass es sich hierbei um eine für den Versteigerer bindende Willenserklärung (Angebot i.S.d. § 145) handelt. Und zwar dann, wenn der Versteigernde bereits bei Freischaltung der Angebotsseite die gesonderte Erklärung abgibt, er nehme bereits zu diesem Zeitpunkt das

---

6 *Palandt/Grüneberg*, § 312i Rn. 3.

7 BGH, Urteil vom 7.11.2001, Az. VIII ZR 13/01, juris.de Rn. 26; BGHZ 149, 129–139; BGH, Urteil vom 3.11.2004, Az. VIII ZR 375/03, juris.de Rn. 8–9; MDR 2005, 132.; jurisPK-BGB/*Backmann*, § 156 Rn. 30.

8 So das LG Münster, Urteil vom 21.1.2000, Az. 4 O 424/99, juris.de; JZ 2000, 730ff.

höchste wirksam abgegebene Angebot an. Ein Rückgriff auf die Allgemeinen Geschäftsbedingungen der Auktions-Plattform zur Auslegung der abgegebenen Erklärung ist bei der vorliegenden Deutlichkeit derselben nicht angezeigt.[9] Es handelt sich um ein Angebot an eine nicht konkret bezeichnete Person.[10] Der Kaufvertrag kommt ohne Zuschlag durch das Höchstgebot des Bieters am Ende der Laufzeit zustande.[11]

Anders wurde die Frage nach der Verbindlichkeit des Angebots in einer Online-Auktion lediglich dann beurteilt, wenn der Anbieter in der Auktionsbeschreibung ausdrücklich darum bittet, keine Angebote abzugeben und den angegebenen Preis lediglich als Verhandlungsbasis bezeichnet[12] oder wenn die Offerte mit den Worten „Achtung, dies ist vorerst eine Umfrage! Nicht bieten!" beginnt[13]. Sobald das Angebot auf den Seiten der Auktionsplattform eingestellt ist, ist es verbindlich und grundsätzlich unwiderruflich. Ansonsten wäre der Bieter der Willkür des Anbieters ausgesetzt.

Auch die für den Anbieter oftmals vorgesehene Möglichkeit einer vorzeitigen Beendigung einer Online-Auktion ändert nicht den Charakter des verbindlichen Angebots. Die vorzeitige Beendigung der Auktion durch den Versteigerer lässt die Wirksamkeit der zuvor vom Anbieter abgegebenen Willenserklärung grundsätzlich unberührt. Deshalb kommt im Falle einer vorzeitigen Angebotsbeendigung durch den Versteigerer der Vertrag – entsprechend den eBay-Grundsätzen – mit dem zum Zeitpunkt des Abbruchs Höchstbietenden zu dem aktuellen Höchstgebot zustande. Von diesem Vertrag kann sich der Anbieter nur mehr im Wege der zusätzlich zu erklärenden Anfechtung lösen, sofern ein Anfechtungsgrund besteht und die Anfechtung unverzüglich gegenüber dem bis dahin Höchstbietenden erklärt wird.[14] Die nachträglich entdeckte Mangelhaftigkeit des Verkaufsgegenstandes stellt keinen ausreichenden Anfechtungsgrund dar. Für den Verkäufer ist eine vorzeitige Beendigung des Angebots unvorteilhaft, denn

---

9 BGH, Urteil vom 7.11.2001, Az. VIII ZR 13/01, juris.de; NJW 2002, 363 ff.

10 Man spricht auch von einem Angebot **ad incertas personas** (lat.), wenn sich dieses nicht an eine bestimmte Person, sondern an die Allgemeinheit richtet. Anderes Beispiel: Warenautomat.

11 Der Anbieter kann sein Angebot nicht mehr zurückziehen, wenn er den gebotenen Preis für zu niedrig hält. So hatte ein Verkäufer einen VW-Passat (Neuwagen) über eBay zu einem Startpreis von 10 DM ins Netz gestellt und keinen Mindestpreis angegeben. Er wollte 39.000 DM hierfür haben; das Höchstgebot lautete aber nur auf 26.350 DM. Er wurde verurteilt, dem Bieter den Wagen für 26.350 DM zu übereignen (BGH NJW 2002, 363).

12 AG Kerpen, Urteil vom 25.5.2001, Az. 21 C 53/01, juris.de; NJW 2001, 3274.

13 LG Darmstadt, Urteil vom 24.1.2002, Az. 3 O 28901, juris.de; NJW-RR 2002, 1139.

14 OLG Oldenburg, Urteil vom 28.7.2005, Az. 8 U 93/05, juris.de; NJW 2005, 2556 ff.

es kommt trotz Beendigung der Auktion zu einem Vertragsschluss, der aber das wirtschaftliche Interesse des Anbietenden regelmäßig nicht abdeckt, zumal sich das Höchstgebot vor Ablauf des Auktionszeitraums in den meisten Fällen nicht dem tatsächlichen Wert des Auktionsgegenstandes angenähert hat.[15]

15 **Literatur zur Vertiefung (Internet, E-Commerce):** *Benning/Oberrath*, Computer-/Internetrecht; *Borges*, Das Widerrufsrecht in der Internetauktion, DB 2005, 319; *Dethloff*, Vertragsschluss, Widerrufs- und Rückgaberecht im E-Commerce, JURA 2003, 730; *Oechsler*, Der Allgemeine Teil des Bürgerlichen Gesetzbuchs und das Internet, JURA 2012, 422 (1. Teil), 497 (2. Teil) und 581 (3. Teil); *Paal*, Internetrecht – Zivilrechtliche Grundlagen, JuS 2010, 953; *Petersen*, Allgemeiner Teil des BGB und Internet, JURA 2002, 387; *Wörlen/Metzler-Müller* BGB AT, Rn. 329ff.

Vertiefung: Minderjährigenrecht[16]

Übersicht:
I. Rechtsgeschäfte eines beschränkt Geschäftsfähigen
   1. Rechtsgeschäfte, die der Minderjährige ohne Zustimmung tätigen kann
   2. Zustimmungsbedürftige Rechtsgeschäfte
II. Sonstige Rechtshandlungen des beschränkt Geschäftsfähigen

Beschränkt geschäftsfähig ist der Minderjährige, der das 7. Lebensjahr, aber noch nicht das 18. Lebensjahr vollendet hat (§§ 2, 106).

I. Rechtsgeschäfte eines beschränkt Geschäftsfähigen

Für diese gilt Folgendes:

1. Rechtsgeschäfte, die der Minderjährige ohne Zustimmung tätigen kann

Gem. § 107 ist die von einem Minderjährigen abgegebene Willenserklärung wirksam, wenn sie für ihn lediglich **rechtlich** vorteilhaft ist. Bei dieser Beurteilung kommt es allein auf die unmittelbar ausgelöste rechtsgeschäftliche Folge an; eine wirtschaftliche Betrachtung darf nicht stattfinden. Es müssen auch die mittelbaren Rechtsnachteile, die sich evtl. auf Grund des rechtlich vorteilhaften Geschäfts ergeben (z. B. Vertragskosten, Steuerpflichten), außer Betracht bleiben.[17]

---

16 **Literatur zur Vertiefung:** *Boemke/Schönfelder*, Wirksamwerden von Willenserklärungen gegenüber nicht voll Geschäftsfähigen (§ 131 BGB), JuS 2013, 7; *Brox/Walker* BGB AT, § 12; *Bitter*, § 9; *Chiusi*, Geschäftsfähigkeit im Recht der Stellvertretung, JURA 2005, 532; *Fleck/Schweinfurt*, Anfängerübung – Zivilrecht: Minderjährigen- und Stellvertretungsrecht – Die Playstation, JuS 2010, 885; *Keller/Purnhagen*, Fernsehkauf einer Minderjährigen ohne Einwilligung der Eltern, JA 2006, 844; *Kleinhenz*, Der Widerruf der Vollmacht gegenüber dem beschränkt Geschäftsfähigen, JURA 2007, 810; *Köhler*, § 10; *Klunzinger* Einführung, § 11; *Leenen*, Die Heilung fehlender Zustimmung gem. § 110 BGB, FamRZ 2000, 863; *S. Lorenz*, Grundwissen – Zivilrecht: Rechts- und Geschäftsfähigkeit, JuS 2010, 11; *Medicus/Petersen* BürgerlR, § 8; *Modrzyk*, Die Dogmatik der Leistungsbewirkung gem. § 110 BGB im Lichte des Abstraktionsprinzips, JA 2012, 407; *Petersen*, Die Geschäftsfähigkeit, JURA 2003, 97; *Piras/Stieglmeier*, Lernbeitrag Zivilrecht – § 110 BGB im Zeichen der Zeit, JA 2014, 893; *Preuß*, Das für den Minderjährigen lediglich vorteilhafte Geschäft, JuS 2006, 305; *Röthel/Krackhardt*, Lediglich rechtlicher Vorteil und Grunderwerb, JURA 2006, 161; *Rüthers/Stadler*, § 23; *Staudinger/Steinrötter*, Minderjährige im Zivilrecht, JuS 2012, 97; *Tümmler/Zech/Blumert*, Anfängerklausur – Zivilrecht: Minderjährigenrecht und allgemeines Leistungsstörungsrecht – Fahrradkauf mit Hindernissen, JuS 2010, 514; *Wedemann*, Die Geschäftsunfähigkeit, JURA 2010, 587; *Westermann* Grundbegriffe, Rn. 156 ff.; *Wolf/Neuner*, § 12 Rn. 4 ff.; *Wörlen/Metzler-Müller* BGB AT, Rn. 120 ff.

17 Siehe dazu *Klunzinger* Einführung, § 11 II 2.; *Palandt/Ellenberger*, § 107 Rn. 3 f. m. w. N.

Vorteilhafte Rechtsgeschäfte sind:

- bei den **Verpflichtungsgeschäften** nur die Schenkung, denn durch diesen Vertrag wird dem Minderjährigen unentgeltlich eine Leistung versprochen. Die gegenseitig verpflichtenden Verträge (Kaufvertrag, Werkvertrag ... usw.) sind für den Minderjährigen nachteilig.
- alle **Verfügungsgeschäfte**, aufgrund derer der Minderjährige Rechte, das Eigentum an Sachen, eine Hypothek o. Ä. erwirbt.
- bei den **einseitigen Rechtsgeschäften** die Mahnung sowie die Kündigung eines unverzinslichen Darlehens. Auslobung, Kündigung eines verzinslichen Darlehens, Anfechtung usw. sind rechtlich nachteilig.

Zustimmungsfrei sind auch die **neutralen Geschäfte**, zumal sie nur für bzw. gegen einen Dritten wirken (z. B. die von einem beschränkt geschäftsfähigen Vertreter abgegebene Willenserklärung gem. § 165[18]). Gem. §§ 112,113 kann der Minderjährige für bestimmte gesetzlich festgelegte Bereiche mit Ermächtigung des gesetzlichen Vertreters volle Geschäftsfähigkeit (sog. Teilgeschäftsfähigkeit) erlangen.

2. Zustimmungsbedürftige Rechtsgeschäfte

Rechtsgeschäfte, die nicht nach den oben aufgezeigten Grundsätzen zustimmungsfrei sind, sind erst dann wirksam, wenn der (vertretungsberechtigte) gesetzliche Vertreter seine Einwilligung (= vorherige Zustimmung, vgl. § 183 S. 1) erteilt hat. Fehlt diese, so sind gem. § 111 einseitige Rechtsgeschäfte unwirksam. Verträge können nach § 108 genehmigt werden; bis zur Erteilung bzw. Verweigerung der Genehmigung (= nachträgliche Zustimmung, vgl. § 184 I) ist der Vertrag schwebend unwirksam.[19]

Gem. § 110 ist ein vom Minderjährigen geschlossener Vertrag ohne Zustimmung wirksam, wenn der Minderjährige die vertragsmäßige Leistung mit Mitteln bewirkt hat, die ihm zu diesem Zweck oder zur freien Verfügung überlassen worden sind (sog. „Taschengeldparagraf").[20] Das „Bewirken" setzt voraus, dass der Minderjährige die gesamte Leistung mit den überlassenen Mitteln erbracht hat. In § 110 ist deshalb hinter dem Wort „bewirkt" sinngemäß ein „hat" zu ergänzen.

---

18 Siehe hierzu Fall 1, Aufgabe 1.

19 Beispiel in Fall 1, Aufgabe 3.

20 Nach der herrschenden Lehre ist § 110 eine Form der konkludenten Einwilligung; s. hierzu MüKoBGB/*Schmitt*, § 110 Rn. 4 f. m. w. N.; *Palandt/Ellenberger*, § 110 Rn. 1. Zur Gegenansicht (selbstständiger Anwendungsbereich des § 110) vgl. *Leenen*, Heilung fehlender Zustimmung gem. § 110 BGB, FamRZ 2000, 863.

II. Sonstige Rechtshandlungen des beschränkt Geschäftsfähigen

Gem. § 828 III ist der Minderjährige für einen Schaden, den er einem anderen zufügt, nicht verantwortlich, wenn er bei der Begehung der schädigenden Handlung nicht die zur Erkenntnis der Verantwortlichkeit erforderliche Einsicht hat.[21]

Nach § 828 II 1 ist allerdings eine Haftung von Kindern zwischen sieben und zehn Jahren bei Unfällen im Straßen- und Bahnverkehr ausgeschlossen, und zwar unabhängig davon, ob das Kind Täter oder Opfer ist. Denn Kinder in diesem Alter sind in der Regel noch nicht in der Lage, die spezifischen Gefahren des motorisierten Straßen- und Bahnverkehrs zu erkennen und sich entsprechend zu verhalten. Nicht anwendbar ist dieser Absatz auf Unfälle mit nicht motorisieren Fahrzeugen wie z. B. Radfahrern.[22] Satz 1 gilt nicht, wenn das Kind den Schaden vorsätzlich herbeigeführt hat (vgl. § 828 II 2) – z. B. durch das Bewerfen vorbeifahrender Autos mit Steinen.

Prüfschema – Wirksamkeit der Willenserklärung eines beschränkt Geschäftsfähigen:

Beispiel:

Kaufpreiszahlungsanspruch des Verkäufers V gegen 16-jährigen Käufer K gem. § 433 II; das Angebot zum Abschluss des Vertrages hat V gemacht. K hat die Annahme erklärt.

Ist die Annahmeerklärung des K wirksam?

1. § 107 – lediglich rechtlicher Vorteil
2. § 107 – vorherige Zustimmung (Einwilligung) des gesetzlichen Vertreters
3. § 110 – Taschengeldparagraf
4. § 108 I – nachträgliche Zustimmung (Genehmigung) des gesetzlichen Vertreters.

21 Beispiel in Fall 13, Aufgabe 3.

22 Streitig ist die Anwendung des § 828 II bei ruhendem Verkehr (vgl. *Palandt/Sprau*, § 828 Rn. 3 m. w. N.). Hier wird unter Umständen § 828 III herangezogen.

Vertiefung: Stellvertretung (§§ 164 ff.)[23]

Übersicht:

I. Zulässigkeit der Stellvertretung
II. Voraussetzungen der Stellvertretung
   1. Eigene Willenserklärung des Vertreters
   2. Abgabe der Willenserklärung im Namen des Vertretenen
   3. Abgabe der Willenserklärung innerhalb der zustehenden Vertretungsmacht
III. Die Rechtsfolgen der wirksamen Vertretung
IV. Das Handeln des Vertreters ohne Vertretungsmacht

> Stellvertretung ist rechtsgeschäftliches Handeln für einen anderen mit der Folge, dass dieser aus dem Geschäft unmittelbar berechtigt oder verpflichtet wird.

Es handelt sich hierbei meist um ein Dreiecksverhältnis.

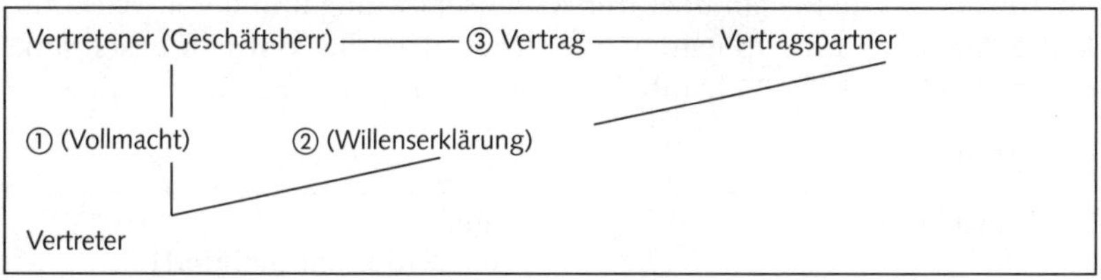

1 = Innenverhältnis – der Vertreter darf für den Vertretenen handeln; Grundlage ist meist eine Vollmacht i. S. d. §§ 167 I, 166 II 1 – diese beruht oft auf einem Auftrag (§ 662).

2 = Außenverhältnis – der Vertreter gibt eine Willenserklärung im Namen des Vertretenen gegenüber dem Vertragspartner ab.

3 = Rechtsfolgen der wirksamen Vertretung (z. B. Zustandekommen eines Vertrages).

---

23 **Literatur zur Vertiefung:** *Bayer/Schneider*, Leckere Bananen und Schweizer Schokolade: Der getauschte und unzuverlässige Vertreter, JURA 2001, 540; Bitter, § 10; *Brox/Walker* BGB AT, §§ 23–27; *Kallwass/Abels*, §§ 28–33; *Klunzinger* Einführung, §§ 18–20; Köhler § 11; *Lieder*, Missbrauch der Vertretungsmacht und Kollusion, JuS 2014, 681; *Lieder*, Trennung und Abstraktion im Recht der Stellvertretung, JuS 2014, 393; S. *Lorenz*, Grundwissen Zivilrecht: die Vollmacht, JuS 2010, 771; S. *Lorenz*, Grundwissen Zivilrecht: Stellvertretung, JuS 2010, 382; *Medicus/Petersen* BürgerlR, § 5; Petersen, Das Offenkundigkeitsprinzip, JURA 2009, 734; *Petersen*, Der Dritte in der Rechtsgeschäftslehre, JURA 2004, 306; *Petersen*, Die Wissenszurechnung, JURA 2008, 914; *Petersen*, Insichgeschäfte, JURA 2007, 418; *Petersen*, Unmittelbare und mittelbare Stellvertretung, JURA 2003, 744; *Petersen*, Vertretung ohne Vertretungsmacht, JURA 2010, 904; Westermann Grundbegriffe, Rn. 156 ff.; *Wolf/Neuner* §§ 49–51; *Wörlen/Metzler-Müller* BGB AT, Rn. 349 ff.

I. Zulässigkeit der Stellvertretung

Die Stellvertretung ist bei allen Rechtsgeschäften zulässig, die nicht höchstpersönlich vorzunehmen sind.

Beispiele
für höchstpersönlich vorzunehmende Rechtsgeschäfte: Eheschließung (§ 1310); Anfechtung der Vaterschaft (§§ 1600 ff.); Errichtung einer Verfügung von Todes wegen (§ 2064).

In Falllösungen ist dies nur in Ausnahmefällen zu erörtern.

II. Voraussetzungen der Stellvertretung

1. Eigene Willenserklärung des Vertreters

Der Vertreter formuliert die Erklärung selbstständig und entscheidet über das „Ob" und „Wie" des Rechtsgeschäfts – im Gegensatz zum **Boten**, der nur eine fremde, vom Geschäftsherrn vorformulierte Willenserklärung übermittelt.[24] Die Regeln über die Willenserklärung und deren Wirksamkeit gelten auch hier; es genügt allerdings, dass der Vertreter beschränkt geschäftsfähig ist (§ 165 beinhaltet eine Sonderregelung[25]).

Merke:

Vertreter	**Bote** (im BGB nicht definiert)
– hat eigenen Entscheidungsspielraum – ist Produzent eigener Willenserklärungen – hat immer Vertretungsmacht – kann beschränkt geschäftsfähig sein (§ 165)	– hat keinen Entscheidungsspielraum – ist Reproduzent fremder Willenserklärung – hat nur „Auftrag", nie Vertretungsmacht – „Ist das Kindlein noch so klein, kann es doch schon Bote sein" (d. h. auch geschäftsunfähig)

24 Ausführlich zur Abgrenzung: *Rüthers/Stadler*, § 30 Rn. 2 ff.

25 Beispiel in Fall 1, Aufgabe 1.

2. Abgabe der Willenserklärung im Namen des Vertretenen

Der Vertreter muss mit seiner Erklärung gegenüber dem Vertragspartner zum Ausdruck bringen, dass die Rechtsfolgen einen anderen (den Vertretenen) treffen sollen.[26] Es gilt das **Offenkundigkeitsprinzip**: Sofern der Wille, in fremdem Namen zu handeln, nicht erkennbar hervortritt, wird der Erklärende selbst verpflichtet (§ 164 II) – sein entgegenstehender innerer Wille wird also nicht berücksichtigt.[27]

Das Offenkundigkeitsprinzip gilt nicht, wenn dem Erklärungsempfänger (= Vertragspartner) die Vertragspartei völlig gleichgültig ist. Beim sog. **Geschäft für den, den es angeht**, kommt das Geschäft ausnahmsweise auch ohne Handeln in fremdem Namen direkt mit dem Vertretenen zustande.

Beispiel:
K schickt den S in den Supermarkt, um für ihn ein Pfund Kaffee zu kaufen. Wortlos legt S im Supermarkt den Kaffee der Kassiererin vor, zahlt und geht.

Bei solchen Bargeschäften des täglichen Lebens besteht in der Regel kein Interesse an der Person des Vertragspartners.

Bei unternehmerbezogenen Geschäften wird der Betriebsinhaber Vertragspartei.

3. Abgabe der Willenserklärung innerhalb der zustehenden Vertretungsmacht

Die Vertretungsmacht kann beruhen auf:

a) Rechtsgeschäft

Die durch Rechtsgeschäft erteilte Vertretungsmacht (**Vollmacht**, vgl. § 166 II 1) wird durch einseitige, empfangsbedürftige Willenserklärung des Geschäftsherrn – wobei auch schlüssiges Handeln möglich ist – gegenüber dem Vertreter (Innenvollmacht) oder gegenüber dem Vertragspartner (Außenvollmacht) erteilt (§ 167 I); eine Annahmeerklärung des Bevollmächtigten ist nicht erforderlich. Meist beruht die Vollmacht auf einem Auftrag i. S. d. § 662. Sie entsteht allerdings unabhängig von dessen Wirksamkeit. Die Vollmacht ist grundsätzlich formfrei (§ 167 II). Sie erlischt u. a. mit dem Grundgeschäft bzw. durch Widerruf (§ 168).

---

26 Zum Handeln unter fremdem Namen siehe *Köhler*, § 11 Rn. 23; *Wolf/Neuner*, § 49 Rn. 52 ff.

27 Siehe Fall 1, Aufgabe 3.

b) Gesetz

Die gesetzliche Vertretungsmacht ist z. B. in den §§ 1626 I, 1629 (Eltern), § 1793 I 1 (Vormund), §§ 1896, 1902 (Betreuer), §§ 1909, 1915, 1793 I 1 (Pfleger) geregelt. Darüber hinaus gibt es auch noch eine organschaftliche Stellvertretung bei den juristischen Personen des Privatrechts (AG, GmbH, rechtsfähiger Verein) und des öffentlichen Rechts (Bund, Länder, Gemeinden usw.).

c) Rechtsschein

Die wichtigsten Fälle einer Rechtsscheinhaftung (bzw. -vollmacht) des Vertretenen sind:

§ 170 (Außenvollmacht), § 171 I (kundgemachte Innenvollmacht), § 172 I (Aushändigung einer Vollmachtsurkunde), § 15 I, III HGB („negative" und „positive" Publizität des Handelsregisters), § 56 HGB (Anscheinsvollmacht des Ladenangestellten). Im Falle des Erlöschens der Vollmacht ist zugunsten des Gutgläubigen vom Fortbestand der Vollmacht auszugehen. Von Rechtsprechung und Lehre wurden darüber hinaus die Duldungs- und Anscheinsvollmacht als Rechtsscheinvollmachten anerkannt. Deren Voraussetzungen sind:

aa) Es muss der **Rechtsschein** einer wirksamen Vollmacht bestehen.
bb) Diesen Rechtsschein muss der Vertretene **zurechenbar gesetzt** haben, indem er
   - wusste, dass der „Vertreter" rechtsgeschäftlich für ihn tätig wird, dies aber nicht verhindert hat (im Fall der **Duldungsvollmacht**[28]) bzw.
   - die Möglichkeit der Kenntnisnahme vom Handeln des „Vertreters" hatte und dies hätte verhindern können (im Fall der **Anscheinsvollmacht**).

cc) Der Vertragspartner muss darauf vertraut haben, dass der „Vertreter" Vollmacht hatte, d. h. er muss **gutgläubig** gewesen sein (entsprechend § 173).

> **Merke:**
> **Duldungsvollmacht:** Der Vertretene kennt das Verhalten des für ihn Handelnden tatsächlich und duldet es.
>
> **Anscheinsvollmacht:** Der Vertretene hätte das Verhalten seines angeblichen Vertreters bei pflichtgemäßer Sorgfalt erkennen und verhindern können. Durch eine gewisse Häufigkeit und Dauer des Auftretens des

28 Beispiel in Fall 1, Aufgabe 2.

angeblichen Vertreters ist der Anschein entstanden, dass der Vertretene dieses Auftreten kennt und duldet.
In beiden Fällen lag nie eine tatsächliche Vollmacht vor (häufiger Klausurfehler).

Die Rechtsfolgen der Duldungs- und Anscheinsvollmacht sind, dass der Vertreter „mit Vertretungsmacht" handelt.[29]

III. Die Rechtsfolgen der wirksamen Vertretung

Gem. § 164 I 1 wirkt die Willenserklärung unmittelbar für und gegen den Vertretenen, er kann z. B. die sich aus dem Vertrag ergebenden Ansprüche geltend machen und muss die Forderungen des Vertragspartners aus dem Vertrag erfüllen.[30] Bei Willensmängeln bzw. der Kenntnis/dem Kennenmüssen gewisser Umstände ist gem. § 166 I auf die Person des Vertreters abzustellen. So z. B. im Falle einer Anfechtung gem. §§ 119 ff.[31] oder beim gutgläubigen Erwerb gem. §§ 929, 932.

Prüfschema – Stellvertretung gem. § 164 I:

Beispiel:
Vertrag zwischen K und V, wobei S das Angebot als Stellvertreter des K abgibt.

Angebot durch S als Vertreter des K?

Voraussetzungen:

1. Eigene Willenserklärung des S
2. Im Namen des Vertretenen K
3. Innerhalb der dem S zustehenden Vertretungsmacht
   a) Vollmacht
   b) Falls keine Vertretungsmacht: § 177 I (Genehmigung des Vertretenen)
   c) Duldungs- oder Anscheinsvollmacht

Rechtsfolge: Das durch S abgegebene Angebot wirkt unmittelbar für und gegen K.

Annahme des Angebots durch V.
Folglich ist ein Vertrag zwischen K und V zustande gekommen.

29 So die h. M., BGH NJW 1998, 1854, 1855; MükoBGB/*Schramm*, § 167 Rn. 74; Palandt/*Ellenberger*, § 172 Rn. 17; *Brox/Walker* BGB AT, § 25 Rn. 566.

30 Siehe hierzu Fall 1, Aufgabe 2.

31 Beispiel in Fall 3, Aufgabe 1.

IV. Das Handeln des Vertreters ohne Vertretungsmacht

Wenn der Vertreter ohne Vertretungsmacht handelt oder seine Vollmacht überschreitet, so ist – sofern der Vertreter einen Vertrag abgeschlossen hat – das Geschäft gem. § 177 I schwebend unwirksam. Die Genehmigung durch den Vertretenen bewirkt, dass das Rechtsgeschäft rückwirkend wirksam wird (§ 184 I). Wird diese vom Geschäftsherrn verweigert, so ist der Vertrag endgültig unwirksam.

Der Vertragspartner kann den Vertreter gem. § 179 I in Anspruch nehmen.

Prüfschema – § 179 I (Haftung des Vertreters ohne Vertretungsmacht):

Voraussetzungen:

1. Vertragsschluss durch den Vertreter ohne Vertretungsmacht
2. Verweigerung der Genehmigung durch den Vertretenen
3. Keine Einschränkungen aus § 178 oder § 179 III[32]

Rechtsfolge: Der Geschäftspartner kann den Vertreter nach seiner Wahl auf Erfüllung oder Schadensersatz in Anspruch nehmen.

Falls der Vertragspartner **Erfüllung** wählt, wird der Vertreter nicht Vertragspartner, er erlangt aber die tatsächliche Stellung eines solchen. So kann er z. B. Ansprüche und Gegenrechte geltend machen. Es entsteht ein gesetzliches Schuldverhältnis, dessen Inhalt durch den unwirksamen Vertrag bestimmt wird.[33] Der Vertreter hat dann Anspruch auf die Gegenleistung[34]; ihm stehen außerdem Gewährleistungsrechte bzw. die Rechte nach §§ 320 ff. zu.

Wenn der „andere Teil" (= Dritter, Geschäftsgegner) vom Vertreter **Schadensersatz wegen Nichterfüllung** verlangt, muss er so gestellt werden, als sei das Geschäft ordnungsgemäß erfüllt worden. § 179 I normiert eine **verschuldensunabhängige Garantiehaftung**. Der Anspruch geht auf Geldersatz.

---

32 Der beschränkt geschäftsfähige Vertreter haftet nur, wenn er mit Zustimmung seines gesetzlichen Vertreters gehandelt hat. Beispiel in Fall 1, Aufgabe 1.

33 Vgl. *MüKoBGB/Schramm*, § 179 Rn. 32.

34 *Rüthers/Stadler*, § 32 Rn. 7; Jauernig/*Jauernig*, § 179 Rn. 7; str. Nach a. A. hat der Vertreter keinen eigenen Erfüllungsanspruch, sondern kann nur gegenüber dem gesetzlichen Erfüllungsanspruch des „anderen Teils" Leistungsverweigerungsrechte nach §§ 320 ff. geltend machen; so *Palandt/Ellenberger*, § 179 Rn. 5; BGH NJW 2001, 3184.

Beispiel:
Sofern A in Fall 1 volljährig ist und das Tablet bei V – ohne entsprechende Vertretungsmacht der K – für 300 € kauft, haftet er dem V, sofern K den Vertrag nicht gem. § 177 I genehmigt, wahlweise auf Erfüllung oder Schadensersatz. Wenn V Erfüllung verlangt, besteht ein gesetzliches Schuldverhältnis zwischen V und A mit der Folge, dass A (der das Tablet erhält) dem V den Kaufpreis gem. § 179 I i. V. m. § 433 II zahlen muss.
Wählt V den Schadensersatzanspruch und hätte beim ordnungsgemäßen Verkauf des Tablets einen Gewinn von 200 € gemacht, so muss A das positive Interesse des V ersetzen. D. h., A hat 200 € an V zu zahlen, ohne die Ware zu erhalten.

Sinnvoll ist die Wahl des Erfüllungsanspruchs, wenn es um einen Sachleistungsanspruch geht und der Vertreter in der Lage ist, die Leistung zu erbringen.

Der Anspruch des Dritten kann gem. **§ 179 II** auf das negative Interesse, den sog. **Vertrauensschaden** begrenzt sein. Voraussetzung hierfür ist, dass der Vertreter den Mangel seiner Vertretungsmacht nicht gekannt hat.

Beispiel/Abwandlung des vorherigen Falles:
Der (erst) 17-jährige K gibt dem A, der den K für volljährig hält, Vollmacht, ein Tablet für ihn bei V zu kaufen. Da die Eltern des Minderjährigen K den Vertrag nicht genehmigen, sondern auf die Nichtigkeit der Vollmacht (vgl. § 111 S. 1) hinweisen, verlangt V von A Ersatz seiner Telefonkosten in Höhe von 20 €, die er wegen des Vertrages aufwenden musste.

Wenn der Vertrauensschaden zu ersetzen ist, kann der Dritte verlangen, so gestellt zu werden, als habe er von dem Rechtsgeschäft nie etwas gehört. In der Regel handelt es sich hierbei um Aufwendungen (Telefon-, Transport- oder Fahrtkosten), die der Geschäftspartner im Vertrauen auf die Wirksamkeit des Vertrages gemacht hat. Im Beispielsfall sind die Telefonkosten in Höhe von 20 €, die V im Vertrauen auf die Wirksamkeit des Kaufvertrages aufgewendet hat, sein Vertrauensschaden. Diese Kosten dürfen nicht den Betrag des Interesses, das der V an der Wirksamkeit des Vertrags hat, übersteigen (§ 179 II, 2. HS). Dies ist nicht der Fall, denn bei Vertragserfüllung hätte der V den Kaufpreis in Höhe von 300 € oder aber Schadensersatz wegen Nichterfüllung in Höhe von 200 € von A erhalten.

Sofern der Geschäftspartner den Mangel der Vertretungsmacht kannte oder fahrlässig nicht kannte, ist gem. § 179 III 1 die Haftung des Vertreters sowohl nach § 179 I als auch nach § 179 II ausgeschlossen. Denn in diesem Fall ist er nicht schutzwürdig; er konnte nicht von einem wirksamen Vertragsschluss ausgehen. Auch wenn der Vertreter beschränkt geschäftsfähig war und ohne die Zustimmung des gesetzlichen Vertreters gehandelt hat, kommt nach § 179 III 2 eine Haftung des Vertreters nicht in Betracht. Diese

Vorschrift dient dem Schutz des minderjährigen Vertreters. Eine Haftung des Vertreters ohne Vertretungsmacht scheidet auch in dem Fall aus, dass der Geschäftspartner seine Vertragserklärung nach § 178 widerrufen und damit eine Genehmigung des Vertrages durch den Vertretenen verhindert hat.

> **Merke:**
> § 179 I schützt das Vertrauen des Vertragspartners in die Vertretungsmacht. Es wird damit eine Garantiehaftung begründet. Seine Schadensersatzpflicht kann der Vertreter reduzieren bzw. ihr ganz entgehen, wenn er nachweist, dass
> - er den Mangel der Vertretungsmacht nicht gekannt hat (§ 179 II),
> - der andere Teil den Mangel der Vertretungsmacht gekannt hat (§ 179 III 1),
> - er selbst in der Geschäftsfähigkeit beschränkt war, was in der Regel bei Minderjährigkeit der Fall ist (§ 179 III 2).

Fall 2: BGB AT – Probleme im städtischen Kindergarten

Schwerpunkte:
Anfechtung wegen eines Irrtums, Schadensersatzpflicht des Anfechtenden – Verjährung

Hauptamtsleiter Berthold Baumann (B), der auch für den Kindergarten der Stadt Schönburg (S) zuständig ist, wird von Volker Vaupel (V), der Toilettenpapier vertreibt, aufgesucht. V fragt, ob B mit „25 Gros[1]" Rollen der Marke „Kuschelweich" einverstanden sei, da er dann der Stadt einen Mengenrabatt einräumen könne. B, der für solche Beschaffungen zuständig ist, unterzeichnet eine von V ausgefüllte Bestellung für den Kindergarten über „25 Gros Rollen" Toilettenpapier, die Rolle zu 1.000 Blatt (der konkrete, ermäßigte Preis war angegeben). Als kurz darauf 3.600 Rollen Toilettenpapier von V angeliefert werden, verweigert B die Abnahme und Zahlung mit Ausnahme von 25 Rollen, da er nicht mehr bestellt habe. V macht ihm klar, dass die Bezeichnung „Gros" 12 Dutzend Stück bedeute. B erklärt unverzüglich, dass die Stadt an solch einem Kaufvertrag nicht festhält, zumal B geglaubt hatte, lediglich 25 „große Rollen" Toilettenpapier bestellt zu haben. Er habe gemeint, V habe einen orthographischen Fehler gemacht und die neue Rechtschreibung „ausprobiert", als er das Wort „Gros" benutzte. V lässt das nicht gelten, da B als Verwaltungsleiter wissen müsste, was „Gros" bedeute.

V bekundet, ihm seien durch die Lieferung bereits Transportkosten i. H. v. 60 € entstanden. Außerdem hätte ihm das Geschäft mit dem Kindergarten einen Nettogewinn von 300 € eingebracht.

Aufgabe 1: Kann V von der Stadt S den vollen Kaufpreis und Abnahme der 3.600 Rollen Toilettenpapier verlangen?

Aufgabe 2: Falls nicht: Kann V seine Schäden von der Stadt S ersetzt verlangen?

Bei der Überprüfung seiner Unterlagen stellt V Anfang 2015 fest, dass vergessen wurde, der Stadt S einen Betrag über 300 € aus einer früheren Lieferung, der im November 2011 fällig war, geltend zu machen. V schickt unverzüglich eine Zahlungsaufforderung an die Stadt S in dieser Höhe.

Aufgabe 3: Die Stadt S ist über diese Zahlungsaufforderung erstaunt und beruft sich auf Verjährung. Zu Recht?

---

1 „Gros" ist ein Wort aus der Kaufmannssprache und bedeutet „12 Dutzend". Der Fall ist angelehnt an die Entscheidung des LG Hanau vom 30.6.1978, Az. 1 O 175/78, NJW 1979, 721.

Fall 2: Prüfschema/Lösungsskizze

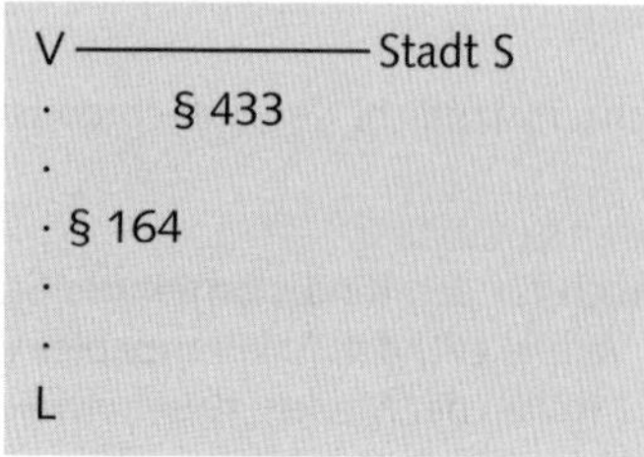

Aufgabe 1:

V ——→ Stadt S Kaufpreiszahlung für 3.600 Rollen Toilettenpapier gem. § 433 II?

1. Kaufvertrag
   a) Angebot durch V – ausgefüllte Bestellung (+)
   b) Annahme durch S (+) § 164 I 1 (B = Stellvertreter)
      - WE
      - im Namen der S
      - innerhalb der Vertretungsmacht

Zwischenergebnis: wirksamer Kaufvertrag (+)

2. Vertrag aufgrund Anfechtung durch die Stadt S bzw. B (§ 166 I) nach § 142 I nichtig?
   a) Anfechtungsgrund: § 119 I, 1. Alt. – Inhaltsirrtum (+)
   b) Anfechtungserklärung gegenüber V, § 143 I, II (+)
   c) Anfechtungsfrist, unverzüglich – § 121 I (+)

   Rechtsfolge: Kaufvertrag ist nichtig, § 142 I

Ergebnis: V ——→ Stadt S Kaufpreiszahlung 3.600 Rollen Toilettenpapier gem. § 433 II (–)

Aufgabe 2:

V ——→ Stadt S Schadensersatz aus § 122 I

1. Willenserklärung ist gem. § 119 I, 1. Alt. angefochten (+)
2. Anspruchsgegner hat Vertrauensschaden erlitten (+)
3. Kein Ausschluss gem. § 122 II (+)

Ergebnis: V ——→ Stadt S Schadensersatz aus § 122 I (+)

Aufgabe 3:

Stadt S gegenüber V: Einrede der Verjährung

1. Verjährungseinrede, § 214 I (+)
2. Verjährungsfrist, §§ 195, 199 I (+)

Ergebnis: Stadt S gegenüber V: Einrede der Verjährung (+)

Fall 2: Ausarbeitung (Gutachten)

Aufgabe 1:

Der Verkäufer V könnte gegen die Stadt S einen Anspruch auf Kaufpreiszahlung und Abnahme von 3.600 Rollen Toilettenpapier gem. § 433 II haben.

1. *Voraussetzung hierfür ist ein wirksamer Kaufvertrag zwischen V und S. Ein Kaufvertrag kommt durch zwei übereinstimmende Willenserklärungen, Angebot und Annahme, zustande.*
   a) *Voraussetzung ist zunächst ein Angebot. Dabei handelt es sich um eine empfangsbedürftige Willenserklärung, durch die einem anderen der Vertragsschluss in der Weise angetragen wird, dass das Zustandekommen des Vertrages nur noch von dessen Einverständnis abhängt.* V fragt den Hauptamtsleiter B, ob dieser mit dem Kauf von 25 Gros Rollen Toilettenpapier einverstanden sei, und legt ihm zudem einen bereits ausgestellten Bestellzettel über „25 Gros Rollen" vor, auf dem auch der konkrete, ermäßigte Preis angeben war. Die Erklärung des V enthält damit bereits alle wesentlichen Vertragsbestandteile, sodass das Zustandekommen des Kaufvertrages nur noch vom Einverständnis auf Seiten der Stadt S abhängt. Damit hat er der Stadt S ein Angebot unterbreitet.
   b) *Die Stadt S muss das Angebot angenommen haben. Eine Annahme ist eine empfangsbedürftige Willenserklärung, durch die der Antragsempfänger sein vorbehaltsloses Einverständnis mit dem angebotenen Vertragsschluss zum Ausdruck bringt.* Die Annahmeerklärung erfolgt durch den Hauptamtsleiter B. Fraglich ist, ob dessen Willenserklärung unmittelbar für und gegen die Stadt S wirkt. Das ist der Fall, wenn die Voraussetzungen des § 164 I 1 erfüllt sind. Gem. *§ 164 I 1 muss der Vertreter (B) selbst eine Willenserklärung im Namen des*

Vertretenen im Rahmen seiner Vertretungsmacht abgeben haben. Als Hauptamtsleiter ist B auch für den Kindergarten sowie die Beschaffung zuständig. Indem er den von V ausgefüllten Bestellzettel im Namen der Stadt S unterschreibt und für S im Rahmen seiner Vertretungsmacht eine Erklärung abgibt, bringt er sein Einverständnis mit dem von V angebotenen Vertragsschluss zum Ausdruck. Allerdings ging B davon aus, eine Bestellung über 25 große Rollen Toilettenpapier zu unterschreiben. V hatte jedoch den Verkauf von 25 Gros, d.h. 3.600 Stück, angeboten. Bei der Auslegung einer Willenserklärung (§§ 133, 157) kommt es jedoch auf den objektiven Empfängerhorizont an. Die Vorstellungen des B spielen hier keine Rolle. Entscheidend ist allein der objektive Erklärungswert der Willenserklärung des B. Das Einverständnis mit dem Kauf von 25 Gros enthält objektiv das Einverständnis mit dem Kauf von 3.600 Stück. Hauptamtsleiter B hat folglich das von V gemachte Angebot über den Verkauf von 3.600 Rollen im Namen der Stadt S angenommen.

Folglich ist zwischen V und der Stadt S ein Kaufvertrag zustande gekommen.

2. *Die Willenserklärung der S könnte jedoch gem. § 142 I nichtig sein, wenn S diese wirksam angefochten hat.*
   a) *Zunächst muss ein Anfechtungsgrund vorliegen. Im vorliegenden Fall kommt als Anfechtungsgrund ein Inhaltsirrtum gem. § 119 I, 1. Alt. in Betracht. Ein Inhaltsirrtum liegt vor, wenn derjenige, der die Willenserklärung abgegeben hat, bei der Abgabe der Willenserklärung über deren Inhalt im Irrtum war.* B hat als Vertreter der Stadt S bei der Unterzeichnung des Kaufvertrages über „25 Gros Rollen“ geglaubt, dass es sich um „große Rollen“ handelt und nicht um 12 Dutzend. Er war also über den Inhalt seiner Willenserklärung bei deren Abgabe im Irrtum. Fraglich ist, ob auf die Person des B oder auf die Stadt S, die von dieser Täuschung nichts wusste, abgestellt werden muss. Gem. § 166 I kommt, wenn die rechtlichen Folgen einer Willensklärung durch die Kenntnis gewisser Umstände beeinflusst werden, nicht die Person des Vertretenen (hier: Stadt S), sondern die des Vertreters B in Betracht. Ein Anfechtungsgrund liegt vor. *Außerdem dürfte der Erklärende bei Kenntnis der Sachlage und Würdigung des Einzelfalls eine solche Erklärung nicht abgegeben haben; der Irrtum muss also ursächlich für die*

Abgabe der Willenserklärung gewesen sein. Unter Berücksichtigung der mit der Lagerhaltung einer derart großen Menge Toilettenpapier verbundenen Probleme in einem Kindergarten ist anzunehmen, dass B bei Kenntnis von der tatsächlichen Bedeutung des Ausdrucks „Gros" und bei verständiger Würdigung die Erklärung über den Kauf von 3.600 Rollen nicht abgegeben hätte. Der Irrtum des B war damit kausal für die im Namen der Stadt S abgegebene Annahmeerklärung.

b) *Ferner muss S gegenüber V die Anfechtung gem. § 143 I, II erklärt haben.* Bei Lieferung des Toilettenpapiers verweigert B die Annahme mit Ausnahme von 25 Rollen. Mit diesem Verhalten erklärt er konkludent die Anfechtung des mit V geschlossenen Vertrages. Außerdem teilt B als Vertreter der S dem V mit, dass die Stadt S an einem solchen Vertrag nicht festhält. Damit wird die Anfechtung erklärt.

c) *Des Weiteren muss die Anfechtung gem. § 121 I in den Fällen des § 119 unverzüglich, das bedeutet ohne schuldhaftes Zögern, erfolgen.* B erklärt V unverzüglich, dass die S an einem solchen Vertrag nicht festhält. Somit ist auch diese Voraussetzung erfüllt.

Gem. § 142 I ist ein anfechtbares Rechtsgeschäft, sofern es angefochten wird, als von Anfang an nichtig anzusehen. Durch die Anfechtung der Annahmeerklärung des B (für die Stadt V) ist diese nichtig und folglich auch der Kaufvertrag zwischen V und S.

Deshalb kann V von S gem. § 433 II weder die Zahlung des Kaufpreises noch die Abnahme von 3.600 Rollen Toilettenpapier verlangen.

Aufgabe 2:

V könnte gegen die Stadt S einen Anspruch auf Ersatz der bei ihm entstandenen Schäden aus § 122 I haben.

1. *Voraussetzung ist zunächst, dass eine Willensklärung gem. § 119 angefochten worden ist.* Wie bereits unter Aufgabe 1 geprüft, hat B (im Namen der Stadt S) erfolgreich seine gegenüber V abgegebene Willenserklärung angefochten.

2. *Weiterhin muss dem V aufgrund dieser Anfechtung ein Schaden entstanden sein, indem er auf die Wirksamkeit der durch B erklärten Annahme und damit auf die Wirksamkeit des mit der Stadt S geschlossenen Kaufvertrages vertraut hat.*

Durch die Lieferung der 3.600 Toilettenpapierrollen sind dem V Transportkosten i. H. v. 60 € entstanden. Wäre V nicht davon ausgegangen, einen wirksamen Kaufvertrag mit der Stadt geschlossen zu haben, hätte er die Toilettenpapierrollen nicht an die Stadt geliefert. Bei den Transportkosten handelt es sich folglich um einen nach § 122 I ersatzfähigen Vertrauensschaden.
Des Weiteren führt V an, dass ihm das Geschäft mit der Stadt S einen Nettogewinn von 300 € eingebracht hätte. Bei diesem Betrag handelt es sich um das sog. Erfüllungsinteresse[2], also das Interesse, das der V an der Durchführung des Vertrages hat. § 122 I enthält jedoch ausschließlich einen Anspruch auf Ersatz des Vertrauensschadens[3]. Der entgangene Gewinn stellt also keinen nach § 122 I ersatzfähigen Schaden dar.

Folglich kann V von der Stadt S nach § 122 I nur die ihm entstandenen Transportkosten i. H. v. 60 € verlangen.

3. *Die Ersatzpflicht der Stadt S ist gem. § 122 II bei Kenntnis bzw. Kennenmüssen von der Anfechtbarkeit des Vertrages ausgeschlossen.* Es ist dabei auf die Kenntnis des B als Vertreter der Stadt S abzustellen (§ 166 I). Eine solche Kenntnis oder fahrlässige Unkenntnis des B ist aus dem Sachverhalt nicht ersichtlich. Der Ausschlussgrund des § 122 II greift folglich nicht ein.

Somit hat V gegenüber der Stadt S einen Anspruch auf Ersatz der ihm entstandenen Transportkosten i. H. v. 60 € aus § 122 I.

Aufgabe 3:

Klausurtipp:
Bei dieser Fragestellung ist kein Anspruch zu prüfen, sondern nur, ob die Stadt S die Einrede der Verjährung geltend machen kann.
Bei der Verjährung sind folgende Gedankenschritte sinnvoll:
1. Ist die Verjährungseinrede erhoben worden (§ 214 I 1)?
2. Welche Verjährungsfrist gilt?
3. Wann begann die Verjährungsfrist zu laufen?
4. Liegen Maßnahmen oder Umstände vor, welche die Verjährung hinausgezögert haben?

---

2 **Erfüllungsinteresse (= Positives Interesse):** Der Geschädigte ist so zu stellen, wie er stehen würde, wenn der Vertrag ordnungsgemäß vollzogen worden wäre.

3 **Vertrauensschaden (= Negatives Interesse):** Der Geschädigte ist so zu stellen, wie er stehen würde, wenn er nicht auf die Gültigkeit des Rechtsgeschäfts bzw. der Erklärung vertraut hätte.

Die Stadt S könnte gegenüber V berechtigt sein, die Zahlung in Höhe von 300 € nach § 214 I zu verweigern.

1. Indem sich die Stadt S auf Verjährung beruft (§ 214 I), macht sie die Einrede gegenüber der Forderung des V (§ 433 II) wirksam geltend.
2. Die Verjährung muss eingetreten sein. Der Anspruch auf rückständige Kaufpreiszahlung verjährt nach *§§ 195, 199. Die Verjährungsfrist beträgt folglich drei Jahre und beginnt mit dem Schluss des Jahres, in dem der Anspruch entstanden ist und die Gläubigerin von den den Anspruch begründenden Umständen und der Person des Schuldners Kenntnis erlangt hat.* Der Anspruch ist im November 2011 entstanden, die Umstände einschließlich der Person (Stadt S) waren dem V bekannt. Somit beginnt die Frist gem. § 199 I am 31.12.2011 um 24 Uhr zu laufen. Verjährung ist also am 31.12.2014 (24 Uhr) eingetreten. Maßnahmen, die den Ablauf der Verjährungsfrist hemmen,[4] wurden seitens V nicht eingeleitet.

Somit kann sich die Stadt S im Januar 2015 zu Recht auf Verjährung berufen und muss die rückständigen 300 € nicht zahlen.

Exkurs: Verjährung

Übersicht:

I. Allgemeines
II. Hemmung und Neubeginn der Verjährungsfrist
III. Wirkung der Verjährungseinrede
IV. Abdingbarkeit

Verjährung ist der – durch Ablauf einer bestimmten Frist – bewirkte Verlust der Möglichkeit, einen bestehenden Anspruch durchzusetzen.

I. Allgemeines

Alle vertraglichen und gesetzlichen Ansprüche sind grundsätzlich der Verjährung unterworfen (§ 194 I). Dies gilt allerdings nicht für die familienrechtlichen Ansprüche nach § 194 II, Ansprüche aus Rechten, die im

4 Diese sind in §§ 204 ff. geregelt.

Grundbuch eingetragen sind (§ 902), den Anspruch auf Grundbuchberichtigung (§ 898) sowie einige weitere Ansprüche (z. B. §§ 758, 924, 1138, 2042 II); diese unterliegen nicht der Verjährung.

Indem die Durchsetzbarkeit von Ansprüchen durch Zeitablauf begrenzt wird, fördert das Gesetz die **Rechtssicherheit** und den **Rechtsfrieden**. Die Abwicklung von Rechtsgeschäften soll damit beschleunigt werden. Die regelmäßige Verjährungsfrist beträgt nach § 195 drei Jahre. Sie beginnt mit dem Schluss des Jahres zu laufen, in dem der Anspruch entstanden ist und der Gläubiger von den den Anspruch begründenden Umständen sowie der Person des Schuldners Kenntnis erlangt hat – oder ohne grobe Fahrlässigkeit Kenntnis hätte erlangen können. Der **Verjährungsbeginn** ist also **kenntnisabhängig**. Die Dreijahresfrist wird durch diese „Ultimoverjährung“[5] bis zu maximal vier Jahren minus einem Tag verlängert. Diese tritt nicht unterjährig ein, sondern immer am Ende des Jahres.

Gem. § 199 II bis IV besteht eine Kappungsgrenze: Die dort genannten Ansprüche verjähren nach zehn Jahren auch bei Unkenntnis und nach 30 Jahren ab der schädigenden Handlung bei Spät- und Personenschäden.

Die Verjährung beträgt bei den in §§ 196 und 197 genannten Sonderfällen teils zehn, teils 30 Jahre. Abweichende Fristen gelten im Gewährleistungsrecht für den Kaufvertrag (§ 438 I Nr. 1: 30 Jahre, § 438 I Nr. 2: fünf Jahre, § 438 I Nr. 3: zwei Jahre) und den Werkvertrag (§ 634 a I Nr. 2: fünf Jahre, § 634 a I Nr. 3: zwei Jahre). Verjährungsbeginn ist ab Ablieferung/Übergabe bzw. Abnahme (§§ 438 II, 634 a II).

II. Hemmung und Neubeginn der Verjährungsfrist

Durch bestimmte Ereignisse wird allerdings der Fristablauf **gehemmt** oder die Frist beginnt **neu zu laufen**. Für die Fristenberechnung gelten die §§ 186–193.

Wenn einer der in §§ 203–211 genannten gesetzlichen **Hemmungsgründe** vorliegt, wird dieser Zeitraum nicht in die Verjährungsfrist eingerechnet (§ 209), sondern die Verjährungsfrist verlängert sich um diesen Zeitraum. In der Praxis relevant sind vor allem die in § 204 I genannten Gründe. Für eine Hemmung genügt es nicht, wenn der Schuldner zur Leistung aufgefordert wird. Vielmehr muss eine gerichtliche Geltendmachung erfolgen – z. B. durch Erhebung der Klage (§ 204 I Nr. 1) oder Zustellung des Mahnbescheids im Mahnverfahren (§ 204 I Nr. 3). Wenn das Klageverfahren mit einem rechtskräftigen Urteil abgeschlossen ist, entfällt die hemmende

---

5 Ultimo (lateinisch *ultimus*): „am Letzten, Äußersten“.

Wirkung sechs Monate später (§ 204 II). Mit Rechtskraft der Entscheidung läuft für den rechtskräftig festgestellten Anspruch eine neue, und zwar die 30-jährige Verjährungsfrist. Auf die Hemmung der alten Frist nach § 204 II kommt es in den Fällen des § 197 I Nr. 3 bis 5 nicht mehr an. Dies gilt auch, wenn der Anspruch zuvor einer kürzeren Verjährung unterlag (§ 197 I Nr. 3).

Einen **Neubeginn** der Verjährung regelt § 212. Wenn der Gläubiger dem Schuldner gegenüber – z. B. durch eine Abschlagszahlung – zu erkennen gibt, dass er den Anspruch nicht bestreitet, sondern anerkennt, beginnt nach § 212 I Nr. 1 die Verjährungsfrist neu zu laufen. Diese Wirkung tritt auch ein, wenn der Gläubiger Vollstreckungshandlungen beantragt (§ 212 I Nr. 2) und diese auch durchgeführt werden.

III. Wirkung der Verjährungseinrede

Wenn der Schuldner sich gegen eine verjährte Forderung „wehren" will, so muss er sich auf sein Verweigerungsrecht („**Einrede**") berufen.[6] Sie wird vom Gericht nicht von Amts wegen geprüft. Der Schuldner muss sie geltend machen. Der Anspruch bleibt allerdings weiterhin bestehen. Die zu Recht erhobene Verjährungseinrede bewirkt eine dauernde Hemmung des Anspruchs. Sofern der Schuldner – versehentlich – dem Gläubiger z. B. den Kaufpreis zahlt, obwohl diese Forderung bereits verjährt war, kann er das (in Unkenntnis der Verjährung) Geleistete nicht zurückfordern (§ 214 II 1).

> **Tipp für die Klausur:**
> Die Prüfung der Verjährung beginnen mit: „Der Schuldner könnte berechtigt sein, die Leistung nach § 214 I zu verweigern. Die Verjährung muss eingetreten sein" oder „Der Anspruch könnte nach § 214 I nicht durchsetzbar sein…"

IV. Abdingbarkeit

Durch Parteivereinbarung können die Verjährungsregeln abgekürzt oder verlängert werden. Allerdings ist die Höchstgrenze mit 30 Jahren festgeschrieben (§ 202 II). Eine Verkürzung ist für die Haftung wegen Vorsatzes (§ 202 I) nicht möglich. Ausnahmen gelten zum Schutz des Verbrauchers für den Verbrauchsgüterkauf (§ 474 II).

---

6 Beispiel in Fall 2, Aufgabe 3.

Merke:

Für die Prüfung der Verjährung eines Anspruchs ist folgende Vorgehensweise sinnvoll:

1. Ist die Verjährungseinrede erhoben worden, § 214 I 1?

2. Welche Verjährungsfrist gilt?

Regelmäßige Verjährungsfrist: drei Jahre, § 195.
Kürzere Fristen finden sich u. a. in
§ 438 I Nr. 3 (zwei Jahre),
§ 548 I 1 (sechs Monate),
§ 606 S. 1 (sechs Monate),
§ 634 a I Nr. 1 (zwei Jahre),
§ 651 g II (zwei Jahre).
Längere Fristen finden sich z. B. in
§ 196 (10 Jahre),
§ 197 (30 Jahre),
§ 438 I Nr. 1 (30 Jahre), Nr. 2 (5 Jahre),
§ 634 a Nr. 2 (fünf Jahre).

Ansprüche i. S. d. §§ 194 II, 758, 898, 902, 924, 1138, 2042 II unterliegen nicht der Verjährung.

3. Wann begann die Verjährungsfrist zu laufen?

§ 199 I (für die regelmäßige Verjährungsfrist): Schluss des Kalenderjahres (31. 12., 24.00 Uhr), in welchem der Anspruch entstanden ist und der Gläubiger ohne grobe Fahrlässigkeit von den den Anspruch begründenden Umständen und der Person des Schuldners Kenntnis erlangen musste.

Ausnahmsweise schon vor Anspruchsentstehung: § 199 II, III.

Bei Nichtgeltung der regelmäßigen Verjährungsfrist, § 200 S. 1: Anspruchsentstehung oder abweichender Zeitpunkt, z. B. § 201 S. 1 (bei festgestellten Ansprüchen i. S. d. § 197 I Nr. 3 bis 6), § 438 II (mit Übergabe der Kaufsache), § 548 I 2 (mit Rückgabe der Mietsache), § 634 a II (mit Abnahme), § 651 g II (mit vertraglich vorgesehenem Reiseende).

4. Liegen Maßnahmen oder Umstände vor, welche die Verjährung hinausgezögert haben?

Hemmungstatbestände: §§ 203 ff., § 209; Neubeginn: § 212.

Fall 3: BGB AT – Der listige Autoverkäufer

Schwerpunkte:
Anfechtung wegen arglistiger Täuschung – Widerruf der Willenserklärung – Aufrechnung

Karli Kaufmann (K) sucht einen gebrauchten Pkw Golf und will dafür maximal 15.000 € zahlen. Aufgrund eines Zeitungsinserates „VW Golf…für 15.000 €" begibt er sich ins Autohaus des Vinzenz Vauweh (V) und wird dort fündig. Es berät ihn der Angestellte Libero Listig (L). Auf die Frage des K, ob das Fahrzeug unfallfrei sei, antwortet L mit „ja", obwohl ihm bekannt ist, dass der Wagen in einen Unfall verwickelt war und deshalb auch nur für 15.000 € angeboten wird. Da L für jeden verkauften Wagen eine Provision erhält, äußert er, K müsse sich schnell entscheiden, ob er dieses günstige Angebot annehme, da in 10 Minuten der nächste Kaufinteressent vorbeikomme. K, dem der Wagen sehr gut gefällt, willigt unverzüglich ein und lässt sich im schriftlichen Kaufvertrag von L vermerken: „Zahl, Art und Umfang von Unfallschäden: keine." K zahlt den Kaufpreis sofort und übernimmt das Fahrzeug. Kurz darauf bringt er es in die Werkstatt des Willi Wuchtig, um noch eine Einstellung am Motor ändern zu lassen. Dabei teilt ihm der Monteur mit, das Fahrzeug sei ein Unfallwagen und schlecht repariert worden. Der von K damit konfrontierte Inhaber des Autohauses V bestätigt die Unfalleigenschaft und meint, deswegen sei der Golf auch so preiswert gewesen. Er habe den K nicht getäuscht. Für das Verhalten seines Angestellten L müsse er nicht einstehen.

Aufgabe 1: K erklärt unverzüglich die Anfechtung des Kaufvertrages gegenüber V. Zu Recht?

Am Tag nach dem Pkw-Kauf bestellt K eine Anhängerkupplung für den VW Golf bei der Firma Fix Fertig (F) schriftlich. Als er von der Unfalleigenschaft des Pkw zwei Tage später erfährt, sendet K sofort ein Schreiben an die Firma F, in dem er erklärt, die Anhängerkupplung werde nun nicht mehr benötigt.

Die Anhängerkupplung wird von der Firma F am Tag des Bestellungseingangs (also vor Eingang des Schreibens des K) bereits an K ausgeliefert. K weigert sich mit Hinweis auf sein Schreiben, die Anhängerkupplung abzunehmen und zu bezahlen.

Aufgabe 2: Hat die Firma F gegen K einen Anspruch auf Zahlung des Kaufpreises für die Anhängerkupplung sowie deren Abnahme?

Vinzenz Vauweh (V) hat auch seinem Freund Siggi Schuldenfrei (S) einen Gebrauchtwagen verkauft. Den Kaufpreis in Höhe von 15.000 € hat S noch nicht bezahlt. S hatte dem V vor einem Monat 2.000 € „geliehen", da V auf einer gemeinsamen Reise seine Kreditkarte verloren hatte. S verlangt von V Rückzahlung dieses Betrages.

Aufgabe 3: Kann V gegen diese Forderung des S aufrechnen?

Fall 3: Prüfschema/Lösungsskizze

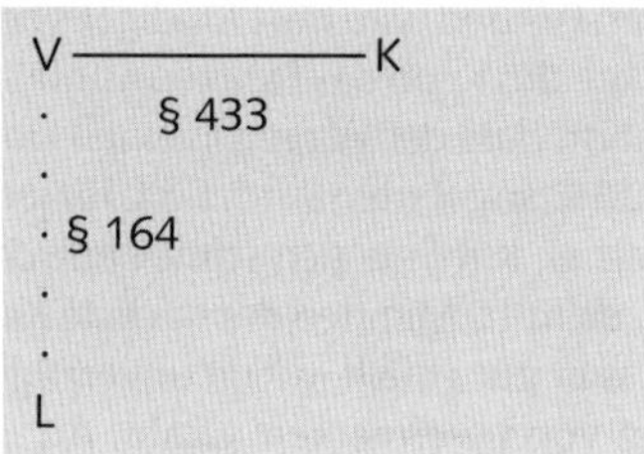

Aufgabe 1:

I. K gegenüber V Anfechtung des Kaufvertrags gem. § 119 II

1. Kaufvertrag (+)
   Inserat = invitatio ad offerendum.
   a) Angebot durch V (+) § 164 I 1
   (L = Stellvertreter)
   - WE
   - im Namen des V
   - innerhalb der Vertretungsmacht

   b) Annahme (+)
   Zwischenergebnis: wirksamer Kaufvertrag (+)
2. Vertrag aufgrund Anfechtung durch K nach § 142 I nichtig?
   Anfechtungsgrund: § 119 II Eigenschaftsirrtum (+)
   § 119 II wird nach Übergabe der Kaufsache durch §§ 434ff. verdrängt.

Ergebnis: K gegenüber V Anfechtung des Kaufvertrags gem. § 119 II (–)

II. K gegenüber V Anfechtung des Kaufvertrags gem. § 123 I, 1. Alt.

1. Kaufvertrag (+)
2. Vertrag aufgrund Anfechtung durch K nach § 142 I nichtig?
   a) Anfechtungsgrund arglistige Täuschung § 123 I (§ 166 I)
   b) § 123 II greift nicht
   c) Anfechtungsfrist: § 124 I binnen Jahresfrist
   d) Anfechtungserklärung § 143 I, II

3. Anfechtungswirkung: § 142 I

Ergebnis: K gegenüber V Anfechtung des Kaufvertrags gem. § 123 I (+)

Aufgabe 2:

Firma F ——— K
§ 433

Firma F ⟶ K Kaufpreiszahlung gem. § 433 II

Wirksamer Kaufvertrag über eine Sache (+)

1. Angebot durch K
   § 130 I 2
2. Annahme durch F (+)

Ergebnis: Firma F ⟶ K Kaufpreiszahlung gem. § 433 II (+)

Aufgabe 3:

V ⟶ S
§ 433 II
S ⟶ V
§ 488 I

Aufrechnung durch V

1. Voraussetzungen der Aufrechnung durch V gem. § 387
   a) Gegenseitigkeit der Forderungen
      V ⟶ S Anspruch auf Zahlung gem. § 433 II i. H. v. 15.500 € (+)
      S ⟶ V Anspruch nach § 488 I 2 auf Zahlung von 2.000 € (+)
   b) Gleichartigkeit der Forderungen (+)
      Geldschuld
   c) Erfüllbarkeit der Hauptforderung und Fälligkeit der Gegenforderung, § 271 (+)
2. Erklärung der Aufrechnung – § 388 (+)
3. Wirkung der Aufrechnung – § 389: Erlöschen der Forderungen in Höhe von 2.000 € (+)

Ergebnis: Aufrechnung seitens V (+)

Die Ansprüche sind in Höhe von 2.000 € erloschen. V kann von S noch 13.500 € fordern.

Fall 3: Ausarbeitung (Gutachten)

Aufgabe 1:

I. K könnte den Kaufvertrag gegenüber V gem. § 119 II anfechten.

1. *Voraussetzung hierfür ist ein wirksamer Kaufvertrag zwischen V und K. Ein Kaufvertrag kommt durch zwei übereinstimmende Willenserklärungen, Angebot und Annahme, zustande.*
   a) *Voraussetzung ist zunächst ein Angebot. Dabei handelt es sich um eine empfangsbedürftige Willenserklärung, durch die einem anderen der Vertragsschluss in der Weise angetragen wird, dass das Zustandekommen des Vertrages nur noch von dessen Einverständnis abhängt.* Das Inserat des V stellt noch kein rechtsverbindliches Angebot dar. Denn es fehlt am Rechtsbindungswillen des V. Es handelt sich vielmehr um eine sog. invitatio ad offerendum. Das Angebot erfolgt nicht durch V selbst, sondern durch den Angestellten L des Autohauses. Fraglich ist, ob dessen Willenserklärung unmittelbar für und gegen V wirkt. Das ist der Fall, wenn die Voraussetzungen des § 164 I 1 erfüllt sind. Gem. *§ 164 I 1 muss L selbst eine Willenserklärung im Namen des Vertretenen im Rahmen seiner Vertretungsmacht abgegeben haben.* Indem L dem K im Namen des V das Angebot unterbreitet und als Angestellter des Autohauses L gem. § 56 HBG als bevollmächtigt gilt, entsprechende Verträge abzuschließen, sind die Voraussetzungen für eine wirksame Stellvertretung gegeben. Folglich wirkt das von L abgegebene Angebot für und gegen V. Die Erklärung des L enthält damit bereits alle wesentlichen Vertragsbestandteile, so dass das Zustandekommen des Kaufvertrages nur noch vom Einverständnis auf Seiten des K abhängt. V hat folglich, vertreten durch L, dem K ein Angebot unterbreitet.
   b) *K muss dieses Angebot angenommen haben. Eine Annahme ist eine empfangsbedürftige Willenserklärung, durch die der Antragsempfänger sein vorbehaltsloses Einverständnis mit dem angebotenen Vertragsschluss zum Ausdruck bringt.* Indem K einwilligt, hat er die Annahme erklärt.

Folglich ist zwischen V und K ein Kaufvertrag zustande gekommen.

2. *Die Willenserklärung des K könnte jedoch gem. § 142 I nichtig sein, wenn K diese wirksam angefochten hat. Zunächst muss ein*

Anfechtungsgrund vorliegen. Im vorliegenden Fall kommt die Anfechtung gem. § 119 II in Betracht. Nach dieser Vorschrift berechtigt auch der Irrtum über solche Eigenschaften der Sache, die im Verkehr als wesentlich angesehen werden, zur Anfechtung. Dem Erklärenden ist bei der Willensbildung ein Irrtum unterlaufen. Eigenschaften einer Sache sind alle wertbildenden Faktoren. Indem K von der – auch schriftlich zugesicherten – Unfallfreiheit des VW Golf ausgegangen ist, dieser allerdings einen Unfallschaden hatte, irrt er über eine verkehrswesentliche Eigenschaft. Bei Kenntnis der wahren Sachlage hätte er den Kaufvertrag nicht geschlossen.

Die nicht gegebene Unfallfreiheit des Wagens stellt auch einen Sachmangel i. S. d. § 434 I dar mit der Folge, dass die kaufrechtlichen Gewährleistungsregeln (§§ 434 ff.) vorrangig sind und eine Anfechtung gem. § 119 II ausgeschlossen ist.

Folglich kann K den Kaufvertrag gegenüber V nicht gem. § 119 II anfechten.

II. K könnte den Kaufvertrag gegenüber V gem. § 123, 1. Alt. anfechten.

1. Ein wirksamer Kaufvertrag liegt, wie oben bereits erörtert, zwischen K und V vor. Das Gewährleistungsrecht der §§ 434 ff. sperrt zwar die Anfechtung nach § 119 II, nicht jedoch die nach § 123, sodass diese Norm anwendbar ist – unabhängig davon, ob die §§ 434 ff. maßgeblich sind.
2. *Die Willenserklärung des K könnte gem. § 142 I nichtig sein, wenn K diese wirksam angefochten hat. Zunächst muss ein Anfechtungsgrund vorliegen. Im vorliegenden Fall kommt die Anfechtung gem. § 123 I 1. Alt. in Betracht.*
   a) *V muss eine arglistige Täuschung begangen haben. Unter einer Täuschung versteht man das Erregen eines Irrtums über Tatsachen. Dabei reicht es aus, wenn der Irrtum verstärkt oder aufrechterhalten wird. Arglistig ist eine Täuschung dann, wenn der Täuschende weiß oder es für möglich hält und in Kauf nimmt, dass er die Unwahrheit sagt oder die Wahrheit verschweigt, und er den Getäuschten zur Abgabe einer Erklärung veranlassen will oder doch weiß, dass der Getäuschte die Erklärung ohne die Täuschung so nicht abgeben würde.* L wusste von dem Unfallschaden des VW Golf, hat diesen dem K

gegenüber allerdings verschwiegen bzw. sogar dessen Unfallfreiheit schriftlich zugesichert, damit K den Pkw kauft, zumal L für jedes verkaufte Fahrzeug eine Provision von V erhält. Somit hat L über Tatsachen getäuscht. Fraglich ist, ob auf die Person des L oder des V, der von dieser Täuschung nichts wusste, abgestellt werden muss. Gem. § 166 I kommt, wenn die rechtlichen Folgen einer Willensklärung durch die Kenntnis gewisser Umstände beeinflusst werden, nicht die Person des Vertretenen V, sondern die des Vertreters L in Betracht. K ist im Glauben, es handele sich um einen unfallfreien Pkw und gibt deshalb eine seine Willenserklärung (Annahme des Vertragsangebots) ab. *Die Täuschungshandlung muss für die abgegebene Willenserklärung* ursächlich *gewesen sein, d. h. der Erklärende hätte die Willenserklärung ohne die Täuschung nicht bzw. nicht so abgegeben.* K hätte bei Kenntnis des Unfalls nicht den entsprechenden Kaufpreis bezahlt oder sogar von einem Vertragsschluss abgesehen. *Die Täuschung muss widerrechtlich sein.* Für dieses Verhalten hat L keinen Rechtfertigungsgrund. *Außerdem muss der Täuschende arglistig gehandelt haben. Es ist also Vorsatz erforderlich. Der Täuschende muss wissen und wollen, dass der andere durch die Täuschung zu einer Willenserklärung bestimmt wird, die er ohne Täuschung möglicherweise nicht oder nicht so abgeben würde.* L wusste von dem Unfall des Pkw und auch, dass K bei Kenntnis der richtigen Umstände den Wagen nicht – bzw. nicht zu dem Preis – gekauft hätte. Folglich ist ein Anfechtungsgrund nach § 123 I, 1. Alt. gegeben.

b) Indem der Vertragspartner V erklärt, er habe den K nicht getäuscht und für das Verhalten seines Angestellten L müsse er nicht einstehen, könnte er sich auf § 123 II BGB berufen. *Danach ist, wenn ein Dritter die Täuschung verübt, die Erklärung, die einem anderen gegenüber abzugeben war (also eine empfangsbedürftige Willenserklärung), nur anfechtbar, wenn dieser die Täuschung kannte oder kennen musste. Dritter i. S. dieser Vorschrift ist nur der am Geschäft Unbeteiligte, nicht hingegen z. B. der Vertreter des Erklärungsgegners, da er auf dessen Seite steht und maßgeblich am Zustandekommen des Vertrags mitgewirkt hat. Der Begriff des Dritten kann unter Anwendung des Rechtsgedankens des § 278 ausgelegt werden.* L als Angestellter des V ist danach nicht Dritter. Der Vertrag ist entgegen § 123 II 1 anfechtbar, da L auf der Seite des V steht; dies gilt auch für den Fall, dass V von der durch L verübten Tätigkeit nichts wusste.

c) *K muss die Anfechtung gegenüber dem richtigen Anfechtungsgegner erklären. Die Anfechtungserklärung ist ein formfreies, empfangsbedürftiges Rechtsgeschäft (= Willenserklärung). Der Anfechtungsgegner ergibt sich aus § 143 I, II, 1. Alt. BGB. Es muss sich um den Vertragspartner handeln.* Indem K gegenüber V die Anfechtung erklärt, ist diese Voraussetzung erfüllt.

d) *Im Fall des § 123 muss die Anfechtung binnen Jahresfrist erfolgen (§ 124 I).* Da K unverzüglich nach Kenntnis von der Unfalleigenschaft des Pkw die Anfechtung gegenüber V erklärt, ist diese Frist eingehalten.

5. Da alle Voraussetzungen für eine Anfechtung wegen arglistiger Täuschung vorliegen, ist nach § 142 I der zwischen K und V geschlossene Kaufvertrag als von Anfang an (ex tunc) nichtig anzusehen.

Aufgabe 2:

Die Firma F könnte gegenüber K einen Anspruch auf Zahlung des Kaufpreises gem. § 433 II haben.

1. *Voraussetzung hierfür ist, dass zwischen K und V ein wirksamer Kaufvertrag zustande gekommen ist. Dies ist der Fall, wenn zwei übereinstimmende Willenserklärungen, Angebot und Annahme, vorliegen. Erforderlich ist zunächst ein hinreichend bestimmtes Angebot i. S. d. §§ 145ff., also eine empfangsbedürftige Willenserklärung, die vom Gegenstand und vom Inhalt so formuliert sein muss, dass der andere Vertragsteil mit einem schlichten „Ja" den Vertrag zustande bringen kann.* Indem K eine Anhängerkupplung bei der Firma F schriftlich bestellt, liegt ein Angebot vor. Durch das Schreiben des K, dass er die Anhängerkupplung nicht mehr benötige, könnte diese Willenserklärung wirksam widerrufen worden sein. Grundsätzlich wird eine einem anderen gegenüber abzugebende Willenserklärung in dem Zeitpunkt wirksam, in dem sie diesem zugegangen ist (§ 130 I 1). *Gem. § 130 I 2 wird eine Willenserklärung nicht wirksam, wenn dem anderen (hier: Firma F) vorher oder gleichzeitig ein Widerruf zugeht.* Der Widerruf ging erst nach dem Zugang des Angebots bei der Firma F ein, also zu spät. Somit bleibt die Willenserklärung des K (Angebot) wirksam.

2. *Die Firma V muss das Angebot des K angenommen haben. Die Annahme ist eine empfangsbedürftige Willenserklärung, die in der vorbehaltlosen Bejahung des Antrags besteht.* Indem die Firma F die Anhängerkupplung am Tag des Bestellungseingangs an K liefert, hat sie dies konkludent getan.

Folglich liegt ein wirksamer Kaufvertrag zwischen K und der Firma F vor.

K ist also gem. § 433 II verpflichtet, der Firma F den vereinbarten Kaufpreis für die Anhängerkupplung zu zahlen und diese auch abzunehmen.

Aufgabe 3:

V könnte mit seiner gegenüber S bestehenden Forderung gegen die Forderung des S gem. §§ 387 f. aufrechnen.

1. a) *Voraussetzung hierfür ist zunächst, dass zwei Personen einander Leistungen schulden.* V hat gegen S einen Kaufpreiszahlungsanspruch (§ 433 II) in Höhe von 15.500 €. S wiederum kann von V die Rückzahlung des Darlehens gem. § 488 I 2 in Höhe von 2.000 € verlangen. Die Gegenseitigkeit der Forderungen liegt somit vor.
   b) *Ferner müssen die Forderungen gleichartig sein.* Da beides Geldschulden (in Euro) sind, ist auch diese Voraussetzung gegeben.
   c) *Die Aufrechnung ist allerdings erst dann möglich, sobald V die ihm gebührende Leistung fordern und die ihm obliegende Leistung bewirken kann; die Hauptforderung muss also erfüllbar und die Gegenforderung muss fällig sein.* Da weder von V noch von S eine Zeit für die Leistung bestimmt wurde, kann gem. § 271 I der Gläubiger die Leistung sofort verlangen und der Schuldner sie sofort bewirken.
2. *Nach § 388 S. 1 erfolgt die Aufrechnung durch Erklärung gegenüber dem anderen Teil.* V muss gegenüber S die Aufrechnung erklären.
3. Dies bewirkt gem. § 389, dass die Forderungen in Höhe ihrer betragsmäßigen Übereinstimmung (soweit sie sich decken), d. h. in Höhe von 2.000 €, erlöschen.

V kann, nachdem er die Aufrechnung gegenüber S erklärt hat, von S noch 13.500 € fordern.

Vertiefung: Anfechtung[1]

Übersicht:
I. Allgemeines
II. Voraussetzungen der Anfechtung
  1. Anfechtungsgrund
  2. Anfechtungserklärung
  3. Anfechtungsfrist
  4. Wirkung und Rechtsfolgen der Anfechtung

Die Anfechtung ist ein Gestaltungsrecht, das es einer Vertragspartei unter bestimmten Umständen ermöglicht, die Wirkung einer Willenserklärung rückwirkend für nichtig zu erklären (vgl. § 142 I).

I. Allgemeines

Wenn dem Erklärenden bei seiner Willenserklärung ein Irrtum unterläuft, steht ihm nach §§ 119 ff. unter bestimmten Voraussetzungen ein Anfechtungsrecht zu. Damit erhält er die Möglichkeit, seine Willenserklärung rechtlich zu vernichten. Die Regelungen über den Inhalts- und Erklärungsirrtum (Fälle des unbewussten Abweichens von Wille und Erklärung) beruhen auf der Erwägung, dass der Erklärende nicht gegen seinen Willen an einer Erklärung festgehalten werden soll, die nicht seinem Geschäftswillen entspricht.

---

1 **Literatur zur Vertiefung:** *Arnold*, Die arglistige Täuschung im BGB, JuS 2013, 865; *Bitter*, § 7; *Brox/Walker* BGB AT, §§ 16–20; *Büchler*, Die Anfechtungsgrunde des § 123 BGB, JuS 2009, 976; Conrad, Die bereicherungsrechtliche Rückabwicklung nach Anfechtung wegen arglistiger Täuschung (§ 123 I Var. 1 BGB), JuS 2009, 397; *Coester-Waltjen*, Die Anfechtung von Willenserklärungen, JURA 2006, 348; *Cziupka*, Die Irrtumsgründe des § 119 BGB, JuS 2009, 887; *Keller/Purnhagen*, Klausur Zivilrecht: Anfechtung eines Computerkaufs im Internet, JA 2011, 894; *Kellermann*, Problemfelder des Anfechtungsrechts, JA 2004, 405; *Kocher*, Anfechtung bei falscher Preisauszeichnung im Internet, JuS 2006, 223; *Köhler* § 7; *Leenen*, Die Anfechtung von Verträgen, JURA 1991, 393; *Mankowski*, Arglistige Täuschung durch vorsätzlich falsche oder unvollständige Antworten auf konkrete Fragen, JZ 2004, 121; *Martens*, Wer ist „Dritter"? – Zur Abgrenzung von § 123 I und II 1 BGB, JuS 2005, 887; *Medicus/Petersen* BürgerlR, § 6; *Musielak*, Die Anfechtung einer Willenserklärung wegen Irrtums, JuS 2014, 491, 583; *Musielak/Hau*, Rn. 328 ff.; *Petersen*, Der Irrtum im bürgerlichen Recht, JURA 2006, 660; *Petersen*, Täuschung und Drohung im Bürgerlichen Recht, JURA 2006, 904; *Richter*, S. 267 ff.; *Rüthers/Stadler*, § 25; *Staudinger/Ewert*, Täuschung durch den Verkäufer, JA 2010, 241; *Wandt*, §§ 9–12; Westermann Grundbegriffe, Rn. 118 ff.; *Wieling*, Der Motivirrtum ist unbeachtlich! Entwicklung und Dogmatik des Irrtums im Beweggrund, JURA 2001, 577; *Wolf/Neuner* BGB AT, § 41; *Wörlen/Metzler-Müller* BGB AT, Rn. 214 ff.

Zunächst ist allerdings Voraussetzung, dass eine Willenserklärung existiert und nicht nichtig ist – was nach den §§ 116 –118 („Geheimer Vorbehalt", „Scheingeschäft", „Mangel der Ernstlichkeit") der Fall sein kann. Außerdem muss geprüft werden, ob der Erklärungsempfänger in seinem Vertrauen auf das Erklärte schutzwürdig ist, d.h., wie er die Willenserklärung aufgefasst hat bzw. bei Anwendung der ihm zumutbaren Sorgfalt auffassen musste. Dies ist ggf. durch Auslegung der Willenserklärung zu ermitteln

> **Merke:**
> Auslegung geht vor Anfechtung!

Die Anfechtung der Willenserklärung führt nach § 142 I zu deren Nichtigkeit. In dieser Vorschrift wird allerdings nicht die Willenserklärung, sondern ein „anfechtbares Rechtsgeschäft" genannt. Da ein Rechtsgeschäft aus mindestens einer Willenserklärung besteht (ein Vertrag aus zwei sich deckenden Willenserklärungen), wird also, wenn dieses angefochten wird, automatisch die dem Rechtsgeschäft zugrunde liegende Willenserklärung angefochten.

> **Merke:**
> Die Anfechtung darf erst geprüft werden, wenn feststeht, dass z.B. ein Vertrag Zustande gekommen ist. Dann kann erörtert werden, „... ob die Willenserklärung des K (sein Angebot oder seine Annahme) gem. § 142 I als von Anfang an nichtig anzusehen ist. Das ist der Fall, wenn der Erklärende seine Willenserklärung wirksam angefochten hat ..."

II. Voraussetzungen der Anfechtung

1. Anfechtungsgrund

Zunächst muss ein in den §§ 119ff. genannter Anfechtungsgrund vorliegen.

a) Inhaltsirrtum

Ein solcher liegt nach § 119 I, 1. Alt. vor, wenn der Erklärende bei der Abgabe einer Willenserklärung über deren Inhalt im Irrtum war. Er erklärt zwar, was er erklären will, irrt aber über die rechtliche Bedeutung seiner Erklärung. Der Erklärende misst dieser einen anderen rechtlichen Sinn bei, als sie in Wirklichkeit hat.

Beispiele:
Irrtum über den Vertragspartner (statt Malermeister Meier wird Malermeister Meyer telefonisch beauftragt); Irrtum über die Geschäftsart (der Erklärende will sich verbürgen, unterschreibt aber einen Schuldbeitritt); Irrtum über die Vertragsart (der Erklärende unterzeichnet einen Mietvertrag im Glauben, es handele sich um einen Leihvertrag), Irrtum über den Vertragsgegenstand (K bestellt 25 Gros (= 3.600) Rollen Toilettenpapier und meint, es handele sich um 25 große Rollen).

b) Erklärungsirrtum

Nach § 119 I, 2. Alt. liegt ein Irrtum in der Erklärungshandlung (= Erklärungsirrtum) vor, wenn der Erklärende bei der Abgabe der Willenserklärung „eine Erklärung dieses Inhalts überhaupt nicht abgeben wollte". Der Erklärende erklärt nicht das, was er erklären will, sondern verschreibt, vergreift oder verspricht sich.

Beispiel:
V will dem K seinen Pkw für 9.600 € verkaufen, schreibt aber 6.900 €.

> **Merke:**
> **Erklärungsirrtum**: Der Erklärende weiß nicht, was er sagt/tut.
>
> **Tipp**: Die Vorsilbe „ver" bezeichnet die typischen Erklärungsirrtümer: **Ver**sprechen, **Ver**greifen, **Ver**schreiben.
>
> **Inhaltsirrtum**: Der Erklärende weiß zwar, was er sagt; er weiß aber nicht, was er damit rechtlich sagt.

Weitere Voraussetzung der genannten Irrtümer ist nach § 119 I, dass die Erklärung bei Kenntnis der Sachlage und bei verständiger Würdigung des Falls nicht abgegeben worden wäre. Ein Irrtum, der sich nur auf nebensächliche Punkte erstreckt oder wirtschaftlich unbedeutend ist, ist deshalb nicht erheblich[2] (z.B. die Preisangabe von 1.000,98 € statt 1.000,99 €).

> **Klausurtipp:**
> Wenn man in einer Klausur bei der Abgrenzung zwischen Inhalts- und Erklärungsirrtum nicht ganz sicher ist, welcher von beiden vorliegt, ist es ratsam, nicht allzu viel Zeit damit zu verschwenden, sondern sich mit kurzer Begründung für einen dieser Irrtümer zu entscheiden; denn die Rechtsfolge bleibt gleich: Man kann „so oder so" anfechten!

---

2 Vgl. *Palandt/Ellenberger*, § 119 Rn. 31 m. w. N.

Wichtig ist vor allem, dass es sich um einen Irrtum handelt, der nur die Willens***äußerung*** betrifft! Kein Irrtum i. S. v. § 119 I liegt vor, wenn sich der Irrtum im Bereich der Willens***bildung*** befindet:

c) Motivirrtum

Ein Motivirrtum (Irrtum bei der Willensbildung, also im „Beweggrund") liegt vor, wenn der Erklärende irrtümlich von einem falschen Umstand ausgeht, der für den Geschäftswillen bedeutsam ist. Dieser Irrtum berechtigt **nicht** zur Anfechtung.

Beispiele:
K kauft ein Service für die Hochzeit seines Freundes, die dann aber nicht stattfindet. Dachdeckermeister V verrechnet sich bei der Abgabe seines Angebots und teilt dem Auftraggeber nur das Ergebnis seiner Berechnung mit (sog. Kalkulationsirrtum).

Beim **Kalkulationsirrtum** irrt der Erklärende über den Umstand (Rechnungsfaktor), den er seiner Berechnung, z. B. des Preises, der Menge, zugrunde legt. Wenn die Kalkulation dem Vertragspartner nicht offengelegt worden ist, handelt es sich um einen Motivirrtum. Gleiches gilt für den sog. offenen Kalkulationsirrtum, bei dem die fehlerhafte Kalkulation ausdrücklich zum Gegenstand der Vertragsverhandlungen gemacht worden ist.[3]

d) Eigenschaftsirrtum

Nach § 119 II berechtigt auch der „Irrtum über solche Eigenschaften der Person oder der Sache, die im Verkehr als wesentlich angesehen werden", zur Anfechtung. Dieser Eigenschaftsirrtum stellt einen Spezialfall des (ausnahmsweise beachtlichen) Motivirrtums dar.[4] Dem Erklärenden ist bei der Willensbildung ein Irrtum unterlaufen.

Eigenschaften einer Sache sind alle wertbildenden Faktoren. Keine Eigenschaft hingegen ist der Wert oder Preis des Gegenstands,[5] da der Preis kein wertbildender Faktor ist, sondern von den Gegebenheiten des Marktes abhängt.

---

3 So die h. L. und auch der BGH (BGHZ 139, 177). Das RG hat in diesen Fällen einen beachtlichen Inhaltsirrtum angenommen und ein Anfechtungsrecht bejaht (RGZ 64, 268; 162, 201). Ausführlich: *Brox/Walker* BGB AT, § 18 Rn. 424 ff. sowie *Wolf/Neuner*, § 41 Rn. 71 ff. m. w. N.

4 H. M.; *Larenz/Wolf*, § 36 Rn. 37.

5 BGHZ 16, 57.

Beispiele:
Lage, Grenze und Bebaubarkeit eines Grundstücks; Unfallfreiheit und Laufleistung eines Pkw; Echtheit eines Bildes oder von Schmuck (V verkauft dem K ein Armband zu einem Kaufpreis von 80 €, da er annimmt, das Schmuckstück sei nur vergoldet. Tatsächlich besteht das Armband aus reinem Gold und hat einen Wert von 600 €).

Merke:
Eine Anfechtung gem. § 119 II ist ausgeschlossen, wenn ein Sachmangel i. S. d. § 434 I vorliegt. Denn die kaufrechtlichen Gewährleistungsregeln (§§ 434 ff.) sind vorrangig, da andernfalls die zweijährige Verjährungsfrist des § 438 I Nr. 3 unterlaufen werden würde. Andererseits könnte der Käufer auch anfechten, wenn sein Irrtum auf grober Fahrlässigkeit beruhen würde. Damit könnte er § 442 I 2 umgehen.[6]

Bei den **Eigenschaften einer Person** – wie u. a. Alter, Geschlecht, Konfession, politische Einstellung, Vorstrafen, berufliche Fähigkeiten, Kreditwürdigkeit – ist auf den konkret abgeschlossenen Vertrag abzustellen.

Beispiele:
Alter, Sachkunde, Zuverlässigkeit, Vertrauenswürdigkeit, Diskretion, Qualifikation bei einer Chefsekretärin;[7] Kreditwürdigkeit des Käufers beim Kauf auf Kredit; Parteizugehörigkeit eines Redakteurs für den politischen Teil einer Zeitung.

e) Falsche Übermittlung

Ein Irrtum bei der Willensäußerung liegt auch bei der unrichtigen Übermittlung des Willens vor (§ 120). In diesem Fall bedient sich der Erklärende zur Übermittlung seiner Willenserklärung einer Person oder Einrichtung (z. B. Bote, Dolmetscher, Telekom, Post-AG, private Netzanbieter), die die „Willenserklärung … unrichtig übermittelt".

Beispiel:
V schickt einen Boten zu K, um diesem zu übermitteln, dass er den Pkw für 9.400 € verkaufen solle; der Bote überbringt dem K die Erklärung, V wolle den Wagen für 4.900 € veräußern.

Die unrichtige Übermittlung wird nach § 120 wie ein Erklärungsirrtum behandelt, denn Wille und Erklärung weichen voneinander ab.

---

6 Beispiel in Fall 3, Aufgabe 1.

7 Eine Schwangerschaft ist allerdings keine Eigenschaft einer Person, sondern ein vorübergehender, in der Regel neun Monate dauernder Zustand.

f) Arglistige Täuschung

Nach § 123 I, 1. Alt. kann eine Willenserklärung angefochten werden, wenn sie auf einer arglistigen Täuschung beruht. Dadurch soll die Freiheit der Willensentschließung geschützt werden.

Es muss eine **Täuschungshandlung** vorliegen, d. h. ein Tun oder Unterlassen, wie z. B. das Vorspiegeln oder Unterdrücken von Tatsachen: Ein Verkäufer verschweigt, dass es sich bei dem Pkw um einen Unfallwagen handelt. Das Unterlassen ist allerdings nur dann als Täuschung zu werten, wenn eine Rechtspflicht zum Handeln bestand. Die Täuschungshandlung muss bei dem Erklärenden einen **Irrtum** hervorrufen, diesen bestärken oder ihn aufrechterhalten. Der Erklärende hat also eine falsche Vorstellung von der Realität (der Käufer meint, es handele sich um einen unfallfreien Pkw) und gibt deshalb eine **Willenserklärung** ab (der Käufer nimmt das Verkaufsangebot hinsichtlich des Wagens für 15.000 € an). Die Täuschungshandlung muss für die abgegebene Willenserklärung **ursächlich** gewesen sein, d. h. der Erklärende hätte die Willenserklärung ohne die Täuschung nicht bzw. nicht so abgegeben (der K hätte bei Kenntnis des Unfalls nicht den entsprechenden Kaufpreis bezahlt oder sogar von einem Vertragsschluss abgesehen).

Die Täuschung muss widerrechtlich sein. Diese Voraussetzung ergibt sich – anders als bei der Drohung – nicht aus dem Gesetzeswortlaut. Der Gesetzgeber ging davon aus, dass eine arglistige Täuschung immer widerrechtlich sei. Außerdem muss der Täuschende arglistig gehandelt haben. Es ist also Vorsatz erforderlich. Der Täuschende muss wissen und wollen, dass der andere durch die Täuschung zu einer Willenserklärung bestimmt wird, die er ohne Täuschung möglicherweise nicht oder nicht so abgeben würde (V wusste von dem Unfall des Pkw und auch, dass K bei Kenntnis der richtigen Umstände den Wagen nicht – bzw. nicht zu dem Preis – gekauft hätte).

Gem. § 123 II ist, wenn ein Dritter die Täuschung verübte, die Erklärung, die einem anderen gegenüber abzugeben war (also eine empfangsbedürftige Willenserklärung), nur anfechtbar, wenn dieser die Täuschung kannte oder kennen musste. Dritter i. S. dieser Vorschrift ist nur der am Geschäft Unbeteiligte, nicht hingegen z. B. der Vertreter des Erklärungsgegners, da er auf dessen Seite steht und maßgeblich am Zustandekommen des Vertrags mitgewirkt hat.[8] Der Begriff des Dritten kann unter Anwendung des Rechtsgedankens des § 278 ausgelegt werden.

---

8 Einzelfälle bei *Palandt/Ellenberger*, § 123 Rn. 12 ff.

Beispiel:
V, der auf Provisionsbasis Abonnementsverträge für H abschließt, überredet die K zur Unterschrift unter einen solchen Vertrag, indem er erklärt, es handele sich um ein Modemagazin. Tatsächlich abonniert K eine von H herausgegebene Fernsehzeitung.

Der Vertrag ist entgegen § 123 II 1 anfechtbar, da V auf der Seite des H steht; dies gilt auch für den Fall, dass H von der durch V verübten Tätigkeit nichts wusste.[9]

g) Widerrechtliche Drohung

Voraussetzung dieses Anfechtungsgrundes ist, dass der Erklärende widerrechtlich durch Drohung zur Abgabe der Willenserklärung bestimmt worden ist (§ 123 I, 2. Alt.).

Bei diesem Tatbestand des § 123 I liegt kein Irrtum des Erklärenden vor. Die widerrechtliche Drohung berechtigt zur Anfechtung der Willenserklärung, weil die Freiheit der Willensentschließung geschützt werden soll.

Unter einer Drohung versteht man das Inaussichtstellen eines zukünftigen empfindlichen Übels, auf dessen Eintritt der Drohende Einfluss hat oder zu haben vorgibt. Als Übel genügt jeder Nachteil.

Beispiele:
Drohung mit einer Strafanzeige, Drohung mit einer negativen Presseveröffentlichung.

Der Bedrohte muss Furcht vor diesem künftigen Übel haben und deshalb eine Willenserklärung abgeben; die Drohung muss hierfür ursächlich sein (Kausalität): Ohne Drohung hätte der Erklärende die Willenserklärung nicht bzw. nicht so abgegeben. Widerrechtlichkeit liegt vor, wenn das angewandte Mittel der Drohung (z. B. Schläge) oder der erstrebte Erfolg/ Zweck (z. B. Drogenkauf) verwerflich ist. Sie kann sich auch aus der Mittel-Zweck-Relation ergeben:

Beispiel:
Drohung mit einer Strafanzeige wegen tatsächlich begangener Unfallflucht, damit der Betroffene den alten PC des Drohenden abkauft. Die Anzeige wegen Unfallflucht ist – für sich betrachtet – rechtmäßig. Ebenso der Zweck, der Abschluss eines Kaufvertrags. Durch die Kombination des Mittels mit dem Zweck wird der andere einem mittelbaren Zwang (Angst vor einer Anzeige) ausgesetzt und zum Abschluss des Vertrags veranlasst, den er ansonsten nicht abgeschlossen hätte.

---

9 Beispiel in Fall 3 Aufgabe 1.

Der Drohende muss den Willen haben, den Willen des Bedrohten zu bestimmen (Vorsatz ist also erforderlich).

Bei der Anfechtung wegen widerrechtlicher Drohung ist es gleichgültig, ob der Erklärungsempfänger oder ein Dritter droht (anders bei der arglistigen Täuschung, vgl. § 123 II). Selbst bei Gutgläubigkeit des Erklärungsempfängers kann die Willenserklärung angefochten werden. Dies folgt aus dem Umkehrschluss aus § 123 II.

2. Anfechtungserklärung

Gem. § 143 I muss die Anfechtung ausdrücklich oder konkludent erklärt werden. Dabei ist der Ausdruck „Anfechtung" nicht wichtig, sondern es genügt, wenn der Erklärende zu erkennen gibt, dass er seine Erklärung wegen eines Anfechtungsgrunds nicht gelten lassen will.

Die Anfechtungserklärung ist ein formfreies, empfangsbedürftiges Rechtsgeschäft (= Willenserklärung). Sie muss gegenüber dem Anfechtungsgegner erfolgen – bei einem Vertrag also gegenüber dem Vertragspartner (vgl. § 143 II). Anfechtungsberechtigt ist, wer die Willenserklärung, die auf dem Willensmangel beruht, abgegeben hat (im Fall des § 120 also der Geschäftsherr und nicht die Übermittlungsperson bzw. -einrichtung).

3. Anfechtungsfrist

In den Fällen der §§ 119, 120 muss die Anfechtung unverzüglich (ohne schuldhaftes Zögern) erfolgen, nachdem der Anfechtungsberechtigte von dem Anfechtungsgrund Kenntnis erlangt hat (§ 121 I 1). Wenn seit der Abgabe der Willenserklärung zehn Jahre verstrichen sind, ist die Anfechtung ausgeschlossen (§ 121 II).

In den Fällen des § 123 kann die Anfechtung binnen Jahresfrist erfolgen (§ 124 I); auch hier gilt die Zehnjahresfrist (§ 124 III). Die Frist beginnt mit der Entdeckung der Täuschung bzw. Beendigung der Zwangslage bei der Drohung.

4. Wirkung und Rechtsfolgen der Anfechtung

Nach § 142 I ist das Rechtsgeschäft als von Anfang an (ex tunc) nichtig anzusehen. Es wird also so behandelt, als sei es überhaupt nicht vorgenommen worden. Bei bereits vollzogenen Arbeits- und Gesellschaftsverträgen wirkt die Anfechtung grundsätzlich nur für die Zukunft (ex nunc), denn die erbrachten Leistungen sollen Bestand haben und nicht über das Bereicherungsrecht abgewickelt werden.[10]

---

10 Siehe hierzu: *Palandt/Ellenberger*, § 142 Rn. 2.

Die Anfechtung führt nicht nur zur Nichtigkeit von einseitigen Rechtsgeschäften, sondern auch zur Nichtigkeit von Verträgen. Denn angefochten wird die einzelne, mit einem Irrtum behaftete Willenserklärung. Der Anbieter kann also sein Angebot, der Annehmende seine Annahmeerklärung anfechten. Wenn eine dieser beiden Willenserklärungen wirksam angefochten ist, fehlt eine der für den Vertrag erforderlichen Willenserklärungen, sodass der Vertrag selbst hinfällig ist.[11]

Gem. § 122 I hat der Anfechtende bei einer Anfechtung nach § 119 oder § 120 dem Vertragspartner Schadensersatz in Höhe des sog. negativen Interesses (sog. Vertrauensschaden), begrenzt auf das positive Interesse (sog. Erfüllungsschaden), zu leisten.[12]

> **Merke:**
> **Vertrauensschaden** = der Schaden, den der Geschädigte dadurch erleidet, dass er auf die Gültigkeit des Rechtsgeschäfts (der Erklärung) vertraut hat. Der Anfechtungsgegner muss also so gestellt werden, als hätte er von dem Geschäft nie etwas gehört (meist: Ersatz der Porto-, Telefon-, Transportkosten).
>
> **Erfüllungsschaden** = der Schaden, der dem Gläubiger infolge der Nichterfüllung entsteht. Der Geschädigte muss so gestellt werden, wie er stünde, wenn ordnungsgemäß erfüllt worden wäre (z. B. Ersatz des entgangenen Gewinns). In der Regel ist der Erfüllungsschaden höher als der Vertrauensschaden.

Der Schadensersatz ist nach § 122 II ausgeschlossen, wenn der Geschädigte den Grund der Nichtigkeit oder der Anfechtung kannte oder infolge von Fahrlässigkeit nicht kannte.

Bei einer nach § 123 erfolgten Anfechtung kann der Anfechtungsgegner keinen Schadensersatz verlangen; dies wäre auch unbillig, zumal dieser den Erklärenden getäuscht oder bedroht hat. Der Anfechtende hat vielmehr gegen den Täuschenden bzw. Drohenden einen Anspruch auf Schadensersatz aus §§ 280 I, 311 II, 241 II und Delikt (§ 826 bzw. § 823 II i. V. m. §§ 263, 240 StGB).

Wird ein Verpflichtungsgeschäft wirksam angefochten, sind die erbrachten Leistungen nach Bereicherungsrecht gem. § 812 I 1, 1. Alt. (wegen der

---

11 So *Brox/Walker* BGB AT, § 18 Rn. 439; *Larenz/Wolf*, § 20 II; a. A. *Leenen*, Die Anfechtung von Verträgen, JURA 1991, 303: Für ihn ist der Vertrag Gegenstand der Anfechtung. Er ist anfechtbar, wenn eine der zum Vertragsschluss erforderlichen Willenserklärungen mit einem Willensmangel behaftet ist.

12 Beispiel in Fall 2 Aufgabe 2.

Rückwirkung der Anfechtung nach § 142 I wird z. T. ein Bereicherungsanspruch nach Satz 1 angenommen) bzw. § 812 I 2, 1. Alt. zurückzugewähren. Da der Rechtsgrund für die Leistung tatsächlich bis zur Erklärung der Anfechtung bestanden hat, kann auch dieser Satz als Anspruchsgrundlage genannt werden.[13] Auch ein angefochtenes Verfügungsgeschäft ist von Anfang an nichtig. Das bedeutet z. B. bei einer Übereignung, dass der Erwerber von Anfang an Nichtberechtigter war. Hat er inzwischen weiterverfügt, so richtet sich die Wirksamkeit dieser Verfügung nach den Vorschriften über den gutgläubigen Erwerb (§§ 929, 932).[14]

Verpflichtungs- und Erfüllungsgeschäft sind voneinander losgelöst zu betrachten (Abstraktionsprinzip). Die Anfechtung des Verpflichtungsgeschäfts führt nicht automatisch zur Unwirksamkeit des Erfüllungsgeschäfts.[15] Die Anfechtbarkeit beider Geschäfte ist daher jeweils getrennt zu prüfen.

Nur die Anfechtung gem. § 123 erfasst in der Regel das Verpflichtungs- und das Erfüllungsgeschäft, da beide Geschäfte an demselben Willensmangel leiden.[16]

Prüfschema – Anfechtung einer Willenserklärung:

1. Anfechtbare Willenserklärung
2. Anfechtungsgrund
   a) Inhaltsirrtum, § 119 I, 1. Alt.
   b) Erklärungsirrtum, § 119 I, 2. Alt.
   c) Eigenschaftsirrtum, § 119 II
   d) falsche Übermittlung, § 120
   e) arglistige Täuschung, § 123 I, 1. Alt.
   f) widerrechtliche Drohung, § 123 I, 2. Alt.
3. Anfechtungserklärung, § 143
4. Anfechtungsfrist, §§ 121, 124

Wirkung der Anfechtung:
Willenserklärung ist von Anfang an nichtig, § 142 I

13 Vgl. *Palandt/Sprau*, § 812 Rn. 26. Ausführlich unter Vertiefung: „Ungerechtfertigte Bereicherung".

14 Siehe hierzu die Vertiefung „Gutgläubiger Eigentumserwerb vom Nichtberechtigten".

15 *Palandt/Ellenberger*, § 142 Rn. 2 sowie Überblick vor § 104 Rn. 23; *Brox/Walker* BGB AT, § 18 Rn. 440.

16 BGHZ 58, 257, 258; *Brox/Walker* BGB AT, § 18 Rn. 441.

Exkurs: Aufrechnung

> Unter **Aufrechnung** wird die Tilgung zweier einander gegenüberstehender Forderungen durch eine empfangsbedürftige Willenserklärung verstanden.

Die Voraussetzungen der Aufrechnung sind in den §§ 387 ff. geregelt. Es muss zunächst eine **Aufrechnungslage** gegeben sein:

1. Jeder Vertragspartner muss eine Forderung gegen den anderen haben (= **Gegenseitigkei**t der Forderungen). Der Aufrechnende muss also der Schuldner der Hauptforderung sein und der Gläubiger der Gegenforderung. Außerdem muss – umgekehrt – der Aufrechnungsgegner Gläubiger der Hauptforderung und Schuldner der Gegenforderung sein,
2. die Forderungen müssen **gleichartig**, also austauchbar und verrechenbar sein (in der Regel: Geldforderungen) **und**
3. die Hauptforderung (= die Forderung, gegen die aufgerechnet wird) muss **erfüllbar** und die Gegenforderung (= die Forderung, die der Aufrechnende „selbst in der Hand hat") muss **fällig** sein. Unter Erfüllbarkeit wird der Zeitpunkt verstanden, von dem ab der Schuldner leisten darf. In der Regel wird die Forderung gleichzeitig fällig und erfüllbar. Sie kann allerdings, obwohl noch nicht fällig, erfüllbar sein, vgl. § 271 II.[17] Fälligkeit bezeichnet den Zeitpunkt, von dem ab der Gläubiger die Leistung verlangen kann.

Es darf **kein Ausschlussgrund** für die Aufrechnung vorliegen (§ 393 – keine Aufrechnung gegen eine Forderung aus unerlaubter Handlung; § 394 – keine Aufrechnung gegen eine unpfändbare Forderung) und die **Aufrechnungserklärung** muss vorliegen (vgl. § 388 S. 1). Die Aufrechnung ist ein Gestaltungsrecht und bedingungsfeindlich (§ 388 S. 2). Dies ist Ausdruck eines allgemeinen Rechtsgedankens: Bei einseitigen Rechtsgeschäften (z. B. auch eine Kündigung) soll der Empfänger dieser entsprechenden Erklärung nicht über die Rechtslage im Unklaren gelassen werden.

Beispiel:
V hat eine fällige Forderung in Höhe von 1.500 € gegen K aus einem Kaufvertrag. K steht gegen V eine fällige Forderung aus einem Darlehensvertrag in Höhe von 700 € zu. Als V von K Zahlung fordert, erklärt Letztgenannter in Höhe der Darlehensforderung (700 €) die Aufrechnung gegenüber V.

---

17 Siehe hierzu *Palandt/Grüneberg*, § 271 Rn. 11. Beispiel für die Aufrechnung: Fall 3, Aufgabe 3.

V ⟶ K
§ 433 II
Forderung: 1.500 €
K ⟶ V
§ 488 I 2
Forderung: 700 €

Jede Vertragspartei ist Schuldner und Gläubiger des anderen und zur Aufrechnung berechtigt, da beide Forderungen gleichartig (Geld) und fällig sind. Indem K die Aufrechnung gem. § 388 erklärt, erlöschen die Forderungen in Höhe ihrer betragsmäßigen Übereinstimmung („soweit sie sich decken", § 389), also in Höhe von 700 €. V kann folglich von K noch die Zahlung von 800 € verlangen.

Voraussetzungen der Aufrechnung:

1. Gegenseitigkeit der Forderungen,
2. Gleichartigkeit der Forderungen,
3. Erfüllbarkeit der Hauptforderung und
4. Fälligkeit der Gegenforderung (§ 387) sowie
5. Aufrechnungsklärung (§ 388)

Rechtsfolge: Erlöschen der Forderungen in Höhe ihrer betragsmäßigen Übereinstimmung (§ 389).

Fall 4: Schuldrecht AT – Allerlei Unglück beim Bücherkauf

Schwerpunkte:
Pflichtverletzung vor/bei Vertragsschluss und Nebenpflichtverletzung

Allerlei Unglück beim Bücherkauf

Student Karlo Kaufgut (K) interessiert sich für alte juristische Bücher und sucht deshalb das Antiquariat des Viktor Vaupel (V) auf. Zwei Exemplare, für die sich K interessiert, liegen ganz oben auf einem Regal. Als V die zwei Bände herausgreift, sichert er nicht die daneben stehen Bücher. Deshalb fallen mehrere Dutzend schwere Folianten herunter – ein Teil davon auf den Kopf des K. Dieser erleidet eine Platzwunde und muss ärztlich versorgt werden. Die Arztrechnung beläuft sich auf 150 €. Außerdem hat K noch einige Wochen massive Kopfschmerzen.

Aufgabe 1: Hat K einen (quasi)vertraglichen Anspruch gegen V?

K ist in Begleitung seines Kommilitonen Siggi Schubser (S), der auch Fan alter Bücher ist und die erste Auflage des „Palandt" sucht. S rutscht beim Betreten des Ladens des V auf einer Bananenschale aus und trägt Verletzungen davon. Der Angestellte Alfred Angenehm (A) des V, der sonst immer zuverlässig ist, hatte aus Unachtsamkeit vergessen, die Bananenschale wegzuräumen.

Aufgabe 2: S verlangt von V Ersatz der entstandenen Behandlungskosten in Höhe von 2.000 €. Zu Recht?

Im Antiquariat gibt es auch ein kleines Café, das Winnibald Witzig (W) betreibt. Nachdem K ärztlich versorgt worden war, blättert er bei einer Tasse Kaffee in Ruhe in einigen Büchern, um zu entscheiden, welche er kaufen will. Bei W bestellt er sich eine zweite Tasse Kaffee. Als W ein Stück Schokoladentorte an den Nachbartisch bringen will, schaut er einer hübschen Dame nach und hält den Teller schief, so dass die Torte auf der neuen Wildlederjacke des K landet.

Aufgabe 3: Kann K von W Schadensersatz für die Reinigungskosten in Höhe von 25 € verlangen?

Fall 4: Prüfschema/Lösungsskizze:

K/S -------- K
.
.
.
.
A
(Erfüllungsgehilfe)

Aufgabe 1:

K ⟶ V Schadensersatz gem. § 280 I i. V. m. § 311 II Nr. 2

1. wirksames (vorvertragliches) Schuldverhältnis, § 311 II Nr. 2 (+)
2. Pflichtverletzung des Schuldners, § 241 II (+)
3. Vertretenmüssen, § 280 I 2 i. V. m. § 276 (+)
4. Schaden (+)

Ergebnis: K ⟶ V Schadensersatz gem. § 280 I i. V. m. § 311 II Nr. 2 (+)

Umfang: § 249 I, § 249 II 1 (Personenschaden), § 253 II (Schmerzensgeld)

Aufgabe 2:

S ⟶ V Schadensersatz gem. § 280 I i. V. m. § 311 II Nr. 2

1. wirksames (vorvertragliches) Schuldverhältnis, § 311 II Nr. 2 (+)
2. Pflichtverletzung des Schuldners, § 241 II (+)
3. Vertretenmüssen, § 280 I 2 i. V. m. §§ 276, 278 (+)
   Angestellter A = Erfüllungsgehilfe
4. Schaden (+)

Ergebnis: S ⟶ V Schadensersatz gem. § 280 I i. V. m. § 311 II Nr. 2 (+)

Umfang: § 249 I, § 249 II 1 (Personenschaden)

Aufgabe 3:

K ———— W
Bewirtungsvertrag

K ⟶ W Schadensersatz gem. § 280 I

1. Schuldverhältnis: Bewirtungsvertrag, § 311 I (+)
2. Pflichtverletzung: Verletzung der Sorgfaltspflicht, § 241 II (+)

3. Vertretenmüssen: Fahrlässigkeit, § 276 II (+)
4. Schaden: Schokoladentorte auf der Wildlederjacke (+)

Ergebnis: K ⟶ W Schadensersatz gem. § 280 I

Schadensumfang: § 249 I, § 249 II 1

Ausarbeitung (Gutachten):

Aufgabe 1:

K könnte gegenüber V einen Schadensersatzanspruch gem. § 280 I i.V.m. § 311 II Nr. 2 haben.

1. *Voraussetzung dafür ist, dass zwischen K und V ein Schuldverhältnis besteht.* Mangels vertraglicher Beziehungen zwischen den Parteien kommt hier nur ein *vorvertragliches Schuldverhältnis i.S.d. § 311 II in Betracht. Ein solches liegt bereits vor, wenn es zur Anbahnung eines Vertrages kommt (§ 311 II Nr. 2).* Indem K auf der Suche nach alten juristischen Büchern das Antiquariat des V betritt, ist diese Voraussetzung gegeben.
2. *Außerdem muss V eine gegenüber K bestehende Pflicht verletzt haben. Nach § 241 II bestehen (auch vorvertragliche) Pflichten zur Rücksicht auf die Rechte, Rechtsgüter und die Interessen des potenziellen Vertragspartners.* Aufgrund des Herausgreifens von zwei Büchern aus dem Regal durch V fallen mehrere Dutzend Folianten herunter und einige davon auf den Kopf des K. Durch diese Handlung hat V seine gegenüber K bestehende Schutz-(Rücksichtnahme-)pflicht verletzt.
3. *Diese Pflichtverletzung muss V zu vertreten haben (§ 280 I 2). Gem. § 276 I 1 hat der Schuldner (V) Vorsatz und Fahrlässigkeit* zu vertreten, *sofern* – was hier nicht der Fall ist – *kein anderer Haftungsmaßstab greift. Gem. § 276 II handelt derjenige fahrlässig, der die im Verkehr erforderliche Sorgfalt außer Acht lässt.* Bei der Herausnahme von Büchern, die ganz oben auf dem Regal gelagert werden, ist besondere Vorsicht geboten. Diese hat V nicht beachtet und somit fahrlässig gehandelt.
4. *Weiterhin muss dem K aus der Pflichtverletzung einen Schaden entstanden sein. Unter Schaden wird allgemein jede Einbuße verstanden, die jemand infolge eines bestimmten Ereignisses an sei-*

nen Lebensgütern, wie z.B. Gesundheit, erleidet. Indem K durch die herabfallenden Bücher eine Platzwunde erleidet, liegt ein Schaden vor.

Deshalb kann K gegenüber V Schadensersatz gem. § 280 I i.V.m. § 311 II Nr. 2 verlangen.

Für den Umfang des Schadensersatzanspruchs gelten die §§ 249 ff. K ist so zu stellen, wie er gestanden hätte, wenn er nicht zur Büchersuche das Antiquariat des V aufgesucht hätte (§ 249 I). Wegen seiner Körperverletzung kann er von V die Begleichung der Arztrechnung in Höhe von 150 € verlangen (§ 249 II 1).

Gem. § 253 II kann K bei Verletzung des Körpers wegen eines immateriellen Schadens zusätzlich eine billige Entschädigung in Geld verlangen. Somit kommt wegen der massiven, länger andauernden Kopfschmerzen auch eine Schmerzensgeldforderung gegen V in Betracht.

Aufgabe 2:

S könnte gegenüber V einen Schadensersatzanspruch bezüglich der Behandlungskosten gem. § 280 I i.V.m. § 311 II Nr. 2 haben.

1. *Voraussetzung dafür ist, dass zwischen K und V ein Schuldverhältnis besteht.* Mangels vertraglicher Beziehungen zwischen den Parteien kommt hier nur ein *vorvertragliches Schuldverhältnis i.S.d. § 311 II in Betracht. Ein solches liegt bereits vor, wenn es zur Anbahnung eines Vertrages kommt (§ 311 II Nr. 2).* Indem S auf der Suche nach antiquarischen Büchern bewusst den Laden des V betritt, ist diese Voraussetzung gegeben.
2. *Außerdem muss V gegenüber S eine Pflicht verletzt haben. In Betracht kommt die Verletzung einer Nebenpflicht nach § 241 II. Danach bestehen Pflichten zur Rücksicht auf die Rechte, Rechtsgüter und die Interessen des potenziellen Vertragspartners. Jeder, der Geschäftsräume eröffnet, muss folglich für die Verkehrssicherheit Sorge tragen. V musste auf einen ordnungsgemäßen Zustand des Fußbodens achten.* Durch die am Boden liegende Bananenschale, auf der S ausrutschte und Verletzungen davontrug, hat V seine Sorgfaltspflicht bezüglich der Bodenbeschaffenheit missachtet.
3. *Diese Pflichtverletzung muss V zu vertreten haben (§ 280 I 2). Nach § 276 I hat der Schuldner Vorsatz und Fahrlässigkeit zu ver-*

treten, sofern – was hier nicht der Fall ist – *kein anderer Haftungsmaßstab greift.* Im vorliegenden Fall hat allerdings nicht S, sondern sein Angestellter A vergessen, die Bananenschale wegzuräumen. Deshalb ist ein Eigenverschulden des V abzulehnen. *Gem. § 278 S. 1 haftet der Ladenbesitzer jedoch auch für fremdes Verschulden seines Erfüllungsgehilfen. Voraussetzung ist, dass A Erfüllungsgehilfe ist. Erfüllungsgehilfe ist, wer mit Wissen und Wollen des Schuldners bei der Erfüllung von dessen Verbindlichkeit aus einem Schuldverhältnis – dazu gehören auch vorvertragliche – tätig wird.* A hatte als Ladenangestellter des V auf die Bodenbeschaffenheit zu achten und damit die dem V obliegende Verkehrssicherungspflicht zu erfüllen. Folglich ist er Erfüllungsgehilfe von V. *Außerdem ist ein Verschulden des A Voraussetzung. Es kommt Fahrlässigkeit in Betracht. Fahrlässig handelt, wer die im Verkehr erforderliche Sorgfalt außer Acht lässt (§ 276 II).* Indem A die Bananenschale nicht wegräumt, hat er die im Verkehr erforderliche Sorgfalt außer Acht gelassen und somit fahrlässig gehandelt. Somit muss V sich das Verschulden des A nach § 278 S. 1 zurechnen lassen.[1]

4. *Letztlich muss dem S aus der Pflichtverletzung ein Schaden entstanden sein. Unter Schaden wird allgemein jede Einbuße verstanden, die jemand infolge eines bestimmten Ereignisses an seinen Lebensgütern, wie z.B. Gesundheit, erleidet.* Indem S durch das Ausrutschen auf der Bananenschale Verletzungen davonträgt, hat er einen Körperschaden erlitten.

Demnach kann S gegenüber V Schadensersatz gem. § 280 I i.V.m. § 311 II Nr. 2 verlangen.

Für den Umfang des Schadensersatzanspruches gelten die §§ 249ff. S ist so zu stellen, wie er gestanden hätte, wenn er nicht den Laden zum Kauf der ersten Auflage des „Palandt" betreten hätte (§ 249 I). Wegen seiner Körperverletzung kann S von V die Begleichung der Behandlungskosten, also 2.000 €, verlangen (§ 249 II 1).

1 Andere Formulierung: Somit hat V das Verschulden des A in gleichem Umfang zu vertreten wie eigenes Verschulden.

Aufgabe 3:

Der Gast K könnte gegenüber dem Gastwirt W Schadensersatz gem. § 280 I verlangen.

1. *Voraussetzung dafür ist, dass zwischen K und W ein Schuldverhältnis besteht.* Dies könnte in Form eines „Bewirtungsvertrages" i. S. d. § 311 I der Fall sein. Es muss also ein Vertrag zwischen den Beteiligten geschlossen worden sein. Durch zwei übereinstimmende Willenserklärungen haben B und W einen „Bewirtungsvertrag" (Bewirtung des K durch W gegen Vergütung durch K) geschlossen. Somit liegt ein vertragliches Schuldverhältnis vor.
2. *Außerdem muss W eine Pflichtverletzung gegenüber K begangen haben. Der W ist nach § 241 II verpflichtet, Rücksicht auf die Rechte, Rechtsgüter und Interessen des K zu nehmen.* Dadurch, dass der W beim Servieren der Schokoladentorte an den Nachbartisch einer Dame nachschaut und infolgedessen die Torte auf die Jacke des K fällt, verletzt er seine Sorgfaltspflicht gegenüber K. Folglich liegt eine Pflichtverletzung gem. § 241 II vor.
3. *Der W muss gegenüber K die Pflichtverletzung zu vertreten haben. Nach § 276 I hat der Schuldner (W) Vorsatz und Fahrlässigkeit zu vertreten. Fahrlässig handelt nach § 276 II, wer die im Verkehr erforderliche Sorgfalt außer Acht lässt.* Da der W beim Servieren der Schokoladentorte einer Dame nachsah und nicht mit der erforderlichen Sorgfalt das Kuchenstück an den Nachbartisch brachte, handelte er fahrlässig. Folglich hat W die Pflichtverletzung nach § 280 I 2 i. V. m. § 276 zu vertreten.
4. *Schließlich muss dem K durch das Handeln des W ein Schaden entstanden sein. Schaden ist jede Einbuße, die jemand infolge eines bestimmten Ereignisses an seinen Lebensgütern erleidet.* Indem die Schokoladentorte durch das Verhalten des W auf der neuen Wildlederjacke des K gelandet ist, erleidet K einen Schaden an der Jacke.

Folglich kann K gegenüber W Schadensersatz gem. § 280 I verlangen.

Der Umfang des zu ersetzenden Schadens ergibt sich aus § 249. W hat also den Zustand herzustellen, der bestehen würde, wenn der zum Ersatz verpflichtende Umstand nicht eingetreten wäre – also der Zustand, wie er ohne das Fallen der Schokoladentorte auf die Jacke des K bestehen würde. Demzufolge kann K von W die Reinigung der

Wildlederjacke nach § 249 I oder – da Schadensersatz wegen Beschädigung einer Sache zu leisten ist – Erstattung der Reinigungskosten in Höhe von 25 € nach § 249 II 1 verlangen.

Vertiefung: Leistungsstörungen – Die Zentralnorm des § 280 I[2]

Übersicht:
I. Voraussetzungen des Schadensersatzanspruchs
  1. Schuldverhältnis
  2. Pflichtverletzung
  3. Vertretenmüssen
  4. Kausaler Schaden
II. Rechtsfolge

I. Voraussetzungen des Schadensersatzanspruchs

Mit der **Zentralnorm des § 280 I** wurde durch die Schuldrechtsreform ab 1.1.2002 ein einheitlicher Haftungstatbestand für alle Leistungsstörungen aus einem Schuldverhältnis normiert – unabhängig davon, ob es sich um die Verletzung von Haupt- oder Nebenleistungspflichten oder von nicht leistungsbezogenen Nebenpflichten handelt.

Der Schuldner hat im Falle einer Pflichtverletzung dem Gläubiger den hierdurch entstandenen Schaden zu ersetzen, es sei denn, er hat die Pflichtverletzung nicht zu vertreten.

Die Voraussetzungen des Schadensersatzanspruchs nach § 280 I sind:

1. Schuldverhältnis

Im Zeitpunkt der Verletzungshandlung muss zwischen dem Anspruchsteller und dem Anspruchsgegner ein wirksames Schuldverhältnis bestanden haben. In Betracht kommt ein

2 **Literatur zur Vertiefung:** *Brox/Walker* SchuldR AT, §§ 24 f.; *Bredemeyer,* Der Regelungsbereich von § 280 BGB, ZGS 2010, 10 ff.; *Fikentscher/Heinemann*, § 46; *Heuser*, Versprechen, Verschulden und Pflichtverletzung (§ 280 BGB), JURA 2012, 663 (Teil 1), 827 (Teil 2); *Kaiser*, Rn. 464 ff.; *Kallwass/Abels*, § 47; *Looschelders*, SchuldRt AT, Rn. 514 ff.; *Lorenz*, Grundwissen – Zivilrecht: Was ist eine Pflichtverletzung (§ 280 I BGB)?, JuS 2007, 213; *Lorenz/Riehm*, 6. Kapitel, §§ 2, 8; *Schellhammer*, Rn. 1669 ff.; *Weiss*, Die Ergänzung besonderer Rechtsverhältnisse durch die allgemeinen Vorschriften der §§ 280 ff. BGB, JuS 2012, 965; *Wörlen/Metzler-Müller* SchuldR AT, Rn. 288 ff.

- vertragliches

  Beispiele:
  Kaufvertrag, Werkvertrag, Dienstvertrag, Maklervertrag

  oder

- gesetzliches

  Beispiel:
  Geschäftsführung ohne Auftrag. Da in den gesetzlichen Schuldverhältnissen der §§ 812 ff., 823 ff. und 987 ff. die Pflichten der Parteien abschließend geregelt sind, kommen hier keine Ansprüche gem. § 280 in Betracht.[3]

Schuldverhältnis.

Ausnahmsweise können auch andere Personen, die selbst nicht Vertragspartner sind, in den Schutzbereich des Vertrags einbezogen werden (z. B. Familienangehörige, Hausangestellte, Besuch u. Ä.).

Beispiel:
Der Vermieter verletzt seine Verkehrssicherungspflicht, indem er bei Glatteis nicht streut. Der Sohn des Mieters stürzt und bricht sich ein Bein.[4]

2. Pflichtverletzung

Der Anspruchsgegner (= Schuldner) muss durch eine Handlung oder eine pflichtwidrige Unterlassung eine aus dem Schuldverhältnis resultierende Pflicht, die dem Anspruchsteller gegenüber bestand, verletzt haben.

Hauptbeispiele für Pflichtverletzungen sind:

a) Verletzung vertraglicher Nebenpflichten,

wie z. B. Obhuts-, Sorgfalts-, Schutz- (Verkehrssicherungs-), Mitteilungs-, Auskunfts-, Leistungstreue- oder Mitwirkungspflichten gegenüber dem Vertragspartner.[5]

Nach § 241 II kann ein Schuldverhältnis nach seinem Inhalt jeden Teil zur Rücksicht auf die Rechte, Rechtsgüter und Interessen des anderen Teils verpflichten. Aus der Formulierung „kann" folgt, dass es sich hier um eine Ausnahmevorschrift handelt, dass also in der Regel keine Schutzpflichten bestehen. Nach bisheriger Rechtsprechung wurden allerdings Schutz-

---

3 Siehe auch *Palandt/Grüneberg*, § 280 Rn. 9.

4 Siehe auch *Palandt/Grüneberg*, § 328 Rn. 13.

5 Beispiele für nicht leistungsbezogene Nebenpflichtverletzungen sind zu finden in Fall 4, Aufgabe 3; Fall 8, Aufgabe 2; Fall 11, Aufgabe 2: Fall 12, Aufgabe 4 a), Fall 13, Aufgabe 4. Siehe auch *Palandt/Grüneberg*, § 280 Rn. 25 ff. Ausführliche Darstellung der Neben(leistungs)pflichten bei *Wörlen/Metzler-Müller* SchuldR AT, Rn. 123 ff.

pflichten in fast allen Sonderverbindungen anerkannt; sie unterschieden sich nur bezüglich ihrer Intensität.[6] Da die Schuldrechtsreform hieran nichts änderte,[7] ist davon auszugehen, dass die Parteien eines Schuldverhältnisses auch weiterhin verpflichtet sind, sich so zu verhalten, dass die Rechtsgüter und Rechte des anderen Teils – sofern eine Partei eine durch das Schuldverhältnis bedingte Einwirkungsmöglichkeit auf diese erhält – nicht verletzt werden.

Beispiel:
Der Wirt schüttet beim Servieren Rotwein auf den Anzug des Gastes.

§ 241 II ist ebenso wie dessen Absatz 1 eine Blankettnorm. Die einzelnen Rücksichtnahmepflichten werden nicht aufgelistet. Deren Umfang und Inhalt hängt vom Vertragszweck, der Verkehrssitte und den Anforderungen des redlichen Geschäftsverkehrs ab. Die Vorschrift geht davon aus, dass es auch Schuldverhältnisse geben kann, die nicht zur Rücksicht verpflichten (argumentum aus „kann").[8]

b) Schlechterfüllung einer Hauptleistungspflicht

Dies betrifft u. a. Schuldverhältnisse, die keine Regelung über die Schlechtleistung enthalten (sog. „Gewährleistungslücke").

Beispiele:
Dienstvertrag (§ 611), Mäklervertrag (§ 652), Auftrag (§ 662), entgeltliche Geschäftsbesorgung (§ 675), Geschäftsführung ohne Auftrag (§ 677), BGB-Gesellschaft (§ 705).

Für Kauf-, Werk-, Miet- und Reiseverträge bestehen Sondervorschriften, die die Haftung für Mängel regeln. Sie gehen als besonderes Leistungsstörungsrecht in ihrem Anwendungsbereich dem § 280 I vor. Bei allen anderen Verträgen fehlen derartige Vorschriften.

3. Vertretenmüssen[9]

Der Anspruchsgegner (Schuldner) muss die Pflichtverletzung zu vertreten haben. Mit der Formulierung des § 280 I 2 wird eine Beweislastregel aufgestellt. Ein Vertretenmüssen des Schuldners wird durch die Pflichtverletzung indiziert, der Schuldner muss sich deshalb entlasten.[10]

---

6 *Krebs*, Die große Schuldrechtsreform, DB 2000, Beilage 14, 1, 9.
7 Vgl. hierzu BT-Drucksache 14/6040, 283.
8 So unter Umständen bei Wechselansprüchen zwischen nicht durch vertragliche Abreden verbundenen Beteiligten; vgl. *Palandt/Grüneberg*, § 241 Rn. 8.
9 Siehe hierzu auch: Exkurs „Vertretenmüssen".
10 Vgl. hierzu *Palandt/Grüneberg*, § 280 Rn. 40.

Das Vertretenmüssen ist in den §§ 276 ff. geregelt. Grundsätzlich hat der Schuldner Vorsatz und Fahrlässigkeit zu vertreten. Eine Ausnahme von diesem Grundsatz ist denkbar, wenn ein anderer Verschuldensmaßstab eingreift, der sich nach § 276 I 1 aus dem sonstigen Inhalt des Schuldverhältnisses herleiten lässt. Möglich ist eine abweichende vertragliche Vereinbarung, die eine strengere oder mildere Haftung enthält.

Für das Verschulden seines Erfüllungsgehilfen

Beispiel:
Der vom Wirt mit dem Servieren beauftragte Kellner schüttet das bestellte Glas Rotwein auf den Anzug des Gastes.[11]

muss der Anspruchsgegner nach § 278 S. 1 einstehen. Die Pflichtverletzung darf allerdings nicht nur „bei Gelegenheit" des Schuldverhältnisses geschehen sein, sondern muss in unmittelbarem inneren, sachlichen Zusammenhang mit den Aufgaben stehen, die ihm von seinem Geschäftsherrn als Schuldner im Hinblick auf die Erfüllung von Verbindlichkeiten aus dem konkreten Schuldverhältnis zugewiesen waren.

Beispiel:
Der vom Malermeister mit dem Streichen der Zimmerdecken beauftragte Malergeselle stiehlt nach Abschluss der Malerarbeiten beim Verlassen des Arbeitsplatzes eine wertvolle Vase. Für eine solche Pflichtverletzung des Erfüllungsgehilfen haftet der Schuldner (= Malermeister) gegenüber dem Auftraggeber (z. B. Hauseigentümer) nicht.

So sieht dies die noch h. M.[12] Eine im Vordringen befindliche Auffassung will den Schuldner auch für (z. B.) einen Diebstahl durch den Gehilfen über § 278 haften lassen.[13]

4. Kausaler Schaden

Die schuldhafte Pflichtverletzung muss für den Schaden, der dem Vertragspartner entstanden ist, adäquat kausal sein. Nach der Adäquanztheorie ist nur die Pflichtverletzung für den eingetretenen Schaden kausal, die vom Standpunkt eines objektiven Beobachters generell geeignet ist, unter normalen Umständen den konkreten Schaden herbeizuführen.[14]

---

11 Siehe hierzu auch Fall 12, Aufgabe 4 a); Fall 13, Aufgabe 4.

12 Vgl. *Palandt/Grüneberg*, § 278 Rn. 20; *Jauernig/Stadler*, § 278 Rn. 12.

13 Näheres bei *Wörlen/Metzler-Müller* SchuldR AT, Rn. 406.

14 Siehe hierzu auch die Vertiefung „Unerlaubte Handlungen" I. 4.

II. Rechtsfolge

Rechtsfolge des Schadensersatzanspruchs wegen Pflichtverletzung ist der Ersatz des durch die Pflichtverletzung entstandenen Schadens gem. § 280 I.

Schäden, die durch eine Schlechtleistung (Lieferung einer mangelhaften Sache) oder durch die Verletzung von leistungsbegleitenden Nebenpflichten gem. § 241 II an anderen (absoluten) Rechtsgütern des Gläubigers entstanden sind – also die „klassischen“ Mangelfolgeschäden und Begleitschäden –, werden von § 280 I (i. V. m. §§ 249 ff.) erfasst.

Beispiele für diesen „einfachen Schadensersatz“:
Der mit dem Streichen der Raufasertapeten beauftragte Malermeister hat den Teppichboden des Raumes nicht richtig abgedeckt und hinterlässt auf diesem Farbkleckse (Sorgfaltspflichtverletzung). Die Kosten für deren Beseitigung stellen den „einfachen Schadenersatz“ dar.
Ein geliefertes krankes Tier steckt andere Tiere des Käufers an.

§ 280 I erfasst auch diese Schäden, die an anderen Rechtsgütern des Käufers entstanden sind, sowie die Kosten und Aufwendungen im Hinblick auf diese Rechtsgüter.

Prüfschema – Schadensersatz wegen Pflichtverletzung gem. § 280 I:
Voraussetzungen:

1. Wirksames Schuldverhältnis, § 280 I 1
2. Objektive Pflichtverletzung durch den Schuldner, § 280 I 1 (ggf. i. S. v. § 241 II)
3. Vertretenmüssen, §§ 280 I 2, 276 ff.
4. Schaden beim Gläubiger als Folge der Pflichtverletzung

Vertiefung: Schadensersatz wegen Pflichtverletzung vor/bei Vertragsschluss[15]

Übersicht:
1. Wirksames (vorvertragliches) Schuldverhältnis
2. Objektive Pflichtverletzung durch den Schuldner
3. Vertretenmüssen
4. Kausaler Schaden

Es gibt Fälle, in denen jemand, der auf das ordnungsgemäße Verhalten eines anderen – berechtigt und in schutzwürdiger Art – vertraut hat, deswegen einen Schaden erlitten hat. Da zwischen ihm und dem Schuldner allerdings kein Vertrag besteht, kommt ein vertraglicher Schadensersatzanspruch nicht in Betracht. Rechtsprechung[16] und Lehre[17] hatten für solche Fälle das Rechtsinstitut der Haftung für „Verschulden bei(m) Vertragsschluss" entwickelt, das auch mit dem lateinischen Ausdruck „culpa in contrahendo" (abgekürzt: „c. i. c.") bezeichnet wurde.

Aufbauend auf dieser gefestigten Rechtsprechung regelt nunmehr § 311 II, dass ein Schuldverhältnis i. S. d. § 241 II auch durch die Aufnahme von Vertragsverhandlungen, die Anbahnung eines Vertrags (bei welcher der eine Teil im Hinblick auf eine etwaige rechtsgeschäftliche Beziehung dem anderen Teil die Möglichkeit zur Einwirkung auf seine Rechte, Rechtsgüter und Interessen gewährt oder ihm diese anvertraut) oder andere geschäftliche Kontakte entsteht. Wegen der Pflichten, die sich aus diesem Schuldverhältnis der Vertragsanbahnung ergeben, verweist § 311 II auf die Generalklausel des § 241 II. Nach dieser Vorschrift kann ein Schuldverhältnis nach seinem Inhalt jeden Teil zur Rücksicht auf die Rechte, Rechtsgüter und Interessen des anderen Teils verpflichten. Das Gesetz gibt hier eine Art „Blankettermächtigung",[18] die unter Berücksichtigung der bishe-

15 **Literatur zur Vertiefung:** *Brox/Walker* SchuldR AT, § 5 Rn. 1 ff., § 25 Rn. 11 ff.; *Fikentscher/Heinemann*, § 19; *Grunewald*, § 13; *Kaiser*, Rn. 452 ff.; Katzenstein, Die Bedeutung der vertraglichen Bindung für die culpa-Haftung des Vertragsschuldners auf Schadensersatz, JURA 2004, 800, (Teil 1), JURA 2005, 73 (Teil 2); *Looschelders*, SchuldR AT, Rn. 141 ff.; *Medicus/Lorenz* SchuldR I AT, § 14; *Musielak/Hau*, Rn. 494 ff.; *Wörlen/Metzler-Müller* SchuldR AT, Rn. 359 ff.

16 So BGH NJW 1979, 1993.

17 Der Jurist *Rudolph von Ihering* (1818–1892) hatte dieses Rechtsinstitut „entdeckt": Culpa in contrahendo oder Schadensersatz bei nichtigen oder nicht zur Perfektion gelangten Verträgen (IherJb 4, 1 ff.). „Culpa" bedeutet „Schuld, Verschulden", „contrahere" = „verhandeln". Davon abgeleitet wurde „in contrahendo" = „Beim Verhandeln"/„bei Vertragsabschluss".

18 So *Dauner-Lieb*, in: Ernst/Zimmermann (Hrsg.), S. 305, 316 f.

rigen Rechtsprechung ausgefüllt werden muss. Die Haftung für Pflichtverletzungen ergibt sich aus dem allgemeinen Tatbestand des § 280 I.

Die Voraussetzungen der Haftung sind:

1. Wirksames (vorvertragliches) Schuldverhältnis

a) Aufnahme von Vertragsverhandlungen

Gem. § 311 II Nr. 1 entsteht durch die Aufnahme von Vertragsverhandlungen ein Schuldverhältnis. Es endet, wenn es zur Beendigung der Verhandlungen kommt oder wenn der Vertrag, über den verhandelt worden ist, zustande kommt (dann bestehen vertragliche Pflichten). Dieses Schuldverhältnis begründet keine primären Leistungspflichten. Es entsteht ein vertragsähnliches Vertrauensverhältnis.[19] Welche Pflichten im Stadium der Vertragsaufnahme bestehen, lässt sich aus § 241 II – auf den § 311 II verweist – entnehmen. Danach kann ein Schuldverhältnis nach seinem Inhalt jeden Teil zur Rücksicht, Fürsorge und Loyalität gegenüber dem anderen Teil verpflichten. Wie weit diese Pflichten reichen, bestimmt sich nach den Umständen des Einzelfalls – es soll nach dem Willen des Gesetzgebers auf die Ergebnisse der bisherigen Rechtsprechung zurückgegriffen werden.[20] Es besteht also die Pflicht, Körper, Leben und Eigentum sowie andere Rechtsgüter des anderen Teils nicht zu verletzen.[21]

Beispiel:
K möchte bei V einen Pkw kaufen und unternimmt mit dem ausgesuchten Kraftfahrzeug eine Probefahrt. Der Wagen bleibt durch ein Verschulden des V in einer einsamen Gegend liegen, sodass K mit einem Taxi zurückfahren muss und erhebliche Fahrtkosten hat.

b) Anbahnung eines Vertrags

In den Fällen des § 311 II Nr. 2 – Pflichtverletzung während der Anbahnung eines Vertrags – sind noch keine Vertragsverhandlungen aufgenommen worden. Diese Vorschrift stellt den Grundtatbestand des § 311 II dar (Nr. 1 und Nr. 3 ergänzen diesen als Spezialregeln). Mit dieser Alternative werden Situationen wie z. B. das Betreten von Geschäftslokalen[22] erfasst. Denn damit setzt sich der potenzielle Kunde der besonderen Einwirkungs-

---

19 BGH NJW 1981, 1035.

20 BT-Drucksache 14/6040, 163.

21 Die Rechtsprechung wendet die von ihr entwickelten Rechtsgrundsätze unter Aufrechterhaltung der anerkannten Fallgruppen weiter an. Siehe hierzu *Palandt/Grüneberg*, § 311 Rn. 11 und Rn. 29 ff.

22 *Palandt/Grüneberg*, § 311 Rn. 23.

möglichkeit des Inhabers auf Körper und Gesundheit aus. Für diese Haftung ist es nicht rechtserheblich, ob ein Gespräch stattgefunden hat oder nicht.

Beispiel hierfür ist der klassische „Bananenschalenfall"[23]:
Jemand betritt ein Warenhaus, um etwas zu kaufen oder um sich über das Warenangebot zu informieren, rutscht bereits am Eingang auf einer Bananenschale aus und bricht sich ein Bein.

In § 311 II Nr. 2 geht es nur um eine mögliche künftige rechtsgeschäftliche Beziehung, wobei ein bloß „sozialer" Kontakt, wie z. B. das Betreten eines Warenhauses im Winter, um sich aufzuwärmen, nicht genügt. Auch in diesem Fall entstehen aufgrund von § 241 II die vorgenannten Nebenpflichten – da hier ebenfalls eine Einwirkung auf die Rechte, Rechtsgüter und Interessen des anderen Teils möglich ist. Unter den „Rechten und Rechtsgütern" sind die in § 823 I genannten absoluten Rechte (z. B. Körper, Gesundheit, Eigentum) zu verstehen, mit „Interessen" sind insbesondere die Vermögensinteressen des potenziellen Vertragspartners (z. B. Entscheidung, ob er den Vertrag abschließt oder nicht) gemeint.

Eigentlich wäre es logischer gewesen, wenn der Gesetzgeber zunächst Nr. 2 (als Nr. 1) und anschließend Nr. 1 (als Nr. 2) geregelt hätte. Denn zunächst kommt die Anbahnung des Vertrages, dann folgen die Vertragsverhandlungen.

Tipp:
Eine genaue Abgrenzung ist manchmal nicht möglich und eigentlich auch nicht erforderlich: Denn es ist unerheblich, ob nur geschäftliche Kontakte oder schon eine Anbahnung des Vertrages vorliegen. Die Rechtsfolge (Schadensersatz) ist dieselbe. Dennoch sollte immer zwischen den Alternativen abgegrenzt und sich letztlich für eine Alternative entschieden werden.

Merke:
Für die Begründung eines (vorvertraglichen) Schuldverhältnisses ist es ohne Bedeutung, ob es letztlich zu einem Vertragsabschluss kommt. Es genügt vielmehr, dass z. B. eine Person ihr Geschäft für den allgemeinen Kundenverkehr öffnet, um potenziellen Kunden die Gelegenheit zur Kontaktaufnahme zum Zwecke des Vertragsschlusses zu geben.

23 RGZ 95, 58. Ähnlich der „Salatblattfall" des BGH (BGHZ 66, 4) bzw. der „Linoleumrollenfall" des RG (RGZ 78, 289); siehe Beispiel in Fall 4, Aufgabe 1.

c) Ähnliche geschäftliche Kontakte

§ 311 II Nr. 3 stellt eine „Auffangregelung“[24] im Rahmen der in § 311 II vorgenommen Definition vorvertraglicher Schuldverhältnisse dar. Zu den „ähnlichen geschäftlichen Kontakten“ zählen solche, bei denen noch kein Vertrag angebahnt, ein solcher aber vorbereitet werden soll. Es muss sich um die an dem potenziellen Vertrag Beteiligten handeln. Nicht ohne Weiteres werden Dritte erfasst, die in einem Näheverhältnis zu einer der Vertragsparteien stehen. Wenn sie in den Schutzbereich des Schuldverhältnisses mit einbezogen sind, werden sie hingegen geschützt.

Beispiel:
Einholung erster Auskünfte über einen möglichen Vertragsgegenstand.

d) Einbeziehung Dritter in den Schutzbereich

§ 311 III 1 bestimmt, dass ein Schuldverhältnis mit Pflichten nach § 241 II auch zu Personen entstehen kann, die nicht selbst Vertragspartei werden sollen. Dem Wortlaut nach scheint diese Vorschrift nicht nur zu regeln, ob ein Dritter aus §§ 280 I, 311 II haftet, sondern auch, ob ein Dritter Ansprüche aus diesen Vorschriften haben kann.[25] Da § 311 III 1 allerdings keine Hinweise auf die Voraussetzungen für eine derartige Einbeziehung enthält, wird die Einbeziehung Dritter in den Schutzbereich des vorvertraglichen Schuldverhältnisses weiter an die Voraussetzungen des Vertrages mit Schutzwirkung zugunsten Dritter geknüpft.[26]

Beispiel:
Die Mutter betritt in Begleitung ihres 11-jährigen Sohnes den Supermarkt des V. Der Sohn wird durch ein umstürzendes Regal verletzt. Er verlangt Schadensersatz. Der Sohn hat einen Anspruch gegen V aus dem Schuldverhältnis zwischen V und der Mutter (§§ 280 I, 311 II Nr. 2, 241 II).

§ 311 III 2 erfasst die Fälle der sog. „Vertreter- oder Sachwalterhaftung“, also die Fälle, in denen ein nicht direkt am Vertrag beteiligter Dritter besonderes Vertrauen (z. B. als Vertreter, Sachverständiger) in Anspruch nimmt. Es handelt sich um die Haftung von Sachverständigen oder anderen „Auskunftspersonen“, die nicht selbst ein Eigeninteresse an einem Abschluss des Vertrags haben, dennoch aber durch ihre Äußerungen ent-

---

24 *Canaris*, Die Reform des Rechts der Leistungsstörungen, JZ 2001, 499.

25 Deshalb wurde vorgeschlagen, die Einbeziehung Dritter in den Schutzbereich des vorvertraglichen Schuldverhältnisses aus § 311 III 1 abzuleiten – siehe hierzu *Canaris*, JZ 2001, 499 sowie *Teichmann*, Strukturveränderungen im Recht der Leistungsstörungen nach dem Regierungsentwurf eines Schuldrechtsmodernisierungsgesetzes, BB 2001, 1485, 1492.

26 Siehe hierzu auch *Palandt/Grüneberg*, § 328 Rn. 13 ff.

scheidend zum Vertragsabschluss beitragen, weil sich ein (oder beide) Vertragspartner auf ihre Objektivität und Neutralität verlässt (verlassen).[27]

Beispiel:
Schätzung eines zum Verkauf stehenden Gebrauchtwagens durch einen Sachverständigen.

2. Objektive Pflichtverletzung durch den Schuldner

Die Pflichten sind sehr allgemein in § 241 II normiert. Es kommen vor allem die Verletzung von Schutz- und Sorgfaltspflichten gegenüber einem Geschäftspartner sowie Offenbarungspflichten (Aufklärung, Mitteilung) bei bestimmten Geschäften in Betracht.

3. Vertretenmüssen

Der Schuldner muss die Pflichtverletzung zu vertreten haben (§ 280 I 2, § 276).[28] Für das Verschulden seines Erfüllungsgehilfen hat er nach § 278 S. 1 einzustehen.[29]

4. Kausaler Schaden

Die schuldhafte Pflichtverletzung muss für den Schaden, der dem potenziellen Vertragspartner entstanden ist, adäquat kausal sein. Nach der Adäquanztheorie ist nur die Pflichtverletzung für den eingetretenen Schaden kausal, die vom Standpunkt eines objektiven Beobachters generell geeignet ist, unter normalen Umständen den konkreten Schaden herbeizuführen.[30]

Die Schadensersatzpflicht folgt aus § 280 I. Für den Umfang des Schadensersatzes gelten die §§ 249 ff.[31]

---

27 Ausführlich zu § 311 III: *Brox/Walker* SchuldR AT, § 5 Rn. 9 ff.

28 Ausführlich hierzu: Exkurs „Vertretenmüssen".

29 Beispiele in Fall 4, Aufgabe 2; Fall 12, Aufgabe 2; Fall 13, Aufgabe 4; Fall 14, Aufgaben 1 und 3; Fall 16, Aufgabe 1; Fall 19, Aufgabe 4b).

30 Siehe hierzu auch die Vertiefung „Unerlaubte Handlungen".

31 Siehe die Vertiefung „Art und Umfang des Schadensersatzes".

Prüfschema – Schadensersatz wegen Pflichtverletzung vor Vertragsschluss gem. §§ 280 I, 311 II, 241 II:

Voraussetzungen:

1. Wirksames (vorvertragliches) Schuldverhältnis – § 280 I i.V.m. § 311 II
   a) Aufnahme von Vertragsverhandlungen (Nr. 1)
   b) Anbahnung eines Vertrags (Nr. 2) oder
   c) ähnliche geschäftliche Kontakte (Nr. 3)
2. Objektive Pflichtverletzung durch den Schuldner i.S.v. § 241 II
3. Vertretenmüssen, §§ 280 I 2, 276ff.
4. Schaden beim Gläubiger als Folge der Pflichtverletzung

Rechtsfolge: Schadensersatz – Umfang: §§ 249ff.

Konkurrenzen:

Häufig sind konkurrierende Ansprüche aus Vertrag (z.B. § 280 I; §§ 280 I, III, 282, 241 II) und unerlaubter Handlung (§§ 823ff.) zu prüfen. In der Praxis ist die Haftung aus Vertrag gegenüber der Haftung nach §§ 823ff. für den Geschädigten günstiger, zumal bei vertraglichen Ansprüchen auch Vermögensschäden erstattet werden.[32]

Im Verhältnis zum **kaufrechtlichen Gewährleistungsrecht** (§§ 434ff.) scheidet die Anwendbarkeit der §§ 280 I, 311 II, 241 II aus, denn anderenfalls würde die kürzere Verjährungsfrist des § 438 (zwei Jahre) umgangen, da für den Anspruch aus §§ 280 I, 311 II, 241 II die normale dreijährige Verjährungsfrist (§ 195) besteht. Außerdem gilt im Mängelrecht der Vorrang der Nacherfüllung. Nach den §§ 280 I, 311 II, 241 II könnte aber ggf. sofort Vertragsaufhebung verlangt werden.[33]

Es besteht auch zu den **Regeln der Anfechtung** – insbesondere zu § 123 – ein Konkurrenzverhältnis. Eine vorvertragliche arglistige Täuschung kann sowohl zur Anfechtung der später auf den Vertragsschluss gerichteten Willenserklärung nach § 123 berechtigten als auch einen Schadensersatzanspruch nach §§ 280 I, 311 II, 241 II begründen; dieser ist ebenfalls auf die Aufhebung des Vertrags gerichtet (vgl. § 249 I – Naturalrestitution).[34]

---

32 Außerdem vgl. auch §§ 278, 831; § 278 enthält keine Exkulpationsmöglichkeit. Siehe hierzu Vertiefung: Unerlaubte Handlungen IV 3.

33 *Palandt/Weidenkaff*, § 437 Rn. 32; *Schulze/Ebers*, Streitfragen im neuen Schuldrecht, JuS 2004, 462, 464 m.w.N.

34 Vgl. BGH NJW 2013, 1591. Kritisch hierzu *Brox/Walker*, § 25 Rn. 18 m.w.N.

Die Verjährungsfrist bei dem Anspruch aus §§ 280 I, 311 II, 241 II ist mit drei Jahren wesentlich länger als die Anfechtungsfrist nach § 124. Allerdings schützen die Anfechtung nach § 123 und die Regelungen der §§ 280 I, 311 II, 241 II verschiedene Rechtsgüter. Während letztgenannte das Vermögen schützen und einen Schaden voraussetzen, schützt § 123 hingegen die Willensentschließungs- und Betätigungsfreiheit des Getäuschten.

Exkurs: Vertretenmüssen

Wegen Verletzung der ihm obliegenden Pflichten haftet der Schuldner in der Regel nur, wenn er die Pflichtverletzung zu vertreten hat. Das Vertretenmüssen ist in den §§ 276 bis 278 normiert.

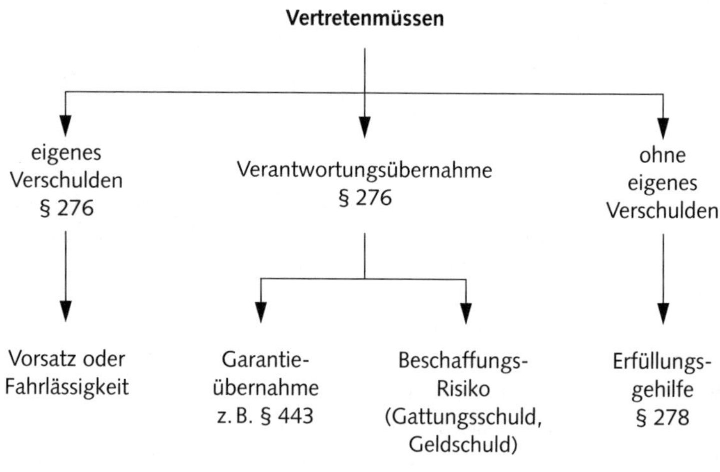

I. Verschuldensprinzip

Gem. § 276 I 1 hat der Schuldner **Vorsatz** und **Fahrlässigkeit** zu vertreten. Unter Vorsatz versteht man das Wissen und Wollen der Tatbestandsverwirklichung im Bewusstsein der Rechtswidrigkeit. Das gilt sowohl für das Leistungsstörungsrecht wie auch für das Deliktsrecht. Es ist nicht erforderlich, dass der Erfolg gewünscht oder beabsichtigt war. In der Regel braucht sich der Vorsatz nur auf die Verletzung des Vertrags bzw. des geschützten Rechts oder Rechtsguts zu erstrecken, nicht auch auf den eingetretenen Schaden.[35]

Fahrlässig handelt, wer die im Verkehr erforderliche Sorgfalt außer Acht lässt (§ 276 II enthält die Legaldefinition). Hierbei ist nicht auf die Person des Schuldners und das Maß der ihm zumutbaren Einsichts- und Handlungsfähigkeit abzustellen, sondern auf einen objektiven Sorgfaltsmaßstab. Die Fähigkeiten und Kenntnisse von Angehörigen aus der Berufs- und Altersgruppe des Schuldners sind hierfür relevant.

Merkformel
„So etwas sollte nicht vorkommen!“, „Das hätte er nicht tun sollen.“

Beispiele:
Überholen bei dichtem Nebel; Überholen in unübersichtlichen Kurven; Alkoholfahrten; unterlassene Sicherungsmaßnahmen gegen Diebstahl im Krankenhaus; unterlassene Prüfung des Trinkwassers auf Kolibakterien durch die Gemeinde; Anfahren eines Busfahrers eines öffentlichen Verkehrsbetriebes, obwohl die Fahrgäste noch nicht alle eingestiegen sind und die Tür offen steht; unterlassene Reinigung der Treppe zum Rathaus trotz vereister Stufen.

Merke:
§ 276 II – Die im Verkehr erforderliche Sorgfalt bestimmt sich nach einem objektiven Maßstab. Dieser bestimmt sich nach dem Urteil eines umsichtigen und besonnenen Angehörigen des jeweiligen Verkehrskreises.

II. Anderer Verschuldensmaßstab

Nach § 276 I 1 kann ein **anderer Verschuldensmaßstab** aus dem sonstigen Inhalt des Schuldverhältnisses zu entnehmen sein:

1. Die Parteien können durch eine **vertragliche Vereinbarung** eine strengere oder mildere Haftung vorsehen. Hierbei ist allerdings § 276 III zu beachten, wonach die Haftung wegen Vorsatzes dem Schuldner nicht im Voraus erlassen werden kann.
   Häufig wird die Haftung durch die Vertragsparteien auf **grobe Fahrlässigkeit** beschränkt. Diese ist im Gesetz nicht definiert. Sie liegt – in Anlehnung an die Legaldefinition in § 276 II – vor, wenn die im Verkehr erforderliche Sorgfalt in einem besonders schweren und ungewöhnlichen Maß außer Acht gelassen wird; also schon einfachste, ganz nahe

35 *Palandt/Grüneberg*, § 276 Rn. 10 m. w. N.

liegende Überlegungen nicht angestellt werden und das nicht beachtet wird, was im gegebenen Fall jedem einleuchten müsste.[36]

Merkformel
„Das darf auf keinen Fall passieren!“, „Wie kann man so etwas nur machen?“

Beispiele:
Überfahren eines Stopp-Schildes; Einfahren in eine Kreuzung bei Rotlicht; Autofahren nach erheblichem Alkoholkonsum.

2. Ein abweichender Haftungsmaßstab ergibt sich aus der **Übernahme einer Garantie,** wie z. B. in den §§ 442 I, 443, 444, 477, 639. Diese Fälle betreffen vor allem Eigenschaftszusicherungen bei Kauf-, Miet- oder Werkverträgen. Der Schuldner haftet in diesen Fällen verschuldensunabhängig, wenn der Vertragsgegenstand nicht die zugesicherten Eigenschaften hat.

   Beispiel:
   V verkauft seinen Pkw an K und sichert die Unfallfreiheit des Fahrzeugs sowie einen bestimmten Kilometerstand zu.

3. Eine Ausdehnung des Haftungsmaßstabs ist möglich bei **Übernahme eines Beschaffungsrisikos**. Dieses bezieht sich vor allem auf die Gattungsschuld, bei der der Schuldner regelmäßig die Beschaffung des versprochenen Leistungsgegenstandes verspricht.[37]

   Beispiele:
   V verkauft dem K einen CD-Spieler des Typs XY; hier wird nur eine Gattung (Typ XY) vereinbart, nicht jedoch die konkrete Kaufsache.

   Bei einer Geldschuld übernimmt der Schuldner (z. B. Käufer, Mieter) regelmäßig das Risiko, dass er zur Gegenleistung (Kaufpreiszahlung, Mietzahlung) fähig ist und die zur Erfüllung erforderlichen finanziellen Mittel beschaffen kann.

4. Eine **gesetzliche Haftungsverschärfung** ist in § 287 geregelt: Während des (Schuldner-)Verzugs hat der Schuldner nicht nur jede Fahrlässigkeit zu vertreten, sondern haftet wegen der Leistung auch für Zufall, es sei denn, dass der Schaden auch bei rechtzeitiger Leistung eingetreten

---

36 BGHZ 89, 153 = NJW 1984, 789, 790; *MüKoBGB/Grundmann*, § 276 Rn. 94; *Palandt/Grüneberg*, § 277 Rn. 5 m. w. N. Beispiel in Fall 7, Aufgabe 2.

37 *Brox/Walker* SchuldR AT, § 20 Rn. 46. Beispiel in Fall 6, Aufgabe 1.

wäre. Ist hingegen der Gläubiger in (Annahme-)Verzug, haftet der Schuldner nach § 300 I nur bei Vorsatz oder grober Fahrlässigkeit.
5. Eine **Haftungsbeschränkung auf grobe Fahrlässigkeit** sieht das Gesetz z. B. in den §§ 300 I, 521, 599, 680 vor.

III. Haftung für fremdes Verschulden

Wenn der Schuldner die Pflichtverletzung nicht selbst zu vertreten hat, haftet er gem. § 278 für fremdes Verschulden: Er hat ein Verschulden seines gesetzlichen Vertreters und der Personen, deren er sich zur Erfüllung seiner Verbindlichkeit bedient (sog. Erfüllungsgehilfen) in gleichem Umfang zu vertreten wie eigenes Verschulden.

1. Zu den **gesetzlichen Vertretern** zählt jeder, der für einen anderen kraft Gesetzes handelt – wie z. B. der Inhaber der elterlichen Sorge, der Vormund, der Betreuer, der Pfleger, der Testamentsvollstrecker, der Treuhänder usw.[38]
2. **Erfüllungsgehilfe** ist, wer mit Willen des Schuldners bei der Erfüllung von dessen Verbindlichkeit tätig wird. Dabei spielt es keine Rolle, ob der Gehilfe selbstständig oder unselbstständig, sozial abhängig oder weisungsgebunden ist, ob zwischen ihm und dem Schuldner ein wirksames Vertragsverhältnis besteht oder nicht. Ein (selbständiger) Unternehmer kann zum Beispiel Erfüllungsgehilfe sein.
   Der Erfüllungsgehilfe muss die Pflichtverletzung **in Erfüllung der übertragenen Verbindlichkeit** begangen haben. Er darf also nicht nur bei Gelegenheit tätig geworden sein (z. B. Diebstahl einer Uhr des Käufers bei Anlieferung der Kaufsache[39]); das Fehlverhalten muss im inneren sachlichen Zusammenhang mit dessen Wirkungskreis gestanden haben.
   Außerdem muss der Erfüllungsgehilfe schuldhaft gehandelt haben. Entscheidend hierfür ist der für den Schuldner selbst geltende Verschuldensmaßstab.

---

38 Ausführlich hierzu: *Palandt/Grüneberg*, § 278 Rn. 5 m. w. N.

39 Eine im Vordringen begriffene Meinung will hier den Schuldner auch für den Diebstahl durch seinen Gehilfen über § 278 einstehen lassen. Ausführlich hierzu *Wörlen/Metzler-Müller* SchuldR AT, Rn. 405 ff. m. w. N. Beispiel in Fall 14 Aufgabe 2.

Fall 5: Schuldrecht AT – Die verspätet gelieferten Möbel

Schwerpunkte:
Gefälligkeitsverhältnis – Pflichtverletzung des Schuldners durch Verzug – Verzögerungsschaden

Karl Knete (K) ist Eigentümer eines Hauses in Frankfurt am Main. Im März beschließt er, ein möbliertes Zimmer an einen Studenten zu vermieten.

Um die entsprechenden Möbel zu kaufen, will er morgens gleich zu Geschäftsbeginn ins 20 km entfernt liegende Möbelhaus Vertiko (V) fahren. Seiner am Abend vorher zufällig vorbeikommende Hausnachbarin Nele Nebenan (N), die keinen Führerschein besitzt, hat er davon erzählt und ihr spontan versprochen, sie mit seinem Wagen dorthin mitzunehmen. Denn N hat die Absicht, eine Polstergarnitur aus dem Angebot des Möbelhauses zu erwerben. K vergisst dies allerdings, sodass N – nach einstündigem vergeblichem Warten – ein Taxi nehmen und hierfür 30 € bezahlen muss.

Aufgabe 1: Kann N von K die 30 € Fahrkosten verlangen?

K begibt sich ins Möbelhaus Vertiko (V). Dort kauft er im Mai die für das Zimmer erforderliche Einrichtung für 4.000 € und zahlt 1.000 € an; die Lieferung soll spätestens am 31. 7. erfolgen. Als die Möbel Mitte August immer noch nicht eingetroffen sind, setzt K dem V am 15. 8. eine Lieferfrist zum 30. 9. und erklärt gleichzeitig, dass er nach diesem Zeitpunkt von dem Vertrag zurücktreten werde.

Aufgabe 2: Falls V die Möbel am 30. 9. nicht liefert: Kann K von V die Anzahlung in Höhe von 1.000 € zurückverlangen, nachdem er (wegen Verzugs) vom Vertrag zurückgetreten ist?

Fortsetzung des Sachverhalts:

K kauft am 4. 10. Möbel gleichen Fabrikats im Einrichtungshaus Hausschön (H). K muss allerdings einen Mehrpreis von 300 € bezahlen. Als V am 7. 10. die Möbel liefern will, verweigert K deren Annahme unter Hinweis auf sein Schreiben vom 15. 8. Er verlangt von V Zahlung der 300 € Mehrpreis. Außerdem soll V dem K den monatlichen Mietausfall (jeweils 400 € Monat) erstatten, da K das Zimmer nicht wie beabsichtigt ab 1. 8. vermieten kann, sondern erst ab 1. 11.

Aufgabe 3: Hat K gegen V einen Anspruch auf Zahlung des Mietausfalls sowie der 300 € Mehrkosten?

Aufgabe 4: Kann V von K Kaufpreiszahlung verlangen?

Fall 5: Prüfschema/Lösungsskizze

N ———— K
§ 631?

Aufgabe 1:

N ——→ K Erstattung der Fahrkosten gem. §§ 280 I, 631 I

Schuldverhältnis: Werkvertrag (Beförderungsvertrag)?
hier: Gefälligkeit

Ergebnis: N ——→ K Erstattung der Fahrkosten gem. §§ 280 I, 631 I (–)

K ———— V
§ 433?

Aufgabe 2:

K —— V § 433	31.7. fällig	1.8. bis 30.9. Verzug	Ablauf der angemessenen Frist zur Leistung	→ Schadensersatz statt der Leistung → Rücktritt

K ——→ V Rückzahlung der 1.000 € gem. § 346 i. V. m. § 323 I

1. Vertragliches oder gesetzliches Rücktrittsrechts; hier: § 323 I (+)
2. Erklärung des Rücktritts, § 349 (+)
3. Voraussetzungen des gesetzlichen Rücktrittsrecht nach § 323 I:
   a) Wirksamer gegenseitiger Vertrag (+)
   Kaufvertrag K – V
   b) Pflichtverletzung des Schuldners durch Verzögerung der Leistung (+)
   Leistung (Lieferung) war am 31.7. fällig
   c) Angemessene Fristsetzung zur Leistung (+)
   d) Erfolgloser Fristablauf (+)
   e) Kein Ausschluss gem. § 323 V oder § 323 VI (+)

Ergebnis: K ——→ V Rückzahlung der 1.000 € gem. § 346 i. V. m. § 323 I (+)

Aufgabe 3:

I. K ⟶ V Ersatz des Verzögerungsschadens gem. §§ 280 I, II, 286

1. Schuldverhältnis (+)
2. Pflichtverletzung des Schuldners durch Verzögerung der Leistung, § 286
   a) Fälligkeit der Leistung – 31.07. (+)
   b) Mahnung – entbehrlich nach § 286 II Nr. 1 (+)
   c) Nichtleistung durch V (+)
3. Vertretenmüssen des Schuldners V, §§ 286 IV, 280 I 2 i. V. m. § 276 (+)
4. Schaden (+) = Mietverlust August und September

Ergebnis: K ⟶ V Ersatz des Verzögerungsschadens gem. §§ 280 I, II, 286
Umfang: §§ 249 ff., § 252 (entgangener Gewinn)

II. K ⟶ V Schadensersatz statt der Leistung gem. §§ 280 I, III, 281 I 1

1. Schuldverhältnis (+)
2. Fällige noch mögliche Leistung des Schuldners (+)
3. Pflichtverletzung des Schuldners durch Nichterbringung der fälligen Leistung (+)
4. Vertretenmüssen, § 280 I 2 i. V. m. § 276 (+)
5. Bestimmung einer angemessenen Frist zur Leistung (+)
6. Erfolgloser Fristablauf (+)
7. Schaden (+) = Mietverlust Oktober und Mehrpreis i. H. v. 300 €

Ergebnis: K ⟶ V Schadensersatz statt der Leistung gem. §§ 280 I, III, 281 I 1 (+)
Umfang: §§ 249 ff.; § 249 I (Mehrpreis i. H. v. 300 €), § 252 (Mietverlust Oktober)

Aufgabe 4:

V ⟶ K Kaufpreiszahlung und Abnahme der Möbel gem. § 433 II

Kaufvertrag Mai (+)

Sobald K statt der Leistung (= Lieferung) Schadensersatz verlangt, ist ein Anspruch aus § 433 I 1 ausgeschlossen (§ 281 IV); ebenfalls ist der Kaufpreiszahlungsanspruch des V erloschen.

Ergebnis: V ⟶ K Kaufpreiszahlung und Abnahme der Möbel gem. § 433 II (–)

Fall 5: Ausarbeitung (Gutachten)

Aufgabe 1:

N könnte gegenüber K einen Anspruch auf Erstattung der Fahrkosten gem. §§ 280 I, 631 I haben.

Voraussetzung hierfür ist, dass zwischen beiden ein Schuldverhältnis besteht. In Betracht kommt ein Werkvertrag i. S. d. § 631. Da bei der Beförderung ein Erfolg, nämlich der Transport an einen bestimmten Ort (hier: Möbelgeschäft), geschuldet wird, könnte zwischen N und K ein Werkvertrag zustande gekommen sein. Problematisch ist allerdings, dass N und K keine Vergütung vereinbart haben. *Gem. § 632 I gilt diese als stillschweigend vereinbart, wenn die Herstellung des Werkes den Umständen nach nur gegen eine Vergütung zu erwarten ist.* Somit ist die Entgeltlichkeit beim Werkvertrag zwar typisch, aber nicht zwingend.

Fraglich ist allerdings, ob K und N überhaupt eine *vertragliche Bindung wollten oder ob hier nur eine bloße Gefälligkeit vorliegt. Das hängt von einem entsprechenden Rechtsbindungswillen zwischen K und N ab. Will der Erklärende erkennbar keine Rechtsfolge herbeiführen, so liegt auch keine Willensklärung vor. Ob ein Rechtsbindungswille vorhanden ist, beurteilt sich danach, ob der Erklärungsempfänger unter den gegebenen Umständen nach Treu und Glauben mit Rücksicht auf die Verkehrssitte (§ 157) auf einen solchen Willen des Erklärenden schließen musste.*

Merke:
Die Abgrenzung zwischen einem sog. **Gefälligkeitsvertrag** (dieser wird zwar gefälligkeitshalber abgeschlossen, ist aber voll bindend) und einem **Gefälligkeitsverhältnis** (= bloße Gefälligkeit) ist im Einzelfall problematisch. Der BGH hat zur Abgrenzung einige objektive Kriterien genannt: Art, Grund und Zweck der Gefälligkeit; (Un)Entgeltlichkeit; wirtschaftliche und rechtliche Bedeutung; Interessenlage der Beteiligten, Bedeutung der Gefälligkeit; Umstände, unter denen die Gefälligkeit erwiesen wird.[1]

Im vorliegenden Fall ist unter Würdigung der äußeren Umstände (zufälliges Treffen am Abend vorher, spontanes Angebot) und den

1 Ausführlich hierzu: *Rüthers/Stadler*, § 17 Rn. 16.

Interessen des K, der ggf. die Abfahrtzeit ändern wollte, was ihm bei einer vertraglichen Bindung nicht ohne Weiteres möglich gewesen wäre, von einem fehlenden Rechtsbindungswillen auszugehen. Auch die vereinbarte Unentgeltlichkeit ist ein Indiz hierfür.

Da somit kein Schuldverhältnis zwischen K und N besteht, scheidet ein Anspruch der N gegenüber K auf Erstattung der Fahrkosten gem. §§ 280 I, 631 I aus.

Aufgabe 2:

K könnte vom Vertrag zurücktreten und von V die Anzahlung in Höhe von 1.000 € gem. § 346 i.V.m. § 323 I zurückverlangen.

1. *Voraussetzung ist, dass K als Gläubiger ein vertragliches oder gesetzliches Rücktrittsrecht nach § 346 I, 1. HS hat.* Es kommt ein gesetzliches Rücktrittsrecht des K gem. § 323 I in Betracht.
2. *Nach § 349 muss K gegenüber V den Rücktritt erklärt haben (vgl. § 346 l, 2. HS).* Am 15.8. hat K den Rücktritt für den Fall, dass die Möbel nicht bis 30.9. geliefert worden sind, erklärt.
3. *Außerdem muss nach § 323 I*
   a) *ein wirksamer gegenseitiger Vertrag zwischen den Parteien bestehen.* K und V haben durch zwei übereinstimmende Willenserklärungen einen Kaufvertrag i.S.d. § 433 geschlossen, bei dem es sich aufgrund der Leistung (Lieferung) und Gegenleistung (Kaufpreiszahlung) um einen gegenseitigen Vertrag handelt.
   b) *Es muss eine Pflichtverletzung des V durch Verzögerung der Leistung vorliegen.* Indem V die Möbel nicht wie vereinbart am 31.7. geliefert hat, hat er eine fällige Leistung nicht erbracht.
   c) *Ferner ist eine angemessene Fristsetzung zur Leistung durch den Gläubiger Voraussetzung.* K hat dem V am 15.8. eine Lieferfrist zum 30.9. gesetzt. Eine Lieferfrist von weiteren sechs Wochen ist für Möbel angemessen, zumal es keine Sonderanfertigungen sind.
   d) *Die Frist muss abgelaufen sein.* Indem V auch den weiteren Termin nicht eingehalten hat, ist die Frist am 30.9. erfolglos abgelaufen.
   e) Anhaltspunkte für einen *Ausschluss des Rücktrittsrechts nach § 323 V oder § 323 VI* liegen nicht vor.

K kann also vom Vertrag mit V wegen Verzugs gem. § 323 I zurücktreten.

Folglich ist der Anspruch des K auf Rückzahlung der 1.000 € gem. § 346 i. V. m. § 323 I gegeben. V hat dem Gläubiger K die bereits empfangene Leistung (Anzahlung) zurückzugewähren.

Aufgabe 3:

I. K könnte gegen V einen Anspruch auf Ersatz des Verzögerungsschadens (Mietausfall) gem. §§ 280 I, II, 286 haben.

1. *Voraussetzung hierfür ist, dass zwischen K und V ein Schuldverhältnis besteht.* Wie oben bereits erörtert, haben K und V im Mai einen Kaufvertrag i. S. v. § 433 geschlossen.
2. *V muss als Schuldner eine Pflichtverletzung durch Verzögerung der Leistung nach § 280 I, II begangen haben, also in Verzug geraten sein. Dafür ist nach § 286 I erforderlich, dass die Leistung fällig war, der Gläubiger (K) gemahnt hat – sofern die Mahnung nicht gem. § 286 II Nr. 1 entbehrlich war – und dass der Schuldner (V) nicht geleistet hat.* Die Lieferung war bereits am 31. 7. fällig. Mit diesem Termin ist eine Zeit nach dem Kalender bestimmt (§ 286 II Nr. 1); folglich bedurfte es keiner Mahnung nach § 286 I 1. V hat nach Ablauf des 31. 7. seine Verpflichtung gegenüber K noch nicht erfüllt.
3. *Er kommt nach §§ 286 IV, 280 I 2 nur dann nicht in Schuldnerverzug, wenn er die Pflichtverletzung durch Verzögerung der Leistung nicht zu vertreten hat.* V führt keine Tatsachen an, die sein Verschulden ausschließen. Indem V den Liefertermin am 31. 7. nicht einhält, hat er zumindest die im Verkehr erforderliche Sorgfalt außer Acht gelassen und somit fahrlässig i. S. d. § 276 II gehandelt. Folglich befand sich V seit dem 1. 8. in Verzug.
4. *Dem K muss durch die Pflichtverletzung des V ein Vermögensschaden, also eine unfreiwillige Einbuße am Vermögen, entstanden sein.* Hätte V pünktlich geliefert, hätte K seit 1. 8. Mieteinnahmen in Höhe von monatlich 400 € gehabt.

Somit muss der Schuldner V dem Gläubiger K den eingetretenen Verzögerungsschaden gem. §§ 280 I, II, 286 erstatten. K ist nach § 249 I von V so zu stellen, wie er bei rechtzeitiger Leistung stehen würde. Hierzu zählt nach § 252 auch der entgangene Gewinn. Verzug besteht allerdings nur, solange der Schuldner zur Leistung verpflichtet ist. K machte mit Schreiben vom 15.8. von seinem Rücktrittsrecht nach § 323 Gebrauch. Nach Ablauf der angemessenen Frist zur Leistung (30.9.) endete die Leistungspflicht des V und damit auch der Schuldnerverzug. Folglich erhält K als Verzögerungsschaden den Mietverlust für die Monate August und September, also 800 €.

II. K könnte von V die 300 € Mehrpreis und den Mietverlust für Oktober als Schadensersatz statt der Leistung gem. §§ 280 I, III, 281 I 1 verlangen.

1. Ein *Schuldverhältnis (§ 280 I 1)* in Form des Kaufvertrages liegt zwischen K und V vor (s.o.).
2. *Nach § 281 I 1 muss die Leistung des Schuldners fällig und noch möglich gewesen sein.* Die Lieferung der Möbel (Pflicht nach § 433 I 1) war am 31.7. fällig und seitens V möglich.
3. Die *Pflichtverletzung des Schuldners V durch Nichterbringung der fälligen Leistung* ist ebenfalls gegeben (s.o.).
4. *Ferner muss V seine Pflichtverletzung i.S.d. § 280 I 2 i.V.m. § 276 zu vertreten haben.* Wie bereits erörtert, führt V keine Tatsachen an, die sein Verschulden ausschließen.
5. Durch den Termin 30.9. hat V eine *Frist zur Leistung* gesetzt. Diese ist unter Berücksichtigung des ursprünglichen Liefertermins (31.7.) angemessen und (6.) *erfolglos abgelaufen* ist.
6. *Aufgrund der genannten Pflichtverletzung muss dem K ein Schaden, also eine unfreiwillige Einbuße am Vermögen, entstanden sein.* Hätte V bis 30.9. geliefert, hätte K nicht die Möbel in einem anderen Geschäft zu einem Mehrpreis von 300 € kaufen müssen und keinen Mietverlust für Oktober erlitten. Somit ist ihm ein Schaden entstanden.

Folglich kann er nach Fristablauf Schadensersatz statt der Leistung verlangen. Nach § 249 I ist K so zu stellen, als sei die Leistung wie geschuldet erbracht worden. Der Schadensersatz statt der Leistung besteht in einer Geldzahlung, weil der Anspruch auf die Primärleistung mit Geltendmachung der Schadensersatzforderung untergeht (vgl. § 281 IV). Wenn V bis 30.9. geliefert hätte, hätte K nicht den Mehrpreis in Höhe von 300 € bezahlen und den Mietverlust für Oktober (= entgangener Gewinn, § 252) hinnehmen müssen. Diesen Betrag in Höhe von insgesamt 700 € kann K von V gem. §§ 280 I, III, 281 I 1 verlangen.

Aufgabe 4:

V könnte von K Zahlung des Kaufpreises in Höhe von 4.000 € gem. § 433 II verlangen.

Voraussetzung hierfür ist, dass zwischen K und V ein Kaufvertrag zustande gekommen ist. Im Mai haben K und V einen Kaufvertrag i. S. d. § 433 geschlossen.

Aus § 281 IV folgt, dass der Anspruch auf die Leistung ausgeschlossen ist, sobald der Gläubiger statt der Leistung Schadensersatz verlangt hat.[2] Die „Leistung" i. S. dieser Vorschrift ist der Anspruch des K gegen V auf Lieferung der Möbel aus § 433 I 1, nicht aber der Anspruch des V gegen K auf Kaufpreiszahlung gem. § 433 II. Es gilt der „Erst-Recht-Schluss": Wenn der Anspruch des Gläubigers K gegen den Schuldner V auf die bislang nicht erbrachte Leistung nach § 281 IV ausgeschlossen ist, so muss erst recht der Anspruch des vertragsbrüchigen Schuldners gegen den Gläubiger ausgeschlossen sein.

Somit ist auch der Erfüllungsanspruch des V aus dem Kaufvertrag entsprechend § 281 IV erloschen und ein Anspruch nach § 433 II gegen K nicht gegeben.

---

2 Es kommt allerdings nicht darauf an, ob der Gläubiger Schadensersatz erhält. Relevant ist nur die Geltendmachung dieses Anspruchs. Der Gesetzgeber wollte damit eine Parallele zum Rücktritt nach § 323 I ziehen: Da dieser ein Gestaltungsrecht ist, wird mit der Rücktrittserklärung nach §§ 346, 349 das Schuldverhältnis in ein Rückabwicklungsschuldverhältnis umgewandelt, wodurch der Anspruch auf die Leistung ausgeschlossen wird.

Vertiefung: Leistungsstörungen – Überblick[3]

Übersicht:
1. Allgemeines
2. Schadensersatz neben der Leistung gem. § 280 I
3. Schadensersatz statt der Leistung gem. §§ 280 I, III, 281
4. Schadensersatz statt der Leistung gem. §§ 280 I, III, 282
5. Schadensersatz statt der Leistung gem. §§ 280 I, III, 283
6. Ersatz vergeblicher Aufwendungen (§ 284)
7. Rücktrittsrecht

1. Allgemeines

Durch das Schuldrechtsmodernisierungsgesetz wurden zum 1.1.2002 die verschiedenen Typen der Leistungsstörungen umfassend und meist in gemeinsamen Vorschriften geregelt, die in erster Linie nach Rechtsfolgen geordnet sind. Es gibt nunmehr

– **allgemeine Vorschriften** zum
  Schadens- und Aufwendungsersatzanspruch (§§ 280, 284) und
  Rücktritt (§§ 323 ff., 346 ff.);
– **besondere Vorschriften**
  für die Unmöglichkeit (§§ 275, 326),
  für den Schuldnerverzug (§§ 286 ff.),
  für den Gläubigerverzug (§§ 293 ff.) sowie
  zur Störung der Geschäftsgrundlage (§ 313);
– **ergänzende Regelungen** zu den Mängelrechten
  im Kaufrecht (§§ 437 ff.),
  im Mietrecht (§§ 536 ff.) sowie
  im Werkvertragsrecht (§§ 633 ff.).

Im Folgenden werden – entgegen der Systematik des Gesetzes – nicht die verschiedenen Rechtsfolgen dargestellt, sondern die **Typen der Leistungsstörungen** aufgezeigt. Denn dies entspricht der Fragestellung bei der Bearbeitung von juristischen Fällen. Es wird hier zwar auch nach bestimmten Rechtsfolgen gefragt, aber deren Prüfung orientiert sich an einem vorge-

---

3 **Literatur zur Vertiefung:** *Ackermann*, Schadensersatz statt der Leistung: Grundlagen und Grenzen, JuS 2012, 865; *Brox/Walker* SchuldR AT, § 21.; *Fikentscher/Heinemann*, § 46; *Gerhardt*, Die Abgrenzung der wichtigsten Anspruchsgrundlagen im Schadensersatzrecht bei Leistungsstörungen, JURA 2012, 251; *Kaiser*, Rn. 464 ff.; *Kallwass/Abels*, § 47; *Korch/Hagemeyer*, Die ewige Frage: Schadensersatz statt oder neben der Leistung? – Die Abgrenzung vor dem Hintergrund des Biodieselurteils des BGH, JURA 2015, 1077; *Looschelders* SchuldR AT, Rn. 397 ff.; *Lorenz/Riehm*, 6. Kapitel, §§ 2, 8; *Schellhammer*, Rn. 1669 ff.; *Wörlen/Metzler-Müller* SchuldR AT Rn. 182 ff.

gebenen Lebenssachverhalt, wie z.B. einer verspäteten Leistung, einer Nichtleistung, einer Schlechtleistung oder einer Schutzpflichtverletzung.

In einem (vertraglichen oder gesetzlichen) Schuldverhältnis müssen die Leistungspflichten erfüllt und die Sorgfalts-, Treue-, Schutz- und sonstigen Pflichten beachtet werden. Ein Schuldverhältnis wird allerdings nicht immer ordnungsgemäß abgewickelt. Durch ein Verhalten des Schuldners oder des Gläubigers oder aber auch durch andere Umstände kann es ganz oder teilweise, endgültig oder vorübergehend vereitelt werden.

Diese Fälle von Störungen im Schuldverhältnis werden mit dem Begriff „**Leistungsstörung**" zusammengefasst. Es gibt verschiedene Erscheinungsformen:

1. Der Schuldner erbringt seine Leistung später als vereinbart (er ist in Verzug) oder die Erfüllung erfolgt später als vorgesehen, weil der Gläubiger mit der Annahme der Leistung in Verzug ist (= **Späterfüllung**).
2. Die Leistung bleibt endgültig aus, weil sie dem Schuldner unmöglich ist (= **Unmöglichkeit**).
3. Der Schuldner leistet, allerdings nicht ordnungsgemäß (= **Schlechtleistung**).
4. Eine Störung im Schuldverhältnis kann auch in der **Verletzung einer Neben(-Schutz)pflicht nach § 241 II** bestehen.

Bei der Falllösung geht es vor allem um die Frage, ob der Schuldner seine ursprünglich geschuldete Leistung (= Primärleistung) noch erbringen kann. Wenn dies nicht der Fall sein sollte, ist zu prüfen, ob an die Stelle dieser **Primärleistungspflicht** ggf. eine **Sekundärleistungspflicht** in Form eines **Schadensersatzanspruchs** des Gläubigers tritt. Bei allen Leistungsstörungen hat der Schuldner seine Leistung nicht oder nicht in der vertraglich vereinbarten Form erbracht und deshalb seine Pflicht zur ordnungsgemäßen Leistungserbringung verletzt. Man spricht deshalb von einer **Pflichtverletzung**, wenn der Schuldner die Leistung **zu spät, gar nicht oder aber schlecht** (ggf. unter Verletzung von Nebenpflichten) **erbringt**.

Diese Pflichtverletzung führt zum Schadensersatz nach der Grundvorschrift des § 280. § 280 I genügt als Schadensersatzanspruchsgrundlage in allen Fällen, in denen „einfacher" Schadensersatz, d.h. Schadensersatz **neben** der Leistung, verlangt wird.

Soll dagegen nicht nur „einfacher" Schadensersatz, sondern „Schadensersatz **statt** der Leistung" verlangt werden, müssen gem. § 280 III zusätzliche Voraussetzungen erfüllt sein, die in den §§ 281–283 geregelt sind. § 281 I 1 betrifft die Verzögerung des Schuldners mit der Leistung sowie deren Schlechterfüllung. § 282 regelt den Fall, dass der Schuldner eine Pflicht aus § 241 II verletzt hat und § 283 den Fall der nachträglichen Unmöglichkeit der Leistung des Schuldners gem. § 275.

Zum besseren Verständnis dieser Systematik dient folgende Übersicht:

Schadensersatz wegen Pflichtverletzung

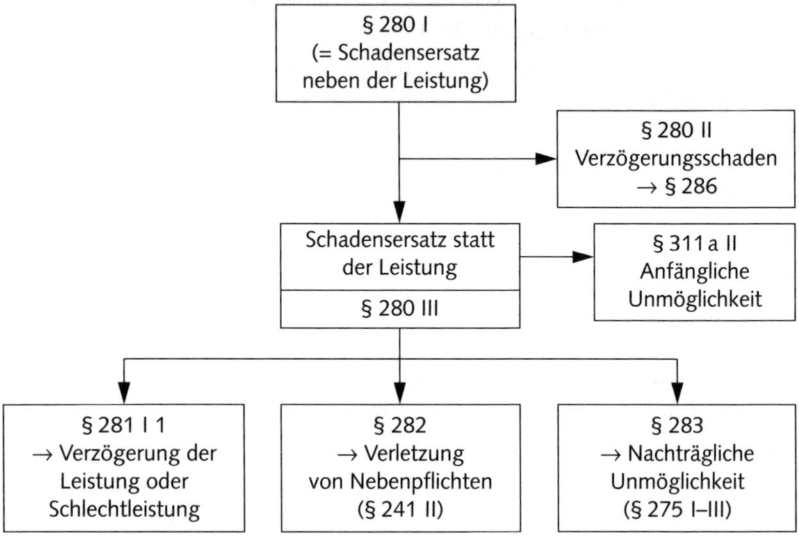

Die Rechtsfolgen des Schadensersatzanspruchs wegen Pflichtverletzung sind:

2. Schadensersatz neben der Leistung gem. § 280 I

Schäden, die durch eine Schlechtleistung (Lieferung einer mangelhaften Sache) oder durch die Verletzung von leistungsbegleitenden Nebenpflichten gem. § 241 II an anderen (absoluten) Rechtsgütern des Gläubigers entstanden sind – also die „klassischen" Mangelfolgeschäden und Begleitschäden –, werden von § 280 I (i. V. m. §§ 249 ff.) erfasst.[4]

3. Schadensersatz statt der Leistung gem. §§ 280 I, III, 281

Der durch die Mangelhaftigkeit der Leistung entstandene Schaden (sog. **kleiner Schadensersatz**) ist in §§ 280 I, III, 281 I 1 geregelt, und zwar durch

4 Siehe hierzu die Vertiefung „Leistungsstörungen – Zentralnorm des § 280 I".

die Formulierung: „… der Schuldner die … Leistung nicht … wie geschuldet erbringt“.

Beispiel:
Der Gläubiger behält die mangelhafte Sache und beansprucht den Wertunterschied zwischen mangelhafter und mangelfreier Sache.

Es ist auch ein **großer Schadensersatz** möglich, der sich unter den weiteren Voraussetzungen des § 281 I 3 (dazu gehört vor allem eine nicht unerhebliche Pflichtverletzung) ergibt.[5]

Beispiel:
Rückgabe der mangelhaften Kaufsache, wenn der Mangel erheblich ist, sowie ggf. entgangener Gewinn und Kosten der Ersatzbeschaffung.

Voraussetzungen:

- § 280 I, III und
- § 281 – erfolglose Nachfristsetzung bzw. Abmahnung, §§ 281 I 1, 281 III;
  ggf. entbehrlich gem. § 281 II oder bei Kauf- und Werkvertrag, wenn die Voraussetzungen der §§ 440 bzw. 636 vorliegen
  – zusätzlich: Erheblichkeit der Pflichtverletzung, § 281 I 3

Die Rechtsfolge ist Schadensersatz statt der Leistung bzw. statt der **ganzen** Leistung.

4. Schadensersatz statt der Leistung gem. §§ 280 I, III, 282

Nebenpflichtverletzungen können auch eine solche Intensität erreichen, dass dem Vertragspartner das Festhalten am Vertrag – trotz im Übrigen mangelfreier Leistung – nicht mehr zugemutet werden kann. In diesem Fall kann er Schadensersatz statt der Leistung nach §§ 280 I, III, 282 verlangen. Mit diesem Schadensersatz kann – anstelle der Primärleistung – i. S. d. § 362 I erfüllt werden.

Voraussetzungen:

- § 280 I, III i. V. m. § 241 II und
- § 282

5. Schadensersatz statt der Leistung gem. §§ 280 I, III, 283

Wenn die Pflichtverletzung darin besteht, dass dem Schuldner die Leistung **nach** Begründung des Schuldverhältnisses unmöglich geworden ist,

5 Ausführlicher unter „Vertiefung Kaufrecht“, III. 4.

kann der Gläubiger Schadensersatz statt der Leistung verlangen, ohne eine Frist setzen zu müssen.

Voraussetzungen:

- § 280 I, III und
- § 283 – die Pflichtverletzung beruht auf § 275 (Unmöglichkeit der Leistung)

Die Rechtsfolge ist Schadensersatz statt der Leistung bzw. statt der **ganzen** Leistung (vgl. § 283 S. 2).

6. Ersatz vergeblicher Aufwendungen (§ 284)

Nach § 284 kann Aufwendungsersatz „anstelle" des Schadensersatzes statt der Leistung verlangt werden[6], also grundsätzlich nur **alternativ** zum Schadensersatz gem. §§ 281–283. Ausnahmen betreffen die Fälle, in denen es sich nicht um Schadensersatz „statt der Leistung" i. S. d. genannten Vorschriften handelt.

Beispiel:
Wenn ein Konzertabend ausfällt, weil in dem vermieteten Raum vor Veranstaltungsbeginn der Kronleuchter herabgefallen ist und den Flügel „getroffen" hat, kann der Veranstalter nach § 284 Aufwendungsersatz für die nutzlos gewordenen Werbemaßnahmen verlangen und gem. § 280 I einfachen Schadensersatz für den beschädigten Konzertflügel.

Nach h. M. zählen Aufwendungen jedoch daneben auch zum Schaden i. S. v. §§ 280 ff., wenn sie in der Erwartung getätigt wurden, dass sich die Aufwendungen im Hinblick auf die aus den mit der vertraglichen Leistung zu erzielenden Gewinn rentieren werden (sog. Rentabilitätsvermutung).

Merke:
Aufwendungen sind im Gegensatz zum Schaden, der ein **unfreiwilliges** Vermögensopfer darstellt, **freiwillige** Vermögensopfer.

Auch der Aufwendungsersatzanspruch setzt grundsätzlich Vertretenmüssen (§ 276) voraus. Es müssen außerdem die „zusätzlichen Voraussetzungen" des § 280 III i. V. m. §§ 281–283 oder des § 311 a II erfüllt sein.[7]

7. Rücktrittsrecht

Die Voraussetzungen und Rechtsfolgen des Rücktritts werden einheitlich in den §§ 323 und 346 ff. beim vertraglichen und gesetzlichen Rücktritts-

6 Beispiel in Fall 19, Aufgabe 4 b).
7 *Brox/Walker* SchuldR AT, § 22 Rn. 74 f.; *Palandt/Grüneberg*, § 284 Rn. 4.

recht geregelt. Bei jeder Pflichtverletzung des Schuldners ist im gegenseitigen Vertrag der gesetzliche Rücktritt nach § 323 verschuldensunabhängig möglich.[8] Das Rücktrittsrecht besteht bei Unmöglichkeit nach §§ 326 V i.V.m. § 323, bei sonstigen Pflichtverletzungen nach § 323 (direkt). Der Rücktritt wegen einer Nebenpflichtverletzung (§ 241 II) ist in § 324 geregelt.

Vertiefung: Leistungsstörungen – Schuldnerverzug[9]

Übersicht:

I. Anspruch auf Ersatz des Verzögerungsschadens gem. §§ 280 I, II, 286
II. Schadensersatz statt der Leistung gem. §§ 280 I, III, 281 I 1
III. Besondere Regelungen für gegenseitige Verträge
   1. Allgemeines
   2. Verschuldungsunabhängiges Rücktrittsrecht gem. § 323

Unter Schuldnerverzug versteht man eine Nichterbringung der fälligen, noch möglichen Leistung. Der Schuldner leistet also nicht rechtzeitig, sondern später als vereinbart oder gesetzlich vorgeschrieben.

In den

- §§ 280 I, II, 286 (Verzögerungsschaden),
- § 288 (Verzugszins),
- §§ 280 I, III, 281 I (Schadensersatz statt der Leistung),

---

8 Beispiel hierzu in Fall 5, Aufgabe 3. Ausführlich hierzu: *Annuss*, Die Folgen des Rücktritts, JA 2006, 184 ff.

9 **Literatur zur Vertiefung:** *Brox/Walker* SchuldR AT, § 23; *Däubler* BGB kompakt, Kap. 16, 1–3; *Derleder/Hoolmans*, Vom Schuldnerverzug zum Gläubigerverzug und zurück, NJW 2004, 2787; *Derleder/Karabulut*, Schuldnerverzug und Zurückbehaltungsrechte im Allgemeinen Schuldrecht, JuS 2014, 102; *Fikentscher/Heinemann*, § 44; *Gerhardt*, Die Abgrenzung der wichtigsten Anspruchsgrundlagen im Schadensersatzrecht bei Leistungsstörungen, JURA 2012, 251; *Grunewald* §§ 9, 10; *Heuser*, Versprechen, Verschulden und Pflichtverletzung (§ 280 BGB), JURA 2012, 663 (Teil 1), 827 (Teil 2); *Kittner*, Rn. 730–739; *Looschelders* SchuldR AT, Rn. 551 ff.; *S. Lorenz*, Grundwissen – Zivilrecht: Was ist eine Pflichtverletzung (§ 280 I BGB)?, JuS 2007, 213; *Medicus/Lorenz* SchuldR I AT Rn. 412 ff.; *Medicus*, Die Leistungsstörungen im neuen Schuldrecht, JuS 2003, 521; *Münch*, Die nicht wie geschuldet erbrachte Leistung und sonstige Pflichtverletzungen, JURA 2002, 361; *Otto*, Die Grundstrukturen des neuen Leistungsstörungsrechts, JURA 2002, 1; *Musielak/Hau*, Rn. 439 ff.; *Skamel*, Die angemessene Frist zur Leistung oder Nacherfüllung, JuS 2010, 671 ff.; *Weiss*, Die Ergänzung besonderer Rechtsverhältnisse durch die allgemeinen Vorschriften der §§ 280 ff. BGB, JuS 2012, 965; *Wörlen/Metzler-Müller* SchuldR AT, Rn. 200 ff.

- § 323 (Rücktritt) und
- § 286 i. V. m. § 287 (Verantwortlichkeit während des Verzugs)

findet man die Regelungen der Leistungsverzögerung. Anknüpfungspunkt hierfür ist nicht (mehr) der Verzug im technischen Sinne (vgl. § 286), sondern die Pflichtverletzung i. S. v. § 280 I.

Dem Gläubiger können wegen der Pflichtverletzung des Schuldners durch Verzögerung der Leistung folgende Ansprüche zustehen:

Schadensersatz wegen Verzögerung der Leistung gem. § 280

Schadensersatz **neben** der Leistung = Ersatz des Verzögerungsschadens	Schadensersatz **statt** der Leistung
§§ 280 I, II, 286	§§ 280 I, III, 281 I 1
	oder:
	Aufwendungsersatz gem. § 284

I. Anspruch auf Ersatz des Verzögerungsschadens gem. §§ 280 I, II, 286

Nach diesen Vorschriften muss der Schuldner dem Gläubiger den durch den Verzug entstandenen (Verspätungs-, Verzögerungs-) Schaden ersetzen. Neben diesem Schadensersatzanspruch bleibt der Anspruch auf Erfüllung bestehen.

Die **Voraussetzungen** des Verzugs sind in §§ 280, 286 geregelt. Danach kommt der Schuldner in Verzug, wenn

1. der Gläubiger einen Anspruch aus einem Schuldverhältnis hat (§ 280 I 1),
2. die Leistung fällig und durchsetzbar ist (§ 286 I 1),
3. der Gläubiger den Schuldner gemahnt hat – es sei denn, dass eine Mahnung nicht erforderlich war (§ 286 II),
4. der Schuldner noch nicht bzw. verspätet geleistet hat (§ 286 I 1) und
5. der Schuldner die Nichtleistung zu vertreten hat (§ 286 IV, § 280 I 2).

Zu 1.: § 280 I setzt grundsätzlich einen Erfüllungsanspruch aus einem vertraglichen oder gesetzlichen Schuldverhältnis voraus.[10]

10 In den Fallübungen kommen hier vor allem vertragliche Ansprüche in Betracht.

Zu 2.: Die Leistung ist dann fällig, wenn der Gläubiger sie verlangen kann und der Schuldner sie erbringen muss. Gem. § 271 I ist die Leistung sofort fällig, wenn die Vertragsparteien keine anderweitigen Vereinbarungen treffen. Der Anspruch muss auch durchsetzbar sein. Wenn die Leistungspflicht des Schuldners nach § 275 wegen Unmöglichkeit ausgeschlossen ist, fehlt es an einem wirksamen Anspruch. Schuldnerverzug kommt dann nicht in Betracht.

Zu 3.: Der Verzug tritt grundsätzlich nicht von selbst ein, sondern erst durch eine Mahnung. Mahnung ist die bestimmte Aufforderung des Gläubigers an den Schuldner, die geschuldete Leistung zu erbringen. Eine Mahnung kann erst nach Eintritt der Fälligkeit erfolgen. Der Mahnung stehen die Erhebung der Klage auf Leistung sowie die Zustellung eines Mahnbescheids gleich (§ 286 I 2). Gem. § 286 II kommt der Schuldner ohne Mahnung in Verzug,

- wenn der Leistungszeitpunkt nach dem Kalender bestimmt ist (Nr. 1)[11]; es ist nicht erforderlich, dass der Leistungstermin exakt benannt wird (z. B. „am 10. Juni"). Vielmehr genügt es, wenn bei Vertragsschluss kalendermäßig eindeutig bestimmbar ist, bis zu welchem Zeitpunkt die Leistung spätestens erbracht sein muss,[12]
- bei Anknüpfung an ein vorausgehendes „Ereignis" (Nr. 2),
- bei Erfüllungsverweigerung (Nr. 3) bzw.
- aufgrund besonderer Umstände (Nr. 4).

Bei Geldforderungen kommt der Schuldner gem. § 286 III spätestens in Verzug, wenn er nicht innerhalb von 30 Tagen nach Fälligkeit und Zugang einer Rechnung oder gleichwertiger Zahlungsaufstellung leistet. Verzug kann also auch bei Geldforderungen durch eine Mahnung (oder in den Fällen des § 286 II) herbeigeführt werden. Gegenüber einem Verbraucher (vgl. § 13) gilt dies nur, wenn er auf diese Rechtsfolge rechtzeitig vor Eintritt des Verzugs besonders hingewiesen worden ist. Es handelt sich hier um keine Sonderregelung, sondern nur um eine Ergänzung des Mahnungssystems. Ist der Zeitpunkt des Zugangs der Rechnung oder Zahlungsaufstellung unsicher, kommt der Schuldner, der nicht Verbraucher ist, spätestens 30 Tage nach Fälligkeit und Empfang der Gegenleistung in Verzug.

---

11 Siehe hierzu Fall 5, Aufgabe 3 und Fall 11, Aufgabe 1 b).

12 Ausführlich hierzu: *Brox/Walker* SchuldR AT, § 23 Rn. 15.

Zu 4.: Der Schuldner muss die Leistung, zu der er verpflichtet ist und die auch möglich ist, nicht erbracht haben. Wenn die Leistung unmöglich, also nicht nachholbar ist, kommt kein Anspruch aus Verzug, sondern nach den Vorschriften über die Unmöglichkeit der Leistung[13] in Betracht.

Zu 5.: Verzug tritt nur ein, wenn der Schuldner die Verzögerung der Leistung zu vertreten hat (§ 286 IV). Hierfür gelten die allgemeinen Vorschriften. In erster Linie hat der Schuldner sein eigenes Verschulden und das seiner Erfüllungsgehilfen und gesetzlichen Vertreter zu vertreten (vgl. §§ 276, 278). Aus dem Inhalt des Schuldverhältnisses kann sich aber auch eine strengere (oder mildere) Haftung ergeben, etwa durch die Übernahme einer Garantie oder eines Beschaffungsrisikos. Letzteres ist vor allem für die Gattungsschuld von Bedeutung: Hier hat der Schuldner Verzögerungen auch ohne Verschulden zu vertreten, wenn es um die typischen Beschaffungshindernisse geht, wie z. B. Versorgungsengpässe am Markt oder die eigene wirtschaftliche Leistungsunfähigkeit. Atypische Hindernisse hat der Schuldner hingegen auch bei der Gattungsschuld nicht zu vertreten, z. B. persönliche Umstände (wie Krankheit) oder höhere Gewalt durch Naturkatastrophen, behördliche Eingriffe oder Krieg. Bei Geldforderungen entschuldigt die Zahlungsunfähigkeit nicht.

> **Merke:**
> „Geld hat man zu haben."

Aus der negativen Formulierung in § 286 IV folgt (wie bei § 280 I 2), dass der Schuldner zu beweisen hat, dass er die Verzögerung der Leistung nicht zu vertreten hat (sog. Beweislastumkehr).

Die Vorschrift des § 286 IV wiederholt auf den ersten Blick die Regelung des § 280 I 2. Sie scheint deshalb nur für die übrigen Verzugsfolgen, wie zum Beispiel die in § 287 und § 288 normierten, von Bedeutung zu sein. Allerdings ist § 286 IV wichtig für den Zeitpunkt des möglichen Entlastungsbeweises. Danach ist nicht der Zeitpunkt der Pflichtverletzung i. S. d. § 280 I 1 (Nichtleistung trotz Möglichkeit und Fälligkeit) relevant, sondern derjenige, in dem die objektiven Voraussetzungen des Verzugs (also auch die Mahnung) vorliegen.[14]

---

13 Siehe Fall 7, Aufgabe 1 sowie Vertiefung „Unmöglichkeit der Leistung".

14 *Palandt/Grüneberg*, § 286 Rn. 32; *Brox/Walker* SchuldR AT, § 23 Rn. 29.

Die Rechtsfolgen des Schuldnerverzugs regelt § 280 I 1. Zuzüglich zu dem weiter bestehen bleibenden Erfüllungsanspruch kann der Gläubiger vom Schuldner den ihm durch den Verzug entstandenen (Verzögerungs-)Schaden verlangen, und zwar grundsätzlich in Natur gem. § 249 I. Er ist vom Schuldner so zu stellen, wie er bei rechtzeitiger Leistung stehen würde. Zwischen Verzug und Schaden muss ein ursächlicher Zusammenhang bestehen. In Betracht kommen z. B. die Kosten der Rechtsverfolgung, entgangener Gewinn (§ 252) während des Verzugs, besondere Aufwendungen (Mietwagenkosten u. a.) und bei Geldschulden Verzugszinsen nach § 288 I 1. Diese Vorschrift stellt eine eigenständige Anspruchsgrundlage dar.[15] Zur Zinshöhe muss der sich nach § 247 ändernde Basiszinssatz ermittelt werden. Dieser ist im Internet zu finden unter www.basiszinssatz.de. Zinseszins wird nicht geschuldet (§ 289).

Außerdem hat der Schuldner nach § 287 während des Verzugs jede Fahrlässigkeit zu vertreten und haftet ggf. wegen der Leistung auch für Zufall.

Prüfschema – Ersatz des Verzögerungsschadens gem. §§ 280 I, II, 286:

Voraussetzungen:

1. Schuldverhältnis, § 280 I 1
2. Pflichtverletzung des Schuldners durch Verzögerung der Leistung, § 280 I 1, II § 286
   a) Fälligkeit der Leistung (§ 271)
   b) Mahnung – evtl. entbehrlich nach § 286 II
   c) Nichtleistung des Schuldners
3. Vertretenmüssen des Schuldners (§§ 286 IV, 280 I 2 i. V. m. §§ 276, 278)
4. Schaden beim Gläubiger, § 280 I 1

Rechtsfolgen: Ersatz des Verzögerungsschadens (die Leistungsverpflichtung besteht weiter) = Schadensersatz **neben** der Leistung; bei Geldschuld: Verzugszinsen nach § 288

II. Schadensersatz statt der Leistung gem. §§ 280 I, III, 281 I 1

Es gibt Fälle, in denen der Gläubiger kein Interesse mehr an einer verspäteten Leistung hat und deshalb Schadensersatz statt der Leistung vom Schuldner verlangt. Neben den bereits oben – beim Verzögerungsschaden – aufgezeigten Voraussetzungen des § 280 I (Schuldverhältnis, Pflichtver-

15 Beispiel in Fall 11, Aufgabe 1 b).

letzung des Schuldners, Vertretenmüssen und Schaden) müssen noch die zusätzlichen Voraussetzungen der §§ 280 III, 281 I 1 gegeben sein:

Die Pflichtverletzung besteht darin, dass der Schuldner den wirksamen, fälligen und durchsetzbaren Anspruch des Gläubigers nicht rechtzeitig erfüllt (von einer fälligen Leistungen kann nicht gesprochen werden, wenn die Leistung aufgrund von Unmöglichkeit ausgeschlossen ist). Außerdem muss der Gläubiger dem Schuldner **erfolglos** eine **angemessene Frist zur Leistung oder Nacherfüllung** gesetzt haben. Dadurch soll dem Schuldner eine letzte Gelegenheit gegeben werden, den Vertrag zu erfüllen. Die Frist muss so bemessen sein, dass er die Leistung auch tatsächlich erbringen kann. Die Angemessenheit richtet sich nach den Umständen des Einzelfalls. Sofern der Gläubiger eine zu kurze Frist setzt, ist dies nicht ohne Rechtsfolge: Es wird vielmehr eine angemessene Frist in Lauf gesetzt.[16] Eine Fristsetzung ist nach § 281 II u. a. entbehrlich, wenn der Schuldner die Leistung ernsthaft und endgültig verweigert. Ebenso gilt das für den Fall, dass Umstände vorliegen, die unter Abwägung der beiderseitigen Interessen eine sofortige Geltendmachung des Schadensersatzes statt der Leistung erforderlich machen – wie z. B. bei den „Just-in-time-Verträgen". Hier muss der eine Vertragspartner dem anderen zu einem bestimmten Zeitpunkt liefern, wenn dessen Produktion ordnungsgemäß betrieben werden soll.[17]

Dieser Schadensersatzanspruch setzt keinen Verzug i. S. d. § 286 voraus. Da aber in der Fristsetzung zur Leistung gleichzeitig eine Mahnung zu sehen ist, liegt bei einem Anspruch auf Schadensersatz statt der Leistung faktisch immer auch Schuldnerverzug vor.

Nach § 281 IV geht der Anspruch auf Erfüllung erst mit dem Schadensersatzverlangen des Gläubigers unter.[18]

Wenn die Voraussetzungen für den Anspruch auf Schadensersatz statt der Leistung vorliegen, kann der Gläubiger stattdessen auch Ersatz seiner frustrierten (= vergeblichen) Aufwendungen nach § 284 verlangen, wie z. B. Fahrt-, Telefon-, Portokosten.

---

16 *Palandt/Grüneberg*, § 281 Rn. 10; *Brox/Walker* SchuldR AT, § 23 Rn. 41.

17 Vgl. *Palandt/Grüneberg*, § 281 Rn. 15.

18 Siehe hierzu Fall 5, Aufgabe 4.

Prüfschema – Schadensersatz statt der Leistung (bei Verzögerung) gem. §§ 280 I, III, 281 I 1, 1. Alt.:

Voraussetzungen:

1. Schuldverhältnis (§ 280 I 1)
2. Fällige, noch mögliche Leistung des Schuldners (§ 281 I 1)
3. Pflichtverletzung des Schuldners durch Nichterbringung der fälligen Leistung (§ 280 I 1)
4. Vertretenmüssen (§ 280 I 2 i.V.m. § 276 oder § 278)
5. Leistungsaufforderung mit angemessener Fristsetzung nach § 281 I 1 (ggf. entbehrlich: § 281 II)
6. Erfolgloser Fristablauf (§ 281 I 1)
7. Schaden beim Gläubiger (§ 280 I 1)

Rechtsfolgen: Schadensersatz statt der Leistung; Umfang: §§ 249ff.
Alternativ: Aufwendungsersatz gem. § 284
Anspruch auf Leistung ist ausgeschlossen (§ 281 IV).
Rückforderung des bereits Geleisteten (§ 281 V i.V.m. §§ 346ff.)

Wichtig:

Man muss unterscheiden zwischen

- dem Schadensersatz statt der Leistung nach den §§ 280 I, III, 281 I und
- dem Ersatz des Verzögerungsschadens nach §§ 280 I, II, 286.

Verzögerungsschaden: Hierfür ist Verzug Voraussetzung. Er umfasst den Schaden, der innerhalb des Verzugszeitraums entsteht, sofern die Leistung noch möglich ist.

Falls der Gläubiger dem Schuldner eine (weitere) Frist setzt, verbunden mit der Erklärung, dass er nach fruchtlosem Ablauf Schadensersatz verlange oder vom Vertrag zurücktrete, ist § 281 IV relevant: Der Anspruch auf die Leistung ist ausgeschlossen, d.h., damit ist auch der Verzug beendet.

Weitere Schäden wegen der Nichterfüllung (also **nach** der Fristsetzung) sind über §§ 280 I, III, 281 I geltend zu machen.

Für die Schäden **bis** zum Fristende sind §§ 280 I, II, 286 die relevante Anspruchsgrundlage.

Exkurs: Schadensersatz statt der Leistung

Im Rahmen der Schuldrechtsmodernisierung wurde per 1.1.2002 der Begriff „Schadensersatz statt der Leistung“ neu in das BGB eingeführt. Er steht im Zentrum des neuen Schuldrechts und kann nur verlangt werden, wenn neben den Voraussetzungen des § 280 I auch die Voraussetzungen eines von drei Paragrafen (vgl. § 280 III) gegeben sind. Deren Formulierung – vor allem aufgrund der Verweisungstechnik – bereitet Studierenden einige Schwierigkeiten. Die folgende Übersicht soll diese beseitigen.

Schadensersatz statt der Leistung bei

Verzögerung der Leistung + Schlechterfüllung	**Unmöglichkeit**	**Nebenpflichtverletzung**
§ 280 I, III i.V.m. § 281	§ 280 I, III i.V.m. § 283	§ 280 I, III i.V.m. § 282
Bessere/verständlichere Formulierung:		
„Besteht die Pflichtverletzung darin, dass der Schuldner die fällige Leistung nicht oder nicht wie geschuldet erbringt, kann der Gläubiger SE statt L[19] nur verlangen, wenn er dem Schuldner erfolglos **eine angemessene Frist zur Leistung oder Nacherfüllung** bestimmt hat.“	„Besteht die Pflichtverletzung darin, dass dem Schuldner die Leistung **nach** Begründung des Schuldverhältnisses unmöglich geworden ist, kann der Gläubiger SE statt L verlangen, **ohne eine Frist setzen zu müssen**.“	„Besteht die Pflichtverletzung nach § 280 I in einer Verletzung von Pflichten nach § 241 II, so kann der Gläubiger SE statt L nur verlangen, wenn ihm die Leistung durch den Schuldner **nicht mehr zuzumuten** ist.“

19 SE statt L = Schadensersatz statt der Leistung.

Prüfschemata

Voraussetzungen des § 280 I	Voraussetzungen des § 280 I	Voraussetzungen des § 280 I
1. **Schuldverhältnis** 2. **Pflichtverletzung** 3. **Vertretenmüssen** + *zusätzliche Voraussetzungen des § 281 I 1* 4. *Fällige Leistung wurde nicht erbracht* 5. *Erfolgloser Ablauf einer angemessenen Frist zur Leistung (es sei denn: § 281 II, § 281 III)* 6. **Schaden** Schadensumfang: §§ 249 ff.	1. **Schuldverhältnis** 2. **Pflichtverletzung** 3. **Vertretenmüssen** + *zusätzliche Voraussetzungen des § 283* 4. *Pflichtverletzung beruht auf § 275 (falls „großer SE": §§ 283 S. 2, 281 S. 2, 3)* 5. **Schaden** Schadensumfang: §§ 249 ff.	1. **Schuldverhältnis** 2. **Pflichtverletzung** 3. **Vertretenmüssen** + *zusätzliche Voraussetzungen des § 282* 4. *Pflichtverletzung nach § 241 II* 5. *Leistung durch den S[20] ist dem G[21] nicht mehr zumutbar (Abmahnung!)[22]* 6. **Schaden** Schadensumfang: §§ 249 ff.

Da dieser Schadensersatz **an die Stelle** der primär geschuldeten Leistung tritt, heißt er auch „Schadensersatz **statt** der Leistung". Der Leistungsanspruch wird in einen Schadensersatzanspruch umgewandelt; es findet Erfüllungsersatz in dem Umfang statt, in dem die Erfüllung ausgeblieben ist (Ersatz des Erfüllungsinteresses, positives Interesse). Der Gläubiger ist so zu stellen, als sei die Leistung wie geschuldet erbracht worden. Da die Naturalherstellung entweder unmöglich ist (so bei § 283 S. 1) oder der Anspruch auf die Primärleistung mit Erhebung der Schadensersatzforderung untergeht (vgl. § 281 IV), besteht der Schadensersatz statt der Leistung in einer Geldzahlung (§§ 249 I, 251 I).

> **Beachte:**
> Vorstehend abgedruckte Prüfschemata sollen dazu dienen, die Gesetzessystematik zu verdeutlichen. In den Falllösungen können bzw. sollten die Voraussetzungen mit gleichem Inhalt zusammengefasst werden![23]

---

20 S = Schuldner.

21 G = Gläubiger.

22 Unzumutbarkeit setzt in der Regel voraus, dass der Schuldner **abgemahnt** worden ist; nur bei besonders schwerwiegenden Verstößen kann entsprechend dem Rechtsgedanken des § 281 II, 2. Alt. darauf verzichtet werden.

23 Beispiele in Fall 5, Aufgabe 3, Fall 8, Aufgabe 5 und Fall 12, Aufgabe 4 b).

III. Besondere Regelungen für gegenseitige Verträge

1. Allgemeines

Bei gegenseitigen Verträgen ist es dem Gläubiger nicht zuzumuten, auf unbestimmte Zeit leistungsbereit zu sein und auf die Erfüllung des Vertrages durch den Schuldner zu warten. Wegen des engen Zusammenhangs von Leistung und Gegenleistung finden sich in den §§ 320 ff. (gegenseitiger Vertrag) spezielle Regelungen.

2. Verschuldensunabhängiges Rücktrittsrecht gem. § 323

Nach § 323 I steht dem Gläubiger ein Rücktrittsrecht bei einem gegenseitigen Vertrag zu, wenn er dem Schuldner erfolglos eine angemessene Frist zur Leistung bestimmt hat. Das Vorliegen der Tatbestandsmerkmale des Verzugs (§ 286) ist keine Rücktrittsvoraussetzung; insbesondere ist kein Vertretenmüssen des Schuldners erforderlich. Der Gläubiger soll Rechtsklarheit bekommen können, wenn die Leistung ausbleibt und ihm – was in der Regel der Fall ist – die genauen Umstände für das Ausbleiben der Leistung beim Schuldner nicht bekannt sind. Der Schuldner wird dadurch auch nicht übermäßig belastet, zumal die Störung in seiner „Sphäre" liegt.

Voraussetzung des Gestaltungsrechts nach § 323 ist also nur, dass die Leistung fällig war und zum vertraglich vereinbarten Zeitpunkt nicht erbracht worden ist. Da die Aufforderung zur Leistung mit Fristsetzung gleichzeitig eine Mahnung darstellt, liegt faktisch auch immer Schuldnerverzug vor.

Die Fristsetzung ist nach § 323 II u. a. entbehrlich,

- wenn der Schuldner die Leistung ernsthaft und endgültig verweigert (Nr. 1); dies entspricht der Entbehrlichkeit der Mahnung nach § 286 II Nr. 3 oder
- bei einem Fixgeschäft (Nr. 2) oder
- wenn besondere Umstände vorliegen, die unter Abwägung der beiderseitigen Interessen den sofortigen Rücktritt rechtfertigen (Nr. 3). Ähnlich: § 286 II Nr. 4 für die Entbehrlichkeit der Mahnung.

Nach § 325 sind bei einem gegenseitigen Vertrag **Rücktritt und Schadensersatz nebeneinander** möglich. Der Gläubiger kann also, wenn er vom Vertrag zurückgetreten ist, nicht nur die Ansprüche aus dem Rückabwicklungsschuldverhältnis, sondern zusätzlich auch noch Schadensersatzansprüche (wegen Nichterfüllung des Vertrags) geltend machen. So etwa die Mehrkosten aus einem Deckungsgeschäft oder wegen entgangenen Gewinns. Ersatz für die vergeblichen Aufwendungen kann er nach § 284 verlangen.

Der **Rücktritt** muss vom Gläubiger nach §§ 346 I, 2. HS, 349 erklärt werden. Bei der Rücktrittserklärung handelt es sich um eine einseitige, empfangsbedürftige Willenserklärung, die dem Schuldner zugehen muss (vgl. § 130). Diese beendet das Vertragsverhältnis und wandelt es für die Zukunft in ein Rückgewährschuldverhältnis um: Die bereits empfangenen Leistungen sind zurückzugewähren und die gezogenen Nutzungen herauszugeben (§ 346 I = Anspruchsgrundlage!). Die ursprünglichen Vertragspflichten bestehen also in „umgekehrter Richtung" als gesetzliche Pflichten.

> **Merke:**
> Die Rechtsfolgen des Rücktritts ergeben sich ausschließlich aus den §§ 346 ff.
> Bereicherungsrecht (§§ 812 ff.) ist nicht anzuwenden. – Häufiger Klausurfehler!

Beim **Schadensersatzanspruch** hingegen bleibt das Schuldverhältnis bestehen; an die Stelle der Primärleistungspflicht (z. B. Lieferung der Kaufsache nach § 433 I 1) tritt eine Sekundärleistungspflicht (z. B. Schadensersatz gem. §§ 280 I, 281 I 1).

Nach § 323 VI ist der Rücktritt u. a. ausgeschlossen, wenn der Gläubiger für den Umstand, der ihn zum Rücktritt berechtigen würde, allein verantwortlich ist.

Die (weiteren) **Rechtsfolgen des Rücktritts** sind in §§ 346 ff. geregelt. Statt der Rückgewähr muss u. a. Wertersatz geleistet werden, wenn diese oder die Herausgabe nach der Natur des Erlangten ausgeschlossen ist bzw. der empfangene Gegenstand verbraucht wurde. Eine Pflicht zum Wertersatz besteht hingegen nicht unter den in § 346 III genannten Gründen (Gläubiger hat Verschlechterung oder Untergang des Gegenstands zu vertreten...). § 347 regelt die Haftung hinsichtlich Nutzungen und Verwendungen nach Rücktritt.

Prüfschema – Rückgewähranspruch bei Pflichtverletzung durch Verzögerung der Leistung im gegenseitigen Vertrag gem. §§ 346 ff. i. V. m. § 323 I:

Voraussetzungen:

1. Vertragliches oder gesetzliches Rücktrittsrecht
2. Erklärung des Rücktritts, § 349
3. Voraussetzungen des gesetzlichen Rücktrittsrechts nach § 323 I:
   a) wirksamer gegenseitiger Vertrag
   b) Pflichtverletzung des Schuldners durch Verzögerung der Leistung
   c) Angemessene Fristsetzung zur Leistung
   d) Erfolgloser Fristablauf
   e) Kein Ausschluss gem. § 323 V oder VI

Rechtsfolgen: Umwandlung des Vertragsverhältnisses in Rückabwicklungsschuldverhältnis (§ 346 I)
Wertersatz nach § 346 II, sofern nicht Pflicht nach § 346 III entfällt
§ 347 (Nutzungen und Verwendungen nach Rücktritt)

Fall 6: Schuldrecht AT – Die verbrannten Büromöbel

Schwerpunkte:
Unmöglichkeit der Leistung – Gattungsschuld – Stückschuld – Gläubigerverzug

Die Gemeinde Kaufgut (K) schließt mit dem Möbelhändler Vertiko (V) am 1. 3. einen Kaufvertrag über 10 neue Schreibtische und Schreibtischstühle zum Preis von 5.000 €. Es wird vereinbart, dass K die Ware mit eigenen Fahrzeugen abholen soll, sobald V die bestellte Ware auf Lager hat. Einige Wochen später trifft bei V die Ware vom Möbelhersteller ein. Die für K bestimmten Tische und Stühle werden von V ausgesondert und mit Schildern versehen. In der Nacht darauf wird allerdings das gesamte Möbellager des V durch einen Brand vernichtet, ohne dass K von V zuvor zur Abholung seiner Ware aufgefordert worden ist. Der Brand war durch unbekannte Brandstifter gelegt worden. Ein Verschulden des V oder seiner Leute scheidet aus.

V weigert sich, neue Büromöbel zu beschaffen und zum vereinbarten Kaufpreis zu liefern, weil die Preise inzwischen gestiegen sind. Er will die Schreibtische und Stühle für 8.000 €. liefern.

Aufgabe 1: Kann K von V Lieferung der Möbel für 5.000 € verlangen?

Variante 1:

V hatte einige Tage vor dem Brand nicht nur die Möbel aussondern lassen, sondern den K auch benachrichtigt, dass Schreibtische und Stühle zum Abholen – wie vereinbart – bereitstehen. K hat sich allerdings nicht um die Ware gekümmert.

Aufgabe 2: Kann K von V Lieferung der Möbel für 5.000 € verlangen? Kann K evtl. einen Schadensersatzanspruch gegen V geltend machen?

Variante 2:

Die Gemeinde K und V hatten vereinbart, dass die Möbel am 31. 3. um 16.30 Uhr von V ins Rathaus geliefert werden sollten. Als V vereinbarungsgemäß zu diesem Termin mit den Möbeln vorfährt, ist die Behörde wegen eines Betriebsausfluges geschlossen. V fährt mit der Ladung wieder zu seinem Möbellager zurück.

Aufgabe 3: V verlangt von K für die vergebliche Anfahrt die entstandenen Kosten in Höhe von 50 €. Zu Recht?

Fall 6: Prüfschema/Lösungsskizze

K ——————— V
§ 433

Aufgabe 1:

K ———→ V Lieferung der Möbel für 5.000 € gem. § 433 I 1?

1. Kaufvertrag (+)
2. Anspruch ausgeschlossen gem. § 275 I?
   a) nachträgliche Unmöglichkeit der Leistung (= Lieferung) durch V (+)
   b) §§ 275 II 2, 276 I 1 Beschaffungsrisiko bei Gattungsschuld? (+), da noch keine Konkretisierung (§ 243 II)
   Holschuld ⇒ Aussonderung + Benachrichtigung
   Da Benachrichtigung noch nicht erfolgt ist: Möbel = noch Gattungsschuld
   also: Konkretisierung (–)

Ergebnis: K ———→ V Lieferung der Möbel für 5.000 € gem. § 433 I 1 (+)

Aufgabe 2:

I. K ———→ V Lieferung der Möbel für 5.000 € gem. § 433 I 1?

KV (+)
hier: Konkretisierung gem. § 243 II (+)

Ergebnis: K ———→ V Lieferung der Möbel für 5.000 € gem. § 433 I 1 (–)

II. K ———→ V Schadensersatz statt der Leistung gem. § 280 I, III i. V. m. § 283?

1. wirksames Schuldverhältnis (+) = Kaufvertrag
2. Pflichtverletzung durch den Schuldner (+)
   nachträgliche Unmöglichkeit der Leistung
3. Leistungsbefreiung für den Schuldner, § 275 I (+)
4. Vertretenmüssen (–)

Ergebnis: K ———→ V Schadensersatz wegen Pflichtverletzung gem. § 280 I, III i. V. m. § 283 (–)

Aufgabe 3:

V ⟶ K Kosten für die vergebliche Anfahrt in Höhe von 50 € gem. § 304 i. V. m. §§ 293 ff.

1. Schuldverhältnis: Kaufvertrag i. S. d. § 433 (+)
2. Gläubigerverzug §§ 293 ff. (+)
   a) Erfüllbarkeit des Leistungsanspruchs, § 293 (+)
   b) Schuldner muss zur Leistung imstande sein, § 297 (+)
   c) Leistungsangebot, § 294 (+)
   d) Nichtannahme der Leistung, § 293 (+)
3. Mehraufwendungen

Ergebnis: V ⟶ K Kosten für die vergebliche Anfahrt in Höhe von 50 € gem. § 304 i. V. m. §§ 293 ff. (+)

Fall 6: Ausarbeitung (Gutachten)

Aufgabe 1:

K könnte von V die Lieferung der Möbel für 5.000 € gem. § 433 I 1 verlangen.

1. *Voraussetzung hierfür ist zunächst, dass ein wirksamer Kaufvertrag zwischen K und V zustande gekommen ist. Ein Kaufvertrag setzt zwei übereinstimmende Willenserklärungen, Angebot und Annahme, voraus.*
   Indem die Gemeinde K sich mit dem Möbelhändler V am 1. 3. über einen Kauf von 10 neuen Schreibtischen und Schreibtischstühlen zu einem Preis von 5.000 € einigte, ist diese Voraussetzung gegeben.
2. Die Leistungspflicht des V könnte allerdings *gem. § 275 I ausgeschlossen sein.*
   a) *Dies setzt voraus, dass die Übergabe der Möbel durch V unmöglich geworden ist.* Da in der Nacht von unbekannten Brandstiftern das gesamte Möbellager des V durch einen Brand vernichtet wurde, besteht eine subjektive Unmöglichkeit seitens V, die Leistung zu erbringen. *Außerdem muss es sich bei den Schreibtischen und -stühlen um eine Stückschuld gehandelt haben.*

b) Von V wurde vorgenanntes Büromobiliar geschuldet, also ein nach allgemeinen Merkmalen bestimmtes. Somit lag zunächst eine **Gattungsschuld** i.S.d. § 243 I vor. Bei dieser trägt V das **Beschaffungsrisiko** nach §§ 275 II 2, 276 I 1. D.h., V müsste sich dieses Mobiliar anderweitig beschaffen, denn die Lieferung dieser Schreibtische und -stühle ist objektiv noch möglich.

Eine Gattungsschuld wird gem. § 243 II zur Stückschuld, wenn der Schuldner das zur Leistung einer solchen Sache „seinerseits Erforderliche" getan hat. Dann konkretisiert sich die Leistungspflicht des V auf **dieses** *Mobiliar. Wann die Konkretisierung eintritt, richtet sich nach dem Inhalt des Schuldverhältnisses.* V und K hatten im Rahmen des Vertrages vereinbart, dass K die Möbel abholen wird; somit handelt es sich um eine Holschuld. *Bei der Holschuld hat der Schuldner das seinerseits Erforderliche getan, wenn er die verkaufte Sache aussondert, bereitstellt und den Gläubiger benachrichtigt, dass dieser die Sache abholen kann.* V hat die Büromöbel für K zwar ausgesondert, aber diesen noch nicht benachrichtigt, dass die Möbel zur Abholung bereitstehen. Somit liegt noch keine Konkretisierung vor, und es handelt sich nach wie vor um eine Gattungsschuld.

Merke:
Bei der Gattungsschuld trägt der Schuldner das Beschaffungsrisiko (§ 276 I 1); V hat hier also das Leistungshindernis zu vertreten und muss deshalb der Gemeinde K 10 (andere) Schreibtische und Schreibtischstühle liefern.

Folglich kann K die Lieferung der Möbel von V gem. § 433 I 1 für 5.000 € **verlangen**.

Aufgabe 2:

I. K könnte die Lieferung der Möbel zum Preis von 5.000 € gem. § 433 I 1 verlangen.

Voraussetzung hierfür ist zunächst, dass zwischen K und V ein wirksamer Kaufvertrag zustande gekommen ist. Wie bei Frage 1 bereits geprüft, haben die Gemeinde K und der Möbelhändler V einen solchen geschlossen.[1]

Fraglich ist, ob die Leistung des V gem. § 275 I ausgeschlossen ist. Im vorliegenden Fall könnte eine Konkretisierung eingetreten sein. Indem V die Möbel ausgesondert und dem K angeboten hat, hat er das seinerseits Erforderliche gem. § 243 II getan. Somit handelt es sich bei den 10 neuen Schreibtischen und -stühlen nicht mehr um eine Gattungs-, sondern um eine Stückschuld. Das Schuldverhältnis beschränkt sich auf diese Sache.

Indem die Leistung/Lieferung der Möbel durch den Brand unmöglich geworden ist, wurde V gem. § 275 I von seiner Leistungspflicht frei.

Folglich kann K vom Möbelhändler V keine Lieferung der Möbel zum Preis von 5.000 € gem. § 433 I 1 verlangen.

II. K könnte gegen V einen Schadensersatzanspruch gem. § 280 I, III i. V. m. § 283 geltend machen.

1. *Voraussetzung hierfür ist, dass zwischen V und K ein Schuldverhältnis zustande gekommen ist.* Wie unter Frage 1 abgehandelt, besteht zwischen V und K ein Kaufvertrag und somit ein vertragliches Schuldverhältnis.
2. *Außerdem muss V eine Pflichtverletzung begangen haben. Eine Pflichtverletzung liegt zum Beispiel vor, wenn die Leistung nachträglich unmöglich geworden ist und somit vom Schuldner nicht erbracht werden kann.* Indem die Möbel verbrannt sind, ist dem Verkäufer die Lieferung der Möbel unmöglich geworden. Somit liegt eine Pflichtverletzung vor.
3. *Als weitere Voraussetzung muss eine Leistungsbefreiung für den Schuldner gem. § 275 I vorliegen (vgl. § 283).* Durch den Brand ist die Erbringung der Leistung (hier: Stückschuld) objektiv unmöglich und somit der Möbelhändler V gem. § 275 I von seiner Leistungspflicht befreit.
4. *Außerdem muss der Schuldner die pflichtwidrige Herbeiführung der Unmöglichkeit zu vertreten haben. Nach § 276 I 1 haftet V für Vorsatz und Fahrlässigkeit. Fahrlässig handelt, wer die im Verkehr erforderliche Sorgfalt außer Acht lässt (§ 276 II).* Indem der

1 Bereits Geprüftes braucht nicht wiederholt zu werden. Ein Verweis „siehe oben" – mit Angabe der konkreten Fundstelle – sollte erfolgen.

Brand durch unbekannte Brandstifter gelegt worden ist, scheidet ein Verschulden des V oder seiner Leute aus. Demnach muss V die Pflichtverletzung nicht vertreten.

Folglich sind nicht alle Voraussetzungen erfüllt, und K kann gegenüber V keinen Schadensersatz gem. §§ 280 I, III i. V. m. § 283 geltend machen.

Aufgabe 3:

V könnte gegen K einen Anspruch auf Erstattung der Fahrkosten der vergeblichen Anfahrt in Höhe von 50,00 € gem. § 304 i. V. m. §§ 293 ff. haben.

1. *Voraussetzung hierfür ist zunächst, dass zwischen V und der Gemeinde K ein Schuldverhältnis besteht.* Indem V und K einen Kaufvertrag i. S. d. § 433 über 10 neue Schreibtische und Schreibtischstühle geschlossen haben, ist ein vertragliches Schuldverhältnis gegeben.
2. *Es muss ein Annahmeverzug des Gläubigers K vorliegen.*
   a) *Zunächst muss gem. § 293 der Schuldner V zur Leistung berechtigt sein.* Die Gemeinde K und der V hatten vereinbart, dass die Möbel am 31.03. um 16:30 Uhr von V ins Rathaus geliefert werden sollten. Demzufolge ist V zur Leistung an K berechtigt.
   b) *Weitere Voraussetzung ist, dass der Schuldner zur Leistung imstande sein muss gem. § 297 BGB.* V fährt vereinbarungsgemäß zu dem Termin am 31. 3. um 16:30 Uhr. Der V ist also zur Leistung imstande.
   c) *Außerdem muss gem. § 294 die Leistung dem Gläubiger so angeboten werden, wie sie zu bewirken ist. Dies bedeutet, dass die Leistung ordnungsgemäß angeboten werden muss, also am rechten Ort, zur rechten Zeit, in der richtigen Art und Weise und vollständig.* Vereinbarungsgemäß war der V am 31.03. um 16:30 Uhr am Rathaus. Folglich wurde die Leistung ordnungsgemäß angeboten.
   d) *Weitere Voraussetzung des Gläubigerverzugs ist gem. § 293, dass K die Leistung nicht angenommen hat.* Zum vereinbarten Termin war die Behörde aufgrund eines Betriebsausflugs geschlossen. Aufgrund dessen wurde das Leistungsangebot des V von K nicht angenommen.

3. *Dem V müssen Mehraufwendungen aufgrund des erfolglosen Angebots entstanden sein.* Durch die vergebliche Anfahrt sind ihr Fahrtkosten in Höhe von 50 € entstanden.

Die Voraussetzungen des § 304 sind folglich erfüllt und K muss V die Mehraufwendungen (Fahrtkosten in Höhe von 50 €) erstatten.

Möbelhändler V hat einen Anspruch gegen die Gemeinde K auf Erstattung der Fahrtkosten in Höhe von 50 € gem. § 304 i.V.m. §§ 293 ff.

Vertiefung: Leistungsstörungen – Gläubigerverzug[2]

Übersicht:
I. Voraussetzungen des Gläubigerverzugs
II. Rechtsfolgen des Gläubigerverzugs

Unter Gläubigerverzug (Annahmeverzug) versteht man die Nichtannahme einer erfüllbaren (in der Regel fälligen) und tatsächlich angebotenen Leistung.

Während der Schuldnerverzug[3] auf einem Verhalten des Schuldners beruht, wird die Erfüllung des Vertrages beim Gläubigerverzug durch ein Verhalten des Gläubigers gestört. Häufig benötigt der Schuldner zur Erfüllung der Leistungsverpflichtung eine gewisse Mitwirkung des Gläubigers (z. B. die Abnahmeverpflichtung des Käufers gem. § 433 II). Verweigert der Gläubiger diese Mitwirkung, so kommt er unter den Voraussetzungen der §§ 293 ff. in Gläubigerverzug und hat entsprechende Rechtsnachteile.

I. Voraussetzungen des Gläubigerverzugs

Diese sind insbesondere in den §§ 293, 294, 297 geregelt:

1. Erfüllbarkeit des Leistungsanspruchs, § 293. Grundsätzlich ist der Schuldner sofort zur Leistung berechtigt. In der Regel ist der Anspruch

2 **Literatur zur Vertiefung:** Brox/Walker SchuldR AT, § 26; *Fikentscher/Heinemann*, § 45; *Kaiser*, Rn. 405 ff.; *Grunewald*, § 11; *Looschelders* SchuldR AT, Rn. 721 ff.; *Medicus/Lorenz* SchuldR I AT, Rn. 513 ff.; *Wertheimer*, Der Gläubigerverzug im System der Leistungsstörungen, JuS 1993, 646; *Wörlen/Metzler-Müller* SchuldR AT, Rn. 243 ff.

3 Siehe Vertiefung „Schuldnerverzug“.

dann auch fällig, d.h. der Gläubiger kann die Leistung verlangen (§ 271).

2. Gem. § 297 muss der **Schuldner zur Leistung imstande sein**.
3. Die Leistung muss dem Gläubiger so, wie sie zu bewirken ist, **tatsächlich angeboten** werden (§ 294). Dies muss zur rechten Zeit (§ 271), am rechten Ort (§ 269) und in der rechten Art und Weise (§§ 242, 243) erfolgen. Gem. § 296 bedarf es, wenn für die vom Gläubiger vorzunehmende Handlung eine Zeit nach dem Kalender bestimmt ist, des Angebots nur, wenn der Gläubiger die Handlung rechtzeitig vornimmt.
4. **Nichtannahme der Leistung**: Der Gläubigerverzug tritt ein, wenn der Gläubiger die ihm ordnungsgemäß angebotene Leistung nicht annimmt.

Anders als beim Schuldnerverzug **ist beim Gläubigerverzug ein Verschulden des Gläubigers nicht erforderlich.**

II. Rechtsfolgen des Gläubigerverzugs

1. Haftungserleichterung zugunsten des Schuldners:
   Zwar bleibt der Schuldner auch während des Gläubigerverzugs zur Leistung verpflichtet; falls aber die Leistung während dieser Zeit unmöglich wird, haftet der Schuldner nicht mehr für jedes Verschulden (also auch für „einfache“ Fahrlässigkeit, § 276), sondern nur noch für Vorsatz und grobe Fahrlässigkeit (§ 300 I).[4]
2. Übergang der Leistungsgefahr (Sachgefahr) bei Gattungsschulden gem. § 300 II:
   Grundsätzlich werden Gattungsschulden bei Eintritt des Gläubigerverzugs zur Stückschuld, wenn der Schuldner das seinerseits Erforderliche getan hat (§ 243 II). Nur wenn dies nicht geschehen ist (z.B. bei einer Bringschuld), geht die Leistungsgefahr beim Gläubigerverzug auf den Gläubiger über (§ 300 II). Es handelt sich also um einen weiteren Fall der Konkretisierung nach § 243 II.
3. Übergang der Gegenleistungsgefahr (Preisgefahr) bei gegenseitigen Verträgen:
   Bei gegenseitigen Verträgen hat der Annahmeverzug nach § 326 II zur Folge, dass die Preisgefahr, d.h. das Risiko, z.B. den Kaufpreis zahlen zu müssen, obwohl die Leistung nicht erbracht wurde, auf den Gläubiger übergeht. Der Gläubiger bleibt zur Gegenleistung verpflichtet,

---

4 Siehe hierzu Fall 7, Aufgabe 2.

obwohl dem Schuldner die Leistung infolge leichter Fahrlässigkeit unmöglich wird (§ 300 II).[5]

4. Der Schuldner kann Ersatz von Mehraufwendungen gem. § 304 verlangen (z. B. Transportkosten, Kosten der Aufbewahrung).[6]
5. Des Weiteren hat der Schuldner das Recht, sich im Wege des Selbsthilfeverkaufs gem. § 383 zu befriedigen.

5 Beispiel hierfür ebenfalls Fall 7, Aufgabe 2.

6 Beispiel in Fall 6, Aufgabe 3.

Fall 7: Schuldrecht AT – Pech mit dem Beamer und dem Kredit

Schwerpunkte:
Nichtleistung als Pflichtverletzung – Unmöglichkeit der Leistung – Gläubigerverzug – Drittschadensliquidation – Wucher – Sittenwidrigkeit

Die Stadt Kauffeld (K) beabsichtigt, einen Beamer zu kaufen. Der die Stadt K vertretende und ordnungsgemäß bevollmächtigte Diplom-Verwaltungswirt Detlef Dippler (D) lässt sich in den Geschäftsräumen des Viktor Veamer (V) verschiedene Vorführgeräte zeigen und erklären. Er entscheidet sich schließlich für das Gerät „Beam-mich-1000". V nimmt das Angebot an und erklärt, dass er das Gerät nach vorheriger Ankündigung zur Stadtverwaltung bringen, dort aufstellen und dem D – falls gewünscht – weitere Informationen über die Bedienung geben wird.

Nach Lieferung des Beamers von der Herstellerfirma an V und telefonischer Vereinbarung mit D über Liefertag und Lieferzeit bringen der Fahrer und ein technischer Angestellter des V mit dessen Lieferwagen den Beamer ordnungsgemäß verpackt und verladen zur Stadtverwaltung der Stadt K. D wird dort nicht angetroffen und auch kein anderer Bediensteter der Stadt K, da die Behörde wegen eines Betriebsausflugs geschlossen ist.

Auf der Rückfahrt zum Geschäft des V – der Fahrer des V fährt etwas zu schnell – stößt das Fahrzeug des V mit einem ihm auf seiner Fahrbahn entgegenkommenden Pkw, dessen Fahrer stark angetrunken ist, zusammen, wobei der Beamer zertrümmert wird.

Aufgabe 1: Kann die Stadt K von V die Lieferung eines neuen Beamers verlangen?

Aufgabe 2: Hat V gegen die Stadt K einen Anspruch auf die Bezahlung des vereinbarten Kaufpreises?

D selbst will sich ebenfalls einen Beamer kaufen. Um diesen zu finanzieren, nimmt D bei der Bar-Bank einen Kredit in Höhe von 1.000 € auf, der bar ausgezahlt wird. Der effektive Jahreszins beläuft sich auf 15 %, obwohl nur 6 % bis 7 % üblich sind. Nach Auszahlung des Darlehens erhält D von einem Freund den Tipp, dass der Vertrag wegen der hohen Zinsen nichtig sei. D verweigert deshalb die Rückzahlung des Kredits an die B-Bank.

Aufgabe 3: Kann die Bar-Bank einen vertraglichen Rückzahlungsanspruch gegen D geltend machen?

Fall 7: Prüfschema/Lösungsskizze

K ——————— V
· § 433
·
· § 164
·
·
D

Aufgabe 1:

K ———→ V Lieferung eines neuen Gerätes gem. § 433 I 1

1. wirksamer Kaufvertrag (+)
   a) Angebot durch K (+)
      D als Vertreter der K – § 164 I 1
      aa) Willenserklärng des D (+)
      bb) im Namen der K (+)
      cc) innerhalb der Vertretungsmacht (§ 71 HGO) (+)
   b) Annahme durch V (+)

folglich: Anspruch der K gegen V gem. § 433 I 1 (+)

2. Anspruch ausgeschlossen gem. § 275?
   a) nachträgliche Unmöglichkeit der Leistung (= Lieferung) durch V (+)
   b) §§ 275 II 2, 276 I 1 Beschaffungsrisiko bei Gattungsschuld? (–), da Konkretisierung (§ 243 II)

Ergebnis: K ———→ V Lieferung eines neuen Gerätes gem. § 433 I 1 (–)

Aufgabe 2:

V ———→ K Kaufpreiszahlung gem. § 433 II

1. wirksamer Kaufvertrag (+) s. o.

folglich: Kaufpreiszahlungsanspruch ist zustande gekommen

2. Anspruch entfallen gem. (§ 275 IV i. V. m.) § 326 I 1, 1. HS?
   a) gegenseitiger Vertrag (+)
   b) Leistungspflicht des Schuldners ist nach § 275 I ausgeschlossen (+)

folglich: Kaufpreiszahlungsanspruch entfällt

3. Anspruch auf die Gegenleistung gem. § 326 II 1, 2. Alt.?
   a) Annahmeverzug des Gläubigers gem. §§ 293 ff. (+)
      aa) tatsächliches Angebot der geschuldeten Leistung (am rechten Ort, zur rechten Zeit und in der richtigen Art und Weise)
      bb) Nichtannahme der Leistung durch K
      somit: K befand sich im Gläubigerverzug
   b) Schuldner hat Unmöglichkeit nicht zu vertreten (+)
      § 276 I 1 i. V. m. § 300 I – beim Gläubigerverzug muss der Schuldner nur Vorsatz und grobe Fahrlässigkeit vertreten.

folglich: der Schuldner behält den Anspruch auf die Gegenleistung.

Ergebnis: V ⟶ K Kaufpreiszahlung gem. § 433 II (+)

D ———— Bar-Bank
§ 488

Aufgabe 3:

Bar-Bank ⟶ D Rückzahlung des Darlehens gem. § 488 I 2

1. Darlehensvertrag zwischen der Bar-Bank und D (+)
2. Nichtigkeit gem. § 138 II (–)
   a) auffälliges Missverhältnis (+)
   b) Ausnutzung einer Schwächesituation des D (–)
3. Sittenwidrigkeit gem. § 138 I (+)

Vertrag ist also nichtig

Ergebnis: B-Bank ⟶ D Rückzahlung des Darlehens gem. § 488 I 2 (–)

Fall 7: Ausarbeitung (Gutachten)

Aufgabe 1:

Die Stadt K könnte gegen V einen Anspruch auf Lieferung eines neuen Beamers gem. § 433 I 1 haben.

1. *Voraussetzung hierfür ist, dass zwischen K und V ein wirksamer Kaufvertrag zustande gekommen ist. Dies ist der Fall, wenn zwei übereinstimmende Willenserklärungen, Angebot und Annahme, vorliegen. Erforderlich ist zunächst ein hinreichend bestimmtes Angebot i. S. d. §§ 145 ff., also eine empfangsbedürftige Willenserklärung, die vom Gegenstand und vom Inhalt so formuliert sein*

muss, dass der andere Vertragsteil mit einem schlichten „Ja" den Vertrag zustande bringen kann.

a) Den für einen Vertragsschluss erforderlichen Antrag hat D erklärt. Diese Willenserklärung wirkt unmittelbar für und gegen K, wenn D *als Vertreter gem. § 164 I 1* gehandelt hat.

aa) – cc) *Voraussetzungen hierfür sind, dass der Vertreter – hier D – selbst eine Willenserklärung im Namen des Vertretenen innerhalb der ihm zustehenden Vertretungsmacht abgibt.* D hat als ordnungsgemäß bevollmächtigter Vertreter der K (§ 71 HGO) in deren Namen ein Angebot an V gemacht, den Beamer „Beam-mich-1000" zu kaufen.

b) *Dieses Angebot muss V angenommen haben. Die Annahme ist eine empfangsbedürftige Willenserklärung, die in der vorbehaltlosen Bejahung des Antrags besteht.* V nimmt das Angebot vorbehaltslos an. Deshalb liegt ein wirksamer Kaufvertrag i. S. v. § 433 zwischen der Stadt K und V vor. Die Stadt K hat somit einen Anspruch auf die Lieferung des Gerätes gem. § 433 I 1.

2. Die Leistungspflicht des V könnte allerdings *gem. § 275 I ausgeschlossen sein.*

a) *Dann muss die Lieferung (Übereignung und Übergabe) des Gerätes dem V unmöglich geworden* sein. Unmöglichkeit der Lieferung könnte dadurch eingetreten sein, dass der vom Fahrer des V termingerecht zur Stadtverwaltung gebrachte Beamer auf der Rückfahrt zerstört wurde. Außerdem muss es sich bei dem Gerät um eine *Stückschuld* gehandelt *haben.*

Merke:
Wenn es sich um eine Gattungsschuld i. S. v. § 243 I handeln würde, müsste V sich diese Sache wenn nötig beschaffen (sog. **Beschaffungsschuld**), denn die Lieferung eines solchen Gerätes gleicher Art und Güte ist objektiv noch möglich (§ 275 I ist deshalb nicht einschlägig). V kann ohne großen Aufwand ein neues Gerät beschaffen (vgl. § 275 II 1). Gem. § 275 II 2 ist außerdem zu berücksichtigen, ob der Schuldner das Leistungshindernis zu vertreten hat oder nicht. Der Schuldner hat nach § 276 I 1 Vorsatz und Fahrlässigkeit zu vertreten, „wenn eine strengere … Haftung weder bestimmt noch aus dem sonstigen Inhalt des Schuldverhältnisses, insbesondere aus der Übernahme … eines Beschaffungsrisikos zu entnehmen ist." Da die Gattungsschuld eine **Beschaffungsschuld** ist, ergibt sich eine strengere Haftung für V – er müsste das Leistungshindernis vertreten und liefern.

b) Von V wurde ein Gerät der Gattung „Beam-mich-1000“ geschuldet, also ein nach allgemeinen Merkmalen bestimmter Beamer. Somit lag zunächst eine Gattungsschuld i. S. d. § 243 I vor. *Gem. § 243 II wandelt sich aber eine zunächst bestehende Gattungsschuld in eine Stückschuld um, wenn der Schuldner das „seinerseits Erforderliche“ getan hat.* Dann konkretisiert sich die Leistungspflicht des V auf die Lieferung **dieses** Gerätes. Wann die Konkretisierung eintritt, richtet sich nach dem Inhalt des vereinbarten Schuldverhältnisses. Entscheidend ist, ob eine Bring-, Hol- oder Schickschuld vereinbart wurde.[1] Die Stadt K und V hatten einen Vertrag dahingehend geschlossen, dass V das Gerät zur Stadtverwaltung bringen und dort aufstellen soll. Folglich liegt eine Bringschuld vor.

Mit der Anlieferung des Gerätes bei der Stadtverwaltung und vorheriger telefonischer Vereinbarung über Liefertag und Lieferzeit hat V das seinerseits „Erforderliche“ i. S. v. § 243 II getan. Somit hat sich die Gattungsschuld zur Stückschuld konkretisiert. § 276 I 1, wonach der Schuldner ein Beschaffungsrisiko bei einer Gattungsschuld hat, und V das Leistungshindernis vertreten und einen anderen Beamer liefern müsste, greift daher nicht ein.

Da die Leistung durch die Zerstörung des Beamers unmöglich geworden ist, wurde V gem. § 275 I von seiner Leistungspflicht frei. Der Anspruch der Stadt K auf Lieferung eines neuen Gerätes „Beam-mich-1000“ gem. § 433 I 1 ist somit ausgeschlossen.

Aufgabe 2:

Ein Anspruch des V gegen die Stadt K auf Zahlung des Kaufpreises könnte sich aus § 433 II ergeben.

1. Wie bereits bei Aufgabe 1 erörtert, liegt ein wirksamer Kaufvertrag vor. Deshalb besteht grundsätzlich ein Zahlungsanspruch des V gegen die Stadt K nach § 433 II.
2. Dieser Anspruch (auf die Gegenleistung) könnte jedoch gem. (§ 275 IV i. V. m.) § 326 I 1, 1. HS entfallen sein.

---

1 Ausführlich hierzu: *Fikentscher/Heinemann*, § 35; *Wörlen/Metzler-Müller* SchuldR AT, Rn. 318 ff.

Achtung – häufiger Klausurfehler:
Hier darf nicht das Erlöschen der Kaufpreiszahlungspflicht nach § 275 I geprüft werden! Denn bei der Pflicht zur Zahlung des Kaufpreises handelt es sich um die **Gegenleistungspflicht**; deren Erlöschen bestimmt sich nach **§ 326**.
§ 275 hingegen bezieht sich auf die unmöglich gewordene Leistung selbst (= Lieferung des Beamers).

a) *Voraussetzung ist zunächst ein gegenseitiger Vertrag*, der hier in Form des Kaufvertrages zwischen K und V vorliegt.
b) *Weiterhin muss die Leistungspflicht des Schuldners nach § 275 I ausgeschlossen sein*, was bereits oben (Aufgabe 1) bejaht wurde.
Folglich wäre der Anspruch des V auf die Gegenleistung (= Kaufpreiszahlung nach § 433 II) gem. § 326 I 1, 1. HS entfallen.

3. *Etwas anderes könnte sich aus § 326 II 1, 2. Alt. ergeben. Danach behält der Schuldner den Anspruch auf die Gegenleistung, wenn der Umstand, aufgrund dessen die Leistungspflicht des Schuldners nach § 275 ausgeschlossen ist, vom Schuldner nicht zu vertreten ist und zu einer Zeit eintritt, zu welcher sich der Gläubiger im Annahmeverzug befindet.*
a) *Gem. §§ 293ff. könnte die Stadt K in Annahme- bzw. Gläubigerverzug geraten sein, wenn sie die tatsächlich angebotene Leistung nicht angenommen hat. Der Leistungsanspruch muss erfüllbar (§ 293) und der Schuldner zur Leistung imstande gewesen sein (§ 297).* V hat nach telefonischer Vereinbarung mit D über Liefertag und Lieferzeit das bestellte Gerät ordnungsgemäß verpackt und verladen bei der Stadtverwaltung der Stadt K angeboten. Damit erfolgte das Angebot der geschuldeten Leistung durch ihn zur rechten Zeit, am rechten Ort und in der richtigen Art und Weise. Die Leistung war also erfüllbar und V auch zur Leistung imstande. D war zu dem vereinbarten Zeitpunkt nicht anwesend und – wegen des Betriebsausflugs – auch kein anderer Bediensteter der Stadt. (Es kommt nicht darauf an, ob D anwesend war, solange eine empfangsberechtigte Person vorhanden war.) Die Nichtannahme muss sich die Stadt K zurechnen lassen. Somit kam die Stadt K in Annahmeverzug.

Merke:
Der **Annahmeverzug ist verschuldensunabhängig!** Es ist also kein Verschulden der Stadt K zu prüfen, da es sich nicht um eine Pflicht-, sondern vielmehr um eine Obliegenheitsverletzung handelt. Der Grund, warum bei der Stadt S niemand zu erreichen war, ist nicht relevant. Denn ein Gläubiger gerät auch dann in Annahmeverzug, wenn er nachvollziehbare Gründe hat, aus denen er an der Annahme der Leistung verhindert ist.

b) *V als Schuldner darf die Unmöglichkeit nicht zu vertreten haben. Gem. § 300 I hat der Schuldner, wenn sich der Gläubiger in Annahmeverzug befindet* (was hier der Fall ist), *nur Vorsatz und grobe Fahrlässigkeit zu vertreten.* Fraglich ist, ob der Fahrer des V auf der Rückfahrt zu V den Unfall, der zur Zerstörung des Gerätes führte, vorsätzlich oder grob fahrlässig verursacht hat. *Gem. § 278 S. 1 muss V das Verschulden seines Fahrers in gleichem Umfang vertreten wie eigenes Verschulden.* Selbst wenn der Fahrer etwas zu schnell fuhr, liegt im Hinblick auf das Verhalten des Unfallgegners, der in stark angetrunkenem Zustand auf der falschen Straßenseite fuhr, eine Verletzung der Sorgfalt in einem besonders hohen Maß nicht vor, sodass der Fahrer des V nur leicht fahrlässig gehandelt hat. Somit hat V die Unmöglichkeit der Leistung gem. § 300 I nicht zu vertreten.

Nach alledem liegen die Voraussetzungen des § 326 II 1, 2. Alt. vor, und die Stadt K muss die Gegenleistung (Kaufpreiszahlung nach § 433 II) an V erbringen, ohne dass dieser einen neuen Beamer zu liefern hat.

Aufgabe 3:

Die Bar-Bank könnte gegenüber D einen Anspruch auf Rückzahlung des Darlehens gem. § 488 I 2 haben.

1. *Voraussetzung hierfür ist, dass zwischen beiden – durch zwei übereinstimmende Willenserklärungen – ein Darlehensvertrag zustande gekommen ist.* Die Bar-Bank und D haben sich über alle Bestandteile eines Darlehensvertrages geeinigt; folglich ist diese Voraussetzung gegeben.

2. Fraglich ist, ob dieser Vertrag wirksam ist. *Die Einigung könnte wegen Wuchers, d.h. wegen Verstoßes gegen § 138 II, nichtig sein.*
   a) *Es muss zwischen der vereinbarten Leistung und der Gegenleistung ein auffälliges Missverhältnis bestehen. Hierfür muss die Leistung der Bar-Bank (Überlassung des Kapitals) mit der Gegenleistung des D (Zahlung von Zinsen) verglichen werden. Ein auffälliges Missverhältnis besteht bei Kreditverträgen, wenn der geforderte Zins den marktüblichen um ca. 100% übersteigt.* Bei üblichen Kreditkosten von 6% bis 7% wurden hier 15% Zinsen vereinbart; damit wird dieser Satz um über 100% überschritten. Folglich liegt ein auffälliges Missverhältnis vor.
   b) *Zum Tatbestand des Wuchers gehört subjektiv, dass der Wucherer die beim anderen Teil bestehende Schwächesituation (Zwangslage, Unerfahrenheit, mangelndes Urteilsvermögen, erhebliche Willensschwäche) ausgebeutet hat.* Eine Zwangslage oder Willensschwäche ist bei D nicht gegeben. *Für die Unerfahrenheit ist ein Mangel an Lebens- oder Geschäftserfahrung erforderlich.* Dies ist bei D auch nicht der Fall. *Ein mangelndes Urteilsvermögen liegt vor, wenn der Darlehensnehmer nicht in der Lage ist, die beiderseitigen Leistungen zu bewerten und Vor- und Nachteile des Geschäfts sachgerecht gegeneinander abzuwägen.* Auch hierfür liegen bei D keine Anhaltspunkte vor.

Folglich ist der Darlehensvertrag nicht nach § 138 II nichtig.

3. Es kommt allerdings eine Sittenwidrigkeit des Vertrages nach § 138 I in Betracht. *Voraussetzung hierfür ist, dass das Rechtsgeschäft gegen das Anstandsgefühl aller billig und gerecht Denkenden verstößt.* Indem der vereinbarte Zins den marktüblichen um mehr als 100% übersteigt, liegt ein auffälliges Missverhältnis zwischen Leistung und Gegenleistung vor. Außerdem verstößt eine Bank, der die üblichen Konditionen bekannt sind und die trotzdem einen überteuerten Kredit vergibt, gegen das Anstandsgefühl aller billig und gerecht Denkenden.

Folglich ist der zwischen der Bar-Bank und dem D geschlossene Darlehensvertrag wegen Sittenwidrigkeit nach § 138 I nichtig und ein vertraglicher Rückzahlungsanspruch der Bar-Bank gem. § 488 I 2 ist nicht gegeben.[2]

Anmerkung zur Lösung der Aufgaben 1 und 2:

Das Ergebnis des Falles kann als „ungerecht“ empfunden werden: Die Stadt K erhält kein neues Gerät, muss aber den Kaufpreis zahlen, obwohl sie den Beamer nicht zerstört hat. „Schuld“ hatte vielmehr der stark angetrunkene Fahrer des Pkw, der den Unfall verursacht hat.

V, der noch Eigentümer des Beamers war, hat dem Grunde nach gegen den Pkw-Fahrer einen Anspruch auf Schadensersatz wegen Eigentumsverletzung gem. § 823 I. Allerdings hat V keinen Schaden erlitten – er erhält ja den Kaufpreis von der Stadt K (s. o. Aufgabe 2). Die Stadt K kann nicht gegen den Fahrer vorgehen, da ihr vor Übergabe des Gerätes nicht das für § 823 I erforderliche Eigentum zustand. Sie hat aber einen Schaden, da sie den Kaufpreis an V bezahlen muss. Die Skizze verdeutlicht dieses Problem:

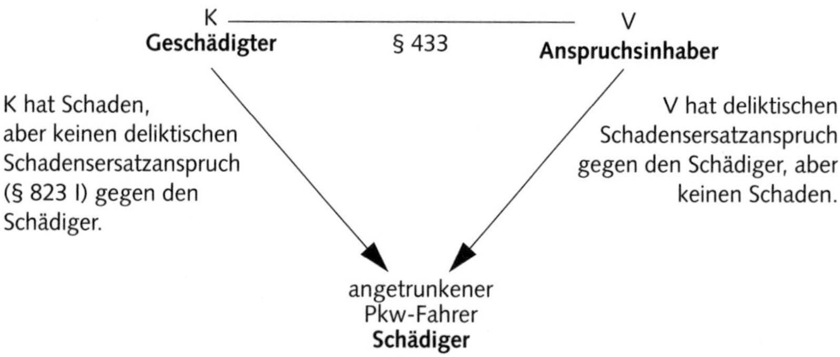

Rechtsprechung und Lehre haben für solche Fälle, in denen der Schaden anstelle beim Gläubiger aus der Sicht des Schädigers zufällig beim Dritten eintritt, den

Grundsatz der Drittschadensliquidation

entwickelt: Der Schädiger soll nicht entlastet werden. Der Anspruchsinhaber kann deshalb den Schaden des Dritten (für diesen) liquidieren.[3]

---

2 Die Bar-Bank hat allerdings einen Anspruch gegen D auf Rückzahlung der 1.000 € gem. § 812 I 1, 1. Alt. Dieser war aufgrund der Fallfrage („vertraglicher Rückzahlungsanspruch“) nicht zu prüfen.

3 Vgl. *Wörlen/Metzler-Müller* SchuldR BT, Rn. 463 ff.; BGH NJW 1998, 1864; ausführlich hierzu: *Bredemeyer*, Das Prinzip „Drittschadensliquidation“, JA 2012, 102.

Prüfschema – Voraussetzungen der Drittschadensliquidation:

1. Anspruch gegen den Schädiger (aber kein Schaden)
2. Zufällige Schadensverlagerung
3. Geschädigter hat keinen Anspruch gegen den Schädiger
4. Interessenverknüpfung zwischen dem Anspruchsinhaber und dem Geschädigten

Rechtsfolge: Abtretung des Anspruchs vom Anspruchsinhaber an den Geschädigten (§ 285)

Für **Fall 7** ergibt sich folgende Lösung:

1. V hat gegen den Schädiger einen Anspruch aus § 823 I, aber keinen Schaden (er erhält ja den Kaufpreis von K).
2. Der Schaden hat sich zufällig auf K verlagert.
3. K als Geschädigte hat keinen Anspruch gegen den angetrunkenen Pkw-Fahrer, da § 823 I mangels Eigentumsverletzung ausscheidet (das Gerät befand sich noch im Eigentum des V, vgl. § 929 S. 1).
4. Zwischen K und V bestand aufgrund des Kaufvertrags eine Interessenverknüpfung.

Rechtsfolge ist, dass V den Schaden der K bei dem angetrunkenen Pkw-Fahrer geltend machen kann und seinen Anspruch gegen den Schädiger analog § 285 I an die K abtreten muss.

In Fall 7 kann deshalb V den Schaden der Stadt K nach den Grundsätzen der Drittschadensliquidation im Rahmen seines Anspruchs nach § 823 I liquidieren. Die Stadt K kann von V gem. § 285 Abtretung dieses Anspruchs verlangen.

Folglich kann die Stadt K gem. § 823 I i. V. m. den Grundsätzen der Drittschadensliquidation und § 285 I Schadensersatz für den zerstörten Beamer von V fordern.

Merke:
Hinsichtlich Anwendungsbereich und Funktionsweise ist zwischen Drittschadensliquidation und § 285 I zu differenzieren:
Die Grundsätze der Drittschadensliquidation helfen der K, ihren Schaden zum Anspruch des V zu ziehen. K selbst erlangt dadurch noch keinen Ersatzanspruch gegen den Pkw-Fahrer. Hierfür bedarf es noch des Anspruchs auf das Surrogat gem. § 285 I; dieser führt dazu, dass V seinen – um den Schaden der K ergänzten – Anspruch nach § 823 I an die K abtreten muss.

Durch die Grundsätze der Drittschadensliquidation werden also Anspruch und Schaden in der Person des V zusammengeführt. Aufgrund von § 285 I muss V den so entstandenen Verbund aus Anspruch und Schaden an die Stadt K abtreten.

Vertiefung: Leistungsstörungen – Unmöglichkeit der Leistung[4]

Übersicht:

I. Allgemeines
II. Anfängliche objektive Unmöglichkeit der Leistung
III. Anfängliche subjektive Unmöglichkeit der Leistung
IV. Nachträgliche Unmöglichkeit der Leistung
   1. Anfängliche objektive nicht zu vertretende Unmöglichkeit im einseitigen Schuldverhältnis
   2. Nachträgliche objektive zu vertretende Unmöglichkeit im einseitigen Schuldverhältnis
V. Besondere Regelungen für gegenseitige Verträge
   1. Befreiung von der Gegenleistung bei Ausschluss der Leistungspflicht
   2. Anspruch auf die Gegenleistung bei Ausschluss der Leistungspflicht
   3. Rücktritt
VI. Besonderheiten beim Beschaffungsrisiko

4 **Literatur zur Vertiefung:** *Ackermann*, Schadensersatz statt der Leistung: Grundlagen und Grenzen, JuS 2012, 865; *Bernhard*, Das grobe Missverhältnis in § 275 Abs. 2 BGB, JURA 2006, 801; *Brox/Walker* SchuldR AT, § 22; *Canaris*, Die Bedeutung des Übergangs der Gegenleistungsgefahr im Rahmen von § 243 Abs. 2 BGB und § 275 Abs. 2 BGB, JuS 2007, 793; *Coester-Waltjen*, Verzögerungsgefahr, Sachgefahr, Leistungsgefahr, JURA 2006, 829; *Coester-Waltjen*, Die Gegenleistungsgefahr, JURA 2007, 110; *Fikentscher/Heinemann*, § 43; *Grunewald*, § 12; *Kohler*, Probleme der verschuldensunabhängigen Schadensersatzhaftung gem. § 311a Abs. 2 BGB, JURA 2006, 241; *Looschelders* SchuldR AT, Rn. 415ff.; *Looschelders*, Unmöglichkeit und Schadensersatz statt der Leistung, JuS 2010, 849; *Medicus/Lorenz* SchuldR I AT, Rn. 412ff.; *Meier*, Neues Leistungsstörungsrecht: Nachträgliche Unmöglichkeit und nachträgliches Unvermögen in der Fallbearbeitung, JURA 2002, 118; *Meier*, Neues Leistungsstörungsrecht: Anfängliche Leistungshindernisse, Gattungsschuld und Nichtleistung trotz Möglichkeit, JURA 2002, 187; *Schwarze*, Unmöglichkeit, Unvermögen und ähnliche Leistungshindernisse im neuen Leistungsstörungsrecht, JURA 2002, 73; *Skamel*, Die angemessene Frist zur Leistung oder Nacherfüllung, JuS 2010, 671; *Stoppel*, Die beiderseits zu vertretende Unmöglichkeit nach neuem Schuldrecht, JURA 2003, 224; *Stürner*, „Faktische Unmöglichkeit" (§ 275 II BGB) und Störung der Geschäftsgrundlage (§ 313 BGB) – unmöglich abzugrenzen?, JURA 2010, 721; *Wörlen/Metzler-Müller* SchuldR AT, Rn. 254ff.

Unmöglichkeit der Leistung liegt vor, wenn der Schuldner die geschuldete Leistung auf Dauer nicht erbringen kann.

I. Allgemeines

Je nachdem, ob die Leistung schon vor oder erst nach Vertragsschluss unmöglich wird, unterscheidet man zwischen anfänglicher und nachträglicher Unmöglichkeit. Weiterhin kann danach differenziert werden, ob die geschuldete Leistung objektiv unmöglich ist (niemand ist in der Lage, die Leistung zu erbringen) oder ob nur der Schuldner nicht leisten kann, wohl aber ein Dritter (subjektive Unmöglichkeit oder Unvermögen).

In § 275 I wird kraft Gesetzes ein Befreiungsgrund von der primären Leistungspflicht anerkannt, wenn die Leistung „für den Schuldner" (subjektive Unmöglichkeit) oder „für jedermann" (objektive Unmöglichkeit) unmöglich ist. § 275 I ist daher auch dann anwendbar, wenn die geschuldete Sache einem Dritten gehört, der zu ihrer Veräußerung nicht bereit ist, oder wenn sie gestohlen und die Suche nach dem Dieb aussichtslos ist.

Es ist nicht (mehr) relevant, ob die Unmöglichkeit **vor** oder **nach** Vertragsschluss eingetreten ist (dies ergibt sich aus der Gesetzesformulierung: „... unmöglich **ist**"). Durch die Formulierung „soweit diese ... unmöglich ist" wird auch der Fall erfasst, dass nur ein Teil der Leistung unmöglich ist.

Die Rechte des Gläubigers bestimmen sich in diesen Fällen gem. § 275 IV nach den §§ 280, 283–285, 311a und 326. Auf diese Weise wird klargestellt, dass der Wegfall der Primärleistungspflicht zum Entstehen von Sekundärleistungsansprüchen führen kann – vor allem zu Schadensersatzansprüchen.

Die Differenzierung zwischen anfänglicher und nachträglicher Unmöglichkeit ist für die Schadensersatzpflichten relevant: Der Schadensersatzanspruch infolge einer anfänglichen Unmöglichkeit ist in § 311a II geregelt, während für die nachträgliche Unmöglichkeit die §§ 280, 283 gelten. Diese Unterscheidung ist sinnvoll, denn es kann bei der anfänglichen Unmöglichkeit sein, dass dem Schuldner das anfänglich bestehende Leistungshindernis unverschuldet unbekannt war.[5] Dies rechtfertigt es, vom ansonsten verschuldensfreien Haftungssystem für anfängliche Unmög-

5 **Beachte:** Es handelt sich hierbei **nicht** um eine Pflichtverletzung i. S. d. § 280 I. Die unter diesen Paragrafen fallenden Pflichten können nur bei **(bestehenden)** Schuldverhältnissen verletzt werden.

lichkeit abzugehen. Die Ansprüche wegen nachträglicher Unmöglichkeit sind dagegen alle verschuldensabhängig geregelt.

II. Anfängliche objektive Unmöglichkeit der Leistung

Anfängliche objektive Unmöglichkeit der Leistung liegt vor, wenn die geschuldete Leistung bereits bei Vertragsschluss von niemandem erbracht werden kann.

Beispiel:
Verkäufer V verkauft seinen Pkw an Käufer K und weiß nicht, dass der Wagen kurz vorher bei einem Garagenbrand zerstört wurde.

Der Käufer (K) kann in diesem Fall gegen den Verkäufer (V) keinen Anspruch auf Eigentumsverschaffung und Übergabe aus § 433 I 1 geltend machen, da der Anspruch wegen der Zerstörung des Pkw gem. § 275 I von Anfang an ausgeschlossen ist.

In Betracht kommt aber ein Anspruch des K gegen V auf Schadensersatz aus § 275 IV i. V. m. § 311 a II. Absatz 1 der letztgenannten Vorschrift stellt klar, dass der Vertrag wirksam ist, auch wenn der Schuldner nach § 275 I – III nicht zu leisten braucht und das Leistungshindernis schon **bei** Vertragsschluss vorlag. Gem. § 311 a II (diese Vorschrift ist eine eigene Anspruchsgrundlage und nicht etwa nur ein Unterfall des allgemeinen Pflichtverletzungstatbestands des § 280[6]) kann K als Gläubiger nach seiner Wahl Schadensersatz statt der Leistung **oder** Ersatz seiner Aufwendungen in dem in § 284 bestimmten Umfang verlangen. Der Schadensersatz ist auf das positive Interesse gerichtet: Der Schuldner muss den Gläubiger so stellen, als ob ordnungsgemäß (also „positiv") erfüllt worden wäre. Dieser Anspruch folgt aus der Nichterfüllung des nach § 311 a I wirksamen Leistungsversprechens und nicht aus der Verletzung der – nach § 275 ausgeschlossenen – Leistungspflicht.

Der Schuldner haftet allerdings nicht, wenn er das Leistungshindernis bei Abschluss des Vertrages nicht kannte und seine Unkenntnis nicht zu vertreten hatte (§ 311 a II 2 – Exkulpationsmöglichkeit). Das Vertretenmüssen ergibt sich aus § 276; es wird nach dem Gesetzeswortlaut vermutet.

Der Schuldner hat vor Vertragsschluss eine Informationspflicht über seine Leistungs**fähigkeit**. Wenn er diese verletzt, muss er nach § 311 a II 1 haften. Anknüpfungspunkt für eine Schadensersatzhaftung gem. §§ 280 ff. ist hingegen die Verletzung von im Hinblick auf den Leistungs**gegenstand** bestehenden Pflichten.

---

6 Hierzu: *Palandt/Grüneberg*, § 311 a Rn. 6.

III. Anfängliche subjektive Unmöglichkeit der Leistung

Anfängliche subjektive Unmöglichkeit liegt vor, wenn die versprochene Leistung von Anfang an für den Schuldner unmöglich ist, während eine andere Person sie erbringen könnte.

Beispiel:
V verkauft seinen Pkw an K und weiß nicht, dass dieser kurz vorher gestohlen wurde. V kann den Wagen nicht an den Käufer übergeben; der Dieb dagegen könnte es.

Auch in diesem Fall kann K gegen V keinen Anspruch auf Eigentumsverschaffung und Übergabe aus § 433 I 1 geltend machen, da der Anspruch wegen des Diebstahls des Pkw gem. § 275 I von Anfang an ausgeschlossen ist.

In Betracht kommt (ebenfalls) ein Anspruch des K gegen V auf Schadensersatz aus (§ 275 IV i. V. m.) § 311 a II – es sei denn, V kannte das Leistungshindernis nicht und hat seine Unkenntnis auch nicht zu vertreten (vgl. § 311 a II 2).

V haftet also nur, wenn er sich nicht vor Vertragsschluss über die eigene Leistungsfähigkeit informiert hat.

Prüfschema – Schadensersatzanspruch bei anfänglicher Unmöglichkeit gem. § 311 a II:

Voraussetzungen:

1. Wirksamer Vertrag (§ 311 a I)
2. Ausschluss der Primärleistungspflicht des Schuldners nach § 275 I–III (§ 311 a I)
3. Leistungshindernis bestand bei Vertragsschluss (§ 311 a I)
4. Schuldner kennt das Leistungshindernis oder hat seine diesbezügliche Unkenntnis zu vertreten (§§ 311 a II 2, 276)
5. Schaden beim Gläubiger (durch das Leistungshindernis)

Rechtsfolge: Schadensersatz statt der Leistung (soweit die Primärleistungspflicht nach § 275 I ausgeschlossen ist) **oder**
Ersatz der Aufwendungen des Gläubigers in dem in § 284 bestimmten Umfang
es sei denn: Interessewegfall bei Teilunmöglichkeit (§ 311 a II 3 i. V. m. § 281 I 2)

IV. Nachträgliche Unmöglichkeit der Leistung

Wie unter I. bereits erläutert, wird auch die nachträgliche Unmöglichkeit in § 275 geregelt, und ebenso ist in diesem Fall der Schuldner von seiner Primärleistungspflicht frei.

Die Rechte des Gläubigers bestimmen sich gem. § 275 IV nach den §§ 280, 283 bis 285 und 326.

Während Anknüpfungspunkt der soeben aufgezeigten Haftung bei anfänglicher Unmöglichkeit nach § 311 a II die Verletzung einer **vor** dem Vertragsschluss bestehenden Informationspflicht ist, liegt der Haftung bei der nachträglichen Unmöglichkeit nach §§ 280 ff. die Verletzung von Pflichten zugrunde, die bezüglich des Leistungsgegenstandes – der **bei** Vertragsschluss noch vorhanden war – bestehen.

> **Wichtig:**
> Die Unterscheidung zwischen anfänglicher und nachträglicher Unmöglichkeit ist sehr bedeutsam, da in beiden Fällen für den **Schadensersatz verschiedene Anspruchsgrundlagen** relevant sind.

1. Nachträgliche objektive nicht zu vertretende Unmöglichkeit im einseitigen Schuldverhältnis

Beispielsfall:
Großvater G vermacht seinem Enkel E ein wertvolles Gemälde (Wert: 10.000 €). Nach dem Tod des G – aber vor Erfüllung des Vermächtnisanspruchs durch den Alleinerben A – wird dieses durch einen Kabelbrand völlig zerstört.

Der Anspruch des E gem. § 2174 auf Leistung des vermachten Gegenstands ist nach § 275 I ausgeschlossen (Befreiung kraft Gesetzes).

Für einen Schadensersatzanspruch des E gegenüber A „statt der Leistung“ müssen nach § 275 IV die Voraussetzungen der §§ 280 I, III, 283 S. 1 gegeben sein. Hingegen greift § 280 I unmittelbar und allein ein, wenn es um die Haftung auf „einfachen Schadensersatz“ wegen der Verletzung einer Pflicht aus dem Schuldverhältnis geht.

Anspruchsgrundlage ist zunächst § 280; von dieser ist aufbautechnisch auszugehen. Erst wenn die dort genannte „Pflichtverletzung“ vorliegt, können die „zusätzlichen“ Voraussetzungen der § 280 II, III geprüft werden.

Bei der nachträglichen **Unmöglichkeit** handelt es sich um einen **Unterfall der Pflichtverletzung**. § 280 I regelt jegliche Art der Verletzung von Pflichten aus einem Schuldverhältnis (§ 241) – in erster Linie die Verletzung von

Verhaltenspflichten (§ 241 II). Pflichtverletzung ist jedes objektiv nicht dem Schuldverhältnis entsprechende Verhalten des Schuldners, also auch jedes Zurückbleiben der erbrachten Leistung hinter dem geschuldeten Soll des Vertrags oder sonstigen Schuldverhältnisses.[7] Die Pflichtverletzung im Falle der Unmöglichkeit besteht darin, dass die geschuldete Leistung nicht erbracht wird.

Schadensersatz statt der **gesamten** Leistung (= großer Schadensersatz) kann der Gläubiger unter den Voraussetzungen der §§ 280 I, III i.V.m. § 283 S. 2 verlangen.

Im Beispielsfall hat A zwar eine Pflichtverletzung (durch Nichterbringung der geschuldeten Leistung = Übergabe des Bildes) begangen, doch fehlt es am „Vertretenmüssen". Ein Schadensersatzanspruch des E gegenüber A kommt also nicht in Betracht.

2. Nachträgliche objektive zu vertretende Unmöglichkeit im einseitigen Schuldverhältnis

Beispielsfall:
In obigem Fall ist der Alleinerbe A mit einer Zigarette ins Bett gegangen, eingeschlafen und hat dadurch den Wohnungsbrand verursacht.

Da A in der Abwandlung fahrlässig i.S.d. § 276 II handelte, die Pflichtverletzung also zu vertreten hat (§ 280 I 2) und dem E durch die Pflichtverletzung ein adäquat kausaler Schaden entstanden ist, liegen die Voraussetzungen des § 280 I vor. Diese Anspruchsgrundlage greift unmittelbar und allein nur ein, wenn es um die Haftung auf **„einfachen Schadensersatz"** wegen der Verletzung einer Pflicht aus dem Schuldverhältnis geht. Im Beispielsfall geht es allerdings um einen Ersatzanspruch für die unmöglich gewordene Leistung, also um den Ersatz des Wertes, den das Bild (= die Leistung) hatte (10.000 €). Es handelt sich also begrifflich um einen **„Schadensersatz statt der Leistung"**[8], also den Ersatz der unmöglich gewordenen Leistung. § 280 III verweist für diesen Fall auf die zusätzlichen Voraussetzungen der §§ 281–283. Angesichts des Verweises in § 275 IV kommt § 283 S. 1 in Betracht.

Danach kann – wenn der Schuldner nach § 275 I–III nicht zu leisten braucht – Schadensersatz statt der Leistung unter den Voraussetzungen des § 280 I verlangt werden. Diese Voraussetzungen liegen in dem Beispielsfall vor. Folglich hat E einen Schadensersatzanspruch statt der Leis-

7 *Brox/Walker* SchuldR AT, § 21 Rn. 2.
8 Näheres hierzu im Exkurs auf S. 142.

tung in Höhe von 10.000 € gegen A aus (§ 275 IV i. V. m.) §§ 280 I, III, 283 S. 1.

Beachte für die Falllösung:
§ 275 IV muss nicht in den Obersatz der Prüfung genommen werden, da er nur klarstellende Funktion hat.

Für den Fallaufbau bei Anspruchszielen über den „einfachen Schadensersatz“ hinaus werden nach § 280 II, III über Weiterverweisungen zusätzliche Anforderungen aufgestellt, wobei **§ 280 I alleinige Anspruchsgrundlage** bleibt, die aber durch die „zusätzlichen“ **Voraussetzungen modifiziert wird**.

Tipp:
Neben § 280 I werden in den Obersatz die zusätzlichen Anforderungen über § 280 II, III mit aufgenommen. Auf diese Weise verdeutlicht man, wohin die Prüfung geht ...[9]

Prüfschema – Schadensersatz statt der Leistung bei (nachträglicher) Unmöglichkeit gem. § 280 I, III i. V. m. § 283:

Voraussetzungen:

1. Wirksames Schuldverhältnis, § 280 I 1
2. Pflichtverletzung des Schuldners, § 280 I 1
   geschuldete Leistung wird nicht erbracht (nachträgliche Unmöglichkeit)
3. Leistungsbefreiung für den Schuldner nach § 275 I – III
4. Vertretenmüssen, §§ 280 I 2, 276 ff.
5. Schaden beim Gläubiger, § 280 I 1

Rechtsfolge: Schadensersatz statt der Leistung
(Erfüllungsinteressse = „positives Interesse“)
Umfang: §§ 249 ff.

Klausurtipp:
Erst den Anspruch auf die geschuldete Leistung prüfen (Anspruchsgrundlage z. B. § 433 I 1), danach die Voraussetzungen des § 275 I.

Zum besseren Verständnis der aufgezeigten Systematik dient folgende Übersicht.

9 Man könnte auch nur § 280 I in den Obersatz aufnehmen und dann innerhalb dieser Prüfung über § 280 II, III anhand der §§ 281 ff., 286 differenzieren. Die Prüfung kann unübersichtlich werden.

Übersicht
über die Arten der Unmöglichkeit

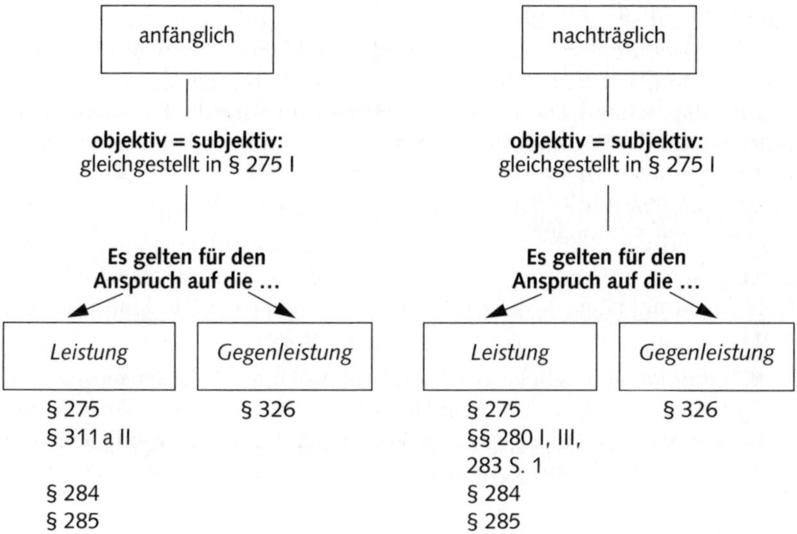

V. Besondere Regelungen für gegenseitige Verträge

Die aufgezeigten allgemeinen Regelungen gelten grundsätzlich für **alle** Schuldverhältnisse – es sei denn, diese werden durch besondere Vorschriften verdrängt.

Für **gegenseitige Verträge** gibt es **Sonderregelungen** für den Rücktritt in den §§ 323 I, 324 (325) und 326 V sowie das Schicksal der Gegenleistung in § 326 I – IV.

1. Befreiung von der Gegenleistung bei Ausschluss der Leistungspflicht

Wenn der Schuldner aufgrund von § 275 I – III von seiner Leistungspflicht befreit ist, stellt sich die Frage, ob der Gläubiger seine Gegenleistung noch erbringen muss oder nicht. Dies ist in § 275 IV i. V. m. § 326 geregelt.

Beispielsfall:
V verkauft seinen Pkw dem K. Übergabe und Übereignung sollen eine Woche später stattfinden. Durch einen Garagenbrand wird der Pkw vor der Übergabe zerstört.

§ 326 I 1, 1. HS enthält den Grundsatz: Wenn der Schuldner nach § 275 I-III nicht zu leisten braucht, entfällt der Anspruch auf die Gegenleistung – dies ist bedingt durch die enge Verknüpfung von Leistung und Gegenleistung (= Synallagma[10]). Bezieht sich das Leistungshindernis nur auf einen Teil der geschuldeten Leistung, so wird der Gläubiger „teilweise" von der Gegenleistung befreit (§ 326 I 1, 2. HS). Die Berechnungsformel des § 441 III gilt entsprechend. Diese Vorschrift gilt **nur für** Fälle der **Unmöglichkeit**, was sich aus der Formulierung in § 326 I 2 „gilt nicht ... im Fall der nicht vertragsgemäßen Leistung" ergibt.

Im vorgenannten Beispielsfall ist der Anspruch des K auf Übergabe des Wagens und Verschaffung des Eigentums nach § 433 I 1 gem. § 275 I ausgeschlossen. Der Anspruch des V auf die Kaufpreiszahlung nach § 433 II (= Gegenleistung) ist nach (§ 275 IV i. V. m.[11]) § 326 I 1, 1. HS kraft Gesetzes entfallen.

In Betracht käme möglicherweise ein Anspruch auf Schadensersatz statt der Leistung gem. (§ 275 IV i. V. m.) §§ 280 I, III, 283 S. 1. Diese Vorschriften sind auf einseitige und gegenseitige Leistungspflichten anwendbar. Da ein Vertretenmüssen seitens V nicht gegeben ist, scheitert der Anspruch allerdings.

2. Anspruch auf die Gegenleistung bei Ausschluss der Leistungspflicht

a) Verantwortlichkeit des Schuldners

Beispielsfall:
V verkauft seinen Pkw dem K für 15.000 €. Übergabe und Übereignung sollen eine Woche später stattfinden. Durch einen Garagenbrand, den V fahrlässig durch Hantieren mit Benzin verursacht hat, wird der Pkw vor der Übergabe zerstört. K hätte den Wagen für 25.000 € weiterverkaufen können, obwohl dieser nur 20.000 € wert war.

Hinsichtlich des Übereignungsanspruchs und des Kaufpreiszahlungsanspruchs gilt das oben Gesagte. § 326 I erfasst – aufgrund des Verweises auf § 275 (der vom Vertretenmüssen unabhängig ist) – auch die vom Schuldner zu vertretende Unmöglichkeit.

Es kommt wegen der Unmöglichkeit ein Anspruch auf Schadensersatz statt der Leistung gem. (§ 275 IV i. V. m.) §§ 280 I, III, 283 S. 1 in Betracht.

10 Griechisch = „Übereinkunft", gegenseitige Abhängigkeit der Vertragsleistungen.

11 Diese Vorschrift muss nicht mitzitiert werden.

Die Voraussetzungen des § 280 I liegen vor. Da die von K begehrten 10.000 € kein „einfacher" Schadensersatz, sondern ein solcher „statt der Leistung"[12] sind, müssen nach § 280 III die zusätzlichen Voraussetzungen der §§ 281–283 vorliegen. In den Fällen des § 275 ist nur auf § 283 S. 1 abzustellen (als lex specialis zu § 281 I 1). Dessen Voraussetzungen liegen vor, und K kann gem. §§ 280 I, III, 283 S. 1 die 10.000 € als Schadensersatz statt der Leistung verlangen.

b) Verantwortlichkeit des Gläubigers

Beispielsfall:
V verkauft seinen Pkw dem K. Übergabe und Übereignung sollen eine Woche später stattfinden. K zündet sich nach Abschluss des Kaufvertrags in der Garage des V unter Missachtung des Hinweisschildes „Feuergefahr – Rauchen verboten" eine Zigarette an. Wegen dort gelagerten Benzins gibt es einen Garagenbrand. Der Pkw wird völlig zerstört.

Der Anspruch des K gegen V aus § 433 I 1 ist wegen nachträglicher, objektiver Unmöglichkeit gem. § 275 I ausgeschlossen. Der Anspruch des V gegen K auf Zahlung des Kaufpreises gem. § 433 II könnte gem. (§ 275 IV i. V. m.) § 326 I 1 aufgrund der Unmöglichkeit untergegangen sein.

Gem. § 326 II 1, 1. Alt. entfällt der Anspruch des V nicht, wenn K als Gläubiger für den Umstand, aufgrund dessen V als Schuldner gem. § 275 nicht zu leisten braucht, „allein oder weit überwiegend verantwortlich" war. Der Begriff „verantwortlich" wird nicht näher erläutert; er kann als „Vertretenmüssen" des Gläubigers verstanden werden. Da §§ 276, 278 nur regeln, was der Schuldner zu vertreten hat, kann man diese Normen entsprechend auch für den Gläubiger heranziehen.[13]

K hat den Untergang der Pkw zu „verantworten", da er fahrlässig i. S. d. § 276 II handelte. V hat deshalb einen Anspruch auf Zahlung des Kaufpreises gem. § 433 II i. V. m. § 326 II 1, 1. Alt.

---

12 Aus dem Gesetz ergibt sich nicht, was mit diesem Begriff genau gemeint ist. Bei wörtlicher Auslegung könnte man nur den bloßen Leistungswert („statt der Leistung") darunter fassen – also nur den Anspruch in Höhe des Differenzbetrags zwischen Kaufpreis und wahrem Wert (= 5.000 €). Der entgangene Gewinn in Höhe von 5.000 € würde sich als „einfacher Schadensersatz" aus § 280 I ergeben. Der Gesetzgeber wollte mit dem Begriff „Schadensersatz statt der Leistung" den – früheren – Ausdruck „Schadensersatz wegen Nichterfüllung" ersetzen. Folglich zählen beide genannten Schadenspositionen (5.000 € + 5.000 €) dazu.

13 *Brox/Walker* SchuldR AT, § 22 Rn. 38; *Fikentscher/Heinemann*, Rn. 451; *Jauernig/Stadler*, § 326 Rn. 14 f. m. w. N.

c) *Annahmeverzug des Gläubigers*

Beispielfall:
V will den verkauften Pkw dem K vereinbarungsgemäß am Samstagnachmittag nach Hause liefern. K hat allerdings den Liefertermin vergessen und ist kurzfristig in die Berge gefahren. V fährt den Wagen wieder zurück, beachtet – leicht fahrlässig – entsprechende Hinweisschilder nicht und gerät auf eine Ölspur. Es ereignet sich ein Unfall, bei dem der Pkw einen Totalschaden erleidet.

Der Anspruch des V auf Zahlung des Kaufpreises gem. § 433 II ist grundsätzlich nach (§ 275 IV i. V. m.) § 326 I 1 entfallen, da V nach § 275 I nicht mehr zu leisten braucht. Nach § 326 II 1, 2. Alt. behält der Schuldner allerdings den Anspruch auf die Gegenleistung (= § 433 II), wenn der Umstand, aufgrund dessen der Schuldner nach § 275 von der Leistung befreit ist, vom Schuldner nicht zu vertreten ist und zu einer Zeit eintritt, zu der sich der Gläubiger im Annahmeverzug befindet.[14]

Hier handelte V fahrlässig i. S. d. § 276 II, sodass er den Umstand zu vertreten hätte. Etwas anderes ergibt sich allerdings aus § 300 I: Danach hat der Schuldner während des Verzugs des Gläubigers nur Vorsatz und grobe Fahrlässigkeit zu vertreten. K befand sich in Annahmeverzug nach §§ 293 ff., sodass V den Umstand, aufgrund dessen er als Schuldner nicht zu leisten braucht (§ 275), nicht zu vertreten hat. Da dieser „Umstand" auch während des Gläubigerverzugs eingetreten ist, liegen die Voraussetzungen des § 326 II 1, 2. Alt. vor. V behält den Anspruch auf die Gegenleistung. Er kann also von K Kaufpreiszahlung nach § 433 II verlangen.

3. Rücktritt

Der Gläubiger kann gem. § 326 V zurücktreten, wenn der Schuldner nach § 275 I–III nicht zu leisten braucht. § 323 findet entsprechende Anwendung mit der Maßgabe, dass die Fristsetzung entbehrlich ist. Da im Falle der Unmöglichkeit feststeht, dass eine Nacherfüllung keinen Erfolg haben kann, ist eine Fristsetzung überflüssig. Für die Rückabwicklung gelten die §§ 346 ff.

Merke:
Beim gegenseitigen Vertrag sind die Begriffe „**Leistung**" und „**Gegenleistung**" relevant, die von der „gestörten Leistung" aus zu bestimmen sind.

---

14 Beispiel hierfür auch in Fall 7, Aufgabe 2.

Beispiel:
Anspruch des Käufers auf Lieferung/Übereignung der Kaufsache gem. § 433 I 1. Gläubiger im Leistungsstörungsrecht ist der Gläubiger der „gestörten Leistung“; im vorgenannten Beispiel also der Käufer. Die Gegenleistung ist nicht „gestört“ – im Beispiel: Kaufpreiszahlungsanspruch des Verkäufers (= Kaufpreiszahlungspflicht des Käufers) gem. § 433 II. Deren Schicksal ist in § 326 geregelt. Schuldner im Leistungsstörungsrecht ist der Schuldner der „gestörten Leistung“ (im Beispiel also der Verkäufer).

Der Grundsatz des § 326 I 1 enthält auch eine **Gefahrtragungsregel**. Ist der Schuldner von seiner Leistungspflicht nach § 275 befreit, erhält er auch keine Gegenleistung.

Kurz gesagt: ohne Leistung keine Gegenleistung.

Der Schuldner trägt folglich die Gegenleistungs(Preis)gefahr.

Wesentliche Ausnahmen von § 326 I 1 sind:

- § 326 II 1, 1. Alt. (Verantwortlichkeit des Gläubigers)
- § 326 II 1, 2. Alt. (Annahmeverzug)
- § 446 S. 1 (Übergabe der Kaufsache vor Übereignung)
- § 447 I (Versendungskauf)
- § 644 I (Abnahme des Werkes)
- § 644 II (Versendung des Werkes)
- § 645 (Verantwortlichkeit des Werkbestellers).

VI. Besonderheiten beim Beschaffungsrisiko

Nach § 275 II 1 hat der Schuldner das Recht, die Leistung zu verweigern, soweit sie einen Aufwand erfordert, der in einem groben Missverhältnis zum Leistungsinteresse des Gläubigers steht. Dadurch wird die sog. praktische oder faktische Unmöglichkeit erfasst, im Rahmen derer die Behebung des Leistungshindernisses zwar theoretisch möglich wäre, aber von keinem vernünftigen Gläubiger erwartet werden kann.[15]

Beispiel:
Der geschuldete Gegenstand versinkt auf dem Meeresgrund.

Besonders scharfe Maßstäbe sind allerdings gem. § 275 II 2 anzulegen, wenn der Schuldner nach dem Inhalt des Schuldverhältnisses eine **Beschaffungspflicht** übernommen hat. Danach ist auch zu berücksichtigen, ob der Schuldner das Leistungshindernis zu vertreten hat. Das Vertretenmüssen regelt § 276 I 1: Der Schuldner hat Vorsatz und Fahrlässigkeit zu vertreten, „wenn eine strengere … Haftung … weder

15 Vgl. *Jauernig/Stadler*, § 275 Rn. 24.

bestimmt noch aus dem sonstigen Inhalt des Schuldverhältnisses, insbesondere aus der Übernahme eines Beschaffungsrisikos zu entnehmen ist.“ Da die **Gattungsschuld** eine **Beschaffungsschuld** ist, kommt hier eine Befreiung gem. § 275 II von vornherein nicht in Betracht, soweit es um die Überwindung typischer Beschaffungshindernisse geht.[16]

Beispielsfall:
K kauft im Sommer beim Bauern V zwei Zentner Kartoffeln „Dicke Berta“ zum Einkellern. Die Lieferung soll im Herbst nach der Ernte erfolgen. Infolge eines Rohrbruchs steht der Kartoffelkeller des V tagelang unter Wasser – und die ganze Ernte ist „ungenießbar“.

In diesem Fall muss V für das Beschaffungsrisiko gem. §§ 275 II 2, 276 I 1 einstehen. Das heißt, er muss sich auf dem Markt die „Dicke Berta“ besorgen und dem K zum vereinbarten Kaufpreis liefern.

Etwas anderes gilt bei der sog. **Vorratsschuld:**

Beispielsfall:
K will die Kartoffeln nur von einem bestimmten Acker des V haben. Denn V betreibt auf diesem Stück biologischen Landbau, auf den K besonderen Wert legt.

Wenn der gesamte Vorrat untergegangen ist, ist der Anspruch des K auf Leistung gem. § 275 I ausgeschlossen.

Die **Geldschuld** ist in den §§ 275, 276 nicht ausdrücklich geregelt. Dass der Schuldner sich auf finanzielles Unvermögen nicht berufen kann, folgt aus allgemeinen Grundsätzen sowie der Existenz der Insolvenzordnung, die ansonsten überflüssig wäre.[17] Derjenige, der eine Leistung verspricht, übernimmt regelmäßig das Risiko dafür, dass er sich die zur Erfüllung erforderlichen finanziellen Mittel beschaffen kann.

---

16 *Hk-BGB/Schulze*, § 275 Rn. 21.

17 BGH NJW 1998, 1278. Ausführlich hierzu: *Coester-Waltjen*, Verzögerungsgefahr, Sachgefahr, Leistungsgefahr, JURA 2006, 829 ff.

Exkurs: Konkretisierung gem. § 243 II

Gem. § 243 II wird eine Gattungsschuld zur Stückschuld, wenn der Schuldner das zur Leistung einer solchen Sache seinerseits Erforderliche getan hat. Dabei kommt es darauf an, ob es sich um eine **Hol-, Bring- oder Schickschuld** handelt.

Sofern vertraglich nichts anderes vereinbart wurde, ist gem. § 269 I der Leistungsort grundsätzlich beim Schuldner; es handelt sich also um eine Holschuld.

Bei der **Holschuld** hat der Schuldner das seinerseits Erforderliche getan, wenn er z. B. die verkaufte Sache aussondert, bereitstellt und dem Gläubiger anbietet bzw. ihn benachrichtigt, dass er die Sache abholen kann.

Falls vereinbart wurde, dass der Schuldner die Sache zum Gläubiger zu bringen hat **(Bringschuld)**, dann muss der Schuldner die Sache aussondern und dem Gläubiger an dessen Wohnort (bzw. Wohnung) tatsächlich anbieten, sofern nicht für die Annahme der Leistung durch den Gläubiger eine Zeit nach dem Kalender bestimmt war (vgl. § 296 S. 1).

Wenn sich der Schuldner verpflichtet hat, die Ware dem Gläubiger zuzusenden **(Schickschuld, Versendungskauf, vgl. § 447)**, dann muss der Schuldner die verkaufte Sache aussondern und an den Gläubiger absenden, d. h. ordnungsgemäß verpackt z. B. zur Post oder einem Spediteur geben. Dann hat der Schuldner das seinerseits Erforderliche getan, und die Gattungsschuld wandelt sich in eine Stückschuld um.

Bei Stückschulden haftet der Schuldner grundsätzlich nur bei Verschulden (Ausnahme: § 287 S. 2), wenn die Leistung unmöglich wird. In Rechtsprechung und Lehre wurde die Rechtsfigur vom Gefahrübergang entwickelt.[18] Mit der Konkretisierung geht die Gefahr des zufälligen Untergangs der Sache auf den Gläubiger über, d. h., der Gläubiger muss seine Gegenleistung erbringen, ohne die Leistung des Schuldners zu erhalten.

Der Schuldner wird gem. § 275 I von seiner (Primär-)Leistungspflicht frei, der Gläubiger braucht gem. § 326 I 1, 1. HS nicht die Gegenleistung zu erbringen, sofern nicht aufgrund einer Sondervorschrift die Gefahr auf ihn übergegangen ist (vgl. §§ 446, 447).

18 Ausführlich hierzu: *Fikentscher/Heinemann*, § 70.

Fall 8: Schuldrecht BT – Die Pechvögel

Schwerpunkte:
Mängel der Kaufsache – Verhältnis der Gewährleistungsvorschriften zur Anfechtung – Schadensersatz neben und Schadensersatz statt der Leistung (Mangelschaden, Mangelfolgeschaden) – Rücktrittsrecht des Käufers – Anspruchskonkurrenz

Student Karli Keck (K) hat zu Beginn des Wintersemesters ein Zimmer gemietet. Da dieses nur teilweise möbliert ist, kauft er im Möbelgeschäft des Viktor Vertiko (V) einen Computertisch, den er, da der Tisch zerlegt und verpackt ist, gleich mitnehmen kann. Beim Zusammenbau muss er jedoch feststellen, dass sich in der Verpackung Teile befinden, die nicht zusammenpassen. Umgehend bringt er das Paket mit dem Computertisch zurück zum Möbelgeschäft. Dort wird er von V in einen Lagerraum geführt, der nur unzureichend beleuchtet ist. Als er das Paket dort abstellen will, bleibt er mit seinem Mantel an einem Regalpfosten hängen, den er in der schlechten Beleuchtung nicht bemerkt hatte, und zerreißt dabei den Mantel. Vor Schreck lässt er das Paket fallen, das auf seinem rechten Fuß landet und eine schwere Prellung verursacht, die ärztlich behandelt werden muss.

Aufgabe 1: K verlangt von V einen neuen Computertisch mit passenden Einzelteilen. Zu Recht?

Aufgabe 2: Hat K gegenüber V einen vertraglichen Schadensersatzanspruch? Er verlangt Erstattung seiner Kosten für die Reparatur seines zerrissenen Mantels sowie die Kosten seiner Heilbehandlung. Kann K auch von V ein Schmerzensgeld wegen seiner wochenlangen Schmerzen im rechten Fuß fordern?

Der im Rheingau lebende Winzer Walter Weinstein (W) unterhält ein Hofgut, zu dem auch ein Weinberg gehört. Er kauft beim Rebenzüchter Viktor Volkach (V) 100 Rebstöcke der Sorte Riesling zur Auffrischung seines Weinbergs. Allerdings war es der Aufmerksamkeit des V entgangen, dass die Pflanzen an einer Blattseuche erkrankt waren. Da sich die Krankheit noch in einem sehr frühen Stadium befand, war sie für W nicht erkennbar. Nach dem Anbau gehen sowohl die 100 neuen Rebstöcke als auch – durch Ansteckung – nach und nach die bereits vorhandenen 200 Rebstöcke auf dem Weinberg ein.

Da V trotz angemessener Fristsetzung von Weinstein (W) innerhalb der Frist keine neuen Weinstöcke geliefert hat, will W nicht mehr an dem Vertrag festhalten und erklärt seinen Rücktritt vom Vertrag.

Aufgabe 3: Kann W von V den Kaufpreis für die 100 Rebstöcke in Höhe von 1.500 € zurückverlangen?

Aufgabe 4: Welche Ansprüche kann W gegenüber V wegen des Verlustes der 200 bereits vorhandenen Rebstöcke geltend machen?

W hat außerdem beim Landmaschinenhändler Ludwig Landmann (L) einen Traktor (preisreduziertes Ausstellungsstück von der Landmaschinenmesse) für die Arbeiten im Weinberg gekauft. Bereits am ersten Einsatztag „streikt" dieser aufgrund eines Getriebeschadens. Nach zwei erfolglosen Reparaturversuchen durch L lässt W den Traktor beim Landmaschinenhändler Hans Haudrauf reparieren, der den Defekt behebt und W hierfür 200 € in Rechnung stellt.

Aufgabe 5: Kann W von L Erstattung der Reparaturkosten in Höhe von 200 € verlangen?

Fall 8: Prüfschema/Lösungsskizze

K ———————— V
§ 433

Aufgabe 1:

K ———→ V Neulieferung des Computertisches gem. § 437 Nr. 1 i. V. m. § 439 I, 2. Alt.

1. Kaufvertrag (+)
2. Sachmangel, § 434, hier: § 434 I 2 Nr. 2 bei Gefahrübergang, § 446 (+)
3. Wahlrecht des K gem. § 439 I (+)
4. Kein Verweigerungsrecht des V gem. § 439 III (+)

Ergebnis: K ———→ V Neulieferung des Computertisches gem. § 437 Nr. 1 i. V. m. § 439 I, 2. Alt. (+)

Merke:
Die Rechte des Käufers sind in § 437 abschließend normiert. § 437 ist allerdings keine Anspruchsgrundlage, sondern eine Rechtsgrundverweisung. Man muss, um das jeweilige Recht bzw. den Anspruch des Käufers zu prüfen, die in dem betreffenden Fall einschlägigen Verweise in den Nr. 1 bis 3 an diese Vorschrift „anhängen" (z. B. § 437 Nr. 1 i. V. m. § 439 = Anspruchsgrundlage).

Aufgabe 2:

K ⟶ V Schadensersatz wegen Pflichtverletzung gem. §§ 280 I, 241 II

1. wirksames Schuldverhältnis = Kaufvertrag (+)
2. Pflichtverletzung des Schuldners, § 241 II (+)
3. Vertretenmüssen, § 280 I 2 i.V.m. § 276 (+)
4. Schaden

Ergebnis : K ⟶ V Schadensersatz wegen Pflichtverletzung gem. §§ 280 I, 241 II (+)

Umfang: § 249 II 1 (Reparatur des Mantels, Heilbehandlungskosten)

Immaterieller Schaden (§ 253 I) – Schmerzen: § 253 II (+)

Aufgabe 3:

W —————— V (Rebstöcke)
W —————— L (Traktor)
§ 433

Vorüberlegung:

Für den Rückzahlungsanspruch des W gegenüber V kommen zwei Anspruchsgrundlagen in Betracht: Zum einen der kaufvertragliche Rückgewähranspruch (nach Rücktritt vom Kaufvertrag) sowie der Anspruch aus ungerechtfertigter Bereicherung. Beide Anspruchsgrundlagen sind in der auf S. 40 f. aufgezeigten Reihenfolge zu prüfen.

I. W ⟶ V Rückzahlung des Kaufpreises gem. § 346 I i.V.m. §§ 437 Nr. 2, 1. Alt., 434 I 2 Nr. 1 und § 323 I

1. vertragliches oder gesetzliches Rücktrittsrecht; hier: § 437 Nr. 2, 1. Alt. (+)
2. wirksamer Kaufvertrag über eine Sache (+)
3. Lieferung einer mangelhaften Sache durch Verkäufer (= Pflichtverletzung) (+)
   Mangel i.S.d. § 434 I 2 Nr. 1 bei Gefahrübergang, § 446
4. Angemessene Frist zur Nacherfüllung (§ 323 I) ist abgelaufen (+)
5. Erheblichkeit der Pflichtverletzung, § 323 V 2 (+)
6. Erklärung des Rücktritts gem. § 349 (+)

Ergebnis: W ⟶ V Rückzahlung des Kaufpreises gem. § 346 I i.V.m. §§ 437 Nr. 2, 1. Alt., 434 I 2 Nr. 1 und § 323 I (+)

II. W ⟶ V Herausgabe der 1.500 € gem. § 812 I 1, 1. Alt.

1. V muss etwas erlangt haben (+)
   Besitz und Eigentum am Geld
2. durch Leistung des W (+)
3. ohne Rechtsgrund?
   Kaufvertrag gem. § 142 I aufgrund Anfechtung nichtig?

§ 119 II Eigenschaftsirrtum (+),
aber: kaufrechtliche Gewährleistungsvorschriften sind vorrangig

Ergebnis: W ⟶ V Rückzahlung des Kaufpreises
gem. § 812 I 1, 1. Alt. (–)

Aufgabe 4:

Klausurtipp:
Bei der Prüfung von vertraglichen Schadensersatzansprüchen aufgrund eines Sachmangels sollte zunächst darauf geachtet werden, welcher Schaden eingetreten ist. Denn danach richtet sich die Anspruchsgrundlage.[1] Wenn es – wie bei Aufgabe 4 – um den Ersatz eines Mangelfolgeschadens geht, so ist § 437 Nr. 3, 1. Alt. i. V. m. § 280 I relevant. Will der Gläubiger Schadensersatz statt der Leistung, so müssen die in § 280 III genannten zusätzlichen Voraussetzungen geprüft werden (siehe Aufgabe 5).

Für den Schadensersatzanspruch des W gegenüber V kommen zwei Anspruchsgrundlagen in Betracht: Zum einen der kaufvertragliche sowie der deliktische. Beide Anspruchsgrundlagen sind in der auf S. 40f. aufgezeigten Reihenfolge zu prüfen.

**I. W ⟶ V Schadensersatz (Verlust der 200 Rebstöcke)
gem. § 437 Nr. 3, 1. Alt. i. V. m. § 280 I**

1. Kaufvertrag (+)
2. Lieferung einer mangelhaften Sache durch Verkäufer
   (= Pflichtverletzung) (+)
3. Vertretenmüssen, §§ 280 I 2, 276 (+)
4. Schaden beim Gläubiger als Folge der Pflichtverletzung (+)
   Mangelfolgeschaden

Ergebnis: W ⟶ V Schadensersatz (Verlust der 200 Rebstöcke) gem.
§ 437 Nr. 3, 1. Alt. i. V. m. § 280 I (+)

Umfang des Schadensersatzanspruchs: §§ 249 ff., 251 I

1 Siehe hierzu Vertiefung: Kaufrecht S. 228 ff.

II. W ⟶ V Schadensersatz (Verlust der 200 Rebstöcke) gem. § 823 I

1. Tatbestandsmäßigkeit der Unterlassung des V (+)
   a) Verletzung eines der in § 823 I genannten Rechtsgüter; hier: Eigentum
   b) Ursächlichkeit der Unterlassung für die Rechtsgutverletzung
2. Rechtswidrigkeit (+)
3. Verschulden – Fahrlässigkeit, § 276 II (+)
4. Schaden (+)

Ergebnis: Anspruch W ⟶ V Schadensersatz gem. § 823 I (+)

Umfang des Schadensersatzanspruchs: §§ 249ff., 251 I

Aufgabe 5:

W ⟶ L Schadensersatz statt der Leistung (Reparaturkosten) gem. §§ 437 Nr. 3, 1. Alt., 280 I, III, 281 I, 440

1. Wirksamer Kaufvertrag über eine Sache, § 433 (+)
2. Pflichtverletzung des Käufers: Verstoß gegen § 433 I 2 (+)
   Sachmangel bei Gefahrübergang (§ 434)
3. Vertretenmüssen, §§ 280 I 2 i.V.m. § 276 (+)
4. Fristsetzung (§ 281 I) ist entbehrlich – § 440 S. 2 (+)
5. Schaden beim Käufer (+)

Ergebnis: W ⟶ L Schadensersatz statt der Leistung (Reparaturkosten) gem. §§ 437 Nr. 3, 1. Alt., 280 I, III, 281 I, 440 (+)

Umfang des Schadensersatzanspruchs: §§ 249ff.

Fall 8: Ausarbeitung (Gutachten)

Aufgabe 1:

K könnte von V die Neulieferung des Computertisches mit passenden Einzelteilen gem. § 437 Nr. 1 i.V.m. § 439 I, 2. Alt. verlangen.

1. *Voraussetzung dafür ist, dass ein gültiger Kaufvertrag zwischen K und V besteht. Ein Kaufvertrag kommt gem. §§ 145ff. durch zwei übereinstimmende Willenserklärungen, dem Angebot und der Annahme des Angebots, zustande.* Indem der Student K einen Computertisch im Möbelgeschäft des V gekauft hat, ist ein Kaufvertrag zwischen beiden Parteien abgeschlossen worden.

2. *Weiterhin muss ein Mangel an der Kaufsache (Computertisch) vorliegen. Gem. § 434 I 1 ist die Sache mangelhaft, wenn sie bei Gefahrübergang, also der Übergabe (vgl. § 446), nicht die vereinbarte Beschaffenheit hat.* V und K haben keine bestimmte Beschaffenheit vereinbart, sodass § 434 I 1 nicht einschlägig ist. *Die Kaufsache könnte nach § 434 I 2 Nr. 1 mangelhaft sein. Dann darf sie sich nicht für die nach dem Vertrag vorausgesetzte Verwendung eignen.* K und V haben aber auch keine bestimmte Verwendung des Computertisches vertraglich vorausgesetzt. *Nach § 434 I 2 Nr. 2 ist die Sache mangelhaft, wenn sie sich nicht für die gewöhnliche Verwendung eignet und nicht die übliche Beschaffenheit aufweist, die der Käufer erwarten darf.* Die übliche Verwendung eines Computertischs besteht in seiner Nutzung. Indem sich in der Verpackung Teile befinden, die nicht zusammenpassen, kann dieses Möbelstück nicht zusammengebaut und folglich auch nicht benutzt werden. Somit liegt ein Sachmangel gem. § 434 I 2 Nr. 2 vor. Es liegt also eine Pflichtverletzung des V durch Lieferung einer mangelhaften Sache vor. Dieser Mangel war bereits bei Übergabe des Computertisches (Gefahrübergang i. S. d. § 446) vorhanden.

Klausurtipp:
Oft ist es problematisch, ob eine ausdrückliche oder konkludente Beschaffenheitsvereinbarung (§ 434 I 1) vorliegt oder nicht. Es sollte immer das abgestufte System der Prüfung eines Sachmangels i. S. d. § 434 angewandt werden:

§ 434 I 1 ——→ § 434 I 2 Nr. 1 ——→ § 434 I 2 Nr. 2

Wenn – wie im vorliegenden Fall – keine Beschaffenheit vertraglich vereinbart wurde, muss man sich zwischen § 434 I 2 Nr. 1 (nach dem Vertrag vorausgesetzte Verwendung) und § 434 I 2 Nr. 2 (gewöhnliche Verwendung) entscheiden. In den meisten Fällen liegt ein Sachmangel nach letztgenannter Variante vor.

3. Folglich hat der Student K einen Anspruch auf Nacherfüllung gem. § 437 Nr. 1 i. V. m. § 439 I. Macht der Käufer von seinem Nacherfüllungsanspruch Gebrauch, so kann er zwischen der Beseitigung des Mangels und der Lieferung einer mangelfreien Sache wählen. K kann somit von V einen neuen Computertisch mit passenden Einzelteilen nach § 439 I, 2. Alt. verlangen.

4. Es ist zu prüfen, ob V die vom Käufer gewählte Art der Nacherfüllung verweigern kann. *Nach § 439 III kann der Verkäufer von seinem Verweigerungsrecht Gebrauch machen, wenn die Art der Nacherfüllung nur mit unverhältnismäßigen Kosten möglich ist.* Die Herausgabe eines neuen verpackten Computertisches ist für V möglich und nicht mit unverhältnismäßigen Kosten verbunden. Er kann u. a. den mangelhaften Computertisch von K später beim Hersteller reklamieren. V kann die Lieferung eines neuen, mangelfreien Tisches nicht verweigern.

Folglich kann K von V die Neulieferung des Computertisches mit passenden Einzelteilen gem. § 437 Nr. 1 i. V. m. § 439 I, 2. Alt. verlangen.

Aufgabe 2:

Der Student K könnte gegenüber V einen Anspruch auf Schadensersatz für den zerrissenen Mantel sowie für die Heilbehandlung gem. § 280 I haben. Zusätzlich könnte K ein angemessenes Schmerzensgeld von V verlangen.

1. *Dies setzt voraus, dass ein wirksames Schuldverhältnis zwischen K und V besteht.* In Betracht kommt ein vertragliches Schuldverhältnis. Wie bei Aufgabe 1 bereits erläutert, haben K und V einen wirksamen Kaufvertrag geschlossen. Es liegt also ein wirksames vertragliches Schuldverhältnis i. S. d. § 433 vor.
2. *Des Weiteren muss V eine Pflicht aus dem bestehenden Schuldverhältnis verletzt haben. In Betracht kommt die Verletzung einer Nebenpflicht nach § 241 II. Gem. § 241 II ist der Verkäufer verpflichtet, Rücksicht auf die Rechte, Rechtsgüter und Interessen des Käufers zu nehmen.* V führte K in einen Lagerraum, der nur unzureichend beleuchtet war. Er hätte beachten müssen, dass K sich in dem Lagerraum nicht auskennt und in der Dunkelheit den Regalpfosten, an dem der Student schließlich mit seinem Mantel hängen bleibt, nicht sehen kann. V kam damit seiner Sorgfaltspflicht nicht nach und nahm u. a. keine Rücksicht auf das Eigentum des K. Die Verletzung einer Nebenpflicht durch V liegt vor.
3. *Außerdem muss V seine Pflichtverletzung zu vertreten haben (§ 280 I 2). Nach § 276 I hat der Schuldner Vorsatz und Fahrlässigkeit zu vertreten, sofern* – was hier nicht der Fall ist – *kein anderer Haftungsmaßstab greift. Fahrlässig handelt nach § 276 II, wer*

die im Verkehr erforderliche Sorgfalt außer Acht lässt. V führte K persönlich ungeachtet der unzureichenden Beleuchtung in den Lagerraum. Er hätte, wie bereits angemerkt, wissen müssen, dass K sich in dem Lagerraum nicht auskennt und sich deshalb wegen der dort befindlichen Gegenstände verletzen kann. Somit hat V die im Verkehr erforderliche Sorgfalt außer Acht gelassen und fahrlässig gehandelt. Er hat die Pflichtverletzung zu vertreten.

4. *Darüber hinaus muss K aufgrund der Pflichtverletzung einen Schaden erlitten haben. Unter einem Schaden versteht man die Einbuße an rechtlich geschützten Gütern.* Indem K angesichts der schlechten Beleuchtung der Lagerhalle an einem Regalpfosten hängen bleibt, zerreißt er sich seinen Mantel. Obendrein lässt er vor Schreck das Paket mit dem mangelhaften Computertisch fallen, das auf seinen rechten Fuß fällt und dort eine schwere Prellung verursacht, aufgrund derer ihm Kosten für die Heilbehandlung entstehen. Ein Vermögensschaden liegt folglich vor.

Folglich kann K von V Schadensersatz gem. §§ 280 I, 241 II verlangen.

Der Umfang des Schadensersatzes ergibt sich aus den §§ 249 ff. Gem. § 249 I ist K so zu stellen, wie er gestanden hätte, wenn er nicht den Lagerraum des V betreten hätte. Nach § 249 II 1 kann der Gläubiger bei Beschädigung einer Sache oder Verletzung einer Person statt der Herstellung den dazu erforderlichen Geldbetrag verlangen. Folglich kann K von V den erforderlichen Geldbetrag für die Reparatur des zerrissenen Mantels sowie die Kosten für die Heilbehandlung verlangen.

Für das außerdem von K geltend gemachte Schmerzensgeld gilt Folgendes:

Nach § 253 I kann wegen eines Schadens, der – wie das geforderte Schmerzensgeld – nicht Vermögensschaden ist, eine Entschädigung in Geld nur in den durch das Gesetz bestimmten Fällen gefordert werden. Gesetzlich geregelt ist dies in § 253 II. *Voraussetzung hierfür ist, dass durch eine Verletzung des Körpers, der Gesundheit, der Freiheit oder der sexuellen Selbstbestimmung ein immaterieller Schaden vorliegt.* Vorliegend hat K eine schwere Prellung, also eine Körper- und Gesundheitsverletzung erlitten, die Schmerzen verursacht. Die Schmerzen sind kein Vermögensschaden. Folglich kann K von V gem. § 280 I in Verbindung mit § 253 II eine billige Entschädigung in Geld von V verlangen. Er hat einen Anspruch auf Schmerzensgeld.

Aufgabe 3:

I. W könnte gegen V einen vertraglichen Anspruch auf Rückzahlung des Kaufpreises gem. § 346 I i. V. m. §§ 437 Nr. 2, 1. Alt., 434 I 2 Nr. 1 und § 323 I haben.

Merke:
Falls aufgrund eines Sachmangels der Rücktritt erklärt wird, sind immer §§ 437 Nr. 2 i. V. m. § 323 als Rechtsgrundlagen zu nennen. Man prüft die Voraussetzungen dieser Vorschriften zusammen bzw. nacheinander. Wenn man einen Mangel i. S. d. § 434 bejaht, ist damit automatisch das Tatbestandsmerkmal der „Pflichtverletzung" nach § 323 I erfüllt: Denn mit der Lieferung einer mangelhaften Sache erbringt der Schuldner seine Leistung „nicht wie geschuldet".

§ 437 ist allerdings *nicht* relevant, wenn das Rücktrittsrecht auf andere Umstände gestützt wird, die nichts mit einem Sachmangel zu tun haben. Dann ist § 323 allein zu prüfen.

1. *Voraussetzung ist zunächst, dass W ein vertragliches oder gesetzliches Rücktrittsrecht hat.* Es kommt das gesetzliche Rücktrittsrecht aus § 437 Nr. 2, 1. Alt. in Betracht.
2. *Hierfür muss zwischen W und V ein gültiger Kaufvertrag i. S. d. § 433 bestehen. Ein Kaufvertrag kommt durch zwei übereinstimmende Willenserklärungen (Angebot und Annahme, §§ 145 ff.) zustande.* Indem W bei V 100 Rebstöcke gekauft hat, ist diese Voraussetzung gegeben.
3. *Eine weitere Voraussetzung für das Rücktrittsrecht nach § 437 Nr. 2, 1. Alt. ist, dass die Sache mangelhaft war.* Bei den kranken Rebstöcken könnte es sich um einen Sachmangel i. S. v. § 434 handeln. *Nach § 434 I 1 liegt ein Sachmangel vor, wenn die Sache bei Gefahrübergang (§ 446) nicht die vereinbarte Beschaffenheit hat. Soweit – wie hier – die Beschaffenheit nicht vereinbart wurde, liegt ein Sachmangel vor, wenn sich die Sache nicht für die vertraglich vorausgesetzte Verwendung eignet (§ 434 I 2 Nr. 1).* Die Rebstöcke eignen sich aufgrund des bereits bei der Lieferung vorhandenen Blattseuchenbefalls nicht für den Weinanbau. Die Sache ist also bereits bei Übergabe mangelhaft gewesen.
4. *Außerdem muss W dem V gem. § 323 I eine angemessene Frist zur Nacherfüllung gesetzt haben.* W hat eine angemessene Frist gesetzt. *Die Frist muss erfolglos abgelaufen sein.* Indem V der For-

derung der W zur Nacherfüllung nicht nachgekommen ist, ist diese Voraussetzung ebenfalls gegeben.[2]

5. *Voraussetzung für dieses Gestaltungsrecht ist außerdem, dass die Pflichtverletzung des V erheblich ist (§ 323 V 2).* Wenn „verseuchte“ Rebstöcke geliefert werden, ist die Erheblichkeit der Pflichtverletzung gegeben.
6. *W muss den Rücktritt gem. § 349 erklärt haben.* Durch die Äußerung des W gegenüber V, er wolle den Kaufpreis zurück, hat W dem V den Rücktritt erklärt.

Somit hat W gegen V einen Anspruch auf Rückzahlung des Kaufpreises gem. § 346 I i.V.m. §§ 437 Nr. 2, 1. Alt., 434 I 2 Nr. 1 und § 323 I.

II. W könnte von V Herausgabe der 1.500 € gem. § 812 I 1, 1. Alt. verlangen.

1. *Voraussetzung hierfür ist zunächst, dass V etwas erlangt hat. Unter „Etwas“ ist jeder Vermögensvorteil zu verstehen.* V hat Besitz und Eigentum am Geld (Kaufpreis in Höhe von 1.500 €) erhalten.
2. *Dies muss durch die Leistung des W geschehen sein. Eine Leistung ist jede bewusste und zweckgerichtete Vermehrung fremden Vermögens.* Indem W dem V das Eigentum an dem Geldbetrag übertragen hat, wollte er seine Verpflichtung aus dem Kaufvertrag erfüllen und hat folglich „geleistet“.
3. *Schließlich muss diese Leistung ohne Rechtsgrund erfolgt sein. Dies ist der Fall, wenn die Rechtsordnung dem Bereicherten für den erlangten Vermögensvorteil keinen Behaltensgrund zur Verfügung stellt.* Der zwischen W und V geschlossene Kaufvertrag über 100 Rebstöcke könnte, wenn W diesen anficht, gem. § 142 I nichtig sein. Dann muss der Stadt W ein Anfechtungsgrund zustehen. In Betracht kommt ein *Eigenschaftsirrtum nach § 119 II. Dem Erklärenden muss bei der Willensbildung ein Irrtum über verkehrswesentliche Eigenschaften, worunter alle wertbildenden Faktoren zu verstehen sind, unterlaufen sein.* Die „Gesundheit“ der Rebstöcke stellt eine verkehrswesentliche Eigenschaft dar.

2 Es besteht kein Ausschluss gem. § 323 VI und kein Haftungsausschluss durch Vertrag oder Gesetz. Dies muss nicht zwingend erörtert werden, da hierfür keine Anhaltspunkte im Sachverhalt gegeben sind.

Indem W glaubte, die Weinstöcke, die allerdings an einer Blattseuche litten, seien zur Auffrischung des Weinbergs geeignet, liegt ein solcher Irrtum vor. Fraglich ist allerdings, ob § 119 II überhaupt anwendbar ist. Die kaufrechtlichen Gewährleistungsvorschriften der §§ 434 ff. schließen bei Vorliegen eines Sachmangels eine Anfechtung des Käufers wegen Irrtums über Eigenschaften der Kaufsache aus. Denn dadurch würde die zweijährige Verjährungsfrist des § 438 I Nr. 3 unterlaufen. Andererseits könnte der Käufer auch anfechten, wenn sein Irrtum auf grober Fahrlässigkeit beruhen würde. Damit könnte er § 442 I 2 umgehen.[3]

Folglich steht dem W der Anfechtungsgrund des § 119 II nicht zu.

Weitere Anfechtungsgründe sind nicht ersichtlich. Der Kaufvertrag kann somit nicht angefochten werden. Die Zahlung erfolgte nach alledem mit Rechtsgrund.

W hat deshalb keinen Anspruch gegenüber V auf Herausgabe der 1.500 € gem. § 812 I 1, 1. Alt.

Aufgabe 4:

I. W könnte einen Schadensersatzanspruch gegen V wegen der 200 anderen (bereits vorhandenen) Rebstöcke gem. §§ 437 Nr. 3, 1. Alt., 280 I geltend machen.

1. *Voraussetzung hierfür ist ein wirksamer Kaufvertrag.* W und V haben – wie in Aufgabe 3 geprüft – einen Kaufvertrag über 100 Rebstöcke der Sorte Riesling geschlossen.
2. *Weitere Voraussetzung ist, dass V eine mangelhafte Sache übergeben hat.* Wie oben bereits erläutert, liegt ein Sachmangel i. S. d. § 434 I 2 Nr. 1 bei Gefahrübergang (§ 446) vor. Damit hat V auch gegen seine Pflicht aus § 433 I 2 verstoßen und eine Pflichtverletzung i. S. d. § 280 I 1 begangen.
3. *Gem. § 280 I 2 i. V. m. § 276 muss V diese Pflichtverletzung zu vertreten haben. Nach § 276 I 1 hat der Schuldner (hier: V) Vorsatz und Fahrlässigkeit zu vertreten, sofern – was hier nicht der Fall ist – nicht ein anderer Haftungsmaßstab relevant ist.* V könnte fahrlässig gehandelt haben. *Fahrlässig handelt, wer die im Ver-*

3 Auch das Anfechtungsrecht des Verkäufers ist ausgeschlossen, denn dieser könnte sich sonst der Mängelhaftung entziehen. Siehe hierzu *Palandt/Ellenberger*, § 119 Rn. 28 m. w. N.

kehr erforderliche Sorgfalt außer Acht lässt (vgl. § 276 II). Indem V die Rebstöcke nicht sorgfältig genug vor der Übergabe untersucht hat, hat er fahrlässig gehandelt[4] und muss somit die Pflichtverletzung vertreten.

4. *Durch die Pflichtverletzung muss dem W ein Schaden, also eine unfreiwillige Einbuße am Vermögen entstanden sein.*

Achtung!
Hier liegt ein **Mangelfolgeschaden** vor (= **Schaden**, der infolge des Mangels der Kaufsache an **anderen Rechtsgütern des Käufers,** wie z. B. Körper, Gesundheit, entsteht).

Merke:
Mangelfolgeschäden werden nach § 280 I ersetzt! Der Ersatz dieser Schäden rückt nicht an die Stelle einer mangelfreien Kaufsache, sondern stellt sich als Schadensersatz **neben** der Leistung dar.

Die kranken Pflanzen haben die anderen 200 Rebstöcke der Stadt W angesteckt. W ist somit ein Schaden entstanden.

Folglich kann W von V Schadensersatz gem. §§ 437 Nr. 3, 1. Alt., 280 I für die 200 „eingegangenen" Rebstöcke verlangen.

Der Umfang des zu ersetzenden Schadens ergibt sich aus §§ 249 ff. V hat also den Zustand herzustellen, der bestehen würde, wenn der zum Ersatz verpflichtende Umstand nicht eingetreten wäre (vgl. § 249 I). V hätte W demnach die 200 vormals gesunden Rebstöcke zu ersetzen. Da deren „Wiederherstellung" aber nicht möglich ist, muss V gem. § 251 I 1 den W in Geld (= Wert dieser Rebstöcke) entschädigen.

Klausurtipp:
Der Vertragspartner haftet bei Lieferung einer mangelhaften Sache nach den Gewährleistungsregeln. Durch diese vertraglichen Ansprüche werden die deliktischen Ansprüche nach §§ 823 ff. nicht berührt. Es besteht insofern eine echte Anspruchskonkurrenz, d. h. Ansprüche aus Vertrag und Delikt können nebeneinander geltend gemacht werden. Deshalb wird im Folgenden § 823 I geprüft.

---

4 Andere Argumentation: Ein Verschulden des Schuldners wird grundsätzlich vermutet, es sei denn, er trägt Tatsachen vor, die ihn entlasten. V führt keine Tatsachen an, die sein Verschulden ausschließen.

II. W könnte gegenüber V außerdem einen Schadensersatzanspruch gem. § 823 I geltend machen.

1. *Voraussetzung hierfür ist zunächst, dass V durch eine Handlung oder pflichtwidrige Unterlassung eines der in § 823 I genannten Rechtsgüter des W kausal verletzt hat.* V hat die Rebstöcke vor der Übergabe an W nicht sorgfältig genug untersucht – was seine Pflicht gewesen wäre – und deshalb die Blattseuche nicht erkannt. Durch die Übertragung der Seuche von den erkrankten Pflanzen auf die bereits vorhandenen 200 Rebstöcke des W, die eingehen, hat V das Eigentum des W ursächlich verletzt.
2. *Diese Unterlassung muss rechtswidrig sein.* Ein Rechtfertigungsgrund des V liegt nicht vor. Folglich hat V rechtswidrig gehandelt.
3. *Ferner muss V vorsätzlich oder fahrlässig gehandelt haben. Fahrlässig handelt, wer die im Verkehr erforderliche Sorgfalt außer Acht lässt (§ 276 II).* Wie bereits unter I. erläutert wurde, hat V fahrlässig gehandelt.
4. *Erforderlich ist weiterhin ein – adäquat kausal durch die Rechtsgutsverletzung eingetretener – Schaden. Dazu zählt jede Einbuße an Geld oder geldwerten Gütern.* Aufgrund der unterlassenen Untersuchung gingen 200 dem W gehörende Rebstöcke ein. Die Rechtsgutverletzung des V war ursächlich für den Schaden der K.

Somit hat V gegenüber dem W einen Schadensersatzanspruch gem. § 823 I.

Wegen des Schadensumfangs wird auf die Ausführungen unter I. verwiesen.

Aufgabe 5:

W könnte gegen L einen Anspruch auf Schadensersatz statt der Leistung (Erstattung der Reparaturkosten für den Traktor) gem. §§ 437 Nr. 3, 1. Alt., 280 I, 281 I, III, 440 haben.

1. *Voraussetzung hierfür ist, dass zwischen W und L ein gültiger Kaufvertrag i. S. d. § 433 besteht.* Ein Kaufvertrag über den Traktor ist zwischen W und L zustande gekommen.
2. *Eine weitere Voraussetzung ist, dass die Sache (hier: der Traktor) bei Gefahrübergang mangelhaft war.* Bei dem Getriebeschaden des Traktors könnte es sich um einen Sachmangel i. S. v. § 434 handeln. *Nach § 434 I 1 liegt ein Sachmangel vor, wenn die Sache bei*

Gefahrübergang nicht die vereinbarte Beschaffenheit hat. Soweit – wie hier – die Beschaffenheit nicht vereinbart wurde, liegt ein Sachmangel vor, wenn sich die Sache nicht für die vertraglich vorausgesetzte Verwendung eignet (§ 434 I 2 Nr. 1), oder wenn sie sich nicht für die gewöhnliche Verwendung eignet und nicht die Beschaffenheit aufweist, die der Käufer üblicherweise erwarten darf (§ 434 I 2 Nr. 2). Da W und L über eine vertraglich vorausgesetzte Verwendung nicht gesprochen haben, kann nur ein Sachmangel i. S. v. § 434 I 2 Nr. 2 vorliegen. Indem bereits einen Tag nach Übergabe (= Gefahrübergang i. S. d. § 446) der Getriebeschaden auftritt, ist der Traktor für die gewöhnliche Verwendung nicht geeignet und weist nicht die Beschaffenheit auf, die W üblicherweise erwarten konnte. Folglich liegt ein Sachmangel gem. § 434 I 2 Nr. 2 bei Gefahrübergang (Übergabe, vgl. § 446) vor.

3. *Gem. § 280 I 2 i. V. m. § 276 muss L diese Pflichtverletzung zu vertreten haben. Nach § 276 I 1 hat der Schuldner (hier: L) Vorsatz und Fahrlässigkeit zu vertreten, sofern nicht ein anderer Haftungsmaßstab relevant ist. Fahrlässig handelt, wer die im Verkehr erforderliche Sorgfalt außer Acht lässt (vgl. § 276 II).* Indem L als Landmaschinenhändler, also Fachmann, den Getriebeschaden nicht bemerkt hat, hat er fahrlässig gehandelt.[5]

4. *Voraussetzung für den Schadensersatzanspruch ist außerdem, dass W dem L eine angemessene Frist zur Nacherfüllung bestimmt hat (§ 281 I). Nach § 440 bedarf es der Fristsetzung nicht, wenn die dem Käufer zustehende Art der Nacherfüllung fehlgeschlagen ist (Satz 1). Sie gilt nach dem erfolglosen zweiten Versuch als fehlgeschlagen, sofern sich* – was hier nicht der Fall ist – *aus der Art der Sache oder des Mangels oder den sonstigen Umständen etwas anderes ergibt (Satz 2).* Es kommt, da der Traktor ein preisreduziertes Ausstellungsstück ist, nur eine Nacherfüllung durch Beseitigung des Mangels in Betracht. Indem L zwei erfolglose Reparaturversuche unternommen hat und das Getriebe weiterhin schadhaft ist, gilt die Nacherfüllung als fehlgeschlagen, sodass eine Fristsetzung entbehrlich ist.

5. *Durch die Pflichtverletzung muss dem W ein Schaden entstanden sein. Dazu zählt jede unfreiwillige Einbuße an Rechtsgütern.*

---

5 Andere Argumentation: Ein Verschulden des Schuldners wird grundsätzlich vermutet, es sei denn, er trägt Tatsachen vor, die ihn entlasten. L führt keine Tatsachen an, die sein Verschulden ausschließen.

Achtung!
Hier: **Mangelschaden**, also der Schaden, der dem Käufer dadurch entsteht, dass die Kaufsache nicht mangelfrei ist, sondern einen Mangel aufweist.

W hat den Traktor beim Landmaschinenhändler H erfolgreich reparieren lassen und hierfür 200 € bezahlt, also eine finanzielle Vermögenseinbuße erlitten.

Folglich kann W von L Schadensersatz statt der Leistung gem. § 437 Nr. 3, 1. Alt. i. V. m. §§ 280 I, III, 281 I, 440 verlangen, und zwar als Erfüllungsersatz in dem Umfang, in dem die Erfüllung ausgeblieben ist. W ist also gem. § 249 I so zu stellen, als sei die Leistung wie geschuldet erbracht worden. Der Schadensersatz statt der Leistung besteht in einer Geldzahlung (in Höhe von 200 €), weil der Anspruch auf die Primärleistung mit Erhebung der Schadensersatzforderung untergeht.

Vertiefung: Art und Umfang des Schadensersatzes (§§ 249–255)[6]

Übersicht:
I. Art des Schadensersatzes
  1. Naturalrestitution
  2. Geldersatz
II. Umfang des Schadensersatzes
III. Großer und kleiner Schadensersatz

I. Art des Schadensersatzes

Die verschiedenen Anspruchsgrundlagen, die in den fünf Büchern des BGB zu finden sind, regeln, ob **Schadensersatz dem Grunde nach** zu leis-

6 **Literatur zur Vertiefung:** *Brox/Walker* SchuldR AT, § 31; *Fikentscher/Heinemann*, § 57; *Grunewald*, §§ 33–34; *Looschelders* SchuldR AT, Rn. 1031 ff.; *Medicus/Lorenz* SchuldR I AT, Rn. 624 ff.; *Mohr*, Berechnung des Schadens nach der Differenzhypothese, JURA 2010, 327 ff.; *Mohr*, Berechnung des Schadensersatzes im Wege der Kompensation und Anrechnung eines Mitverschuldens, JURA 2010, 808 ff.; *Mohr*, Grundlagen des Schadensersatzrechts, JURA 2010, 168 ff.; *Mohr*, Normativer Schadensbegriff und Berechnung des Schadensersatzes nach den Grundsätzen der Naturalrestitution, JURA 2010, 645 ff.; *Mohr*, Zurechnung von mittelbaren Verletzungsfolgen, JURA 2010, 567; *Pöschke*, Art und Umfang des Schadensersatzes – die Systematik der §§ 249 ff. BGB, JA 2010, 257 ff.; *Spancken/Schneidenbach*, Die Berechnung des zu ersetzenden Schadens anhand der §§ 249 ff. BGB – Ein Leitfaden, JuS 2012, 298; *Staake*, § 11; *Wandt*, § 23; *Wörlen/Metzler-Müller* SchuldR AT, Rn. 367 ff.

ten ist. Der Umfang des zu ersetzenden Schadens hingegen ist in den §§ 249 ff. normiert und wird für den Bereich der unerlaubten Handlungen durch §§ 842 ff. ergänzt. Die §§ 249 ff. gelten nicht nur für die im BGB geregelten Schadensersatzanspruchsgrundlagen, sondern auch außerhalb des BGB (z. B. § 7 StVG, § 1 ProdHaftG).

Der Schaden (= grundsätzlich jede Einbuße an rechtlich anerkannten Rechtsgütern und Interessen), der ursächlich durch den haftungsbegründenden Tatbestand entstanden ist, muss ersetzt werden. Ausgangspunkt für die Schadensersatzermittlung ist die sog. **Differenzhypothese bzw. -methode**, d. h. es ist die Differenz zwischen der (Vermögens-)Lage des Geschädigten aufgrund des schädigenden Ereignisses und derjenigen (hypothetischen) ohne das schädigende Ereignis zu ermitteln. Wenn der Geschädigte im Rahmen eines gegenseitigen Vertrages seine Leistung bereits bewirkt hat, kann es für ihn von Interesse sein, nicht bloß eine Wertdifferenz zwischen Leistung und Gegenleistung zu verlangen (= Differenzmethode), sondern die eigene Leistung zu erbringen, um den Wert der Gegenleistung zu erhalten, so z. B. bei Tauschverträgen oder in Fällen beiderseits verschuldeter Unmöglichkeit. Die h. M. erlaubt hier eine Schadensermittlung nach der sog. Surrogationstheorie[7].

> **Merke:**
> Die §§ 249 ff. enthalten **keine Anspruchsgrundlagen**! Sie ergänzen die Normen, die Schadensersatzansprüche vorsehen (= Anspruchsgrundlagen, wie z. B. § 280 I oder § 823 I oder § 831 I) und regeln den **Umfang des zu ersetzenden Schadens**.

1. Naturalrestitution

Ausgangspunkt für alle Schadensersatzverpflichtungen ist **§ 249 I – der Grundsatz der Naturalrestitution**: Der Schädiger muss den Zustand herstellen, der bestehen würde, wenn der zum Ersatz verpflichtende Umstand nicht eingetreten wäre. Eine Herstellung des früheren Zustandes ist allerdings nicht möglich, denn Geschehenes lässt sich nicht ungeschehen machen. Deshalb ist die Herstellung eines **wirtschaftlich gleichwertigen** Zustandes gemeint.

Beispiele:
Student M leiht sich den druckfrischen BGB-Text seiner Kommilitonin K aus und schüttet versehentlich eine Tasse Kaffee darüber. M schuldet K aus § 280 I sowie § 823 I (fahrlässige Eigentumsverletzung) einen neuen Gesetzestext.

---

7 Siehe hierzu *Palandt/Grüneberg*, § 281 Rn. 18 sowie *Looschelders* SchuldR AT, Rn. 641 ff.

Reparatur des beschädigten Pkw durch den Schädiger.
Widerruf der ehrverletzenden Äußerung.
Beschaffung eines gleichwertigen Ersatzfahrzeugs bei Beschädigung eines Pkw.
Student S hat seinem Kommilitonen K den aktuellen *„Palandt"* (BGB-Kommentar) zur Prüfungsvorbereitung bis 1.7. geliehen. K gibt das Buch nicht rechtzeitig zurück und S muss sich, da er selbst eine Prüfung im Juli hat, einen neuen *„Palandt"* kaufen. Der Umfang des Schadens i. S. v. § 249 I entspricht dem Kaufpreis für das neue Buch.

> **Merke:**
> Wenn der Schaden in „Geld" besteht, liegt immer ein Fall des § 249 I vor.

2. Geldersatz

Der Schaden kann auch durch Zahlung einer Geldsumme wieder gutgemacht werden. Der Geschädigte muss mit dem Betrag den Schaden in vollem Umfang ausgleichen können. In den §§ 249–251 wird diesbezüglich Näheres geregelt:

a) Verletzung einer Person oder Beschädigung einer Sache

Nach § 249 II 1 kann der Gläubiger bei Verletzung einer Person oder Beschädigung einer Sache (soweit deren Herstellung noch möglich ist = ungeschriebenes Tatbestandsmerkmal im Umkehrschluss aus der Regelung des § 251 I 1[8]) den für die Naturalrestitution erforderlichen Geldbetrag fordern. Er muss also keine „Herstellungsexperimente" des Schädigers hinnehmen. Hierbei handelt es sich auch um einen Fall der Naturalrestitution; der Geschädigte hat eine sog. Ersetzungsbefugnis. Aus dem Wort „erforderlich" folgt, dass der Geschädigte unter mehreren zur Wiederherstellung führenden Möglichkeiten grundsätzlich die wirtschaftlich günstigste zu wählen hat (sog. Wirtschaftlichkeitsgebot).[9]

Beispiele:
(Siehe oben): K kann von M entweder einen neuen BGB-Text oder den zum Kauf eines neuen BGB-Textes erforderlichen Geldbetrag verlangen.
Der beschädigte Pkw wird in einer Kraftfahrzeugwerkstatt zur Reparatur gegeben und die entsprechenden Kosten werden vom Schädiger verlangt.
Heilbehandlungskosten des Arztes.

Der Geldbetrag kann bei der Sachbeschädigung vom Schuldner auch dann verlangt werden, wenn eine Reparatur nicht erfolgt (sog. fiktive Repara-

---

8 Siehe auch *Palandt/Grüneberg*, § 249 Rn. 3.
9 *Looschelders*, SchuldR AT, Rn. 1035.

turkosten auf der Grundlage eines Sachverständigengutachtens[10]). Nach § 249 II 2 wird in diesem Fall die Umsatzsteuer nur gezahlt, wenn sie auch tatsächlich angefallen ist.

b) Schadensersatz in Geld nach Fristsetzung

Nach § 250 kann der Gläubiger dem Schädiger zur Herstellung eine angemessene Frist mit der Erklärung bestimmen, dass er die Naturalherstellung nach Ablauf der Frist ablehne. Wenn die Frist fruchtlos abgelaufen ist, hat der Geschädigte nur noch einen Anspruch auf Geldersatz und nicht mehr auf Naturalrestitution. § 250 spielt in der Praxis kaum eine Rolle; Geldersatz wird in der Regel auch dann einverständlich geleistet, wenn die Voraussetzungen der §§ 249 II, 250, 251 nicht erfüllt sind.[11]

c) Unmöglichkeit der Naturalrestitution

Der Schuldner hat – **soweit Naturalherstellung nicht möglich** oder zur Entschädigung des Gläubigers nicht genügend ist – nach § 251 I 1 Geldersatz zu leisten. Diese Vorschrift erfasst den Anwendungsbereich des § 275, also anfängliche und nachträgliche (objektive und subjektive) Unmöglichkeit; dabei ist unerheblich, wer diese zu vertreten hat. Der Geschädigte hat also statt des Anspruchs auf Naturalrestitution einen Anspruch auf **Schadenskompensation**. Es werden – im Unterscheid zur Naturalrestitution – gem. § 253 I grundsätzlich nur Vermögensschäden ersetzt (Ausnahme: z. B. § 253 II).

Beispiele:
Das Haustier, das der Verkäufer liefern sollte, ist vor Übergabe gestorben.
Der Pkw hat durch den vom Schädiger verursachten Unfall einen Totalschaden erlitten.

Durch die Formulierung „soweit" kann der Geschädigte teilweise Naturalrestitution und – soweit das nicht möglich ist – Geldersatz verlangen.

Beispiel:
Der Gläubiger kann die Reparaturkosten für den beschädigten Pkw sowie Geld für den unfallbedingten Minderwert verlangen. Darunter versteht man den Betrag, um den eine beschädigte und einwandfrei ausgebesserte Sache (z. B. Kraftfahrzeug) im Verkehr weniger wert ist als die gleiche unbeschädigte Sache.[12]

---

10 So BGH NJW 2003, 2086 m. w. N.
11 Vgl. hierzu *Palandt/Grüneberg*, § 250 Rn. 1
12 BGH NJW 2008, 53, 1517 sowie *Palandt/Grüneberg*, § 251 Rn. 14ff. m. w. N. und Beispielen.

d) Unverhältnismäßigkeit der Herstellung

Wenn die Naturalherstellung nur mit **unverhältnismäßigen Aufwendungen** möglich ist, kann der Schuldner nach § 251 II Entschädigung in Geld leisten und muss nicht die theoretisch möglichen – aber wirtschaftlich sinnlosen – Reparaturkosten erstatten. Die Unverhältnismäßigkeit ergibt sich aus einem Vergleich zwischen den Herstellungskosten – ggf. nach Abzug „alt für neu“ – und dem gem. § 251 geschuldeten Geldersatz. Für Kraftfahrzeugschäden hat die Rechtsprechung als Faustregel eine 30%-Grenze herausgebildet.[13]

Beispiel:
Die Reparaturkosten übersteigen den Wert des Pkw um 30%. Der Schädiger muss hier nur den Wiederbeschaffungswert bezahlen.

§ 251 II 2 ist zu beachten: Tiere sind – als Lebewesen – hier nicht mit dem „reinen Sachwert“ anzusetzen. Vielmehr sind die Aufwendungen für die Heilbehandlung eines verletzten Tieres nicht bereits dann unverhältnismäßig, wenn sie dessen Wert erheblich übersteigen.

e) Entgangener Gewinn

Gem. § 252 ist auch der **entgangene Gewinn** zu ersetzen, sofern dieser nach dem gewöhnlichen Lauf der Dinge mit einer gewissen Wahrscheinlichkeit erwartet werden konnte.

Beispiel:
Der Geschädigte führt den Nachweis, dass er aufgrund konkreter Vertragsabschlüsse einen Gewinn gemacht hätte. Oder: Verdienstausfall.

f) Immaterielle Schäden

Schadensersatz in Geld kann für **Nichtvermögensschäden** nur in den **im Gesetz bestimmen Fällen** verlangt werden (§ 253 I). Gesetzlich geregelte Fälle sind im BGB in § 651f II (Entschädigung für nutzlos aufgewendete Urlaubszeit) und § 253 II (Schmerzensgeld). Außerhalb des BGB besteht ein Anspruch auf Geldersatz für ideelle Schäden u.a. nach § 97 II UrhG (Verletzung des geschützten Rechts am Werk der Urheber und Künstler), §§ 15 II 1, 21 II 3 AGG (Verstoß gegen das Benachteilungsverbot), § 7 III StrEG (durch Strafverfolgungsmaßnahmen verursachter Vermögensschaden), Art. 5 V EMRK (durch rechtswidrige Inhaftierung erlittener immaterieller Schaden).[14]

---

13 *Palandt/Grüneberg*, § 251 Rn. 6.

14 Weitere Nachweise bei *Palandt/Grüneberg*, § 253 Rn. 2.

Bei immateriellen Schäden ist wegen Verletzung des Körpers, der Gesundheit, der Freiheit oder der sexuellen Selbstbestimmung nach § 253 II eine billige Entschädigung in Geld zu leisten.

Beispiele:
Ehrverletzungen, körperliche Schmerzen, seelische Beeinträchtigungen.

Es ist streitig, ob § 253 II eine eigene Anspruchsgrundlage oder nur eine Rechtsfolgenregelung darstellt. Eine Meinung sieht § 253 II als selbstständige Anspruchsgrundlage, die neben den Anspruch auf Ersatz des Vermögensschadens trete und nicht nur ein bloßer Rechnungsposten innerhalb des Gesamtanspruchs sei.[15] Richtiger dürfte allerdings sein, dass der Anspruch auf Schmerzensgeld stets das Eingreifen einer Norm voraussetzt, die den Schuldner zum Schadensersatz verpflichtet.

Das folgt auch aus der Formulierung des § 253 II: „**Ist** wegen einer Verletzung des Körpers, der Gesundheit, der Freiheit oder der sexuellen Selbstbestimmung Schadensersatz zu leisten…" Denn hieraus kann man entnehmen, dass der Gesetzgeber eine andere Anspruchsgrundlage voraussetzt, aufgrund derer Schadensersatz zu leisten ist. Wenn eines der vorgenannten Rechtsgüter verletzt worden ist, ist im Rahmen des Schadensumfangs neben dem Vermögensschaden auch der immaterielle Schaden durch ein sog. Schmerzensgeld auszugleichen.

Ebenfalls dokumentiert die systematische Stellung des **§ 253 II** innerhalb der **Rechtsfolgenregelungen der §§ 249 ff.**, dass es sich hierbei **nicht** um eine **eigenständige Anspruchsgrundlage** handelt. Diese Vorschrift erweitert vielmehr den Umfang des Schadensersatzes, wenn die Voraussetzungen einer haftungsbegründenden Norm (z. B. § 280 I, § 823 I) erfüllt sind.[16]

Der Anspruch auf das sog. **Schmerzensgeld** besteht aufgrund dieser – seit 1.8.2002 geltenden – Vorschrift nicht nur bei der verschuldensabhängigen deliktischen Haftung (§§ 823 ff.), sondern ist darüber hinaus bei einer vertraglichen Schadensersatzhaftung (z. B. gem. § 280 I) und bei der verschuldensunabhängigen Gefährdungshaftung (z. B. nach § 7 StVG) möglich.

Diese Erweiterung wirkt sich insbesondere bei der Einschaltung eines Gehilfen aus. Denn in solchen Fällen kann eine deliktische Haftung des Geschäftsherrn nach § 831 I daran scheitern, dass diesem der Exkulpationsbeweis (§ 831 I 2) gelingt.[17] Im Rahmen der vertraglichen Haftung gibt

15 So *Palandt/Grüneberg*, § 253 Rn. 4.

16 So auch: *Hk-BGB/Schulze*, § 253 Rn. 13; *Jauernig/Teichmann*, § 253 Rn. 4; *Wörlen/Metzler-Müller* SchuldR BT, Rn. 402.

17 Beispiel in Fall 13, Aufgabe 1.

es diese Möglichkeit nicht. Der Schuldner muss immer für seinen „Erfüllungsgehilfen" nach § 278 einstehen und dann ggf. auch Schmerzensgeld zahlen.[18]

Es ist eine „billige Entschädigung in Geld" zu gewähren. Das Schmerzensgeld hat eine Ausgleichs- und Genugtuungsfunktion. Wird keine außergerichtliche Einigung über die Höhe des Schmerzensgeldes erzielt, bestimmt das Gericht gem. § 287 ZPO nach Ermessen je nach Art und Dauer der Verletzungen unter Berücksichtigung aller für die Höhe maßgeblichen Umstände. Als ungefähre, jedoch nicht verbindliche Richtschnur für die Schmerzensgeldhöhe werden Präzedenzfälle herangezogen (sog. „Schmerzensgeldtabellen"[19]).

Das allgemeine Persönlichkeitsrecht wird zwar nicht ausdrücklich in § 253 II genannt. Unter den von der Rechtsprechung entwickelten Voraussetzungen[20] kann auch in diesen Fällen eine Geldentschädigung gewährt werden.

II. Umfang des Schadensersatzes

Der Vermögensschaden wird berechnet, indem man die gegenwärtige Lage mit der Lage, wie sie ohne das Schadensereignis bestehen würde, vergleicht. Er besteht in der Vermögenseinbuße und dem entgangenen Gewinn.[21]

Wenn der Geschädigte bei Eintritt oder Vergrößerung des Schadens mitgewirkt hat, hängt es nach **§ 254** von den Umständen des Einzelfalles ab, ob ein Schadensersatzanspruch gemindert wird oder sogar ganz entfällt (sog. **Mitverschulden**). Es handelt sich bei dieser Vorschrift um eine Einwendung gegenüber einem Schadensersatzanspruch. § 254 stellt auf ein Verschulden des Geschädigten gegen sich selbst ab (Obliegenheitsverletzung).

---

18 Nach der bis zum 31.7.2001 geltenden Rechtslage (§ 847 a.F.) war Schmerzensgeld bei einer vertraglichen Haftung ausgeschlossen. Vorausgesetzt wurde eine deliktische Haftung nach §§ 823 ff.

19 Die gebräuchlichste Sammlung ist *Slizyk*, Beck'sche Schmerzensgeld-Tabelle, 11. Aufl. 2015 bzw. *Hacks/Wellner/Hacker*, Schmerzensgeldbeträge, 33. Aufl. 2015. Beispiel: Hals-Wirbel-Schleudertrauma nach Auffahrunfall (sog. HWS-Syndrom); im Jahr 2002 gewöhnlich noch 1.000 DM, inzwischen üblicherweise 600 € Schmerzensgeld.

20 *Brox/Walker* SchuldR BT, § 45 Rn. 21 ff. m.w.N.

21 Ausführlich hierzu: *Brox/Walker* SchuldR AT, § 29 Rn. 2 ff.

Beispiel:
Ein Fußgänger geht in schwarzer Kleidung bei Dunkelheit auf der rechten Straßenseite und benutzt nicht den auf der linken Seite befindlichen Fußgängerweg. Er wird von einem ohne Licht fahrenden Radfahrer erfasst und verletzt.

Bei Vorliegen der Voraussetzungen des § 254 hängt die Ersatzpflicht sowie deren Umfang von den Umständen, insbesondere davon ab, inwieweit der Schaden vorwiegend von dem einen oder dem anderen Teil verursacht worden ist. Abgestellt wird hierbei auf den Grad der beiderseitigen Verursachung sowie auf das Maß des beiderseitigen Verschuldens. Es kann deshalb zu einer Quotelung des Schadens kommen.

Beispiele:
Der Schädiger hat vorsätzlich, der Geschädigte nur leicht fahrlässig gehandelt – hier muss der Schädiger den vollen Schaden ersetzen.

Den Geschädigten trifft ein besonders schweres Verschulden, beim Schädiger liegt kein Verschulden, sondern nur eine Haftung aufgrund einer Betriebsgefahr vor; hier entfällt der Schadensersatzanspruch ganz aufgrund des § 254.

III. Großer und kleiner Schadensersatz

Bei „gestörten Leistungsbeziehungen“ muss man unterscheiden, ob der Geschädigte den sog. großen oder aber den sog. kleinen Schadensersatzanspruch verlangt.[22]

Beispiel:
Xaver Xanten tauscht seinen Pkw Golf gegen den Pkw des Anton Atras (Opel Astra). Der Opel hat einen Mangel, den Atras zu vertreten hat.

Wenn die Anspruchsgrundlage für den Schadensersatzanspruch des Xaver Xanten bejaht wird, hat dieser folgende Möglichkeiten: Entweder er behält den Opel Astra und verlangt von Anton Atras den mangelbedingten Minderwert (= kleiner Schadensersatz), oder er gibt den mangelhaften Wagen zurück und verlangt den Wert, den das Auto in mangelfreiem Zustand gehabt hätte (= großer Schadensersatz).

> **Merke:**
> Beim kleinen Schadensersatz behält der Gläubiger die mangelhafte Leistung des Schuldners, beim großen Schadensersatz gibt er diese dem Schuldner zurück und erhält den Ersatz des Schadens, der ihm infolge der Nichterfüllung des ganzen Vertrags entstanden ist.

---

22 Siehe hierzu auch die Ausführungen unter „Vertiefung Kaufrecht“ S. 227 ff.

Fortsetzung des Beispiels:
Anton Atras fährt – vor der Übereignung des Wagens an Xaver Xanten – den Opel Astra fahrlässig „zu Schrott" (Totalschaden).

In diesem Fall stehen dem Xaver Xanten folgende Wahlmöglichkeiten zu: Er kann seinen Pkw Golf behalten und den großen Schadensersatz geltend machen, also den Wert des Opel Astra im mangelfreien Zustand verlangen abzüglich des Wertes seines Pkw Golf. Die Schadensberechnung erfolgt hier nach der **Differenztheorie**. Wenn Xaver Xanten dem Anton Atras allerdings seinen Pkw Golf – wie ursprünglich vereinbart – übereignet, kann er den Wert des Opels in mangelfreiem Zustand verlangen. Die Schadensberechnung erfolgt in diesem Fall nach der **Austauschtheorie** (Xaver Xanten erbringt seine Leistung; es findet also ein Austausch statt).

Die Differenz- und die Austauschtheorie unterscheiden sich also dahingehend, dass der Gläubiger des Schadensersatzanspruchs bei der Austauschtheorie seine eigene Leistung an den Schuldner – obwohl dieser nicht leistet – erbringt.

Fall 9: Schuldrecht AT und BT – Immer das „Kleingedruckte" lesen

Schwerpunkte:
Rechtsfolgen bei Mängeln der Kaufsache – Verbrauchsgüterkauf – Haftungsbeschränkungen durch Allgemeine Geschäftsbedingungen

Karli Karmann (K) benötigt mehrere Kraftfahrzeuge.

Zunächst schließt er mit dem Privatier und Autosammler Viktor Vielfach (V) einen Kaufvertrag über einen „brandneuen", „keinesfalls reparaturbedürftigen" Pkw zum Preis von 30.000 €. Doch seine Freude an dem Neuwagen währt nicht lange, denn der Motor zeigt schon einige Tage nach dem Kauf verschiedene Auffälligkeiten, die nicht nur im Innenraum des Fahrzeugs unerträgliche Geräusche erzeugen. Bei der ersten Regenfahrt dringt an zwei undichten Stellen Wasser in den Innenraum ein. Außerdem hat die Scheibenwischanlage diverse kleinere Defekte.

Nach einigen Tagen bringt K den Pkw zu V und verlangt die Beseitigung der Mängel. Als er den Wagen anschließend bei V abholt, muss K feststellen, dass nach wie vor die Mängel vorhanden sind. Auch nach dem zweiten Mangelbeseitigungsversuch stellt sich kein Reparaturerfolg ein. Als K das bei V moniert, erklärt dieser, damit müsse er sich wohl abfinden.

K erklärt daraufhin nach 22 Wochen den Rücktritt vom Vertrag. V weigert sich, weil K zum einen nur ein Anspruch auf Nacherfüllung zustehe und zum anderen, weil der Nacherfüllungsanspruch bereits verjährt sei. V verweist insoweit auf seine von K bei Vertragsschluss akzeptierten AGB, in denen u. a. folgende Klauseln stehen:

„5. Bei Mangelhaftigkeit der Kaufsache steht dem Käufer nur ein Recht auf Nacherfüllung zu.
6. Die Mängelrechte des Käufers erlöschen mit Ablauf von zwei Monaten nach Ablieferung."

Aufgabe 1: Kann K von V Rückzahlung des Kaufpreises – gegen Rückgabe des Pkw – verlangen?

Gehen Sie davon aus, dass V ein Autohändler ist, der im Rahmen seiner – von K akzeptierten – AGB den Rücktritt vom Vertrag ausgeschlossen hat.

Aufgabe 2: Kann K trotzdem gegenüber dem Unternehmer V dieses Gewährleistungsrecht geltend machen und Rückzahlung des Kaufpreises verlangen?

Beim Kfz-Vertragshändler Hans Horch (H) erwirbt K einen sog. Jahreswagen für 15.000 €. Hierbei handelt es sich um einen besonders günstigen Kauf, zumal der

Pkw in den einschlägigen Gebrauchtwagenlisten mit einem Preis von 17.500 € steht.

Nach einigen Tagen stellt sich heraus, dass das Fahrzeug einen bis dahin unentdeckten erheblichen Defekt an der automatischen Klimaanlage hat. Die von K gesetzte Frist von zwei Wochen zur Nacherfüllung lässt H fruchtlos verstreichen.

Ein von K eingeholtes Sachverständigengutachten ergibt, dass der Wagen mit dem festgestellten Defekt an der Automatik nur noch einen Zeitwert von 12.500 € hat.

K, der lediglich eine Anzahlung in Höhe von 5.000 € an H geleistet hat, erklärt, er möchte den Wagen behalten und den Kaufpreis entsprechend mindern.

Aufgabe 3: Hat K ein Minderungsrecht? Falls ja, wie viel muss er noch an B zahlen?

Es kann bei vorgenanntem Jahreswagen nicht geklärt werden, ob der Defekt an der Klimaanlage schon bei Übergabe des Fahrzeugs vorhanden war oder auf unsachgemäße Benutzung durch K zurückzuführen ist.

Aufgabe 4: Kann K auch in diesem Fall sein Minderungsrecht ausüben?

Beim Autohaus des Volker Vauweh (V) kauft K den Neuwagen „Minispritti", bei dem es sich nach Angaben des Herstellers – entsprechende Werbebroschüren liegen im Verkaufsraum des V aus – um ein „5-Liter-Auto" handeln sollte. Das von K gekaufte Modell hat – wie alle anderen Wagen dieser Serie – einen durchschnittlichen Benzinverbrauch von 6 Litern pro 100 km. Mit einer kostengünstigen Nachrüstung des Motors könnte der Benzinverbrauch auf 5 Liter pro 100 km reduziert werden. Mit V hatte K nicht über diese Frage gesprochen. V bekundet, die Broschüre stamme nicht von ihm und er habe sie auch nicht gelesen. Der niedrigere Benzinverbrauch ist für K wichtig. Deshalb verlangt er von V eine entsprechende Nachrüstung des Pkw.

Aufgabe 5: Kann K von V Nachbesserung (Mangelbeseitigung) verlangen?

Fall 9: Prüfschema/Lösungsskizze

K ———— V
§ 433

Aufgabe 1:

K ——→ V Rückzahlung des Kaufpreises Zug um Zug gegen Rückgabe des Pkw gem. § 346 I i. V m. §§ 437 Nr. 2, 1. Alt., 434 I 1, 323 I

1. vertragliches oder gesetzliches Rücktrittsrecht; hier: § 437 Nr. 2, 1. Alt. (+)
2. wirksamer Kaufvertrag über eine Sache (+)
3. Lieferung einer mangelhaften Sache durch Verkäufer (= Pflichtverletzung) (+)
   Mangel i. S. d. § 434 I 1 bei Gefahrübergang, § 446
4. Fristsetzung zur Nacherfüllung (§ 323 I) ist entbehrlich gem. § 440 (+)
5. Erheblichkeit der Pflichtverletzung (+)
6. kein Ausschluss des Rücktritts durch AGB (+)
   a) AGB i. S. d. § 305 I
   b) kein Ausschluss bzw. keine Einschränkung nach § 310
   c) AGB = Vertragsbestandteil gem. §§ 305 II, 305 a–c
   d) Wirksamkeit der AGB
      § 309 Nr. 8 b) bb) – Klausel ist unwirksam
   e) § 306 I – Vertrag bleibt wirksam
      § 306 II – gesetzliche Vorschriften treten anstelle der entfallenen Klausel
7. Erklärung des Rücktritts gem. § 349 (+)
8. Durchsetzbarkeit des Rücktritts (+)
   a) § 309 Nr. 8 b) ff) – Klausel ist unwirksam
   b) § 306 I, II: § 438 I Nr. 3 ist anwendbar

Ergebnis: K ——→ V Rückzahlung des Kaufpreises Zug um Zug gegen Rückgabe des Pkw gem. § 346 I i. V. m. §§ 437 Nr. 2, 1. Alt., 434 I 1, 323 I (+)

Aufgabe 2:

K ——→ V Rückzahlung des Kaufpreises Zug um Zug gegen Rückgabe des Pkw gem. § 346 I i. V m. §§ 437 Nr. 2, 1. Alt., 434 I 1, 323 I

Voraussetzungen wie bei Aufgabe 1, Nr. 1–5

6. Verbrauchsgüterkauf i. S. d. § 474 (+)
   a) K = Verbraucher i. S. d. § 13
   b) V = Unternehmer i. S. d. § 14 I

c) Kaufgegenstand = bewegliche Sache
folglich: zwingende Geltung der gesetzlichen Gewährleistungsvorschriften (§ 475)

7. Rücktrittserklärung gem. § 349

Ergebnis: Wie Aufgabe 1

Aufgabe 3:

K ―――――― H
§ 433

K ――――→ H Minderung gem. § 437 Nr. 2, 2. Alt. i. V. m. §§ 434 I 2 Nr. 2, 323, 441

1. wirksamer Kaufvertrag über eine Sache (+)
2. Lieferung einer mangelhaften Sache durch Verkäufer (= Pflichtverletzung) (+)
   a) Mangel i. S. d. § 434 I 2 Nr. 2
   b) bei Gefahrübergang, § 446 (+)
3. erfolglose Frist zur Nacherfüllung, § 323 I (+)
4. Erklärung der Minderung, § 441 (+)

Ergebnis: K ――――→ H Minderung gem. §§ 437 Nr. 2, 2. Alt. i. V. m. 434 I 2 Nr. 2, 323, 441 (+)
Berechnung der Minderung: § 441 III

Aufgabe 4:

K ――――→ H Minderung gem. § 437 Nr. 2, 2. Alt. i. V. m. §§ 434 I 2 Nr. 2, 323, 441

1. Voraussetzungen wie bei Aufgabe 3, Nr. 1 bis 2 a)
2. Vorliegen des Mangels bereits bei Gefahrübergang?
   Beweislastumkehr gem. § 476 (+)
   a) Verbrauchsgüterkauf i. S. d. § 474 I 1
   b) kein Ausschluss der Vermutung (§ 476, 2. HS)

Ergebnis: Wie bei Aufgabe 3

Aufgabe 5:

K ——————— V
§ 433

K ———> V Nachbesserungsanspruch gem. § 437 Nr. 1 i. V. m. §§ 439, 434

1. Kaufvertrag K–V (+)
2. Sachmangel bei Gefahrübergang nach § 434 I 3 (+)
3. § 439: Wahlrecht des K – Nachbesserung
4. kein Haftungsausschluss
5. Verweigerungsrecht des V?
   § 439 III (–)
   §§ 275 II, III (–)

Ergebnis: K ———> V Nachbesserungsanspruch gem. § 437 Nr. 1 i. V. m. §§ 439, 434 (+)

Fall 9: Ausarbeitung (Gutachten)

Aufgabe 1:

K könnte gegenüber V einen Anspruch auf Rückzahlung des Kaufpreises Zug um Zug gegen Rückgabe des Pkw gem. § 346 I i. V. m. §§ 437 Nr. 2, 1. Alt. 434 I 1, 323 I haben.

1. *Voraussetzung ist ein Rücktrittsrecht des K. Dieses könnte sich aus § 437 Nr. 2, 1. Alt. i. V. m. §§ 434, 323 I ergeben.*
2. *Dann müssen K und V einen wirksamen Kaufvertrag i. S. d. § 433 geschlossen haben.* Durch zwei übereinstimmende Willenserklärungen der Vertragsparteien kam zwischen ihnen ein solcher Vertrag über den Pkw zustande.
3. *Es muss ein Mangel gem. § 434 I 1 vorliegen. Das ist der Fall, wenn die Beschaffenheit der Kaufsache von der vertraglich vereinbarten Beschaffenheit abweicht.* K und V haben bei den Vertragsverhandlungen festgelegt, dass der Wagen „brandneu“ und „keinesfalls reparaturbedürftig“ sei. Da der Pkw gleichwohl einige Mängel hat (unerträgliche Geräusche im Innenraum, undichte Stellen und Defekte an der Scheibenwischanlage), weicht er von dieser Beschaffenheitsvereinbarung ab und ist folglich gem.

§ 434 I 1 mangelhaft. Der Mangel lag bereits bei Übergabe des Fahrzeugs (= Gefahrübergang, vgl. § 446) vor.

4. *Die nach § 437 Nr. 2, 1. Alt. i. V. m. § 323 I erforderliche Fristsetzung zur Nacherfüllung könnte gem. § 440 entbehrlich sein. Danach bedarf es keiner Fristsetzung, wenn die dem Käufer zustehende Art der Nacherfüllung fehlgeschlagen ist – was nach § 440 S. 2 nach dem zweiten erfolglosen Versuch angenommen wird („gilt").* Indem A zweimal vergeblich die Mängelbeseitigung versuchte, ist diese Voraussetzung gegeben.

5. *Voraussetzung für dieses Gestaltungsrecht ist außerdem, dass die Pflichtverletzung des V erheblich ist (§ 323 V 2).* Wenn ein als „brandneu" verkauftes Auto mehrere Defekte (siehe oben) hat, ist die Erheblichkeit der Pflichtverletzung gegeben.

   Folglich könnte V ein Rücktrittsrecht aus § 437 Nr. 2, 1. Alt. i. V. m. §§ 434 I 1, 323 I zustehen.

6. *Dieses Gestaltungsrecht könnte allerdings durch eine vertragliche Vereinbarung ausgeschlossen sein.*[1] In Betracht kommt ein Ausschluss aufgrund von Ziffer 5 der von V verwendeten AGB. Dadurch steht dem K bei Mangelhaftigkeit der Kaufsache nur ein Recht auf Nacherfüllung zu. K kann also nur dann vom Vertrag zurücktreten, wenn diese Vertragsbedingung unwirksam ist. Dies könnte aufgrund der Vorschriften der §§ 305–310 der Fall sein.
   a) *Zunächst muss es sich bei den Vertragsbedingungen um Allgemeine Geschäftsbedingungen i. S. v. § 305 I handeln. Darunter fallen nur solche vorformulierten Vertragsbedingungen, die für eine Vielzahl von Verträgen vorgelegt werden und nicht das Ergebnis beiderseitiger Vertragsverhandlungen darstellen.* Indem K die vorformulierten AGB mit der Klausel Ziffer 5 von V bei Vertragsschluss vorgelegt wurden, sind die Voraussetzungen von § 305 I erfüllt.
   b) *Die Anwendbarkeit der Verbraucherschutzvorschriften (§§ 305 ff.) darf nicht durch § 310 ausgeschlossen sein.* Bei dem Kaufvertrag handelt es sich um einen schuldrechtlichen Vertrag, sodass er nicht unter den sachlichen Anwendungsbereich des § 310 IV fällt. K ist auch kein Kaufmann i. S. d. HGB, son-

---

1 Für gesetzliche Ausschlussgründe gem. § 323 V oder VI gibt der Sachverhalt keine Anhaltspunkte. Diese brauchen deshalb nicht erörtert zu werden.

dern „Verbraucher" (vgl. § 13 BGB)[2] und unterliegt damit auch nicht den Beschränkungen des § 310 I.

c) *Beachtlich sind die Vertragsbedingungen nur dann, wenn sie gem. §§ 305 II, 305 a-c durch Einbeziehung Bestandteil des Einzelvertrags zwischen V und K geworden sind. Nach § 305 II Nr. 1 ist ein ausdrücklicher oder konkludenter Hinweis auf die AGB durch den Verwender erforderlich; der Vertragspartner muss die Möglichkeit erhalten, in zumutbarer Weise von deren Inhalt Kenntnis zu nehmen und mit ihrer Geltung einverstanden sein (§ 305 II Nr. 2).* Indem K den vorformulierten Vertrag akzeptiert hat, sind die AGB des V Vertragsbestandteil geworden. Es liegt auch weder eine Überraschungsklausel gem. § 305c vor noch steht eine Individualvereinbarung gem. § 305b entgegen.

d) Inwieweit die Klausel inhaltlich den gesetzlichen Anforderungen entspricht, ergibt sich aus den §§ 309, 308, 307.[3] *Gem. § 309 Nr. 8b) bb) ist in AGB eine Bestimmung unwirksam, die bei Verträgen über Lieferungen neu hergestellter Sachen die Ansprüche gegen den Verwender … auf ein Recht auf Nacherfüllung beschränkt, sofern dem anderen Vertragsteil nicht ausdrücklich das Recht vorbehalten wird, bei Fehlschlagen der Nacherfüllung zu mindern oder … vom Vertrag zurückzutreten.* V hat im vorliegenden Fall versäumt, dem K bei Fehlschlagen der Nacherfüllung die vorgenannten Möglichkeiten einzuräumen.

Folglich ist Ziff. 5 der AGB-Klausel des von K und V geschlossenen Vertrags unwirksam.

e) Dies führt allerdings nicht zur Unwirksamkeit des ganzen Vertrags (vgl. § 139), sondern nach § 306 I zur Unwirksamkeit dieser Klausel. Gem. § 306 II richtet sich der Inhalt des Vertrags nach den gesetzlichen Vorschriften, also denen über das Rücktrittsrecht.

---

2 Bei einem Verbrauchervertrag – der hier nicht vorliegt – gilt außerdem § 310 III.

3 Gem. § 307 III ist allerdings die Inhaltskontrolle nur für solche Bestimmungen in AGB möglich, durch die von Rechtsvorschriften abweichende oder diese ergänzende Regelungen vereinbart werden. D.h., die §§ 307–309 sind nicht anwendbar, wenn lediglich der Gesetzestext – evtl. auch nur sinngemäß – wiederholt wird oder durch die AGB die jeweiligen vertraglichen Leistungen nur tatsächlich beschrieben werden. Da durch die Klausel Ziffer 5 die gesetzlichen Mängelrechte ausgeschlossen werden, indem dem Käufer lediglich ein Nacherfüllungsanspruch eingeräumt wird, ist die Inhaltskontrolle möglich.

Somit ist das Rücktrittsrecht des K nicht durch Ziff. 5 der AGB ausgeschlossen.

7. *K muss den Rücktritt gem. § 349 erklärt haben.* Eine solche Erklärung erfolgte nach 22 Wochen.

8. Fraglich ist jedoch, ob dieses Gestaltungsrecht noch durchsetzbar ist. Die Verjährungsnormen gelten nicht unmittelbar, da es sich bei dem Rücktritt nicht um einen Anspruch (vgl. § 194 I) handelt. Gem. §§ 438 IV 1, 218 I 1 ist der Rücktritt allerdings unwirksam, wenn der Anspruch auf Leistung oder auf Nacherfüllung verjährt ist und der Verkäufer sich hierauf beruft. *Gem. § 438 I Nr. 3 verjährt dieser Mängelanspruch in zwei Jahren ab der Übergabe der Sache.* Abweichend von der gesetzlichen Regelung wurde in Ziff. 6 der AGB vereinbart, dass eine zweimonatige Verjährungsfrist gelten soll – worauf V sich auch beruft.
Nach § 309 Nr. 8 b) ff) ist in Verträgen betreffend die Lieferung neu hergestellter Sachen eine Bestimmung in AGB unwirksam, die eine kürzere Verjährungsfrist als ein Jahr vorsieht. Da es sich um den Kauf eines Neuwagens handelt, ist auch die vorgenannte Klausel Ziff. 6 des V unwirksam, gem. § 306 I gegenstandslos und durch §§ 438 IV 1, 218 I 1 (§ 438 I Nr. 3) zu ersetzen (vgl. § 306 II).

Folglich hat K gegen V einen durchsetzbaren Anspruch auf Rückzahlung des Kaufpreises Zug um Zug (§ 348) gegen Rückgabe des Pkw[4] gem. § 346 I i.V.m. §§ 323 I, 437 Nr. 2, 1. Alt., 434 I 1.

Aufgabe 2:

Ein Anspruch des K gegenüber V auf Rückzahlung des Kaufpreises Zug um Zug gegen Rückgabe des Pkw könnte gem. § 346 I i.V.m. §§ 437 Nr. 2, 1. Alt., 434 I 1, 323 I vorliegen.

Die Voraussetzungen des Rücktrittsrechts wurden bereits bei Aufgabe 1 (unter 1. bis 5.) erörtert.

6. Fraglich ist, ob das Rücktrittsrecht des K durch die AGB des V wirksam ausgeschlossen werden konnte.
Gem. § 475 I 1 kann sich der Unternehmer bei einem Verbrauchsgüterkauf auf eine vor Mitteilung eines Mangels getroffene Vereinbarung nicht berufen, mit der zum Nachteil des Verbrauchers

4 Das Eigentum muss gem. § 929 zurückübertragen werden. Der Käufer kann vom Verkäufer verlangen, dass dieser die Sache bei ihm abholt, vgl. BGH NJW 1983, 1479, 1480; BGHZ 87, 104, 109; *Palandt/Grüneberg*, § 269 Rn. 16.

von den gesetzlichen Gewährleistungsvorschriften abgewichen wird.[5] *Es muss sich also bei dem Kaufvertrag um einen Verbrauchsgüterkauf i. S. d. § 474 I 1 handeln, er muss also zwischen einem Verbraucher und einem Unternehmer über eine bewegliche Sache zustande gekommen sein.*

a) *K muss Verbraucher sein. Verbraucher ist nach § 13 jede natürliche Person, die ein Rechtsgeschäft abschließt, das weder ihrer gewerblichen noch selbstständigen beruflichen Tätigkeit zugeordnet werden kann.* K ist eine natürliche Person und hat den Wagen auch als Privatmann gekauft. Somit ist er Verbraucher.

b) V *muss Unternehmer sein. Unternehmer ist nach § 14 I jede Person, die ein Rechtsgeschäft in Ausübung ihrer gewerblichen oder selbstständigen beruflichen Tätigkeit abschließt.* V hat als Autohändler den Kaufvertrag mit K in Ausübung seiner gewerblichen Tätigkeit abgeschlossen; die Voraussetzungen des § 14 sind erfüllt.

c) Schließlich hat V an K mit dem Pkw auch eine bewegliche Sache verkauft.

Folglich sind die §§ 475 ff. anwendbar. V konnte daher das Rücktrittsrecht des K nicht durch Allgemeine Geschäftsbedingungen wirksam ausschließen (vgl. § 475 I 1).

Somit ist der Gewährleistungsausschluss unwirksam.

7. Der Rücktritt wurde von K erklärt. Das Gestaltungsrecht ist auch noch durchsetzbar (siehe Aufgabe 1).

K hat also gegen V einen durchsetzbaren Anspruch auf Rückzahlung des Kaufpreises Zug um Zug (§ 348) gegen Rückgabe des Pkw gem. § 346 I i. V. m. §§ 437 Nr. 2, 1. Alt., 434 I 1, 323 I.

Aufgabe 3:

Ein Minderungsrecht des K gegenüber H könnte sich aus § 437 Nr. 2, 2. Alt. i. V. m. §§ 434 I 2 Nr. 2, 323, 441 ergeben.

1. *Voraussetzung hierfür ist, dass zwischen K und H ein wirksamer Kaufvertrag besteht. Dies ist der Fall, wenn zwei übereinstimmende Willenserklärungen, Angebot und Annahme, vorliegen.*

5 Diese Vorschrift gilt nicht nur für Regelungen in Allgemeinen Geschäftsbedingungen des Verkäufers, sondern ebenso für individualvertragliche Vereinbarungen. Beim Verbrauchsgüterkauf gelten somit die gesetzlichen Gewährleistungsvorschriften zwingend (Ausnahme in § 475 III).

K und H haben einen Kaufvertrag über einen gebrauchten Pkw zum Preis von 15.000 € geschlossen.

2. a) *Des Weiteren muss der Wagen einen Mangel haben. Gem. § 434 I 1 liegt ein Sachmangel vor, wenn die Kaufsache nicht die vereinbarte Beschaffenheit aufweist.* K und H haben keine bestimmte Beschaffenheit vereinbart, sodass § 434 I 1 nicht einschlägig ist. *Die Kaufsache könnte nach § 434 I 2 Nr. 1 mangelhaft sein. Dann darf sie sich nicht für die nach dem Vertrag vorausgesetzte Verwendung eignen.* K und H haben aber auch keine bestimmte Verwendung des Wagens vertraglich vorausgesetzt. *Nach § 434 I 2 Nr. 2 ist die Sache mangelhaft, wenn sie sich nicht für die gewöhnliche Verwendung eignet und nicht die übliche Beschaffenheit aufweist, die der Käufer erwarten darf.* Die übliche Verwendung eines Autos besteht in seiner Benutzung als Transportmittel und wird durch eine defekte Klimaanlage beeinträchtigt. Folglich liegt ein Sachmangel nach § 434 I 2 Nr. 2 vor.
   b) Dieser Mangel war bereits bei Übergabe des Pkw (Gefahrübergang i. S. d. § 446) vorhanden.

3. *Gem. § 437 Nr. 2, 2. Alt. müssen die Voraussetzungen eines Rücktrittsrechts erfüllt sein.*[6] *Diese ergeben sich wiederum aus § 323. K kann also erst mindern, wenn eine dem H gesetzte angemessene Nacherfüllungsfrist erfolglos abgelaufen ist.* Da eine Reparatur des Fahrzeugs innerhalb von zwei Wochen möglich ist, ist die von K dem H gesetzte Frist zur Nacherfüllung angemessen. H hat diese ohne Kommentar verstreichen lassen. Ein Fristablauf liegt also vor.

4. *K muss nach § 441 I 1 dieses einseitige Gestaltungsrecht ausüben.* Gegenüber H hat K die Minderung erklärt.

Die Höhe des Minderungsanspruchs berechnet sich nach § 441 III. Danach ist der Kaufpreis in dem Verhältnis herabzusetzen, in welchem zur Zeit des Verkaufs der Wert der Sache in mangelfreiem Zustand zu dem wirklichen Wert gestanden haben würde. Daraus ergibt sich folgende Berechnungsformel (X ist der gesuchte Minderungsbetrag):

---

6 Dies ergibt sich aus dem Wortlaut der Vorschrift: „statt zurückzutreten …“.

$$X = \frac{(\text{Wert mit Mangel} \times \text{vereinbarter Kaufpreis})}{\text{Wert ohne Mangel}}$$

$$X = \frac{(12.500\,€ \times 15.000\,€)}{17.500\,€} = 10.714{,}29\,€$$

K hat folglich ein Minderungsrecht gem. §§ 437 Nr. 2, 2. Alt. i.V.m. 434 I 2 Nr. 2, 323, 441. Er muss an H den geminderten Kaufpreis in Höhe von 10.714,29 € abzüglich der bereits geleisteten 5.000 €, also 5.714,29 € zahlen.

Aufgabe 4:

K könnte ein Minderungsrecht gegenüber H gem. § 437 Nr. 2, 2. Alt. i.V.m. §§ 434 I 2 Nr. 2, 323, 441 zustehen.

1. Die Voraussetzungen wirksamer Kaufvertrag über eine Sache, Lieferung einer mangelhaften Sache durch den Verkäufer (= Pflichtverletzung) und Mangel i.S.d. § 434 I 2 Nr. 2 wurden bereits bei Aufgabe 3 erörtert und bejaht.
2. *Wenn der Jahreswagen bereits bei Gefahrübergang (= Übergabe, vgl. § 446) diesen Mangel hatte, wären die Voraussetzungen des § 434 I 2 Nr. 2 erfüllt.* Andernfalls wäre der Pkw zum maßgeblichen Zeitpunkt mangelfrei gewesen mit der Folge, dass K keine Gewährleistungsrechte zustünden.
   Grundsätzlich geht die fehlende Aufklärbarkeit dieser Voraussetzung zulasten des Beweispflichtigen, also des K.[7]
   Etwas anderes könnte sich aus § 476 ergeben. Danach wird, wenn sich innerhalb von sechs Monaten seit Gefahrübergang ein Sachmangel zeigt, vermutet, dass die Sache bereits bei Gefahrübergang mangelhaft war (Beweislastumkehr).
   a) *Voraussetzung hierfür ist, dass ein Verbrauchsgüterkauf nach § 474 I 1 vorliegt, also ein Verbraucher eine bewegliche Sache von einem Unternehmer kauft.*
      Wie bereits bei Aufgabe 2 erörtert, ist K eine natürliche Person und somit Verbraucher i.S.d. § 13.
      H hat als Kfz-Vertragshändler den Kaufvertrag mit K in Ausübung seiner gewerblichen Tätigkeit abgeschlossen; die Voraussetzungen des § 14 sind erfüllt. H ist Unternehmer.

7 Was sich aus dem Rechtsgedanken des § 363 ergibt. Siehe hierzu *Palandt/Weidenkaff*, § 434 Rn. 59.

Schließlich hat H an K mit dem Pkw auch eine bewegliche Sache verkauft. Somit sind die §§ 475 ff. anwendbar und es gilt die Beweislastumkehr des § 476 zugunsten des K.

b) *Die Vermutung könnte nach § 476, 2. HS ausgeschlossen sein. Das ist dann der Fall, wenn sie mit der Art des Mangels oder der Kaufsache unvereinbar ist.* Hierfür gibt es im Sachverhalt keine Anhaltspunkte. Es geht vielmehr um eine alltägliche Sachverhaltsunsicherheit, vor der der § 476 den Käufer schützen will. Zugunsten des K gilt folglich die Beweislastumkehr des § 476. Erbringt H keinen Gegenbeweis, wird vermutet, dass der von K gekaufte Wagen schon bei Gefahrübergang mangelhaft war.

Deshalb kann K auch in diesem Fall den Kaufpreis gegenüber H – wie unter Aufgabe 3 ausgeführt – mindern.

Aufgabe 5:

K könnte gegenüber V einen Anspruch auf Nacherfüllung in Form der Nachbesserung gem. § 437 Nr. 1 i. V. m. §§ 439, 434 haben.

1. Ein wirksamer Kaufvertrag ist zwischen den Vertragsparteien über den Neuwagen „Minispritti" zustande gekommen.
2. *Der Pkw muss mangelhaft i. S. d. § 434 sein.* K und V haben weder einen bestimmten Benzinverbrauch vertraglich vereinbart noch sich über einen besonderen Verwendungszweck verständigt, sodass ein Mangel nach § 434 I 1 und 2 Nr. 1 ausscheidet.

   In Betracht kommt ein Mangel gem. § 434 I 2 Nr. 2, wenn sich der Wagen für die gewöhnliche Verwendung nicht eignet oder nicht die übliche Beschaffenheit aufweist, also die „Qualität und Leistung"[8] nicht gewährleistet ist. Der Verwendungszweck eines (Neu-)Wagens besteht in seiner Benutzung als Transportmittel, die durch einen höheren Benzinverbrauch nicht eingeschränkt ist. Außerdem stellt ein Benzinverbrauch von 5 Litern pro 100 km keine „übliche Beschaffenheit" eines Neufahrzeugs dar, die ein Käufer erwarten kann, zumal die meisten Neuwagen einen höheren Benzinverbrauch haben. Ein Mangel nach § 434 I 2 Nr. 2 liegt deshalb nicht vor. *Allerdings bestimmt § 434 I 3 in Ergänzung der „üblichen Beschaffenheit", dass auch öffentliche Äußerungen*

8 Diese Begriffe gibt Art. 2 II c) und d) der Verbrauchsgüterrichtlinie (EU-Richtlinie 1999/44/EG vom 25.5.1999, ABl. EG 1999 Nr. L 171 S. 12 – abgedruckt in: NJW 1999, 2421) vor. Sie wurden mit dem Begriff „Beschaffenheit" zusammengefasst.

des Herstellers – insbesondere in der Werbung – zur Beschaffenheit nach § 434 I 2 Nr. 2 gehören. Gem. § 4 I 1 ProdHaftG (§ 434 I 3 verweist auf diese Vorschrift) ist Hersteller derjenige, der das Endprodukt hergestellt hat. Indem H den Wagen gefertigt hat, ist er Hersteller. In der Werbebroschüre hat er den niedrigen Benzinverbrauch angegeben, sodass K ein „5-Liter-Auto“ erwarten konnte. Dem Mangel könnte allerdings die Unkenntnis des V entgegenstehen. *Nach § 434 I 3, 2. HS gehören die genannten Eigenschaften nicht zur Beschaffenheit, wenn der Verkäufer die Äußerung nicht kannte und auch nicht kennen musste.* Das Nichtkennen (vgl. die Definition in § 122 II) des V könnte allerdings auf Fahrlässigkeit beruhen. *Gem. § 276 II handelt fahrlässig, wer die im Verkehr erforderliche Sorgfalt außer Acht lässt.* Von einem sorgfältigen Autoverkäufer kann man erwarten, dass er sich über den Inhalt der Werbebroschüren informiert, zumal diese in seinem Geschäft ausliegen und die darin getätigten Aussagen den Kunden in seiner Kaufentscheidung beeinflussen. Außerdem profitiert ein Verkäufer von den entsprechenden Werbeaussagen des Herstellers. Indem V sich nicht über den Inhalt der Broschüre informierte, handelte er fahrlässig.

Nach § 434 I 3 a. E. ist die Einstandspflicht des V für öffentliche Äußerungen ferner ausgeschlossen, wenn diese die Kaufentscheidung des K nicht beeinflusst hätte. Dem K kam es aber gerade auf einen niedrigen Benzinverbrauch an.

Somit liegt ein Sachmangel i. S. d. § 434 I 3 vor. Dieser war bereits bei Übergabe des Fahrzeugs (Gefahrübergang i. S. d. § 446) vorhanden.

3. Folglich hat K gem. § 439 ein Wahlrecht zwischen Beseitigung des Mangels (was er im vorliegenden Fall geltend macht) und Lieferung einer mangelfreien Sache.
4. *Die Haftung des V könnte gem. § 442 ausgeschlossen sein, wenn der Käufer bei Vertragsschluss den Mangel kannte.* Dem K fiel der höhere Benzinverbrauch erst **nach** Eigentumserwerb und Gebrauch des Wagens auf, sodass dieser Ausschlussgrund nicht in Betracht kommt.
5. V könnte die von K gewählte Art der Nacherfüllung (hier: Nachbesserung) *gem. § 439 III 1 verweigern, wenn sie nur mit unverhältnismäßigen Kosten möglich ist – wobei die Bedeutung des Mangels und die Frage, ob auf die andere Art der Nacherfüllung*

(= Ersatzlieferung einer mangelfreien Sache) zurückgegriffen werden kann, zu berücksichtigen sind. Da alle Exemplare des verkauften Modells den erhöhten Benzinverbrauch haben, kommt die Ersatzlieferung nicht in Betracht. Eine Nachrüstung des Motors ist außerdem nicht mit unverhältnismäßigen Kosten verbunden.

Nach alledem kann K von V Nacherfüllung in Form der Nachbesserung gem. §§ 437 Nr. 1, 439, 434 verlangen.

Vertiefung: Kaufrecht[9]

Übersicht:

I. Allgemeines
II. Der Begriff des „Mangels" im Kaufrecht
III. Ansprüche und Rechte des Käufers bei Mängeln der Kaufsache
   1. Nacherfüllung
   2. Rücktritt
   3. Minderung

---

9 **Literatur zur Vertiefung:** *Bauerschmidt/Harnos*, Die Reichweite der Nacherfüllung bei fortschreitender europäischer Privatrechtsangleichung, JA 2012, 256; *Braunschmidt/Vesper*, Die Garantiebegriffe des Kaufrechts – Auslegung von Garantieerklärungen und Abgrenzung zur Beschaffenheitsvereinbarung, JuS 2011, 393; *Brox/Walker* SchuldR BT, §§ 1–7; *Eichel*: Minderung und kleiner Schadensersatz im Kauf- und Werkvertragsrecht, JuS 2011, 1064; *Fervers*, Das System der schuldrechtlichen Anspruchsgrundlagen im Kaufrecht, JURA 2015, 11; *Fikentscher/Heinemann*, §§ 68 ff.; *Grunewald*, § 15; *Jäckel/Tonikidis*, Der kaufrechtliche Ausbesserungsanspruch – Ein ungeschriebenes Rechtsinstitut im Gefüge der Sachmängelhaftung, JuS 2013, 302; *Kaiser*, Rn. 582 ff.; *Kallwass/Abels*, § 48; *Keiser*, Letztverkäufer- und Werkunternehmerregress wegen Kosten für den Aus- und Einbau mangelhafter Sachen im Wege der Nacherfüllung, JuS 2014, 961; *Köster*, Konkurrenzprobleme im neuen Kaufmängelrecht, JURA 2005, 30 ff.; *Liauw*, Besonderheiten beim Verbrauchsgüterkauf, JURA 2014, 388; *Looschelders* SchuldR BT, Rn. 82 ff.; *Lorenz*, Grundwissen Zivilrecht: Der Nacherfüllungsanspruch, JuS 2014, 7; *Mankowski*, Die Anspruchsgrundlage für den Ersatz von „Mangelfolgeschäden" (Integrationsschäden), JuS 2006, 481 ff.; *Musielak/Hau*, Rn. 542 ff.; *Oetker/Maultzsch*, § 2 Rn. 32 ff.; *Reinicke/Tiedtke*, Rn. 295 ff.; *Samhat*, Der Kostenvorschussanspruch des Käufers zur Mängelbeseitigung, JURA 2014, 455; *Schermaul*, Die Auswirkung des § 474 IV BGB auf den Versendungskauf, JuS 2014, 781; *Schollmeyer/Utlu*, Die Nacherfüllung im Kauf, JURA 2009, 721 ff.; *Schur*, Schadensersatz wegen Verzögerung der Nacherfüllung und Schlechtleistung im Kaufrecht, JA 2006, 223 ff.; *Sutschet*, Probleme des kaufrechtlichen Gewährleistungsrechts, JA 2007, 161 ff.; *Tiedtke/Schmitt*, Ersatzlieferung beim Stückkauf, JuS 2005, 583; *Traut*, Selbstvornahmerecht durch den Verkäufer?, JURA 2013, 12 ff.; *Tröger*, Grundfälle zum Sachmangel nach neuem Kaufrecht, JuS 2005, 503; *Wörlen/Metzler-Müller* SchuldR BT, Rn. 10 ff.; *Zimmer/Eckold*, Das neue Mängelgewährleistungsrecht beim Kauf, JURA 2002, 145 ff.; *Zurth*, Die Selbstvornahme in der kaufrechtlichen Klausur, JA 2014, 494.

4. Schadensersatz
   a) Mangelschaden
      aa) Kleiner Schadensersatzanspruch
      bb) Großer Schadensersatzanspruch
   b) Mangelfolgeschaden
5. Aufwendungsersatz

IV. Ausschluss der Gewährleistung
V. Konkurrenzen
VI. Verjährung
VII. Garantie
VIII. Verbrauchsgüterkauf
IX. Rückgriff des Unternehmers in einer Lieferkette

I. Allgemeines

Bei dem Kaufvertrag handelt es sich um einen gegenseitigen Vertrag, in dem sich der eine Vertragspartner (Verkäufer) zur Veräußerung einer Sache (§ 433 I 1) und der andere (Käufer) zur Zahlung einer Geldsumme (§ 433 II) verpflichtet. Es ist ein schuldrechtliches Verpflichtungsgeschäft. Die sachenrechtliche Zuordnung des Kaufgegenstandes wird hierdurch nicht verändert. Das Eigentum an der Sache geht erst durch das Verfügungsgeschäft, d.h. durch die Übereignung i.S.d. §§ 929ff., vom Verkäufer auf den Käufer über (Abstraktionsprinzip).[10]

Gem. § 433 I 2 gehört die Lieferung einer mangelfreien Sache durch den Verkäufer zum Inhalt des Erfüllungsanspruchs des Käufers und stellt somit eine Hauptpflicht des Verkäufers dar. Bei deren Verletzung kommt das allgemeine Leistungsstörungsrecht zur Anwendung, d.h. die Lieferung einer mangelhaften Sache ist eine Pflichtverletzung i.S.d. § 280 I.

Die §§ 433ff. gelten für bewegliche Sachen (Mobilien) und unbewegliche (Immobilien), für Spezies- und Gattungskaufverträge, für Kaufverträge über Rechte (§ 453) und sonstige Gegenstände (§ 453). Sie gelten auch unabhängig von der persönlichen Eigenschaft der Vertragspartner, wobei allerdings **Verbrauchsgüterkaufverträge** den zusätzlichen Anforderungen der §§ 474ff. unterliegen.

Für das wirksame Zustandekommen eines Kaufvertrags sind – wie bei jedem Vertrag – die §§ 104ff.[11], 134, 138[12] sowie §§ 145ff. zu beachten. Grundstückskaufverträge müssen außerdem gem. § 311b I notariell beur-

---

10 Siehe hierzu Fall 19, Aufgaben 2, 4a) und 4b) sowie S. 392.

11 Beispiel hierfür in Fall 1, Aufgabe 3.

12 Beispiel in Fall 7, Aufgabe 3.

kundet werden. Nach § 311a I ist ein (Kauf-)Vertrag auch im Falle der anfänglich objektiv unmöglichen Leistung wirksam.

II. Der Begriff des „Mangels" im Kaufrecht

Das kaufvertragliche Gewährleistungsrecht gilt für Sach- und Rechtsmängel. Gewährleistungsgrund ist ein Verstoß des Verkäufers gegen die Pflicht aus § 433 I 2 (also eine Pflichtverletzung).

§ 434 („Sachmangel") regelt nicht, unter welchen Voraussetzungen eine Kaufsache einen Mangel aufweist,[13] sondern vielmehr, wann diese mangelfrei ist. Wie sich aus der Formulierung des § 434 I 2 („soweit ... nicht", ... „sonst") ergibt, sind die genannten Tatbestände der Reihe nach zu prüfen.[14]

Ein **Sachmangel** i. S. d. § 434 I 1 liegt vor, wenn die Sache bei **Gefahrübergang** (§§ 446 f.) die – vertraglich – vereinbarte Beschaffenheit nicht hat. Der Gesetzgeber hat sich hier ausdrücklich für den subjektiven Fehlerbegriff entschieden.[15] Eine vertragliche Vereinbarung i. S. d. § 434 I 1 liegt vor, wenn der Inhalt des Kaufvertrags die Pflicht des Verkäufers enthält, die gekaufte Sache in dem vertraglich festgelegten Zustand zu übereignen. Es genügt hierfür auch eine konkludente Erklärung, in dem z. B. der Verkäufer die Sache vor Vertragsschluss beschreibt und dabei auf ein Muster oder einen Prospekt verweist.[16] Den Begriff der Beschaffenheit hat der Gesetzgeber nicht definiert. Darunter sind sämtliche den Wert und die Verwendungseignung der Sache ausmachenden Eigenschaften, wie z. B. die Größe, das Alter, das Gewicht, das Material der Kaufsache zu verstehen.[17]

Wenn die Beschaffenheit nicht (vertraglich) ausdrücklich vereinbart ist, kommt es **subsidiär** auf die **vertraglich vorausgesetzte Verwendung** an (vgl. § 434 I 2 Nr. 1). Man könnte die gewöhnliche Verwendung der Kaufsache als stillschweigend vertraglich vorausgesetzt betrachten. Die Eignung für die gewöhnliche Verwendung ist jedoch in § 434 I 2 Nr. 2 eigen-

---

13 Dies entspricht auch der Systematik der sog. Verbrauchsgüterkauf-Richtlinie (EU-Richtlinie 1999/44/EG vom 25.5.1999, ABl. EG 1999 Nr. L 171 S. 12 – abgedruckt auch in: NJW 1999, 2421).

14 *Fikentscher/Heinemann*, Rn. 844.

15 Die – aus § 463 a. F. bekannte – „Zusicherung" ist nun in der Beschaffenheitsvereinbarung vorhanden, d. h. Abreden, die nach dem früher geltenden Recht als Zusicherung einer Eigenschaft verstanden wurden, begründen nunmehr mindestens eine Beschaffenheitsvereinbarung i. S. v. § 434 I 1. Eine Zusicherung des Verkäufers ist auch relevant für den Maßstab des Vertretenmüssens nach § 276 und kann zu einer verschuldensunabhängigen Schadensersatzhaftung führen.

16 *Brox/Walker*,SchuldR BT, § 4 Rn. 9.

17 *Palandt/Weidenkaff*, § 434 Rn. 10.

ständig geregelt, sodass § 434 I 2 Nr. 2 überflüssig wäre, wenn man eine stillschweigende Vereinbarung der gewöhnlichen Verwendungseignung bereits in § 434 I 2 Nr. 1 „hineinlesen" würde. § 434 I 2 Nr. 1 kommt also nur zum Tragen, wenn dem Vertrag nach eine **besondere** Verwendung vorausgesetzt wird.[18] In letzter Linie werden die **gewöhnliche Verwendung der Sache bzw. die Beschaffenheit anderer Sachen der gleichen Art** (also „Konkurrenzprodukte"), die der Käufer nach der Art der Sache erwarten kann, als objektive Maßstäbe herangezogen (§ 434 I 2 Nr. 2).[19]

Klausurtipp:
§ 434 immer in folgender Reihenfolge prüfen:
§ 434 I 1 ———→ § 434 I 2 Nr. 1 ———→ § 434 I 2 Nr. 2

In § 434 I 3 wird der Stärkung des Verbraucherschutzes Rechnung getragen und die Relevanz öffentlicher Äußerungen des Verkäufers oder auch des Herstellers über bestimmte Eigenschaften der Sache – insbesondere der Werbung oder Kennzeichnung für die vertraglich vereinbarte Beschaffenheit – festgeschrieben. Da Werbeaussagen des Verkäufers meist schon als Beschaffenheitsvereinbarungen nach § 434 I 1 gelten, hat Satz 3 vor allem bei Äußerungen Dritter (z. B. dem Hersteller i. S. d. § 4 I und II ProdHaftG oder dessen Gehilfen) Bedeutung. Grund dieser Haftung ist die Tatsache, dass auch der Verkäufer von diesen Äußerungen Dritter profitiert. Der **Verkäufer** hat die Möglichkeit des **Entlastungsbeweises**. Er muss dann beweisen, dass er die Äußerung nicht kannte und auch nicht kennen musste oder die unzutreffende Äußerung für die Willensbildung des Käufers nicht maßgeblich sein konnte, etwa weil sie für die vom Käufer beabsichtigte Verwendung nicht relevant war (§ 434 I 3, 2. HS).[20]

Ein Sachmangel liegt nach § 434 auch vor, wenn

- eine vereinbarte **Montage** unsachgemäß durchgeführt wurde (z. B. mangelfreie Sache wird durch den Montagevorgang mangelhaft oder Montage selbst wird fehlerhaft durchgeführt, § 434 II 1). Hierunter fällt aber nur der Kauf einer Sache mit Montageverpflichtung (Bringschuld). Wenn die Montage allerdings den Schwerpunkt der vertraglich geschuldeten Leistung bildet, handelt es sich um Pflichtverletzungen aus einem Werkvertrag.[21]
- die **Montageanleitung mangelhaft** ist (sog. „IKEA-Klausel"); es sei denn, die Sache ist fehlerfrei montiert worden (§ 434 II 2).

18 Vgl. auch *Palandt/Weidenkaff*, § 434 Rn. 20 ff.
19 Damit wird ergänzend auf den objektiven Fehlerbegriff abgestellt.
20 Beispiel in Fall 9, Aufgabe 5.
21 BGH NJW 1998, 3197 f.

- der Verkäufer eine andere Sache (also **falsch geliefert**, sog. „aliud") oder **zu wenig geliefert** hat (§ 434 III).

Nach § 435 liegt ein **Rechtsmangel** vor, wenn Dritte irgendwelche Rechte in Bezug auf die Kaufsache geltend machen können (z. B. Pfandrecht) oder im Grundbuch ein Recht eingetragen ist, das nicht besteht (z. B. Grunddienstbarkeit).

III. Ansprüche und Rechte des Käufers bei Mängeln der Kaufsache

Bei Vorliegen eines Mangels können dem Käufer gem. § 437 i. V. m. dem allgemeinen Schuldrecht folgende Ansprüche bzw. Rechte zustehen:

Nacherfüllung (Nachbesserung/Nachlieferung)
gem. § 437 Nr. 1 i. V. m. § 439

nach Fristsetzung und erfolglosem Fristablauf:

Rücktritt gem. § 437 Nr. 2	**neben** (§ 325)	**Schadensersatz** gem. § 437 Nr. 3
oder		**oder**
Minderung gem. §§ 437 Nr. 2, 441		**Aufwendungsersatz** gem. § 284

1. Nacherfüllung

Bei einer mangelhaften Kaufsache hat der Käufer gegen den Verkäufer einen Nacherfüllungsanspruch gem. § 437 Nr. 1 i. V. m. § 439. Er kann nach § 439 I entweder Beseitigung des Mangels (also Nachbesserung) oder die (Ersatz-)Lieferung einer mangelfreien Sache verlangen (Wahlrecht des Käufers). Dieser Anspruch hat **Vorrang vor allen anderen Ansprüchen**.

Dem Nacherfüllungsanspruch des Käufers steht ein Nacherfüllungs**recht** des Verkäufers gegenüber. Der Käufer kann erst dann weitere Sachmängelgewährleistungsrechte nach § 437 Nr. 2 und Nr. 3 geltend machen, wenn der Verkäufer in der ihm vom Käufer gesetzten Frist nicht ordnungsgemäß nacherfüllt hat. Man spricht hier auch vom **„Recht der zweiten Andienung"**[22]. Der Verkäufer soll und kann sich dadurch nachträglich den Kaufpreis „verdienen".

22 *Brox/Walker* SchuldR BT, § 4 Rn. 40.

> **Merke:**
> Der Vorrang des Nacherfüllungsanspruchs ist nicht ausdrücklich im Gesetz formuliert, sondern ergibt sich u. a. aus §§ 323 I sowie 281 I: Die dort genannte „angemessene Frist" muss erfolglos abgelaufen (oder aber entbehrlich) sein, bevor der Käufer die anderen in § 437 genannten Rechte geltend machen kann.

Die vom Käufer gewählte Form der Nacherfüllung bzw. jegliche Nacherfüllung kann der Verkäufer ablehnen, wenn diese für ihn nur unter unverhältnismäßigen Kosten möglich ist (§ 439 III). Hierfür gibt es folgende Kriterien:

- Der Wert der Sache in mangelfreiem Zustand (z. B. falls die Reparaturkosten eines billigen Massenprodukts außer Verhältnis zu seinem Neuwert stehen).
- Die Bedeutung des Mangels.
- Die Nachteile für den Käufer aus der gewählten Art der Nacherfüllung (z. B. gewisse Unannehmlichkeiten, die lange Dauer der Reparatur, wenn Ersatzlieferung sofort möglich wäre).

Wenn die eine oder andere Form der Nacherfüllung für den Verkäufer unmöglich ist, greift § 275 zu seinen Gunsten ein, d. h. er ist nicht zu einer unmöglichen Nacherfüllung verpflichtet.

Wenn der Verkäufer jegliche Art der Nacherfüllung verweigern kann, besteht für den Käufer die Möglichkeit, entweder vom Vertrag zurückzutreten und/oder Schadensersatz zu verlangen; gem. § 440 für die Fälle der Unverhältnismäßigkeit, des Fehlschlagens oder der Unzumutbarkeit, gem. § 326 V für die Fälle der Unmöglichkeit. Verweigert der Verkäufer die vom Käufer gewählte Art der Nacherfüllung zu Unrecht (z. B. weil er sich über die Verhältnismäßigkeit täuscht), so kann der Käufer ohne weitere Fristsetzung vom Vertrag zurücktreten und ggf. Schadensersatz verlangen.

Bei kleinsten Mängeln, die eine nur unerhebliche Pflichtverletzung darstellen, kann der Käufer Nacherfüllung verlangen, er ist aber nicht zum Rücktritt berechtigt (vgl. § 323 V 2). Der Käufer kann dann ggf. den Kaufpreis mindern oder Schadensersatz verlangen.

Gem. § 439 II hat der Verkäufer die zum Zweck der Nacherfüllung erforderlichen Aufwendungen (z. B. Transport-, Wege- und Material- sowie Arbeitskosten) zu tragen. Neben den in Absatz 2 aufgezählten Positionen zählen zu den erforderlichen Aufwendungen auch alle Kosten, die erforderlich sind, um die Nachbesserung zu ermöglichen, also auch

Abschlepp-, Gutachter- und Rechtsanwaltskosten[23] sowie Aufwendungen, die für Arbeiten an der Kaufsache anfallen, ggf. auch die Transportkosten für den Rücktransport der Kaufsache sowie die Kosten für eine Ersatzbeschaffung.[24]

Bei der Verwendung von Allgemeinen Geschäftsbedingungen sind die Klauselverbote des § 309 Nr. 8b) cc) und dd) zu beachten.

Die Frage, ob der Verkäufer auch die **Kosten für den Ausbau** und den Abtransport der vom Käufer bereits eingebauten mangelhaften Kaufsache **und für den Einbau** der – im Wege der Nacherfüllung gelieferten – mangelfreien Ersatzsache tragen muss, war umstritten.[25]

Beispiele hierfür:
Der Käufer hatte Parkettstäbe[26] gekauft und diese eingebaut. Erst danach entdeckte er den Mangel. Die fehlerhafte Ware musste deshalb wieder ausgebaut und fehlerfreie Parkettstäbe mussten erneut verlegt werden.
Im „Bodenfliesenfall" erwarb der Käufer beim Verkäufer, der einen Baustoffhandel betreibt, 45,36 m² polierte Bodenfliesen zum Preis von 1.382,27 €. Er ließ rund 33 m² der Fliesen im Flur, im Bad, in der Küche und auf dem Treppenpodest seines Hauses verlegen. Danach zeigten sich auf der Oberfläche Schattierungen, die mit bloßem Auge zu erkennen sind. Ein Sachverständiger kam zu dem Ergebnis, dass es sich bei den bemängelten Schattierungen um feine Mikroschleifspuren handele, die nicht beseitigt werden könnten, sodass Abhilfe nur durch einen kompletten Austausch der Fliesen möglich sei. Die Kosten dafür bezifferte der Sachverständige mit 5.830,57 €.

Der EuGH hat mit Urteil vom 16.6.2011[27] entschieden, dass der Verkäufer nach der Verbrauchsgüterkaufrichtlinie[28] verpflichtet ist, entweder selbst den Ausbau der vertragswidrigen Kaufsache vorzunehmen und die als

---

23 *Hk-BGB/Saenger*, § 439 Rn. 3 sowie *Palandt/Weidenkaff*, § 439 Rn. 10ff. mit Nachweis der Rechtsprechung.

24 *MüKoBGB/Westermann* § 439 Rn. 15 mit weiteren Beispielen.

25 Bei Interesse: *Brox/Walker* SchuldR BT, § 4 Rn. 41a; *Looschelders* SchuldR BT, Rn. 90f., juris-PK-BGB/*Pammler* § 439 Rn. 53ff.

26 Der BGH hat mit Urteil vom 15.7.2008 – VIII ZR 211/07, NJW 2008, 2837 (2839) entschieden, dass der Verkäufer fehlerhafter und vom Käufer schon verlegter Parkettstäbe nach § 439 II zwar die Kosten für die Anlieferung mangelfreier Parkettstäbe, nicht aber die Kosten für deren Verlegung (= Einbau) tragen muss. Für diese Kosten hafte der Verkäufer nur unter dem Gesichtspunkt des Schadensersatzes statt der Leistung nach §§ 437 Nr. 3, 280 I und III, 281ff., also nur dann, wenn er die Pflichtverletzung zu vertreten habe. Ausführlich zum Meinungsstreit *MüKoBGB/Westermann*, § 439 Rn. 14.

27 C-65/09 und C-87/09, C-65/09, C-87/09, NJW 2011, 2269 – aufgrund einer Vorlage des BGH vom 14.1.2009 – VIII ZR 70/08, NJW 2009, 1660.

28 RiL 1999/44/EG vom 25.5.1999, ABl. EG 1999 Nr. L 171 S. 12 – abgedruckt in: NJW 1999, 2421.

Ersatz gelieferte Sache einzubauen oder die hierfür erforderlichen Kosten zu tragen. Nicht relevant sei, ob der Verkäufer sich im Kaufvertrag verpflichtet habe, die ursprünglich gekaufte Sache einzubauen. Denn nach Art. 3 III UAbs. 3 der Verbrauchsgüterkaufrichtlinie müsse die Nacherfüllung ohne erhebliche Unannehmlichkeiten für den Verbraucher erfolgen.[29]

Der Wortlaut der geltenden Regelungen des BGB zur Nacherfüllung des Verkäufers ist teilweise unvereinbar mit der Entscheidung des Europäischen Gerichtshofs. Dem Bundesgerichtshof war deshalb eine Umsetzung dieser Entscheidung nur im Wege der Rechtsfortbildung des geltenden Rechts möglich.[30]

Diese richtlinienkonforme Auslegung des § 439 I, 2. Var. („Lieferung einer mangelfreien Sache“) ist auf den Verbrauchsgüterkauf beschränkt. Sie gilt nicht für Kaufverträge zwischen Unternehmern oder zwischen Verbrauchern.[31]

Für den Anspruch aus § 439 II ist es unerheblich, ob die Kaufsache an einen anderen Ort als den Erfüllungsort transportiert worden ist. Evtl. verursachte Mehrkosten können allerdings zur Unverhältnismäßigkeit einer Nachbesserung führen.[32]

Liefert der Verkäufer eine (weitere) mangelfreie Sache, kann er die mangelhafte Sache gem. § 439 IV nach den Regeln des Rücktritts zurückverlangen.[33]

---

29 Kritisch hierzu *Looschelders* SchuldR BT, Rn. 90 a, der deshalb eine entsprechende Ergänzung des § 439 aus Gründen der Rechtssicherheit vorschlägt.

30 Urteil vom 21.12.2011 – VIII ZR 70/08, NJW 2012, 173.

31 BGH Urteil vom 17.10.2012 – VIII ZR 226/11, juris.de. Die Kaufverträge zwischen Unternehmern werden auch mit „b2b“, die zwischen Verbrauchern mit „c2c“, die Verbrauchsgüterkaufverträge mit „b2c“ abgekürzt.

32 *Palandt/Weidenkaff*, § 439 Rn. 2.

33 § 439 IV ist allerdings unter Beachtung des Urteils des Gerichtshofs der Europäischen Gemeinschaften vom 17.4.2008 im Wege der richtlinienkonformen Rechtsfortbildung in Fällen des Gebrauchsgüterkaufs einschränkend dahingehend anzuwenden, dass die in Bezug genommenen Vorschriften über den Rücktritt in diesen Fällen nur für die Rückgewähr der mangelfreien Sache selbst gelten und nicht zu einem Anspruch des Verkäufers gegen den Käufer auf Herausgabe der gezogenen Nutzungen oder auf Wertersatz für die Nutzung der mangelhaften Sache führen (BGH, Urteil vom 26.11.2008 – VIII ZR 200/05, NJW 2009, 427). Dem hat mittlerweile auch der Gesetzgeber in § 474 II Rechnung getragen. Erst wenn das Verlangen nach Nacherfüllung ohne Erfolg geblieben ist, sei es, weil der Verkäufer die Nacherfüllung verweigert, sei es, weil sie fehlgeschlagen ist, kann der Käufer die sonstigen Rechte aus § 437 geltend machen, also insbesondere auch vom Vertrag zurücktreten. Müsste er in diesen Fällen allerdings Wertersatz leisten, stünde er sich schlechter als in dem Fall, in dem eine Nacherfüllung durch Neulieferung stattgefunden hat. Sowohl die dem Verbraucherschutzgedanken

(Fortsetzung Fußnote Seite 224)

Prüfschema – Anspruch des Käufers auf Nacherfüllung gem. § 437 Nr. 1 i.V.m. § 439:

Voraussetzungen:

1. Wirksamer Kaufvertrag über eine Sache (i.S.d. § 433)
2. Lieferung einer mangelhaften Sache durch Verkäufer (= Pflichtverletzung)
   Sachmangel (§ 434) bei Gefahrübergang oder Rechtsmangel (§ 435)
3. Kein Haftungsausschluss durch Vertrag (vgl. § 444) oder Gesetz (§ 442)
4. Kein Verweigerungsrecht des Verkäufers (§ 439 III)

Rechtsfolge: Wahlrecht des Käufers
a) Nachbesserung (= Beseitigung des Mangels)
oder
b) Lieferung einer mangelfreien Sache

2. Rücktritt

Bei dem Rücktritt handelt es sich um ein Gestaltungsrecht, und zwar um das Recht des Käufers zur Aufhebung des Vertrags. Nach dessen Ausübung ist also ein Wechsel zu einem anderen Recht nicht mehr möglich.

Gem. §§ 437 Nr. 2, 1. Alt., 323, 326 V hat der Käufer das Recht, wegen eines Mangels zurückzutreten. Voraussetzungen hierfür sind ein gültiger Kaufvertrag, das Bestehen eines Mangels sowie der erfolglose Ablauf einer angemessenen Frist zur Nacherfüllung.[34] Hierdurch soll der Verkäufer Gelegenheit zur Nacherfüllung erhalten. Wenn der Käufer dem Verkäufer bereits mit dem vorrangigen Nacherfüllungsverlangen eine angemessene Frist gesetzt hat, kann er nach Fristablauf sofort vom Vertrag zurücktreten. Denn bei der in § 323 I genannten Frist handelt es sich nicht um eine weitere, zweite Frist. Der Rücktritt kann allerdings erst nach Fristablauf erklärt werden.

§ 437 Nr. 2, 1. Alt. verweist auf die §§ 440, 323 und 326. Eine Fristsetzung ist danach entbehrlich

- bei einer ernsthaften und endgültigen Erfüllungsverweigerung durch den Verkäufer (§ 323 II Nr. 1),

---

Rechnung tragenden Entscheidungen des Gerichtshofs der Europäischen Gemeinschaften und des BGH als auch § 474 II sind daher dahingehend zu verstehen, dass eine Pflicht zum Wertersatz nicht nur in den Fällen entfällt, in denen eine Nacherfüllung durch Neulieferung tatsächlich stattgefunden hat, sondern auch in den Fällen, in denen eine Nacherfüllung gescheitert oder unmöglich ist (vgl. LG Düsseldorf, Urteil vom 3.7.2009, Az.: 15 O 9/09, juris.de).

34 Ein Verschulden des Verkäufers ist nicht erforderlich.

- bei einem Fixgeschäft i. S. d. § 323 II Nr. 2,
- bei Vorliegen von „besonderen Umständen“ unter Abwägung der beiderseitigen Interessen nach § 323 II Nr. 3 (sog. Auffangtatbestand),
- wenn der Verkäufer beide Arten der Nacherfüllung gem. § 439 verweigert (§ 440 S. 1, 1. Alt.),
- wenn die Nacherfüllung fehlgeschlagen oder unzumutbar ist (z. B. zwei fehlgeschlagene Reparaturversuche), § 440 S. 1, 2. Alt.

Ein Ausschluss des Rücktritts liegt vor bei
- Schlechtleistung und nur unerheblicher Pflichtverletzung des Verkäufers (§ 323 V 2),
- einem vom Käufer allein oder weit überwiegend selbst zu verantwortenden Umstand, der zum Rücktritt berechtigen würde, § 323 VI.

Beispiel:
K bestellt beim Autohändler V einen neuen Porsche 911 mit diversen Extras, u. a. schwarz lackierten Felgen, für 87 000 €. Als der Porsche geliefert wird, stellt K fest, dass der Felgenstern metallfarben ist. Ansonsten entspricht der Sportwagen seinen Wünschen. Wegen § 323 V 2 hat K kein Rücktrittsrecht, da dieser Mangel unerheblich ist.

Der Käufer kann nach § 323 auch wegen sonstiger Pflichtverletzungen des Verkäufers vom Kaufvertrag zurücktreten (und nicht nur in den Fällen der Lieferung eines mangelhaften Kaufgegenstands); so zum Beispiel im Fall der Verletzung von vorvertraglichen Beratungspflichten oder nach § 324 bei Verletzung vertraglicher Nebenpflichten (§ 241 II).[35]

Das ursprüngliche Schuldverhältnis wandelt sich durch den Rücktritt in ein Rückgewährschuldverhältnis um. Die primären Leistungspflichten erlöschen. Das Rückgewährschuldverhältnis setzt das ursprüngliche Vertragsverhältnis in modifizierter Form fort. Die bereits empfangenen Leistungen sind nach § 346 I (= Anspruchsgrundlage!) zurückzugewähren. Der Käufer muss also die Kaufsache zurückgeben, in der Regel zurückübereignen, der Verkäufer den Kaufpreis – Zug um Zug (vgl. § 348) – zurückerstatten.[36] Nach § 346 I muss der Rückgewährschuldner die tatsächlich gezogenen Nutzungen (§ 100) ersetzen, also die Früchte einer Sache oder eines Rechts (§ 99) und die Gebrauchsvorteile herausgeben.[37]

---

35 Da der Schuldner, der eine Pflicht aus § 241 II verletzt, „in der Regel nicht vertragsgemäß leistet“, besteht für § 324 neben § 323 kaum ein Bedürfnis (s. hierzu *Palandt/Grüneberg*, § 324 Rn. 1).

36 Beispiel in Fall 9, Aufgaben 1 und 2.

37 Zur Berechnung der Gebrauchsvorteile siehe *Reinicke/Tiedtke*, Rn. 247.

Prüfschema – Rücktrittsrecht des Käufers bei mangelhafter Kaufsache gem. § 437 Nr. 2, 1. Alt. i.V.m. §§ 440, 323:

Voraussetzungen:

1. Wirksamer Kaufvertrag über eine Sache (i.S.d. § 433)
2. Lieferung einer mangelhaften Sache durch Verkäufer (= Pflichtverletzung)
   Sachmangel (§ 434) bei Gefahrübergang oder Rechtsmangel (§ 435)
3. Angemessene Fristsetzung zur Nacherfüllung (§ 323 I), es sei denn: entbehrlich (§§ 440, 323)
4. Erfolgloser Fristablauf
5. Kein Ausschluss gem. § 323 V oder VI
6. Kein Haftungsausschluss durch Vertrag (vgl. § 444) oder Gesetz (§ 442)
7. Erklärung des Rücktritts gem. § 349

Rechtsfolgen:
- Anspruch aus § 346 I (Zurückgewährung der empfangenen Leistungen, Herausgabe der gezogenen Nutzungen)
- Ggf. § 346 II (Wertersatz), falls nicht § 346 III
- Ggf. § 347 (Nutzungen und Verwendungen nach Rücktritt)

Wenn der Mangel der Kaufsache nicht behoben werden kann, ist v. g. Prüfschema ebenfalls anzuwenden. Allerdings sind die Fristsetzung und deren Ablauf (Prüfungspunkte 3 und 4) gem. § 326 V entbehrlich; der Schuldner wird nach § 275 von der Leistung frei.

3. Minderung

Bei der Minderung wird – wie beim Rücktritt – kein Anspruch geltend gemacht, sondern ein **Gestaltungsrecht** ausgeübt. § 441 II bestimmt als Konsequenz hieraus, dass bei einer Beteiligung mehrerer Personen als Käufer oder Verkäufer die Minderung nur von allen bzw. gegen alle erklärt werden kann.[38] Der Kaufvertrag bleibt grundsätzlich bestehen, der Käufer hat jedoch die einseitige und unmittelbar wirkende Möglichkeit zur Reduzierung des Kaufpreises (§ 441 I 1 und III 1).

Die Voraussetzungen der Minderung nach § 437 Nr. 2, 2. Alt. entsprechen denjenigen beim Rücktritt, was sich aus der Formulierung in § 441 I 1 „statt zurückzutreten …“ ergibt. **Im Verhältnis zur Nacherfüllung ist die Minderung ebenfalls subsidiär**. Auch bei unerheblichen Mängeln kann

38 Die gleiche Regelung findet sich für das Rücktrittsrecht in § 351.

gemindert werden, da die Bagatellgrenze des § 323 V 2 hier nicht gilt (vgl. § 441 I 2).

Für die Durchführung der Minderung ist der Kaufpreis in dem Verhältnis herabzusetzen, in welchem zur Zeit des Vertragsschlusses der Wert der Sache in mangelfreiem Zustand zu dem wirklichen Wert gestanden haben würde (§ 441 III 1).[39]

Falls notwendig, ist dieser Betrag vom Gericht durch Schätzung nach § 287 ZPO zu ermitteln (§ 441 III 2).

Prüfschema – Minderungsrecht des Käufers bei mangelhafter Kaufsache gem. § 437 Nr. 2, 2. Alt. i.V.m. §§ 440, 323, 441:

Voraussetzungen:
Wie Prüfschema „Rücktritt", Voraussetzungen 1.–6.
(vgl. Formulierung in § 441 I: „statt zurückzutreten …")

Beachte:
Der Ausschlussgrund des § 323 V 2 findet keine Anwendung (§ 441 I 2)

7. Erklärung der Minderung, § 441 I 1 (statt: Erklärung des Rücktritts)

Rechtsfolge: Herabsetzung des Kaufpreises (§ 441 III)

$$\text{Geminderter Kaufpreis} = \frac{\text{wirklicher Wert} \times \text{vereinbarter Kaufpreis}}{\text{Wert ohne Mangel}}$$

4. Schadensersatz

Die Lieferung einer mangelhaften Sache bedeutet wegen § 433 I 2 eine besondere Form der Pflichtverletzung. § 437 Nr. 3, 1. Alt. verweist hinsichtlich des Schadensersatzanspruchs auf die Vorschriften des allgemeinen Schuldrechts, insbesondere auf die §§ 280, 281 und 283. Daraus folgt zunächst, dass der Anspruch auf Schadensersatz auch im Rahmen der Mängelhaftung Verschulden voraussetzt, was sich aus § 280 I 2 ergibt. Der Verkäufer kann also schon bei fahrlässiger Lieferung mangelhafter Ware und wegen Mängeln an der Kaufsache selbst (Äquivalenzinteresse) auf Schadensersatz in Anspruch genommen werden. Er kann sich hinsichtlich des Vertretenmüssens entlasten, trägt hierfür allerdings die Darlegungs- und Beweislast (§ 280 I 2: „Dies gilt nicht …" = Beweislastumkehr).

Die Verantwortlichkeit des Verkäufers richtet sich nach § 276: Danach hat er Vorsatz und Fahrlässigkeit zu vertreten, wenn nicht eine strengere oder

39 Beispiel in Fall 9, Aufgabe 3.

mildere Haftung bestimmt noch aus dem sonstigen Inhalt des Kaufvertrags – insbesondere aus der Übernahme einer Garantie (vgl. § 443) oder eines Beschaffungsrisikos (z. B. bei einer Gattungsschuld) – zu entnehmen ist. Wenn der Verkäufer z. B. eine Garantie abgibt, haftet er, unabhängig davon, ob er den Mangel verschuldet hat oder nicht.

Im Übrigen muss für die Voraussetzungen zwischen den verschiedenen Arten des Schadensersatzes unterschieden werden:

a) Mangelschaden

§ 437 Nr. 3, 1. Alt. verweist auf §§ 280 I, III und 281 und ermöglicht damit den **Schadensersatz statt der Leistung**. Dieser Begriff führt zum Ersatz des eigentlichen **Mangelschadens** – also des Schadens, der dem Käufer dadurch entstanden ist, dass die Kaufsache einen Mangel aufweist.

Beispiel:
Der vom Verkäufer erworbene Pkw hat defekte Bremsen und einen Unfallschaden. Die Reparaturkosten und der verbleibende Minderwert stellen den Mangelschaden dar.

Schadensersatz statt der Leistung kann der Käufer grundsätzlich erst verlangen, wenn er dem Verkäufer erfolglos eine Frist zur Nacherfüllung gesetzt hat. Entbehrlich ist die Fristsetzung in den Fällen der §§ 281 II und 440.

Für die Berechnung des Anspruchs auf Schadensersatz statt der Leistung gibt es zwei Möglichkeiten. Der Käufer hat ein Wahlrecht:

aa) Kleiner Schadensersatzanspruch

Dieser durch die Mangelhaftigkeit der Kaufsache entstandene Schaden ist in § 281 I 1 geregelt, und zwar in der Formulierung: „… der Schuldner die … Leistung nicht … wie geschuldet erbringt.“ Der Käufer behält die mangelhafte Sache und verlangt im Übrigen, so gestellt zu werden, als ob ordnungsgemäß erfüllt worden wäre. Er kann als Schaden die Zahlung der Differenz zwischen dem Wert der gelieferten mangelhaften Sache und dem Wert der Sache in mangelfreiem Zustand verlangen. (Der Ersatz des Minderwerts führt zum praktisch gleichen Ergebnis wie die Minderung. Bei der Minderung geht es allerdings um die Anpassung des Kaufpreises, beim Schadensersatz hingegen um die Kompensation eines Wertverlustes.)

Stattdessen kann er auch den Mangel beseitigen lassen und dem Verkäufer die hierfür entstandenen Kosten in Rechnung stellen sowie ggf. einen verbleibenden Minderwert geltend machen. Ersatzfähig ist auch der sog. unmittelbare Vermögensschaden in dem Fall, dass der Käufer die bereits weiter verkaufte Sache wegen deren Mangelhaftigkeit an seinen Vertragspartner nicht mangelfrei liefern kann. Wenn er die Sache wegen des Mangels nicht – mit Gewinn – weiter verkaufen konnte, kann er den entgangenen Gewinn als Schadensposition in Rechnung stellen.[40]

Beispiel:
K kauft vom Gebrauchtwagenhändler V einen Pkw, der ihm „werkstattgeprüft" angeboten worden war. Bei der ersten Fahrt erleidet K einen Unfall: Da die Bremsen versagen, fährt er gegen einen Baum. Der rechte Kotflügel ist eingedrückt. Wenn K den Pkw behalten möchte, kann er von V Schadensersatz statt der Leistung gem. § 437 Nr. 3, 1. Alt. i. V. m. §§ 440, 434, 280 I und III, 281 I 1 verlangen und diesem die Reparaturkosten, den Nutzungsausfall sowie den Ersatz des Minderwertes in Rechnung stellen.

bb) Großer Schadensersatzanspruch

Der **„Schadensersatz statt der ganzen Leistung"** (sog. großer Schadensersatzanspruch) steht dem Käufer nach § 281 I 3 nur zu, wenn der **Mangel erheblich** ist. Bei der Erheblichkeitsprüfung ist eine umfassende Interessenabwägung vorzunehmen. Dabei sind insbesondere die Möglichkeit der Mängelbeseitigung und der für sie erforderliche Aufwand zu berücksichtigen.[41] Der Käufer gibt die mangelhafte Kaufsache zurück und verlangt Ersatz des Schadens, der ihm infolge der Nichterfüllung des ganzen Vertrags entstanden ist. Er erhält (als Mindestschaden) den bereits bezahlten Kaufpreis zurück und kann auch die Kosten der Ersatzbeschaffung verlangen.

Abwandlung des obigen Beispiels:
Bei dem Unfall werden die Frontpartie des Wagens sowie der Kühler eingedrückt; es entsteht ein erheblicher Schaden. K muss ein Sachverständigengutachten in Auftrag geben. Er kann von V Schadensersatz statt der ganzen Leistung gem. § 437 Nr. 3, 1. Alt. i. V. m. §§ 440, 434, 280 I und III, 281 I 1, 3 verlangen. Wenn ein Gebrauchtwagenhändler ein „werkstattgeprüftes" Fahrzeug anbietet und dessen defekte Bremsanlage nicht bemerkt, liegt eine erhebliche Pflichtverletzung (§ 281 I 3) vor. K kann also den defekten Pkw zurückgeben, den Kaufpreis zurückverlangen und die Kosten für das Sachverständigengutachten in Rechnung stellen.

Achtung!
Die Ansprüche auf Schadensersatz statt der Leistung und statt der ganzen Leistung stehen in Anspruchskonkurrenz zueinander. Der Käufer

40 Siehe hierzu *Brox/Walker* SchuldR BT, § 4 Rn. 93.

41 Ausführlich hierzu: jurisPK-BGB/*Alpmann*, § 281 Rn. 96 m. w. N. Handelt ein Verkäufer arglistig, ist eine unerhebliche Pflichtverletzung regelmäßig zu verneinen (BGH, Urteil vom 24.3.2006, Az.: V ZR 173/05, juris.de; BGHZ 167, 19 ff.).

hat also die Wahl, ob er gegenüber dem Verkäufer entweder den sog. kleinen oder den großen Schadensersatz geltend macht.

Der Verkäufer kann die übergebene mangelhafte Kaufsache gem. §§ 281 V, 346 ff. zurückverlangen. Der Käufer muss ggf. auch die gezogenen Nutzungen herausgeben (§§ 281 V, 346 I).[42]

b) Mangelfolgeschaden

§ 437 Nr. 3, 1. Alt. verweist auch auf § 280 I und damit auf den sog. **„einfachen" Schadensersatz**. Dieser umfasst nur diejenigen Schäden, die nicht die Mangelhaftigkeit der Sache selbst betreffen, sondern an anderen Rechtsgütern des Käufers entstehen (sog. **Mangelfolgeschäden**). Die Beschränkung des Schadensersatzanspruchs aus § 280 I auf den Mangelfolgeschaden ergibt sich daraus, dass in § 437 Nr. 3, 1. Alt. auch auf die §§ 281, 283 verwiesen wird; deren besondere Voraussetzungen für den Schadensersatz statt der Leistung würden umgangen, wenn nach § 280 I (ohne Fristsetzung) auch der Mangelschaden verlangt werden könnte. Dies ergibt sich auch aus dem Umkehrschluss zu § 280 III: Der Schadensersatz **statt** der Leistung kann nur unter den dort genannten zusätzlichen Voraussetzungen der §§ 281 ff. geltend gemacht werden. Also muss der Schadenersatzanspruch nach § 280 I andere Schäden als nur den reinen Mangelschaden erfassen. Zum Mangelfolgeschaden zählen die Schäden, die über die mangelbedingte Wertminderung der verkauften Sache hinausgehen und an sonstigen Rechten, Rechtsgütern oder rechtlich geschützten Interessen des Käufers entstehen.

Abwandlung des obigen Beispiels:
Aufgrund des Unfalls erleidet K, der Freiberufler ist, Rippenbrüche. Er hat Arzt- und Krankhauskosten. Die Heilungskosten stellen einen Mangelfolgeschaden dar.

Im vorgenannten Beispiel rückt der Ersatz dieses Schadens nicht an die Stelle eines mangelfreien Wagens, sondern stellt sich als **Schadensersatz neben der Leistung** dar. Mit Ersatz der Heilungskosten ist nicht der Anspruch auf einen mangelfreien Pkw ausgeschlossen. Der von K im Beispielsfall wegen der Rippenbrüche geltend gemachte Anspruch ist daher nicht auf Schadensersatz statt der Leistung gerichtet. Es kommt folglich nicht auf die Voraussetzungen des § 281 an; eine **Fristsetzung** ist **nicht erforderlich**. Die Heilungskosten (= Mangelfolgeschaden) ergeben sich vielmehr unmittelbar aus §§ 437 Nr. 3, 1. Alt., 280 I.

42 Zur Berechnung der Gebrauchsvorteile siehe *Reinicke/Tiedtke*, Rn. 247.

Das folgende Schaubild soll diese unterschiedlichen Schadensarten verdeutlichen:

Schadensersatz bei Lieferung einer mangelhaften Sache

Mangelschaden an der Sache selbst	Mangelfolgeschaden an anderen Rechtsgütern als der Kaufsache
§ 437 Nr. 3, 1. Alt. i. V. m. §§ 440, 280 I, III, 281 I	**§ 437 Nr. 3, 1. Alt. i. V. m. § 280 I**
Käufer hat Wahlrecht: Kleiner Schadensersatzanspruch (§ 281 I 1) Beispiele: • Ersatz des Minderwerts • Aufwendungen für Mängelbeseitigung • Nutzungsausfallschaden • Ausgleich des entgangenen Gewinns für Weiterveräußerung oder Großer Schadensersatzanspruch (§ 281 I 3) Beispiele: • Rückzahlung geleisteter Kaufpreis[43] (= Mindestschaden) • entgangener Gewinn für den aus einem infolge des Mangels gescheiterten Weiterverkauf • Kosten der Ersatzbeschaffung • Sachverständigengutachten	Beispiele: • Körper-/Gesundheitsschaden • Eigentumsschaden • Nutzungsausfall
Schadensersatz statt der Leistung	**Schadensersatz neben der Leistung**

Der Anspruch auf **Schadensersatz** kann **neben** einem **Rücktritt** (vgl. § 325) **oder** einer **Minderung** geltend gemacht werden. Mit der Forderung von Schadensersatz verliert der Käufer lediglich seinen Leistungsanspruch nach 433 I einschließlich des Nacherfüllungsanspruchs nach § 439 I, was § 281 IV klarstellt.

43 Zug um Zug gegen Rückgewähr der Kaufsache.

Neben dem Schadensersatzanspruch nach § 437 Nr. 3, 1. Alt. i. V. m. §§ 280 I, III, 281 wegen eines Mangels der Kaufsache können dem Käufer auch Schadensersatzansprüche gem. §§ 280 I, 311 II, 241 II (Schadensersatz wegen Pflichtverletzung vor Vertragsschluss) oder gem. §§ 280 I, III, 282 zustehen. So zum Beispiel bei fehlerhafter Beratung durch den Verkäufer oder bei Verletzung von Nebenpflichten (z. B. Beschädigung anderer Rechtsgüter des Käufers bei Lieferung durch den Verkäufer).

Merke:
Der Schadensersatzanspruch des Käufers ergibt sich aufgrund der Verweisung in § 437 Nr. 3, 1. Alt. aus dem allgemeinen Leistungsstörungsrecht. Hier ist zu differenzieren, ob der **Mangel**

behebbar ist	**oder**	**nicht behebbar ist**
Bei einer noch möglichen Nacherfüllung ist der Verkäufer von seiner Leistungspflicht nicht befreit. Der Käufer kann Schadensersatz statt der Leistung gem. §§ 280 I, III, 281 verlangen.		Wenn die Nacherfüllung gem. § 275 unmöglich ist, muss der Verkäufer nicht mehr leisten. Die Rechte des Käufers bestimmen sich – bei anfänglicher Unmöglichkeit nach § 311 a II. – bei nachträglicher Unmöglichkeit nach §§ 280 I, III, 283.

Prüfschema – Schadensersatz statt der Leistung bei mangelhafter Kaufsache gem. § 437 Nr. 3, 1. Alt. i. V. m. §§ 440, 280 I und III, 281 I

Voraussetzungen:

1. Wirksamer Kaufvertrag über eine Sache (i. S. d. § 433)
2. Pflichtverletzung des Verkäufers: Verstoß gegen § 433 I 2
   Sachmangel bei Gefahrübergang (§ 434) oder Rechtsmangel (§ 435)
3. Vertretenmüssen, § 280 I 2 i. V. m. §§ 276 ff.
4. Angemessene Fristsetzung zur Nacherfüllung und erfolgloser Fristablauf (§ 281 I 1)
   Frist ggf. entbehrlich nach § 440 S. 1 oder § 281 II
5. Schaden beim Gläubiger (Käufer)
6. Kein Haftungsausschluss durch Vertrag (vgl. § 444) oder Gesetz (§ 442)

Rechtsfolgen:
a) Schadensersatz **statt** der Leistung (= kleiner Schadensersatz)
b) Schadensersatz statt der **ganzen** Leitung (= großer Schadensersatz), falls Pflichtverletzung erheblich ist (§ 281 I 3)
Umfang: §§ 249 ff.

Prüfschema – Schadensersatz neben der Leistung bei Mangelfolgeschaden aufgrund einer mangelhaften Kaufsache gem. § 437 Nr. 3, 1. Alt. i. V. m. § 280 I:

Voraussetzungen:
1. Wirksamer Kaufvertrag über eine Sache (i. S. d. § 433)
2. Pflichtverletzung des Verkäufers: Verstoß gegen § 433 I 2 Sachmangel (§ 434) bei Gefahrübergang (§§ 446 f.) oder Rechtsmangel (§ 435)
3. Vertretenmüssen, § 280 I 2 i. V. m. §§ 276 ff.
4. Schaden beim Gläubiger (Käufer)
5. Kein Haftungsausschluss durch Vertrag (vgl. § 444) oder Gesetz (§ 442)

Rechtsfolge: Schadensersatz; Umfang: §§ 249 ff.

5. Aufwendungsersatz

Gem. § 284 hat der Käufer bei einer mangelhaften Kaufsache auch die Möglichkeit, anstelle des Anspruchs auf Schadensersatz statt der Leistung (§ 437 Nr. 3, 1. Alt.) frustrierte Aufwendungen zu liquidieren. Dazu zählen z. B. die Vertragskosten.[44] Dies betrifft die Fälle, in denen der Gläubiger aus dem Geschäft keine materielle, kostendeckende und damit „rentable" Gegenleistung, sondern immaterielle Vorteile erhofft hatte. Der Käufer muss gegen den Verkäufer einen Anspruch auf Schadensersatz nach Maßgabe der § 437 Nr. 3, 1. Alt. i. V. m. §§ 440, 280, 281, 283 bzw. des § 311 a haben. Dies folgt aus der Formulierung, dass der Ersatz vergeblicher Aufwendungen nur „anstelle des Schadensersatzes" verlangt werden kann. Es müssen also sämtliche Voraussetzungen eines Schadensersatzanspruchs des Käufers vorliegen. Dieser Anspruch setzt folglich auch ein – vermutetes – Verschulden des Verkäufers voraus (§ 284 i. V. m. §§ 280 I 2, 281).

44 *Palandt/Grüneberg*, § 284 Rn. 5 m. w. N.

Beispiel:
K kauft von V ein Grundstück. Der Kaufvertrag wird notariell beurkundet; die Vertragskosten werden von K übernommen. Als K feststellt, dass sich Altlasten im Erdboden befinden (was dem V bekannt war), tritt er vom Kaufvertrag zurück. Die Notarkosten kann K von V gem. § 437 Nr. 3, 2. Alt. i. V. m. §§ 280 I, III, 440, 281 I 1 i. V. m. § 284 verlangen.

Prüfschema – Aufwendungsersatz statt der Leistung wegen mangelhafter Kaufsache gem. §§ 437 Nr. 3, 2. Alt., 440, 280 I, III, 281 I 1 i. V. m. § 284:

Voraussetzungen:

1. Wirksamer Kaufvertrag über eine Sache (i. S. d. § 433)
2. Sachmangel bei Gefahrübergang (§ 434) oder Rechtsmangel (§ 435)
3. Vertretenmüssen, § 280 I 2 i. V. m. §§ 276 ff.
4. Angemessene Fristsetzung zur Nacherfüllung und erfolgloser Fristablauf (§ 281 I 1)
   Frist ggf. entbehrlich nach § 440 S. 1 oder § 281 II
5. Gläubiger (Käufer) hatte Aufwendungen (§ 284)

Rechtsfolge: Aufwendungsersatz i. R. d. § 284

Bei einer **unbehebbaren** mangelhaften Kaufsache ist v. g. Prüfschema ebenfalls anzuwenden. Allerdings sind die Fristsetzung und deren Ablauf (Prüfungspunkt 4) entbehrlich.

IV. Ausschluss der Gewährleistung

Die Gewährleistungsrechte können **kraft Gesetzes** ausgeschlossen sein. Das ist nach § 442 bei Kenntnis des Käufers von den Mängeln der Fall. Schädlich ist auch dessen grob fahrlässige Unkenntnis. Maßgeblicher Zeitpunkt hierfür ist der des Vertragsschlusses. Eine Ausnahme bei der grob fahrlässigen Unkenntnis besteht für die Fälle der Arglist und der Garantie des Verkäufers für das Vorhandensein einer bestimmten Eigenschaft.

Ein Ausschluss bzw. eine Einschränkung der Gewährleistung ist gem. § 444 auch **durch Vertrag** möglich. Der Verkäufer kann sich darauf allerdings nicht berufen, wenn er den Mangel arglistig verschwiegen oder eine Garantie für die Beschaffenheit der Sache übernommen hat.

V. Konkurrenzen

Die Anfechtung nach § 123 I wegen arglistiger Täuschung oder widerrechtlicher Drohung ist neben Mängelansprüchen bzw. -rechten des Käufers möglich. Hingegen ist § 119 II (Anfechtung wegen Irrtums über eine verkehrswesentliche Eigenschaft) ab Gefahrübergang bei Sachmängeln ausgeschlossen, da die §§ 433 ff. Spezialvorschriften sind. Denn sonst würde die zweijährige Verjährungsfrist des § 438 I Nr. 3 unterlaufen. Andererseits könnte der Käufer auch anfechten, wenn sein Irrtum auf grober Fahrlässigkeit beruhen würde. Damit könnte er § 442 I 2 umgehen.[45]

VI. Verjährung

Gem. § 438 gelten – abweichend von den Verjährungsvorschriften des Allgemeinen Teils des BGB (§§ 195 ff.) – für alle in § 437 genannten Ansprüche einschließlich der Ansprüche aus Mangelfolgeschäden und wegen Aliudlieferung (= Falschlieferung, vgl. § 434 III, 1. Alt.) folgende Fristen:

- grundsätzlich zwei Jahre nach § 438 I Nr. 3,
- bei Bauwerken und Sachen, die entsprechend ihrer üblichen Verwendungsweise für ein Bauwerk verwendet wurden (z. B. Badewannen) und dessen Mangelhaftigkeit verursacht haben, fünf Jahre[46] nach § 438 I Nr. 2,
- 30 Jahre in den Fällen der Eviktionshaftung[47]: Dies betrifft Ansprüche wegen Rechtsmängeln, die Dritte aufgrund dinglichen Rechts (z. B. Eigentum) zur Herausgabe hinsichtlich der Kaufsache berechtigen. Diese Regelung berücksichtigt, dass nach § 197 I Nr. 1 Herausgabeansprüche aus Eigentum und anderen dinglichen Rechten erst in 30 Jahren verjähren. Ohne den durch § 438 I Nr. 1 herbeigeführten Fristengleichlauf müsste der Käufer ansonsten das Risiko tragen, dass seine Ansprüche gegen den Verkäufer mit Ablauf der zweijährigen Verjährungsfrist nach Nr. 3 verjähren, er jedoch weitere 28 Jahre dem Herausgabeanspruch eines Dritten ausgesetzt wäre. Gleiches gilt für Ansprüche wegen Scheinbelastungen im Grundbuch (§ 438 I Nr. 1).
- drei Jahre bei Arglist des Verkäufers. Hier gilt die den Käufer schützende, kenntnisabhängige Frist des § 195 (§ 438 III).

---

45 *Brox/Walker* SchuldR BT, § 4 Rn. 134 ff.; Beispiel in Fall 3, Aufgabe 1.

46 Angleichung an die fünfjährige Haftung des die Baustoffe einbauenden Werkunternehmers nach § 634 a I Nr. 2.

47 Eviktion = Entwertung.

Bei beweglichen Sachen beginnt die Verjährung gem. § 438 II mit der Ablieferung der Sache, bei Grundstücken mit deren „Übergabe" (also Einigung und Eintragung gem. §§ 925, 873).

Da Rücktritt und Minderung Gestaltungsrechte und keine Ansprüche (vgl. die Definition in § 194 I) sind, können für sie die Verjährungsnormen nicht unmittelbar gelten. Gem. § 218 ist der Rücktritt unwirksam, wenn der Anspruch auf Leistung oder auf Nacherfüllung verjährt ist und der Verkäufer sich hierauf beruft. Dasselbe gilt nach § 438 V auch für die Minderung.

Gem. § 438 IV 2 hat der Käufer eine Mängeleinrede, soweit seine Gegenleistungspflicht noch nicht erfüllt ist. Damit wird ein Ausgleich für das Fristengefälle zwischen der Verjährung des Kaufpreisanspruchs (drei Jahre) und des dem Rücktritt bzw. der Minderung zugrunde liegenden Anspruchs auf Nacherfüllung (zwei Jahre) erreicht.

Pflichtverletzungen, die keinen Mangel i. S. d. § 434 verursachen, begründen keine Ansprüche nach § 437 und können deshalb auch nicht nach § 438 I verjähren. Für diese Ansprüche auf Schadensersatz aus Pflichtverletzung nach § 280 I oder wegen Verletzung vorvertraglicher Pflichten (§§ 280 I, 311 II, 241 II) – z. B. bei fehlerhafter Beratung vor Vertragsschluss – gilt das allgemeine Leistungsstörungsrecht und deshalb auch die regelmäßige Verjährungsfrist von drei Jahren (§ 195).

VII. Garantie

In den §§ 443 und 477 wird eine gesetzliche **Garantiehaftung** begründet. Wenn der Verkäufer oder ein Dritter (Großhändler, Importeur, Produzent) eine Garantie für die Beschaffenheit einer Sache übernimmt, stehen dem Käufer im Garantiefall die daraus resultierenden Rechte zu. Es handelt sich hierbei um eine gesetzliche Haftung von quasi-vertraglicher Natur. Denn eine Vertragsbeziehung muss zwischen dem Dritten und dem Käufer nach § 443 nicht bestehen. Anlass der Garantiehaftung des Dritten ist allerdings der zwischen dem Verkäufer und dem Käufer abgeschlossene Kaufvertrag. Der Inhalt der **Garantieerklärung** wird vom Gesetz nicht vorgegeben, zumal dieser in die Dispositionsbefugnis des Erklärenden – im Rahmen der Vertragsfreiheit – fällt.

Im Falle der **Haltbarkeitsgarantie** (Definition in § 443 I) wird ein während der Garantiezeit auftretender Sachmangel nach der Vermutungsregel des § 443 II – die widerlegbar ist – als Garantiefall angesehen. Der Käufer muss dann nur den Abschluss des Kaufvertrags, das Bestehen der Haltbarkeitsgarantiezusage und das Auftreten des Mangels im Rahmen der von der

Garantieerklärung erfassten Frist darlegen und beweisen. Der Verkäufer kann dies z. B. durch den Nachweis einer sachwidrigen Behandlung der Kaufsache durch den Käufer entkräften.

VIII. Verbrauchsgüterkauf

In den §§ 433 ff. befinden sich die für alle Kaufverträge geltenden Vorschriften. Die §§ 474–479 enthalten **zusätzliche Anforderungen an Verbrauchsgüterkaufverträge**. In Übereinstimmung mit der Verbrauchsgüterkauf-Richtlinie[48] bestimmt § 474 den Geltungsbereich: Verbrauchsgüterkaufverträge liegen nur vor bei Kaufverträgen zwischen einem Unternehmer (Definition in § 14) und einem Verbraucher (Definition in § 13) über bewegliche Sachen. Die Vorschriften der §§ 474 ff. gelten also nicht bei

- Kaufverträgen zwischen Unternehmern,
- Kaufverträgen zwischen Verbrauchern,
- Kaufverträgen zwischen Verbraucher und Unternehmer, bei denen der Unternehmer „Käufer" ist,
- Kaufverträgen über Immobilien,
- Kaufverträgen über Rechte (§ 453).

Gem. § 475 I sind die in den §§ 433–435, 437, 439–443 sowie in §§ 474–477 verankerten Rechte des Verbrauchers im Vorhinein zu dessen Nachteil nicht abdingbar. Eine Ausnahme gilt nur für Schadensersatzansprüche: Sie können gem. § 475 III abbedungen werden.

Die grundsätzlich dispositive Verjährungsfrist des § 438 darf für neue Sachen vertraglich nicht auf weniger als zwei Jahre und für gebrauchte Sachen nicht auf weniger als ein Jahr verkürzt werden (§ 475 II).

Wichtig ist die in **§ 476** zulasten des Verkäufers festgeschriebene **Beweislastumkehr**. Danach wird zugunsten des Verbrauchers vermutet, dass ein Mangel, der innerhalb von sechs Monaten seit Gefahrübergang auftritt, bereits bei Übergabe der Sache (= Gefahrübergang, vgl. § 446[49]) vorhanden war. Diese Vermutung gilt nicht, wenn sie mit der Art der Sache oder des Mangels unvereinbar ist – so z. B. bei gebrauchten Waren, bei denen wegen des unterschiedlichen Grades der Abnutzung kein entsprechender Erfahrungssatz besteht.

---

48 1999/44/EG des Europäischen Parlaments und des Rats vom 25.5.1999 (ABl. EG 1999 Nr. L 171/12).

49 Dieser ist auch bei Annahmeverzug des Käufers gegeben (§ 446 S. 3).

Der Gefahrübergang richtet sich in der Regel nicht nach § 447, sondern nach § 446. Denn gem. § 474 IV findet die Vorschrift über den Versendungskauf (§ 447 I) nur dann Anwendung, wenn der Käufer die zur Ausführung der Versendung bestimmte Person beauftragt und der Unternehmer (= Verkäufer) dem Käufer diese Person nicht zuvor benannt hat. Im Fall des § 447 I wird der Zeitpunkt des Gefahrübergangs bei zufälligem Untergang der Kaufsache entgegen der Grundregel des § 446 (= Übergabe) vorverlegt, d. h. gem. § 447 I soll der Käufer diese Gefahr bereits ab Absendung der Ware tragen. Gem. § 474 IV ist diese Vorverlegung des Gefahrübergangs auf den Verbrauchsgüterkauf grundsätzlich ausgeschlossen. Nur für die Sonderkonstellation, dass der Verbraucher die Beförderung der Sache selbst organisiert, also den oder die möglichen Beförderer ohne Rückgriff auf einen Vorschlag des Unternehmers auswählt, ist § 447 I anwendbar.

In § 477 I 2 werden bestimmte formelle Anforderungen an Garantieerklärungen gestellt: Einfache und verständliche Formulierung, Hinweis auf die Gewährleistungsrechte, Inhalt der Garantie. Eine Verletzung dieser Anforderungen beeinträchtigt die Ansprüche des Käufers aus der Garantie nicht.

IX. Rückgriff des Unternehmers in einer Lieferkette

Im Falle einer Lieferkette (z. B. Hersteller – Großhändler – Einzelhändler) erleichtern die §§ 478 f. dem Unternehmer beim Verkauf neu hergestellter Sachen einen Rückgriff gegenüber seinem Lieferanten. Damit soll ein Ausgleich für die strengere Haftung des Verkäufers im Rahmen des Verbrauchsgüterkaufs geschaffen werden. Wenn der Unternehmer (z. B. der Letztverkäufer) die neu hergestellte Sache wegen eines Mangels zurücknehmen musste – im Rahmen einer Nachlieferung, aufgrund des Rücktritts des Käufers oder Geltendmachung des großen Schadensersatzanspruchs – oder aber der Verbraucher den Kaufpreis gemindert hat, kann der Unternehmer Rückgriff bei seinem Lieferanten (z. B. dem Großhändler, von dem er seinerseits die Sache gekauft hat) unter den Voraussetzungen der §§ 437 ff. nehmen. Aufgrund der Regelung des § 478 bedarf es dazu keiner Frist. § 478 I ist allerdings keine Anspruchsgrundlage für den Letztverkäufer, sondern regelt die Abwicklung des Rückgriffs gegenüber dem Lieferanten nach den §§ 437, 434.[50] Es müssen deshalb die dort genannten Voraussetzungen vorliegen – vor allem: Lieferung einer bei Gefahrübergang mangelhaften Kaufsache.

---

50 juris PK-BGB/*Ball*, § 478 Rn. 4.

Vertiefung: Allgemeine Geschäftsbedingungen[51]

Übersicht:
I. Begriff
II. Anwendungsbereich
III. AGB als Vertragsbestandsteil
IV. Wirksamkeitskontrolle
   1. Klauselverbote ohne Wertungsmöglichkeit, § 309
   2. Klauselverbote mit Wertungsmöglichkeit, § 308
   3. Generalklausel, § 307 I und II
V. Rechtsfolgen der Nichteinbeziehung oder Unwirksamkeit, § 306
VI. Besonderheiten beim Verbrauchsgüterkauf

Die Gestaltungsfreiheit bei Verträgen wird oft durch Allgemeine Geschäftsbedingungen eingeschränkt,[52] was aufgrund der im Schuldrecht bestehenden Vertragsfreiheit möglich ist. Solche Vereinbarungen sind wirksam, sofern sie nicht gegen ein gesetzliches Verbot (§ 134) oder gegen die guten Sitten (§ 138) verstoßen. AGB – umgangssprachlich auch: das „Kleingedruckte" in Verträgen – spielen im Rechtsverkehr eine große Rolle. Sie vereinheitlichen Massenverträge und ermöglichen eine schnelle Anpassung an geänderte rechtliche oder wirtschaftliche Rahmenbedingungen. Als einseitig gestellte „Bedingung" begünstigen AGB zumeist den wirtschaftlich stärkeren Vertragspartner. Dem anderen Teil fehlt oft auch die Möglichkeit, sich mit den abstrakt formulierten und oft nur schwer verständlichen Klauseln auseinanderzusetzen bzw. diese zu beurteilen. Die §§ 305–310 („Gestaltung rechtsgeschäftlicher Schuldverhältnisse durch Allgemeine Geschäftsbedingungen")[53] bieten insbesondere dem

---

51 **Literatur zur Vertiefung:** *Benning/Oberrath* AGB; *Brox/Walker* SchuldR AT, § 4 Rn. 28 ff.; *Fikentscher/Heinemann*, § 25 VI; *Führich*, § 9; *Grünberger*, Der Anwendungsbereich der AGB-Kontrolle, JURA 2009, 249 ff.; *Grunewald*, § 6; *Kaiser*, Rn. 176 ff.; *Köhler*, § 16; *Löhnig/Gietl*, Grundfälle zum Recht der Allgemeinen Geschäftsbedingungen, JuS 2012, 393, 494; *Looschelders* SchuldR AT, §§ 5–9, 18; *Lorenz/Günther*, Grundwissen Zivilrecht: Allgemeine Geschäftsbedingungen, JuS 2013, 199; *Peters*, Haftungsklauseln in Allgemeinen Geschäftsbedingungen, JURA 2015, 121; *Petersen*, Die Einbeziehung Allgemeiner Geschäftsbedingungen, JURA 2010, 667 ff.; *Richter*, S. 289 ff.; *Rüthers/Stadler*, § 21; *Wörlen/Metzler-Müller* SchuldR AT, Rn. 39 ff.

52 Beispiel hierfür in Fall 9. Die §§ 434 ff. enthalten dispositives, also abdingbares Recht (lateinisch: ius dispositivum); Ausnahmen gelten für Verbrauchsgüterkaufverträge i. S. d. § 474.

53 Bis 31.12.2001 befanden sich diese im AGBG. Dieses Sondergesetz wurde im Rahmen der Schuldrechtsreform in das BGB integriert und die Vorschriften des **materiell-rechtlichen** Teils des AGBG en bloc übernommen. Damit sollte eine Verbesserung der Transparenz und Übersichtlichkeit des deutschen Zivilrechts sowie die enge Verwobenheit des AGB-Rechts mit dem Schuldrecht erreicht werden. Der **formelle Teil** des AGBG (die bisherigen §§ 13 ff. AGBG) findet sich im neuen Gesetz über Unterlassungsklagen bei Verbraucherrechts- und anderen Verstößen (sog. Unterlassungsklagengesetz – UKlaG).

Verbraucher in dieser Situation einen Schutz, da Regelungen für die Einbeziehung der AGB aufgestellt und diese einer inhaltlichen Kontrolle unterzogen werden.

I. Begriff

§ 305 I definiert, was unter dem Begriff „Allgemeine Geschäftsbedingungen" zu verstehen ist. Es handelt sich danach um einseitig von einer Vertragspartei (= Verwender) vorformulierte Vertragsbedingungen, die für eine Vielzahl von Vertragsabschlüssen erstellt worden sind. Dazu zählen auch Formularverträge – sogar dann, wenn der Verwender diese nur einmalig gebraucht – zumal sie von ihrer Zweckbestimmung her dazu bestimmt sind, in einer Vielzahl von Einzelverträgen Verwendung zu finden.

Beispiele:
Miet-Formularverträge (von den einzelnen Interessenverbänden erstellt, wie z.B. Mieterverein oder „Haus- und Grund"/Vermieterverein), Kauf-Formularverträge (ADAC, Versicherungen, Banken, Händler haben diese ausgearbeitet).

Bei sog. „Verbraucherverträgen" (Legaldefinition in § 310 III) gelten die Schutzvorschriften der §§ 305 ff. auch dann, wenn die vorformulierten Vertragsbedingungen nur zur einmaligen Verwendung bestimmt sind und der Verbraucher aufgrund der Vorformulierung auf ihren Inhalt keinen Einfluss nehmen konnte. Außerdem „gelten"[54] die AGB als vom Unternehmer gestellt. Es spielt keine Rolle, ob der Verwender selbst, ein Interessenverband oder ein Dritter sie aufgesetzt hat, ob sie äußerlich einen gesonderten Vertragsbestandteil bilden, hand- oder maschinenschriftlich erstellt wurden (vgl. § 305 I 2). Sind die Vertragsbedingungen nicht einseitig vom Verwender auferlegt worden, sondern stellen sie das Ergebnis beiderseitiger Vertragsverhandlungen dar, verbietet sich die Annahme von AGB (§ 305 I 3).

AGB sind keine Rechtsnormen, ihre Geltung beruht immer auf einer rechtsgeschäftlichen Grundlage.

II. Anwendungsbereich

Der **sachliche Anwendungsbereich** der Verbraucherschutzvorschriften (§§ 305–310) ist gem. § 310 IV auf schuldrechtliche und sachenrechtliche Verträge beschränkt. Neben Verträgen des Familienrechts und des Erb-

54 = Fiktion, also Annahme eines Sachverhalts, der in Wirklichkeit nicht besteht.

rechts sind auch Verträge des Gesellschaftsrechts ausgenommen; Gleiches gilt für das kollektive Arbeitsrecht.[55] Arbeitsverträge unterliegen grundsätzlich der AGB-Prüfung.

Hinsichtlich des **persönlichen Anwendungsbereichs** finden die §§ 305 II, III und 308 sowie 309 gegenüber einem Unternehmer sowie gegenüber juristischen Personen des öffentlichen Rechts keine Anwendung (vgl. § 310 I 1). § 307 gilt unmittelbar. Aus § 310 I 2 ergibt sich ausdrücklich, dass die Unwirksamkeit einer AGB-Klausel, die sich im Verhältnis zu einem Nichtunternehmer aus §§ 308 und 309 ergibt, im Verkehr unter Unternehmern aus § 307 abgeleitet werden kann.

Vertragsbedingungen können nur dann nach den §§ 305–310 beurteilt werden, wenn es sich um echte AGB i. S. v. § 305 I handelt, wobei ggf. § 306 a (Umgehungsverbot) zu beachten ist. Dieses Umgehungsverbot soll verhindern, dass „findige“ Verwender Wege suchen, die Verbraucherschutzvorschriften der §§ 305 ff. zu umgehen; so z. B., wenn der Warenumsatz nicht durch einen Kauf-, sondern durch einen Gesellschaftsvertrag – auf den die §§ 305 ff. (vgl. § 310 IV) keine Anwendung finden – geregelt wird. Die §§ 305 ff. greifen hier – schon allein bei Vorliegen des objektiven Tatbestandes – ein.

III. AGB als Vertragsbestandteil

Die Einbeziehungsvereinbarung ist ein Teil des Vertrages und setzt voraus,

1. dass der Verwender die andere Vertragspartei bei Vertragsschluss ausdrücklich (schriftlich oder mündlich) auf die AGB hinweisen muss. Ein **nach** Vertragsschluss erfolgter Hinweis – z. B. auf der Rechnung oder dem Lieferschein – genügt nicht. Hierbei handelt es sich vielmehr um einen Antrag auf Vertragsänderung, den der Vertragspartner nicht anzunehmen braucht. Ausnahmsweise genügt ein deutlich sichtbarer Aushang am Ort des Vertragsschlusses (§ 305 II Nr. 1); so bei den konkludent geschlossenen Massenverträgen des täglichen Lebens, wo ein ausdrücklicher Hinweis in der Praxis kaum möglich ist bzw. eine unverhältnismäßige und im Grunde überflüssige Erschwerung der Massenabfertigung darstellen würde.

   Beispiel:
   Kino, Kfz-Waschanlage, chemische Reinigung, Selbstbedienungsladen, Kaufhaus.

---

55 = das Recht der arbeitsrechtlichen Koalitionen (Gewerkschaften und Arbeitgeberverbände).

2. dass der Vertragspartner in zumutbarer Weise von dem Inhalt der AGB Kenntnis nehmen kann (§ 305 II Nr. 2). Bei Abwesenden müssen die AGB diesen zugesandt werden, für Anwesende müssen sie mühelos lesbar und verständlich sein **und**
3. dass der Vertragspartner mit der Geltung der AGB einverstanden sein muss (§ 305 II a. E.). Das Einverständnis kann ausdrücklich oder konkludent erklärt werden.

Sofern ein Vertragsabschluss über das Internet erfolgt, muss der Verwender seine AGB unmittelbar und unübersehbar **vor** dem Anklicken der konkreten Bestellung platzieren. Nicht ausreichend ist die Erwähnung der AGB im Hauptmenü auf der Homepage des Anbieters.[56] Der Kunde muss die Möglichkeit haben, sich die AGB durch „Download" herunterzuladen.

Selbst wenn die in § 305 II genannten Voraussetzungen erfüllt sind, sind die AGB dennoch nicht Vertragsbestandteil geworden, soweit es sich um Überraschungsklauseln i. S. v. § 305 c I, also Klauseln, die derart ungewöhnlich sind, dass der Geschäftsgegner mit ihnen unter gar keinen Umständen zu rechnen brauchte, handelt.

Beispiel:
Die Bestimmung in „Reparatur-Bedingungen" der Elektrogerätebranche, wonach „Kostenvoranschläge, die nicht zur Erledigung der Reparatur führen, mit einer Bearbeitungsgebühr berechnet" werden.[57] Oder wenn die AGB zu einer vertraglichen Individualabrede in Widerspruch stehen (§ 305 b).

IV. Wirksamkeitskontrolle

Die Inhaltskontrolle von AGB nach den §§ 307–309 (durch die Gerichte) soll der Überprüfung „vertraglicher rechtlicher" Regelungen[58] dienen. Daraus ergeben sich zwei Einschränkungen, die im Wortlaut von § 307 III nur ungenau zum Ausdruck kommen:

- Von einer „vertraglichen Regelung" kann man nicht sprechen, wenn AGB lediglich den Gesetzestext, ggf. nur sinngemäß, wiederholen. Die §§ 307–309 gelten in diesem Fall nicht, da sie nicht dazu dienen sollen, den Inhalt von Gesetzesvorschriften zu überprüfen![59]

---

56 *Kittner*, Rn. 976; *Benning/Oberrath* AGB, Rn. 8, 233.

57 BGH NJW 1982, 765 zu § 3 AGBG, dem § 305 c entspricht. Weitere Beispiele bei *Palandt/Grüneberg*, § 305 c Rn. 5.

58 Vgl. *Jauernig/Stadler*, § 307 Rn. 13.

59 Siehe *Palandt/Grüneberg*, § 307 Rn. 54.

- Eine „rechtliche“ Regelung liegt nicht vor, wenn die AGB die jeweiligen Vertragsleistungen nur tatsächlich beschreiben.[60]
  Sog. „Leistungsbeschreibungen“, die Art, Umfang und Güte der geschuldeten Leistung festlegen, aber die für die Leistung selbst geltenden gesetzlichen Vorschriften unberührt lassen, sind ebenfalls der Inhaltskontrolle entzogen.

  Beispiele:
  Baubeschreibungen, Kataloge, Prospekte u.a.

Die Kontrolle von AGB nach den §§ 307–309 ist nur angebracht und möglich, soweit durch AGB-Klauseln dispositives Recht ausgeschlossen, geändert oder ergänzt werden soll.

1. Klauselverbote ohne Wertungsmöglichkeit, § 309

Die in dieser Vorschrift genannten Klauseln sind zwingend unwirksam.

Beispiel:
Bei einer Autowaschanlage wird die Haftung für Vorsatz und grobe Fahrlässigkeit ausgeschlossen. Dieser Haftungsausschluss ist im Ganzen gem. § 309 Nr. 7b unwirksam.[61]

2. Klauselverbote mit Wertungsmöglichkeit, § 308

Für die in § 308 genannten Verbote ist charakteristisch, dass sie „unbestimmte Rechtsbegriffe“ (z.B. Nr. 1 und Nr. 2: „unangemessen lange“, Nr. 3: „sachlich gerechtfertigter ... Grund“) enthalten. Diese sind also inhaltlich nicht durch einen fest umschriebenen Sachverhalt erfüllt, sondern bedürfen bei der Rechtsanwendung in einem konkreten Fall einer Wertausfüllung.[62]

Beispiel:
Die Lieferfristangabe in Allgemeinen Geschäftsbedingungen „eine Übergabe an den Paketdienst erfolgt in der Regel 1–2 Tage nach Zahlungseingang...“ ist nicht hinreichend bestimmt im Sinne des § 308 Abs. 1 Nr. 1.[63]

3. Generalklausel, § 307 I und II

Sofern eine Klausel nicht nach § 309 oder § 308 unwirksam ist, kann sich die Unwirksamkeit aus dem Auffangtatbestand des § 307 I oder II ergeben.

---

60 Vgl. *Palandt/Grüneberg*, § 307 Rn. 57.
61 BGH NJW 2005, 422. Weitere Beispiele bei *Niebling*, S. 101ff.
62 Interessante Beispiele bei *Palandt/Grüneberg*, § 308 Rn. 4, 7,12,17f.
63 KG Berlin, Beschluss vom 3.4.2007, Az.: 5 W 73/07, juris.de; NJW 2007, 2266ff.

Diese Vorschrift legt den Wertmaßstab für die richterliche Inhaltskontrolle von AGB fest mit dem Ziel, dass niemand durch das „Kleingedruckte" unangemessen benachteiligt werden darf. Eine solche Benachteiligung liegt vor, wenn die Klausel von ihrem Regelungsgehalt her mit den Grundsätzen von Treu und Glauben (§ 242) unvereinbar ist und den Vertragspartner unangemessen benachteiligt (§ 307 I). In § 307 II erfolgt eine gewisse Konkretisierung der Generalklausel durch Regelbeispiele.

Bei „Verbraucherverträgen" i. S. d. § 310 III sind bei der Beurteilung der unangemessenen Benachteiligung auch die speziellen Umstände bei Vertragsschluss zu berücksichtigen (§ 310 III Nr. 3).

Beispiel:
Bei einer Autowaschanlage wird die Haftung für leichte Fahrlässigkeit ausgeschlossen. Dieser Haftungsausschluss ist gem. § 307 II Nr. 2 unwirksam. Gleiches gilt hinsichtlich eines Haftungsausschlusses für Lackschäden, Scheibenwischer, Spiegel oder sonstige Zubehörteile, da nur der Betreiber Schadensprävention betreiben kann.[64]

V. Rechtsfolgen der Nichteinbeziehung oder Unwirksamkeit, § 306

Sind AGB nicht wirksam in den Vertrag einbezogen worden (§§ 305 II, 305 a, 305 b) oder haben sich einzelne Klauseln als unwirksam erwiesen (§§ 309, 308, 307), bleibt gem. § 306 I der Vertrag grundsätzlich wirksam. An die Stelle der unwirksamen Klausel treten die gesetzlichen Regelungen (§ 306 II) – es sei denn, dies würde zu einer unzumutbaren Härte für eine Vertragspartei führen. In diesem Fall ist der gesamte Vertrag unwirksam (§ 306 III).

Beispiel:[65]
Bei einem Dauerschuldverhältnis, das die Erbringung von Dienst- oder Werkleistungen zum Gegenstand hat, wird durch AGB eine Laufzeit von drei Jahren vereinbart. Nach § 309 Nr. 9 a ist die Vereinbarung einer länger als zwei Jahre bindenden Laufzeit unzulässig. Der entsprechende Vertrag ist deshalb als unbefristet anzusehen. Es tritt keine Befristung auf zwei Jahre ein.

VI. Besonderheiten beim Verbrauchsgüterkauf

Das Kaufrecht ist aufgrund der Vorgaben der Verbrauchsgüterkauf-Richtlinie[66] seit 1.1.2002 für den gewerblichen Verkauf von Waren an Verbrau-

---

64 BGH NJW 2005, 422. Weitere Beispiele bei *Niebling*, S. 60 ff.

65 Nach *Benning/Oberrath* AGB, Rn. 25.

66 Vom 25.5.1999 (1999/44/EG), ABl. EG 1999 Nr. L 171 S. 12 – abgedruckt in: NJW 1999, 2421).

cher weitgehend zwingend (vgl. §§ 475, 651). Es kann also weder durch Individualvereinbarung noch erst recht durch AGB abgeändert werden. Vor allem der Haftungsausschluss bei Mängeln neu hergestellter Sachen und Werkleistungen (§ 309 Nr. 8b) ist bei einem Verbrauchsgüterkaufvertrag – also einem Kaufvertrag **von** einem Unternehmer **an** einen Verbraucher, vgl. § 474 – nicht mehr zulasten des Verbrauchers dispositiv – mit Ausnahme des Anspruchs auf Schadensersatz (vgl. § 475 III). Es handelt sich hierbei vor allem um die Regelungsgegenstände des Sachmängelbegriffs, der Gewährleistungsrechte (außer Schadensersatz), der Gewährleistungsfrist für Gewährleistungsrechte (mit v. g. Ausnahme) sowie Formalanforderungen an vertragsbegleitende Garantien. Regelungen zum Schadensersatz sowie Regelungen außerhalb des Gewährleistungsrechts – z. B. Verzug oder Unmöglichkeit – sind im Rahmen der §§ 307–309 auch bei einem Verbrauchsgüterkauf möglich.

Prüfschema – Wirksamkeit von Allgemeinen Geschäftsbedingungen:

→ Wird ein bestehender Anspruch oder ein Recht durch eine AGB-Klausel eingeschränkt oder ausgeschlossen?

→ Verstößt die AGB-Klausel gegen die Schutzvorschriften der §§ 305–310?

I. Die §§ 305–310 müssen anwendbar sein.

1. Es muss sich um AGB i. S. v. § 305 I handeln (evtl. § 306a: Umgehungsverbot), **d. h.**
   a) vorformulierte Vertragsbedingungen,
   b) für eine Vielzahl von Verträgen (Ausnahme bei Verbrauchern: § 310 III Nr. 2),
   c) die einseitig vom Verwender der anderen Vertragspartei gestellt worden sind (beachte bei Verbrauchern auch § 310 III Nr. 1) **und**
   d) sich nicht als das Ergebnis beiderseitiger Vertragsverhandlungen darstellen (§ 305 I 3).

2. Kein Ausschluss der Anwendbarkeit nach § 310
   a) sachlich:
   - nicht im Erb-, Familien- und Gesellschaftsrecht, eingeschränkt im Arbeitsrecht (§ 310 IV)
   - nicht für Versorgungsbedingungen von Elektrizitäts-, Gas-, Fernwärme-, Wasser- und Abwasserversorgungsunternehmen, die nicht nachteilig von entsprechenden Verordnungen abweichen (§ 310 II)

b) persönlich:
- bei Verbrauchern gelten alle Vorschriften (§ 310 III)
- bei Unternehmern gelten § 305 II und III sowie §§ 308 und 309 nicht (§ 310 I)

II. AGB müssen Vertragsbestandteil geworden sein

1. Einbeziehung der AGB
a) Hinweis des Verwenders – ausdrücklich oder Aushang (z. B. in Banken),
b) Möglichkeit der zumutbaren Kenntnisnahme (z. B. Abdruck der AGB auf den Rückseiten des Vertrages),
c) generelles Einverständnis der anderen Vertragspartei,

2. keine Überraschungsklauseln i. S. d. § 305c I (Überrumpelung der anderen Vertragspartei)

3. keine (vorrangige) Individualabrede (§ 305b)

III. Eindeutigkeit der AGB

1. ggf. Auslegung mehrdeutiger Klauseln
2. Auslegungszweifel gehen zu Lasten des Verwenders (§ 305c II)

IV. Wirksamkeit der AGB/Inhaltskontrolle

1. Voraussetzungen für Inhaltskontrolle
→ Abänderung oder Ergänzung dispositiven Rechts durch AGB – § 307 III (dh keine Inhaltskontrolle von gesetzlichen Regelungen)
→ keine Inhaltskontrolle von Leistungsbeschreibungen

2. Durchführung der Inhaltskontrolle
a) Klauselverbote ohne Wertungsmöglichkeit, § 309
b) Klauselverbote mit Wertungsmöglichkeit, § 308
Angemessenheit der Klausel ist im Einzelfall wertend zu prüfen
c) Generalklausel zur Inhaltskontrolle, § 307

V. Rechtsfolgen bei Nichteinbeziehung oder Unwirksamkeit

1. Klausel ist unwirksam
2. Vertrag bleibt im Übrigen wirksam (§ 306 I)
3. Lücke wird gefüllt durch die gesetzlichen Regelungen/BGB (§ 306 II)
4. falls Anwendung der gesetzlichen Regelung unzumutbare Härte für eine Vertragspartei darstellt: Vertrag ist insgesamt unwirksam (§ 306 III)

Fall 10: Schuldrecht BT – Probleme mit dem Flachdach

Schwerpunkte:
Gewährleistungsrechte beim Werkvertrag

Das Flachdach des Kindergartens der Stadt Bürgerstadt (B) ist im Laufe der Jahre undicht geworden und soll durch ein neues Ziegeldach ersetzt werden. Damit wird im Herbst der Dachdeckermeister Ulf Untermann (U) von B beauftragt. Einige Tage nach der Abnahme des Werks durch einen Mitarbeiter der Stadt B regnet es durch das neue Dach in den Turnraum des Kindergartens, so dass dieser Raum nicht benutzbar ist.

Aufgabe 1: Welchen Anspruch kann die Stadt B, die die Kinder bereits in der nächsten Woche wieder turnen lassen und somit nicht auf die Suche nach anderen Handwerkern gehen will, gegen U geltend machen?

Fortsetzung des Sachverhalts:
Die Stadt B hat dem U eine Frist von drei Wochen gesetzt, damit dieser das Dach endlich in einen regendichten Zustand versetzt, zumal die Regenperiode anhält und die Kinder dringend den Turnraum benötigen. U lässt diese Frist allerdings verstreichen, da er zwischenzeitlich einen Verkehrsunfall hatte und vier Tage im Krankenhaus verbringen musste, anschließend aber wieder arbeitsfähig war.

Aufgabe 2: Kann die Stadt B nach Ablauf der Frist vom Vertrag zurücktreten, zumal der Turnraum nunmehr seit Wochen unbenutzbar ist?

Aufgabe 3: Die Stadt B will die undichte Stelle im Dach auf Kosten des U schnellstmöglich reparieren lassen und fordert von ihm einen Vorschuss von 500 €. Zu Recht?

Fortsetzung des Sachverhalts:
Durch das eindringende Wasser ist der Fußboden des Turnraums stellenweise „aufgeweicht“ und muss von der Stadt B erneuert werden. Die Kosten hierfür betragen 1.200 €.

Aufgabe 4: Die Stadt B verlangt von U Schadensersatz in Höhe von 1.200 €. Zu Recht?

Fall 10: Prüfschema/Lösungsskizze

B ——————— U
§ 631

Aufgabe 1:

Stadt B ———→ U Anspruch auf Nacherfüllung gem. § 634 Nr. 1 i. V. m. § 635 I

1. Werkvertrag i. S. d. § 631 (+)
2. Sachmangel gem. § 633 II 2 Nr. 2 bei Abnahme (+)
   Das Dach eignet sich nicht für die gewöhnliche Verwendung und weist nicht die Beschaffenheit auf, die der Besteller (= Stadt S) üblicherweise erwarten kann.
3. Kein Haftungsausschluss durch Vertrag oder Gesetz (+)
4. Kein Verweigerungsrecht des Unternehmers nach § 635 III (+)

Ergebnis: B ———→ U Nacherfüllung gem. § 634 Nr. 1 i. V. m. § 635 I (+).

Wahlrecht des U: Beseitigung des Mangels oder Herstellung eines neuen Werks (= neues Ziegeldach)

Aufgabe 2:

Stadt B gegenüber U Rücktrittsrecht gem. § 634 Nr. 3, 1. Alt. i. V. m. § 323

1. Werkvertrag i. S. d. § 631 (+)
2. Sachmangel gem. § 633 II 2 Nr. 2 bei Abnahme, siehe oben (+)
3. erfolglose Nachfristsetzung, § 323 I 1 (+)
4. erhebliche Pflichtverletzung, § 323 V 2 (+)
5. Erklärung des Rücktritts durch die Stadt S, § 349 (+)

Ergebnis: Stadt B gegenüber U Rücktrittsrecht gem. § 634 Nr. 3, 1. Alt. i. V. m. § 323 (+)

Aufgabe 3:

Stadt B ———→ U Vorschuss hinsichtlich der Aufwendungen für die Selbstvornahme gem. § 634 Nr. 2 i. V. m. § 637 I, III

1. Werkvertrag i. S. d. § 631 (+)
2. Sachmangel i. S. d. § 633 II 2 Nr. 2 bei Abnahme, siehe oben (+)

3. Erfolgloses Verstreichen einer angemessenen Frist zur Nacherfüllung, § 637 I (+)
4. Vorschuss für erforderliche Aufwendungen zur Mängelbeseitigung, § 637 III (+)

Ergebnis: Stadt B ⟶ U Vorschuss hinsichtlich der Aufwendungen für die Selbstvornahme gem. § 634 Nr. 2 i.V.m. § 637 I, III (+); Umfang: 500 €

Aufgabe 4:

Stadt B ⟶ U Schadensersatz neben der Leistung bei Mangelfolgeschaden (aufgrund eines mangelhaften Werks) gem. § 634 Nr. 4, 1. Alt. i.V.m. § 280 I

1. Werkvertrag (+)
2. Sachmangel i.S.d. § 633 II 2 Nr. 2 = Pflichtverletzung i.S.d. § 280 I 1 (+)
3. U (Schuldner) muss die Pflichtverletzung zu vertreten haben, § 280 I 2 i.V.m. § 276 (+)
4. Schaden seitens der Stadt S – Mangelfolgeschaden (+)

Ergebnis: Stadt S ⟶ U Schadensersatz neben der Leistung bei Mangelfolgeschaden (aufgrund eines mangelhaften Werks) gem. § 634 Nr. 4, 1. Alt. i.V.m. § 280 I (+)

Umfang des zu ersetzenden Schadens: §§ 249 ff. (§ 249 II 1 – Geld)

Fall 10: Ausarbeitung (Gutachten)

Aufgabe 1:

Die Stadt B könnte gegenüber U einen Anspruch auf Nacherfüllung gem. § 634 Nr. 1 i.V.m. § 635 I haben.

1. *Voraussetzung ist, dass ein wirksamer Werkvertrag zwischen der Stadt B und U zustande gekommen ist. Erforderlich sind hierzu zwei übereinstimmende Willenserklärungen, das Angebot und die Annahme (§§ 145 ff.). Gegenstand eines Werkvertrages kann ein durch Arbeit herbeizuführender Erfolg sein (vgl. § 631 II).* Die Stadt B und der Dachdecker U haben einen Vertrag über die Erneuerung des Ziegeldaches des städtischen Kindergartens geschlossen. Folglich liegt ein Werkvertrag i.S.d. § 631 vor.

2. *Das von U erneuerte Flachdach muss bei der Abnahme mangelhaft sein. Ein Mangel liegt vor, wenn das Werk nicht die vereinbarte Beschaffenheit (§ 633 II 1) hat.* Zwischen der Stadt B und U wurde keine Beschaffenheitsvereinbarung getroffen. *Deshalb ist – nachrangig – die Eignung für die nach dem Vertrag vorausgesetzte Verwendung relevant (§ 633 II 2 Nr. 1).* Aus dem Inhalt des Vertrages lässt sich allerdings kein konkreter Verwendungszweck entnehmen. *Das Werk hat einen Sachmangel, wenn es sich nicht für den gewöhnlichen Verwendungszweck eignet (§ 633 II 2 Nr. 2).* Es ist davon auszugehen, dass sich die Vertragspartner auf den Zweck geeinigt haben, der üblicherweise bei einem Geschäft dieser Art (Erneuerung eines Daches) verfolgt wird. *Das Werk muss außerdem die Beschaffenheit aufweisen, die bei Werken gleicher Art üblich ist und die der Besteller nach der Art des Werkes erwarten kann.* Der gewöhnliche Verwendungszweck eines Daches besteht darin, das Gebäude vor Umwelteinwirkungen, insbesondere aber vor Regen zu schützen. Dabei wird die Beschaffenheit erwartet, dass kein Niederschlag durch das Dach dringt. Indem es durch das Dach in den Turnraum des Kindergartens regnet, eignet sich das neue, undichte Ziegeldach nicht und ist deshalb mangelhaft nach § 633 II 2 Nr. 2. Da die Undichtigkeit bereits einige Tage nach der Abnahme des Werkes aufgetreten ist, lag der Mangel bereits bei der Abnahme vor.
3. Es liegen keine Haftungsausschlüsse des U vor, weder in vertraglicher (vgl. § 639) noch in gesetzlicher Weise (vgl. § 640 II).[1]

   Der U hat somit ein Wahlrecht und kann gem. § 635 I den Mangel beseitigen oder ein neues Werk herstellen, also ein neues Ziegeldach verlegen.
4. U kann die Nacherfüllung verweigern, wenn sie objektiv unmöglich ist oder diese mit unverhältnismäßigen Kosten verbunden wäre (vgl. § 635 III). Da U für die Mangelbeseitigung nicht unbedingt das ganze Dach erneuern muss, ist im vorliegenden Fall die Beseitigung der undichten Stelle im Ziegeldach nicht mit unverhältnismäßigen Kosten verbunden. Somit hat U kein Verweigerungsrecht hinsichtlich der Nacherfüllung.

Folglich hat die Stadt B gegenüber U einen Anspruch auf Nacherfüllung gem. § 634 Nr. 1 i. V. m. § 635 I.

1 Das kann hier im Urteilsstil festgestellt werden.

Aufgabe 2:

Die Stadt B könnte von dem mit U geschlossenen Werkvertrag gem. § 634 Nr. 3, 1. Alt. i.V.m. § 323 zurücktreten.

1. + 2. Wie bereits unter Aufgabe 1 erörtert, haben die Stadt B und U einen wirksamen Werkvertrag i.S.d. § 631 geschlossen und das Werk ist bei Abnahme mangelhaft nach § 633 II 2 Nr. 2.

3. *Damit die Stadt B von dem Werkvertrag mit U gem. § 634 Nr. 3, 1. Alt. zurücktreten kann, muss sie nach § 323 I 1 dem U erfolglos eine angemessene Frist zur Nacherfüllung bestimmt haben.* Indem die Stadt B dem U eine Frist von drei Wochen gesetzt hat, um das Ziegeldach in einen regendichten Zustand zu versetzen, und U innerhalb dieser Frist den Mangel nicht behoben hat, ist eine erfolglose Nachfristsetzung gem. § 323 I 1 gegeben. Hierbei spielt die Arbeitsunfähigkeit des U aufgrund eines Verkehrsunfalles keine Rolle, da sich diese nur auf einen Zeitraum von vier Tagen und nicht auf die Frist von drei Wochen, die die Stadt B gesetzt hat, erstreckt. Eine Drei-Wochen-Frist ist, zumal ein Dachdecker die für die Nachbesserung benötigten Materialien kurzfristig beschaffen kann, wenn er sie nicht auf Lager hat, angemessen. U hätte also das Dach reparieren können.

4. *Des Weiteren muss gem. § 323 V 2 die Pflichtverletzung des U erheblich sein, damit die Stadt B vom Vertrag zurücktreten kann.* Indem das durch U erstellte Ziegeldach eine undichte Stelle aufweist und U auch innerhalb der Nacherfüllungsfrist von drei Wochen nicht seiner sich aus dem Werkvertrag ergebenden Pflicht nach § 633 I, das geschuldete Werk frei von Sach- und Rechtsmängeln zu erbringen, nachkommt, liegt eine erhebliche Pflichtverletzung durch U vor.

5. *Für das Rücktrittsrecht der Stadt ist außerdem noch die Rücktrittserklärung gegenüber U gem. § 349 erforderlich.*

Wenn der Rücktritt durch die Stadt erklärt worden ist, kann die Stadt B vom Werkvertrag über die Erneuerung des Daches des städtischen Kindergartens nach § 634 Nr. 3, 1. Alt. i.V.m. § 323 zurücktreten.

Aufgabe 3:

B könnte von U einen Vorschuss hinsichtlich der Aufwendungen für die Selbstvornahme in Höhe von 500 € gem. § 634 Nr. 2 i. V. m. § 637 I, III verlangen.

1. und 2. Wie bei Aufgabe 1 bereits geprüft, liegen die Voraussetzungen des Werkvertrags und des Sachmangels bei Abnahme vor.

3. *Nach § 637 I muss B dem U eine angemessene Frist zur Nacherfüllung gesetzt haben, und diese Frist muss erfolglos abgelaufen sein.* Diese Voraussetzung wurde bei Aufgabe 2 i. R. d. § 323 I geprüft und bejaht.

4. B hat somit gegen U grundsätzlich einen Anspruch auf Ersatz der Reparaturkosten. *Die Aufwendungen müssen nach § 637 zur Mängelbeseitigung erforderlich sein (§ 637 I).*

Bereits vor der Reparatur kann B von U nach § 637 III einen Kostenvorschuss verlangen. 500 € erscheinen in Anbetracht des undichten Daches angemessen.

B kann also von U einen Vorschuss in Höhe von 500 € für die zur Beseitigung des Mangels erforderlichen Aufwendungen gem. § 634 Nr. 2 i. V. m. § 637 I, III verlangen.

Aufgabe 4:

Die Stadt B könnte von dem Unternehmer U Schadensersatz gem. § 634 Nr. 4, 1. Alt. i. V. m. § 280 I für den durch das Wasser geschädigten Fußboden des Turnraums verlangen.

1. + 2. Ein wirksamer Werkvertrag und ein Sachmangel bei Abnahme des Werks liegen – wie bei Aufgabe 1 bereits geprüft – vor. Da der Unternehmer nach § 633 I verpflichtet ist, das Werk dem Besteller frei von Sachmängeln zu verschaffen, stellt dieser Mangel gleichzeitig eine Pflichtverletzung i. S. v. § 280 I dar.

3. *Des Weiteren muss U die genannte Pflichtverletzung gem. § 280 I i. V. m. § 276 I zu vertreten haben. Nach § 276 I haftet der Schuldner für Vorsatz und Fahrlässigkeit.* U könnte in diesem Fall fahrlässig gehandelt haben. *Gem. § 276 II handelt fahrlässig, wer die im Verkehr erforderliche Sorgfalt außer Acht lässt.* Indem U als Dachdeckermeister, also „Mann vom Fach", das Dach nicht ordnungsgemäß gedeckt hat, hat er fahrlässig gehandelt und muss seine Pflichtverletzung vertreten.

4. *Abschließend muss der Stadt B aufgrund der Pflichtverletzung ein Schaden entstanden sein. Darunter ist jeder Nachteil zu verstehen, den jemand durch ein bestimmtes Ereignis erleidet.* Der Boden des Turnraums ist durch das eingedrungene Wasser stellenweise „durchweicht“ und muss durch die Stadt B erneuert werden, da er in diesem Zustand nicht nutzbar ist. Somit ist der Stadt ein Mangelfolgeschaden entstanden.

Da die Voraussetzungen des § 634 Nr. 4, 1. Alt. i. V. m. § 280 I vorliegen, kann die Stadt B von U Schadensersatz verlangen.

Der Umfang des zu ersetzenden Schadens bestimmt sich nach § 249 I. Gem. § 249 I hat U den Zustand wieder herzustellen, der bestehen würde, wenn der zum Ersatz verpflichtende Umstand nicht eingetreten wäre. Gem. § 249 II 1 kann B im hier vorliegenden Fall der Beschädigung einer Sache den zur Herstellung erforderlichen Geldbetrag, also 1.200 €, verlangen.

Vertiefung: Werkvertragsrecht[2]

Übersicht:

I. Allgemeines
II. Der Begriff des „Mangels“ im Werkvertragsrecht
III. Ansprüche und Rechte des Bestellers bei mangelhaftem Werk
   1. Nacherfüllung gem. §§ 634 Nr. 1, 635
   2. Selbstvornahme gem. §§ 634 Nr. 2, 637
   3. Rücktritt gem. §§ 634 Nr. 3, 1. Alt., 323, 326 V
   4. Minderung gem. §§ 634 Nr. 3, 2. Alt., 638
   5. Schadensersatz gem. §§ 634 Nr. 4, 1. Alt., 636, 280, 281
   6. Ersatz vergeblicher Aufwendungen gem. §§ 634 Nr. 4, 2. Alt., 284
IV. Ausschluss der Gewährleistung
V. Verjährung
VI. Anwendung des Kaufrechts

---

2 **Literatur zur Vertiefung:** *Brox/Walker* SchuldR BT, §§ 23 ff.; *Büdenbender*, Der Werkvertrag, JuS 2001, 621; *Fikentscher/Heinemann*, § 84; *Grunewald*, § 16 III; *Kaiser*, Rn. 695 ff.; *Kallwass/Abels*, § 49; *Looschelders*, SchuldR BT, §§ 28–34; *Medicus/Lorenz* SchuldR II BT §§ 103–108; *Musielak/Hau*, Rn. 674 ff.; *Oetker/Maultzsch* § 8; *Peter*, Lernbeitrag Zivilrecht – Probleme bei der Behandlung und Rückabwicklung wegen Verstoßes gegen § 134 BGB nichtiger Dienst- und Werkverträge, JA 2014, 248 (Teil I), 333 (Teil II); *Rudlowski*, Die vorzeitige Beendigung des Werkvertrages, JURA 2011, 567; *Schreiber*, Die Abgrenzung von Werk-, Werklieferungs- und Kaufvertrag, JURA 2013, 21 ff.; *Wörlen/Metzler-Müller* SchuldR BT, Rn. 261 ff.

Der Werkvertrag ist ein gegenseitiger Vertrag, in dem sich der Unternehmer zur Herstellung des versprochenen Werks und der Besteller zur Entrichtung der vereinbarten Vergütung verpflichtet (§ 631 I).

Zu beachten ist, dass der (Werk-)Unternehmer nicht mit dem Begriff des Unternehmers nach § 14 verwechselt werden darf. Diese Vorschrift definiert seit 30.6.2000 den Begriff des Unternehmers für das Verbraucherschutzrecht als Gegenbegriff zum Verbraucher. Unternehmer i. S. d. Werkvertragsrechts ist dagegen der Hersteller (Auftragnehmer), der ein mit dem Besteller vertraglich vereinbartes Werk herstellt.

I. Allgemeines

Gegenstand des Werkvertrags kann gem. § 631 II die Herstellung oder Veränderung einer Sache als auch ein anderer durch Arbeit oder Dienstleistung herbeizuführender Erfolg sein. Möglich ist die Erbringung

- eines körperlichen Werks,

  Beispiel:
  Errichtung eines Hauses

- eines geistigen Werks

  Beispiel:
  Gutachten, Architektenpläne

oder

- eines sonstigen Werks

  Beispiel:
  Konzert, Transport

Der Werkvertrag ist abzugrenzen vom Dienst- und Kaufvertrag:

Beim **Dienstvertrag** (§ 611) wird nur die Erbringung der Arbeitsleistung als solche und nicht ein bestimmter Erfolg geschuldet.

Im Kaufrecht geht es um die **Übereignung** von Sachen, beim Werkvertrag hingegen um die **Herstellung** eines Werkes. Es gibt allerdings Überschneidungen, wenn sich der Vertrag auf die Lieferung einer Sache bezieht, die der Schuldner noch herstellen muss.[3] Bei Verträgen über die Lieferung herzustellender oder zu erzeugender **beweglicher** Sachen (z. B. Schrank oder Maßanzug) finden gem. § 651 S. 1 die Vorschriften über den Kauf

3 Vor der Schuldrechtsreform gab es für diese Fälle den sog. Werklieferungsvertrag nach § 651 a. F.

Anwendung. Damit hat der deutsche Gesetzgeber die Verbrauchsgüterkaufrichtlinie umgesetzt. Der Unternehmer muss also – wie ein Verkäufer – die hergestellten Sachen dem Vertragspartner übereignen. Auch wenn der Besteller die Materialien zur Herstellung des Werkes zur Verfügung stellt, ist Kaufrecht anwendbar, was sich aus § 651 S. 2 ergibt. Dies ist insofern sinnvoll, als der Unternehmer nach § 950 durch die Verarbeitung Eigentum an der von ihm hergestellten neuen Sache erwirbt. Verändert allerdings der Unternehmer die vom Besteller zur Verfügung gestellte Sache, z. B. durch eine Reparatur, ohne dass eine neue Sache entsteht, ist das Werkvertragsrecht anwendbar.

Beispiel:
Bella (B) lässt sich vom Schneider Uffelmann (U) ein Modellkleid anfertigen. Gem. § 651 findet Kaufrecht Anwendung – auch für den Fall, dass die B dem U den Stoff für das Kleid zur Verfügung stellt. Denn U fertigt aus diesem das Modellkleid (= eine neue Sache) an, das dann der B übereignet werden muss. Sofern B ihr Modellkleid von U ändern lässt (z. B. will sie statt Knielänge nunmehr „Mini"), liegt ein Werkvertrag i. S. d. § 631 vor. Denn § 651 geht von der Übereignungspflicht („Lieferung") des Unternehmers aus. Diese Pflicht besteht nicht, wenn der Besteller bereits Eigentümer der Sache ist.

Kosten, die dem eigentlichen Werkvertrag vorausgehen (wie z. B. Kalkulationen, Anfertigung von Modellen), hat gem. § 632 III der Unternehmer zu tragen.

Merke:

Kaufvertrag § 433	Der Verkäufer verpflichtet sich zur Lieferung einer **bereits vorhandenen Sache**. Deren Herstellung ist nicht Vertragsinhalt. **Beispiel**: Kauf eines Wohnzimmerschrankes.
Dienstvertrag § 611	Es wird die **Arbeitsleistung** als solche geschuldet, nicht das Arbeitsergebnis (= der Erfolg). **Beispiel**: Beratung durch einen Rechtsanwalt.
Werkvertrag § 631	Der Unternehmer muss die Sache **herstellen**. Geschuldet wird ein vereinbartes, gegenständlich fassbares Arbeitsergebnis (= der **Erfolg**). **Beispiele:** Herstellung von Bauwerken, Erstellung eines Gutachtens, Reparatur einer Maschine.

§ 651 S. 1	Der Unternehmer verpflichtet sich zur **Lieferung herzustellender oder zu erzeugender beweglicher Sachen.** **Beispiel:** Herstellung und Lieferung von Türen. Das Kaufrecht findet Anwendung (also auch die Sonderregelungen der §§ 474 ff.).

II. Der Begriff des „Mangels" im Werkvertragsrecht

Der Unternehmer muss dem Besteller gem. § 633 I das Werk frei von Sach- und Rechtsmängeln verschaffen. Sachmangel ist jede Abweichung der Ist-Beschaffenheit des Werks von seiner Soll-Beschaffenheit.[4] Es kommt nicht darauf an, ob die ausgeführte Lösung besser ist als die vereinbarte.[5]

§ 633 II enthält eine dreigliedrige Definition des Sachmangels:

Hauptkriterium der Beurteilung der Mängelfreiheit eines Werks ist die **vereinbarte Beschaffenheit** (§ 633 II 1) – wozu auch die Zusicherung von Eigenschaften zählt. Außerdem kann auch eine Garantie durch den Unternehmer übernommen worden sein, die den Umfang des Vertretenmüssens nach § 276 beeinflusst.

Wenn keine Beschaffenheitsvereinbarung zwischen den Parteien getroffen wurde, ist – nachrangig – die **Eignung für die nach dem Vertrag vorausgesetzte Verwendung** relevant (§ 633 II 2 Nr. 1). Die Verwendungsabsicht muss nicht auf eine explizite vertragliche Vereinbarung zurückgehen, es reicht auch eine konkludente Willensübereinstimmung der Parteien aus.

Lässt sich aus dem Inhalt des Vertrags kein konkreter Verwendungszweck entnehmen, ist das Werk dann frei von Sachmängeln, wenn es sich für den **gewöhnlichen Verwendungszweck** eignet (§ 633 II 2 Nr. 2). Es ist davon auszugehen, dass die Vertragsparteien den Zweck zugrunde gelegt haben, der üblicherweise mit einem Geschäft dieser Art verfolgt wird. Das Werk muss außerdem eine Beschaffenheit aufweisen, die bei **Werken gleicher Art üblich** ist und die der Besteller **nach der Art des Werkes erwarten kann**. Die gleiche Regelung findet sich im Kaufrecht in § 434 I 2 Nr. 1.

Im Unterschied zum Kaufrecht bestimmen **Werbeaussagen** nicht die Soll-Beschaffenheit eines Werks.

---

4 *Palandt/Sprau*, § 633 Rn. 5.

5 BGH NJW 2002, 3543.

§ 633 III enthält die Definition des **Rechtsmangels,** der dann vorliegt, wenn Dritte in Bezug auf das Werk mehr als die im Vertrag übernommenen Rechte gegen den Besteller geltend machen können, z. B. Rechte aus dem Bereich des Urheberrechts und des gewerblichen Rechtsschutzes. Die Fälle des Rechtsmangels finden sich allerdings eher im Kaufrecht – z. B. bei Grundstückskaufverträgen.

Gem. § 633 II 3 sind eine Anders- und die Zuweniglieferung dem Sachmangel gleichgestellt.[6]

Für den Eintritt der gesetzlich vorgesehenen Rechtsfolgen ist es unerheblich, ob ein Sach- oder ein Rechtsmangel vorliegt.

> **Merke:**
> **Bis zur Abnahme** hat der Besteller einen Erfüllungsanspruch gem. § 631, der auf Verschaffung (Herstellung) des versprochenen, mangelfreien (vgl. §§ 631, 633 I) Werkes gerichtet ist. Seine Rechte – auch bezüglich der Leistungsstörungen – richten sich nach den allgemeinen Vorschriften.
> **Ab Abnahme** beschränkt sich der Erfüllungsanspruch auf das hergestellte und durch die Abnahme als Erfüllung angenommene konkrete Werk und dessen Mängel. Der Besteller hat dann nur noch die Rechte aus § 634!
> **Abnahme** = körperliche Entgegennahme (Besitzübertragung) und Anerkennung des Werkes als vertragsgemäße Leistung.

Mit der Abnahme des Werkes (§ 640 I 1) geht nach § 644 I 1 die Preisgefahr vom Unternehmer auf den Besteller über. D. h., bis zu diesem Zeitpunkt trägt der Unternehmer das Risiko, keine Vergütung für seine Arbeit zu erhalten. Dies ist die Konsequenz aus der Erfolgsbezogenheit des Werkvertrags; der Unternehmer hat eine Vorleistungspflicht. Nach erfolgter Abnahme kann der Unternehmer seine Vergütung verlangen, wenn das Werk zufällig untergeht. Er braucht das Werk auch dann nicht erneut herzustellen, wenn das möglich ist.

III. Ansprüche und Rechte des Bestellers bei mangelhaftem Werk

Bei Vorliegen eines Rechts- oder Sachmangels können dem Besteller nach § 634 i. V. m. dem allgemeinen Schuldrecht folgende Ansprüche bzw. Rechte zustehen:

---

6 Vgl. § 434 III im Kaufrecht.

Nacherfüllung (Mangelbeseitigung/Herstellung eines neues Werks) § 634 Nr. 1 i.V.m. § 635

Nach Fristsetzung und erfolglosem Fristablauf gibt es verschiedene Möglichkeiten:

Selbstvornahme, Aufwendungsersatz nach § 637 § 634 Nr. 2	**Rücktritt** nach §§ 323, 326 V § 634 Nr. 3, 1. Alt. (beachte § 636)	statt Rücktritt: **Minderung** nach § 638 § 634 Nr. 3, 2.Alt.	und/oder **Schadensersatz** nach §§ 280, 281 § 634 Nr. 4, 1. Alt. (beachte § 636) oder **Ersatz vergeblicher Aufwendungen** § 634 Nr. 4, 2. Alt.

Merke:
Der Vorrang des Nacherfüllungsanspruchs ist nicht ausdrücklich im Gesetz formuliert, sondern ergibt sich u. a. aus §§ 637, 323 I sowie 281 I: Die dort genannte „angemessene Frist" muss erfolglos abgelaufen (oder aber entbehrlich) sein, bevor der Besteller die anderen in § 634 genannten Rechte geltend machen kann.

1. Nacherfüllung gem. § 634 Nr. 1 i.V.m. § 635[7]

Da der Unternehmer nach §§ 631 I, 633 I zur Herstellung eines mangelfreien Werks verpflichtet ist, ist die Mangelfreiheit Teil der primären Leistungspflicht. Bis zur Abnahme trägt der Unternehmer das Risiko, dass die Herstellung misslingt und seine Leistungsbemühungen umsonst sind. Der Besteller hat deshalb bis zur vertragsgemäßen Herstellung des Werks einen Erfüllungsanspruch. Insofern ist der in §§ 634 Nr. 1, 635 normierte Nacherfüllungsanspruch kein besonderer Gewährleistungsanspruch, sondern ein Anspruch auf die nach dem Vertrag geschuldete (Primär-)Leistung.[8] Dem Unternehmer wird die Möglichkeit eingeräumt, anstelle der

7 Beispiel in Fall 10, Aufgabe 1.

8 So BT-Drucksache 14/4060, 209, 219f. zu der Parallelregelung im Kaufrecht. Vgl. auch *Palandt/Sprau*, § 634 Rn. 3.

Mängelbeseitigung ein ganz neues Werk herzustellen. Die Wahl zwischen beiden Alternativen steht gem. § 635 – wegen der größeren Sachkunde – dem Unternehmer zu. Im Kaufrecht obliegt diese Entscheidung dem Käufer, vgl. § 439.

Wenn der Unternehmer von der Möglichkeit, das Werk völlig neu herzustellen, Gebrauch macht, muss der Besteller gem. § 635 IV das mangelhafte Werk nach Maßgabe der Rücktrittsvorschriften (§§ 346–348) herausgeben.

Gem. § 635 II hat der Unternehmer die zum Zweck der Nacherfüllung erforderlichen Aufwendungen (z. B. Transport-, Wege-, Arbeits- und Materialkosten) zu tragen.

Er kann die sog. Unverhältnismäßigkeitseinrede nach § 635 III geltend machen, d. h. der Nacherfüllungsanspruch ist u. a. ausgeschlossen, wenn die Beseitigung des Mangels objektiv unmöglich ist[9] (§ 275 I) oder der hierfür erforderliche Aufwand in einem groben Missverhältnis zu dem Leistungsinteresse des Unternehmers steht. Die Rechte des Bestellers bestimmen sich nach den §§ 280, 283 bis 285 und 326 (vgl. § 275 IV).

Prüfschema – Anspruch des Bestellers auf Nacherfüllung gem. § 634 Nr. 1 i. V. m. § 635:

Voraussetzungen:

1. Werkvertrag (i. S. d. § 631)
2. Sachmangel (§ 633 II) oder Rechtsmangel (§ 633 III)
3. Kein Haftungsausschluss durch Vertrag (vgl. § 639) oder Gesetz (§ 640 II, §§ 651 S. 2, 442 I 1)
4. Kein Verweigerungsrecht des Unternehmers (§ 635 III)

Rechtsfolge: Wahlrecht des Unternehmers a) Beseitigung des Mangels **oder** b) Herstellung eines neuen Werks

2. Selbstvornahme gem. § 634 Nr. 2 i. V. m. § 637[10]

Wenn der Unternehmer dem Nacherfüllungsverlangen des Bestellers nicht nachkommt oder die Nacherfüllung fehlschlägt, kann der Besteller den Mangel selbst beseitigen und seine diesbezüglichen Aufwendungen vom Unternehmer ersetzt verlangen. Es genügt, dass die dem Unternehmer gesetzte Frist zur Nacherfüllung erfolglos abgelaufen ist. Unerheblich

9 *Palandt/Sprau*, § 635 Rn. 8.
10 Beispiel in Fall 10, Aufgabe 3.

ist, ob der Unternehmer die ausgebliebene Nacherfüllung zu vertreten hat oder nicht.

Die Selbstvornahme kann man als Nacherfüllung durch den Besteller selbst ansehen. Dem Besteller steht dieses Recht nur zu, wenn der Nacherfüllungsanspruch noch besteht. Deshalb scheidet eine Selbstvornahme aus, wenn die Herstellung des Werks unmöglich ist oder der Unternehmer die Nacherfüllung (gem. §§ 635 III, 275 II und III) zu Recht verweigert hat (vgl. § 637 I) – so z.B., weil diese einen unverhältnismäßigen Aufwand erfordert.

Indem die Vorschrift des § 637 II 1 auf § 323 II verweist, wird die Fristsetzung u.a. in den Fällen der ernsthaften und endgültigen Leistungsverweigerung, der Termingeschäfte oder der besonderen Rücktrittsgründe entbehrlich.

Der Besteller kann vom Unternehmer nach § 637 III einen Vorschuss für die zur Mangelbeseitigung erforderlichen Aufwendungen verlangen.

Prüfschema – Anspruch des Bestellers auf Ersatz der Aufwendungen für die Selbstvornahme gem. § 634 Nr. 2 i.V.m. § 637:

Voraussetzungen:

1. Werkvertrag (i.S.d. § 631)
2. Sachmangel (§ 633 II) oder Rechtsmangel (§ 633 III)
3. Erfolgloses Verstreichen einer angemessenen Frist zur Nacherfüllung (§ 637)
   Fristsetzung ist entbehrlich
   - bei ernsthafter und endgültiger Erfüllungsverweigerung (§§ 637 II 1, 323 II Nr. 1)
   - bei einem Fixgeschäft (§§ 637 II 1, 323 II Nr. 2)
   - bei einer Rechtfertigung aus besonderem Grund (§§ 637 II 1, 323 II Nr. 3)
   - wenn die Nacherfüllung fehlgeschlagen oder dem Besteller nicht zuzumuten ist (§ 637 II 2)
4. Besteller hatte Aufwendungen zur Mangelbeseitigung
5. Aufwendungen sind zur Mangelbeseitigung erforderlich (Verhältnismäßigkeitsprinzip)
6. Kein Haftungsausschluss durch Vertrag (vgl. § 639) oder Gesetz (§ 640 II, §§ 651 S. 2, 442 I 1)

Rechtsfolge: Ersatz der erforderlichen Aufwendungen

3. Rücktritt gem. § 634 Nr. 3, 1. Alt. i. V. m. §§ 323, 326 V[11]

Nach Ablauf der dem Unternehmer gesetzten Frist zur Nacherfüllung steht dem Besteller das Recht zum Rücktritt als echtes **Gestaltungsrecht** zu. Der Anspruch auf Rückzahlung eines bereits entrichteten Werklohns (§ 346 I) entsteht mit der Erklärung des Rücktritts nach § 349.

Durch den Rücktritt wird der Unternehmer erheblich belastet, da er den Anspruch auf den Werklohn vollständig verliert und das Werk oft nicht anderweitig verwerten kann. Deshalb ist der **Rücktritt nach § 323 V 2 ausgeschlossen**, wenn die **Pflichtverletzung des Unternehmers** (hier: Mangel des Werks) **unerheblich** ist. Der Besteller kann dann die übrigen Rechte, wie z. B. die Minderung, geltend machen. Ein Ausschluss des Rücktrittsrechts liegt auch vor, wenn der Besteller für den Mangel des Werkes allein oder weit überwiegend verantwortlich ist (§§ 634 Nr. 3, 323 VI).

Prüfschema – Rücktrittsrecht des Bestellers bei mangelhaftem Werk gem. § 634 Nr. 3, 1. Alt. i. V. m. §§ 636, 323, 326 V:

Voraussetzungen:

1. Werkvertrag (i. S. d. § 631)
2. Sachmangel (§ 633 II) oder Rechtsmangel (§ 633 III)
3. Erheblichkeit des Mangels (§ 323 V 2)
4. Erfolgloses Verstreichen einer angemessenen Frist zur Nacherfüllung (§§ 634, 1. Alt., 323 I)
   Fristsetzung ist entbehrlich
   - bei ernsthafter und endgültiger Erfüllungsverweigerung (§§ 634 Nr. 3, 1. Alt., 323 II Nr. 1)
   - bei einem Fixgeschäft (§§ 634 Nr. 3, 1. Alt., 323 II Nr. 2)
   - bei einer Rechtfertigung aus besonderem Grund (§§ 634 Nr. 3, 1. Alt., 323 II Nr. 3)
   - wenn die Nacherfüllung fehlgeschlagen oder dem Besteller nicht zuzumuten ist (§ 636, 2. Alt.)
   - wenn der Schuldner nach § 275 I – III nicht zu leisten braucht (§ 326 V)
5. Rücktrittserklärung, § 349
6. Rücktritt ist ausgeschlossen, wenn
   - Gläubiger für den Umstand, der ihn zum Rücktritt berechtigen würde, allein oder weit überwiegend verantwortlich ist (§ 323 VI, 1. Alt.)

---

11 Beispiel in Fall 10, Aufgabe 2.

- der vom Schuldner nicht zu vertretende Umstand zu einer Zeit eintritt, zu der der Gläubiger im Annahmeverzug ist (§ 323 VI, 2. Alt.)
- die Pflichtverletzung unerheblich ist (§ 323 V 2)

7. Kein Ausschluss durch Vertrag (vgl. § 639) oder Gesetz (§ 640 II, §§ 651 S. 2, 442 I 1)

Rechtsfolge: Anspruch aus § 346 I (Zurückgewährung der empfangenen Leistungen)

Wenn der Mangel des Werks nicht behoben werden kann, ist v. g. Prüfschema ebenfalls anzuwenden. Allerdings ist die Fristsetzung (Prüfungspunkt 4) gem. § 326 V entbehrlich.

4. Minderung gem. § 634 Nr. 3, 2. Alt. i.V.m. §§ 323, 638

Die Minderung ist ebenfalls als **Gestaltungsrecht** normiert. Da der Besteller nach § 638 I mindern kann „statt zurückzutreten", gelten die vorstehenden Ausführungen zum Rücktritt grundsätzlich auch für die Minderung.

Im Gegensatz zum Rücktritt ist die Minderung auch bei unerheblichen Pflichtverletzungen zulässig, da § 323 V 2 gem. § 638 I 2 keine Anwendung findet.

Prüfschema – Minderungsrecht des Bestellers bei mangelhaftem Werk gem. § 634 Nr. 3, 2. Alt. i.V.m. §§ 323, 638:

Voraussetzungen:

1. Werkvertrag (i.S.d. § 631)
2. Sachmangel (§ 633 II) oder Rechtsmangel (§ 633 III)
3. Gem. § 638 („statt zurückzutreten"): **Voraussetzungen des Rücktritts sind erforderlich**:
   Erfolgloses Verstreichen einer angemessenen Frist zur Nacherfüllung (§ 634 Nr. 3, 1. Alt., § 323 I)
   Fristsetzung ist entbehrlich
   - bei ernsthafter und endgültiger Erfüllungsverweigerung (§ 634 Nr. 3, 1. Alt., § 323 II Nr. 1)
   - bei einem Fixgeschäft (§ 634 Nr. 3, 1. Alt., § 323 II Nr. 2)
   - bei einer Rechtfertigung aus besonderem Grund (§ 634 Nr. 3, 1. Alt., § 323 II Nr. 3)

- wenn die Nacherfüllung fehlgeschlagen oder dem Besteller nicht zuzumuten ist (§ 636, 2. Alt.)
4. Erklärung der Minderung, § 638 I 1
5. Minderungsrecht ist ausgeschlossen, wenn
   - Gläubiger für den Umstand, der ihn zur Minderung berechtigen würde, allein oder weit überwiegend verantwortlich ist (§ 323 VI, 1. Alt.)
   - der vom Schuldner nicht zu vertretende Umstand zu einer Zeit eintritt, zu der der Gläubiger im Annahmeverzug ist (§ 323 VI, 2. Alt.)
6. Kein Ausschluss durch Vertrag (vgl. § 639) oder Gesetz (§ 640 II, §§ 651 S. 2, 442 I 1)

Rechtsfolge: Recht aus § 638 I 1 (Minderung der Vergütung)

$$\text{Geminderter Werklohn} = \frac{\text{Wert des Werkes mit Mangel} \times \text{vereinbarte Vergütung}}{\text{Wert des Werkes ohne Mangel}}$$

Damit der Minderungsbetrag möglichst einfach und praktisch berechnet werden kann, sieht § 638 III – wie schon § 441 III – eine sich nach dem Verkehrswert richtende relative Berechnungsmethode vor. Die Vergütung ist in dem Verhältnis herabzusetzen, das dem Verhältnis zwischen dem Wert des mangelfreien Werks und dem wirklichen Wert des Werks (also dem Wert des mangelhaften Werks) entspricht.[12] Die Minderung ist, soweit erforderlich, durch Schätzung zu ermitteln (§ 638 III 2). Wenn der Besteller den Werklohn bereits (ganz oder zum Teil) entrichtet hat, ist der Mehrbetrag nach den Rücktrittsvorschriften zu erstatten (§§ 638 IV, 346 I, 347 I).

Wenn der Mangel des Werks nicht behoben werden kann, ist v. g. Prüfschema ebenfalls anzuwenden. Allerdings ist die Fristsetzung (Prüfungspunkt 3) gem. § 326 V entbehrlich.

5. Schadensersatz gem. § 634 Nr. 4, 1. Alt. i.V.m. §§ 636, 280, 281

Das Werkvertragsrecht enthält keine eigenständige Anspruchsgrundlage für den Schadensersatz, sondern verweist (wie § 437 Nr. 3 im Kaufrecht) in § 634 Nr. 3 auf die allgemeinen Vorschriften, insbesondere auf § 280 I.

Ist das Werk mangelhaft, so muss nach § 280 I geprüft werden, ob der Mangel auf einer Pflichtverletzung des Unternehmers beruht, die dieser zu vertreten hat. § 276 I enthält neben der Haftung für Verschulden eine Einstandspflicht des Schuldners für von ihm gegebene Garantien. Übernimmt

12 Wegen Einzelheiten zur Berechnung siehe *Medicus/Lorenz* SchuldR II BT, Rn. 55a und 369.

der Unternehmer diese unbedingte Einstandspflicht für das Vorhandensein bestimmter Eigenschaften des Werks, so haftet er für Schäden, die infolge der nicht vertragsgemäßen Beschaffenheit des Werks entstehen, ohne Rücksicht auf Verschulden.

Die weiteren Voraussetzungen dieses Schadensersatzanspruchs richten sich nach den allgemeinen Vorschriften der §§ 280, 281, 283, 311 a. Es ist die Unterscheidung zwischen Mangel- und Mangelfolgeschäden relevant:

Wenn der Besteller Schadensersatz wegen eines Mangels des Werkes verlangt (sog. **Mangelschaden**), macht er einen **Schadensersatzanspruch statt der Leistung** geltend, der nur unter den Voraussetzungen des § 281 I – insbesondere erst nach erfolglosem Ablauf einer Frist zur Nacherfüllung – besteht.

Ansprüche auf Ersatz der **Mangelfolgeschäden** (z. B. Wasserschaden im Keller des Bestellers aufgrund eines fehlerhaft installierten Wasserrohrs) sind gem. § 280 I geltend zu machen, denn sie bestehen **zusätzlich zu dem Erfüllungsanspruch und nicht anstelle der Leistung**. Diese Schäden betreffen das Integritäts- und nicht das Äquivalenzinteresse.[13]

Wenn der Besteller **Schadensersatz statt der Leistung** verlangt, kann unterschieden werden zwischen

- dem **großen Schadenersatzanspruch** (Ersatz des vollen Nichterfüllungsschadens und Rückgabe des mangelhaften Werks). Voraussetzung hierfür: Pflichtverletzung (= Mangel) muss erheblich sein (vgl. § 281 I 3) und
- dem **kleinen Schadensersatzanspruch** (Ersatz des infolge der Wertminderung entstandenen Schadens, und Besteller muss das mangelhafte Werk behalten).

Gem. § 325 wird das Recht auf Schadensersatz durch den Rücktritt nicht ausgeschlossen.

Prüfschema – Schadensersatz statt der Leistung bei mangelhaftem Werk gem. § 634 Nr. 4, 1. Alt. i. V. m. §§ 636, 280, 281:

Voraussetzungen:

1. Werkvertrag (i. S. d. § 631)
2. Sachmangel (§ 633 II) oder Rechtsmangel (§ 633 III) = Pflichtverletzung i. S. d. § 280 I 1

13 Beispiel in Fall 10, Aufgabe 4.

3. Unternehmer (Schuldner) muss den Mangel zu vertreten haben (§ 280 I 2 i. V. m. § 276)
4. angemessene Frist zur Nacherfüllung ist erfolglos abgelaufen (§§ 634 Nr. 4, 1. Alt., 281 I 1)
   Fristsetzung ist entbehrlich
   - bei endgültiger Leistungsverweigerung (§§ 634 Nr. 4, 1. Alt., 281 II, 1. Alt.)
   - bei Vorliegen besonderer Umstände (§§ 634 Nr. 4, 1. Alt., 281 II, 2. Alt.)
   - wenn der Unternehmer die Nacherfüllung verweigert (§§ 636, 1. Alt., 635 III)
   - wenn die Nacherfüllung fehlgeschlagen oder dem Besteller nicht zuzumuten ist (§ 636, 2. und 3. Alt.)
5. Schaden beim Besteller (= Gläubiger)
6. Kein Ausschluss durch Vertrag (vgl. § 639) oder Gesetz (§ 640 II, §§ 651 S. 2, 442 I 1)

Rechtsfolgen:

a) Schadensersatz statt der Leistung (= kleiner Schadensersatz)
b) Schadensersatz statt der ganzen Leistung (= großer Schadensersatz), falls Pflichtverletzung erheblich ist (§ 281 I 3)

Wenn der Mangel des Werks nicht behoben werden kann (§§ 283 i. V. m. 275), ist v. g. Prüfschema ebenfalls anzuwenden. Allerdings ist Prüfungspunkt 4 (erfolgloses Verstreichen einer angemessenen Frist zur Nacherfüllung) entbehrlich.

Prüfschema – Schadensersatz neben der Leistung bei Mangelfolgeschaden aufgrund eines mangelhaften Werks gem. § 634 Nr. 4, 1. Alt. i. V. m. § 280 I:

Voraussetzungen:

1. Werkvertrag (i. S. d. § 631)
2. Sachmangel (§ 633 II) oder Rechtsmangel (§ 633 III)
3. Unternehmer (Schuldner) muss den Mangel zu vertreten haben (§ 280 I 2 i. V. m. §§ 276 ff.)
4. Schaden beim Besteller (= Gläubiger)
5. Kein Ausschluss durch Vertrag (vgl. § 639) oder Gesetz (§ 640 II, §§ 651 S. 2, 442 I 1)

Rechtsfolge: Schadensersatz **neben** der Leistung (= Mangelfolgeschaden)

6. Ersatz vergeblicher Aufwendungen gem. § 634 Nr. 4, 2. Alt. i.V.m. § 280 I

Der Besteller hat die Möglichkeit, anstelle des Schadensersatzes statt der Leistung gem. § 634 Nr. 4, 2. Alt. i.V.m. § 284 Ersatz vergeblicher Aufwendungen zu verlangen.

Voraussetzung hierfür ist, dass dem Gläubiger (Besteller) ein – noch nicht geltend gemachter – Schadensersatzanspruch statt der Leistung zusteht, der sich aus den §§ 280, 281 oder 311a ergibt. Im Vertrauen auf den ordnungsgemäßen Erhalt der Leistung muss er Aufwendungen getätigt haben, wie z.B. Vertragskosten, Kauf von Anschlussrohren für die Heizung.

Prüfschema – Aufwendungsersatz statt der Leistung bei mangelhaftem Werk gem. § 634 Nr. 4, 2. Alt. i.V.m. §§ 636, 280, 281, 284:

Voraussetzungen:

1. Werkvertrag (i.S.d. § 631)
2. Sachmangel (§ 633 II) oder Rechtsmangel (§ 633 III)
3. Unternehmer (Schuldner) muss den Mangel zu vertreten haben (§ 280 I 2 i.V.m. § 276)
4. angemessene Frist zur Nacherfüllung ist erfolglos abgelaufen (§§ 634 Nr. 4, 1. Alt., 281 I 1)
   Fristsetzung ist entbehrlich
   - bei endgültiger Leistungsverweigerung (§§ 634 Nr. 4, 1. Alt., 281 II, 1. Alt.)
   - bei Vorliegen besonderer Umstände (§§ 634 Nr. 4, 1. Alt., 281 II, 2. Alt.)
   - wenn der Unternehmer die Nacherfüllung verweigert (§§ 636, 1. Alt., 635 III)
   - wenn die Nacherfüllung fehlgeschlagen oder dem Besteller nicht zuzumuten ist (§ 636, 2. und 3. Alt.)
5. Besteller (Gläubiger) muss Aufwendungen „billigerweise" gemacht haben (§ 284)
6. Kein Ausschluss durch Vertrag (vgl. § 639) oder Gesetz (§ 640 II, §§ 651 S. 2, 442 I 1)

Rechtsfolge: Ersatz der vergeblichen Aufwendungen, aber **kein** Anspruch auf Schadensersatz statt der Leistung

Wenn der Mangel des Werks nicht behoben werden kann (§§ 283 i.V.m. 275), ist v.g. Prüfschema ebenfalls anzuwenden. Allerdings ist Prüfungspunkt 4 (erfolgloses Verstreichen einer angemessenen Frist zur Nacherfüllung) entbehrlich.

IV. Ausschluss der Gewährleistung

Die Gewährleistungsrechte können **kraft Gesetzes** ausgeschlossen sein, so nach § 640 II, wenn der Besteller das Werk in Kenntnis des Mangels abnimmt. Ein Ausschluss besteht auch gem. §§ 651 S. 2, 442 I 1, wenn das Werk aus einem vom Besteller gelieferten Stoff herzustellen ist und der Mangel auf diesen Stoff zurückzuführen ist. Wobei in diesem Fall die Vorschriften über das Kaufrecht Anwendung finden (§ 651 I 1).

Die Gewährleistungsrechte können auch **durch Vertrag** ausgeschlossen oder eingeschränkt werden (§ 639). Der Unternehmer kann sich hierauf allerdings nicht berufen, wenn er den Mangel arglistig verschwiegen oder eine Garantie für die Beschaffenheit des Werks übernommen hat.

V. Verjährung

§ 634 a sieht drei verschiedene Verjährungsfristen für die in § 634 normierten Ansprüche auf Nacherfüllung, Selbstvornahme und Schadensersatz vor. Da es sich bei Rücktritt und Minderung um Gestaltungsrechte handelt, unterliegen diese nicht den Verjährungsfristen. Gem. § 194 I unterliegen nur Ansprüche der Verjährung. Die Rücktritts- oder Minderungserklärung ist gem. § 218 (vgl. § 634 a IV, V) unwirksam, wenn und soweit der Nacherfüllungsanspruch verjährt ist und der Unternehmer sich hierauf beruft.

Der jeweils geschuldete Erfolg bestimmt die Dauer der Haftung des Unternehmers für sein Werk:

Für Bauwerke und Werke, deren Erfolg in der Erbringung von Planungs- oder Überwachungsleistungen hierfür besteht, gilt eine fünfjährige Verjährungsfrist (§ 634 a I Nr. 2). Für unkörperliche Arbeitsergebnisse beträgt die Verjährungsfrist nach § 634 a I Nr. 1 zwei Jahre. In beiden Fällen beginnt die Verjährung mit der Abnahme (§ 634 a II). Für die „sonstigen Sachen" gilt die regelmäßige Verjährungsfrist (vgl. § 195) von drei Jahren (§ 634 a I Nr. 3). Hierzu zählen die Mängelansprüche bei Werken, die in der Herstellung oder Veränderung von Sachen mit Ausnahme der Bauwerke bestehen. Der Verjährungsbeginn richtet sich hier u. a. nach dem Kenntnis- oder Erkennbarkeitskriterium (§ 199 I Nr. 2).

Wenn der Unternehmer den Mangel arglistig verschwiegen hat, unterliegen die vorgenannten Ansprüche gem. § 634 a III der regelmäßigen Verjährungsfrist (= drei Jahre, vgl. § 195) mit der Konsequenz, dass ebenfalls nicht die Abnahme maßgeblich ist, sondern der Zeitpunkt, in dem der Käufer von dem Mangel Kenntnis erlangt hat oder ohne grobe Fahrlässigkeit hätte erlangen können. Bei Bauwerken tritt die Verjährung jedoch nicht vor Ablauf der Fünfjahresfrist des § 634a I Nr. 2 ein.

Eine anderweitige vertragliche Vereinbarung ist grundsätzlich möglich (vgl. § 202 II).

VI. Anwendung des Kaufrechts

Gem. § 651 finden auf Verträge, die die Lieferung herzustellender oder zu erzeugender beweglicher Sachen zum Gegenstand haben, die Vorschriften über den Kauf Anwendung. Bei der **Herstellung** einer beweglichen Sache wird etwas Neues geschaffen. Das **Erzeugen** einer beweglichen Sache bedeutet die Schaffung von etwas Neuen nicht aus eigener Kraft, sondern durch die Natur (z.B. tierische und pflanzliche Produktion). **Lieferung** ist die Verschaffung von Eigentum und Besitz, also Übereignung nach §§ 929ff.

Die §§ 642, 643, 645, 649 und 650 sind auch bei der Lieferung herzustellender oder zu erzeugender **nicht vertretbarer Sachen** mit der Maßgabe anzuwenden, dass an die Stelle der Abnahme der nach §§ 446, 447 maßgebliche Zeitpunkt, also der Zeitpunkt des Gefahrübergangs, tritt.

Gem. § 91 ist eine Sache vertretbar, wenn sie beweglich ist und im Verkehr nach Zahl, Maß oder Gewicht bestimmt werden kann (z.B. Kartoffeln, serienmäßig hergestellte Waren). Im Gegensatz dazu ist eine Sache nicht vertretbar, wenn diese auf die Wünsche des Bestellers ausgerichtet und deshalb für den Unternehmer anderweitig gar nicht oder schwierig abzusetzen ist – wie z.B. ein Maßanzug.[14]

Beispiele:
Wenn man sich per Modekatalog ein Kostüm bestellt, ist das ein reiner Kaufvertrag. Lässt man sich bei einer Schneiderin das Kostüm anmessen und bestellt es, ist das eine Mischung aus Kauf- und Werkvertrag, auf den gem. § 651 S. 1 die Vorschriften über den Kauf Anwendung finden. Dies gilt auch dann, wenn die Kundin der Schneiderin den Stoff selbst geliefert hat. Denn der Unternehmer stellt daraus eine neue Sache her.
Wenn man der Schneiderin allerdings einen mangelhaften Stoff liefert, bedeutet dies nach § 651 S. 2 i.V.m. § 442 I 1, dass die Rechte der Kundin wegen eines Mangels an dem Stoff ausgeschlossen sind. Da es sich bei dem Kostüm um eine **nicht vertretbare Sache** handelt, sind gem. § 651 S. 3 auch die vorgenannten werkvertraglichen Vorschriften anzuwenden.

---

14 Vgl. BGH NJW 1971, 1793.

Merke (Abgrenzung § 631 zu § 651):
Um einen Werkvertrag handelt es sich
- bei der Herstellung von Bauwerken (= keine bewegliche Sache),
- bei Umgestaltungs- und Reparaturarbeiten (= keine Lieferung),
- bei unkörperlichen Werken, wie z. B. Musikabend (= keine Sache)

Da die Mängelhaftung bei beiden Vertragstypen weitgehend angeglichen ist, wird der Einordnung eines Vertrags ihre Bedeutung genommen.

Fall 11: Schuldrecht BT – Ärger mit den Mietern

Schwerpunkte:
Mietrecht – unbefristeter und befristeter Mietvertrag – Beendigung des Mietvertrages – Schadensersatzansprüche des Vermieters – Verzugszinsen – Verjährung

Inspektor Ingo Iltis (I) bei der Stadt Vossheim (V) hat ein neues Aufgabengebiet übernommen. Er ist für die Bearbeitung von Mietangelegenheiten zuständig. Mit den Mietern städtischer Wohnungen gibt es rechtliche Probleme zu klären.

Mieter Max Mauler (M) ist seit 1.1. Mieter der Stadt (Monatsmiete 700 €) und bereitet Ärger, weil er von Beginn des Mietvertrags an immer 100 € zu wenig Miete bezahlt; fällig war die Miete laut vertraglicher Vereinbarung monatlich im Voraus, spätestens am 3. des Monats. Außerdem hält sich M manchmal nicht an die Hausordnung. Am 2.8. erhält M ein Schreiben der Stadt, wonach ihm wegen der ständigen Zahlungsschwierigkeiten fristlos gekündigt werde, auf jeden Fall müsse er zum nächstmöglichen Zeitpunkt die Wohnung räumen. Gegen die Kündigung legt M Widerspruch ein mit der Begründung, dass die Stadt wegen solcher „Kleinigkeiten" kein Recht zur Kündigung habe. Außerdem sei die von ihm eingeräumte Verletzung der Hausordnung nicht in den Kündigungsgründen angeführt.

Aufgabe 1: Inspektor I wird um eine gutachtliche Äußerung gebeten. Er soll prüfen:
a) ob und ggf. zu welchem Zeitpunkt die Stadt V von M die Räumung der Wohnung verlangen kann, und
b) ob die Stadt V Anspruch auf Verzugszinsen hat.

Anlässlich einer Besichtigung der Wohnung des M stellt die Stadt fest, dass in der Wohnung des M mehrere Fensterscheiben Sprünge aufweisen, und am Teppichboden im Wohnzimmer wurden mehrere Brandflecken festgestellt, die offensichtlich von Zigarettenresten verursacht wurden. M erklärt, beim Putzen sei er mit dem Schrubber gegen die Scheiben gestoßen; ein Aschenbecher sei nicht immer für seine Zigarettenreste vorhanden gewesen. Diese Vorgänge gehörten allerdings zur „normalen" Abnutzung der Wohnung.

Aufgabe 2: Inspektor I soll prüfen, ob die Stadt Schadensersatzansprüche gegen M hat.

Mit dem Mieter Zacharias Zuglos (Z) hat die Stadt V Probleme, weil dieser seine ab 1.1. kurzfristig für ein halbes Jahr gemietete Zweizimmer-Wohnung nach Zeitablauf nicht räumen will. In dem schriftlichen Mietvertrag steht, dass die Stadt V ab

1.7. (dann erst sind geeignete Handwerker verfügbar) die Wohnung gründlich sanieren und modernisieren wolle.

Obwohl die Stadt V dem Z auf dessen Anfrage vom 28.2. am 15.3. diese Absicht nochmals schriftlich mitgeteilt hat, legt Z Widerspruch ein und will auch nach dem 30. 6. in der Wohnung bleiben. Z ist der Meinung, dass er ebenso ein Recht auf die Wohnung habe wie jeder andere.

Aufgabe 3: Inspektor I soll prüfen, ob ein Räumungsanspruch der Stadt V gegenüber Z besteht.

Fall 11: Prüfschema/Lösungsskizze

V ———— M
§ 535

Aufgabe 1 a):

V ———→ M Rückgabe bzw. Räumung der Mietwohnung gem. § 546 I

1. Mietvertrag zwischen V und M (+)
2. Beendigung des Mietverhältnisses (+)
   a) durch fristlose Kündigung seitens der V
   Schriftform, § 568 I (+)
   wegen Zahlungsverzugs gem. §§ 543 II 1 Nr. 3, 569 III (–)
   wegen nachhaltiger Störung des Hausfriedens gem. §§ 543 I, III, 569 II (–)
   b) durch ordentliche Kündigung
   Umdeutung der fristlosen in eine ordentliche Kündigung (§ 140) nicht unerhebliche schuldhafte Verletzung der vertraglichen Pflichten seitens M, § 573 I, II Nr. 1
      aa) durch ständige Zahlung einer zu geringen Miete (+)
      bb) Verstöße gegen die Hausordnung können wegen § 573 III nicht berücksichtigt werden
3. Kündigungsfrist, § 573 c I 1: am 2.9. per 30.11.
4. kein Härtefall gem. § 574 I (+)

Ergebnis: V ———→ M Rückgabe bzw. Räumung der Mietwohnung gem. § 546 I (+)

Aufgabe 1 b):

V ———→ M Verzugszinsen gem. §§ 288 I 1, 286

1. Schuldverhältnis (+)
   Mietvertrag
2. Schuldnerverzug mit einer Leistungspflicht, §§ 535 II, 286 (+)
   a) Fälligkeit der Leistung – jeweils 3. Werktag
   b) Mahnung – entbehrlich nach § 286 II Nr. 1
   c) Nichtleistung des M
   d) Vertretenmüssen des Schuldners M, § 286 IV
3. Verzugszinsen in Höhe von 5 % über dem Basiszinssatz
   (§§ 288 I 2, 247 I 1)[1]

Ergebnis: V ———→ M Verzugszinsen gem. §§ 288 I 1, 286 (+)

Aufgabe 2:

Vorüberlegung:
Für den Schadensersatzanspruch der Stadt V gegenüber M kommen zwei Anspruchsgrundlagen in Betracht: Die vertragliche nach § 280 I sowie die deliktische gem. § 823 I. Beide Anspruchsgrundlagen sind in der auf S. 40f. aufgezeigten Reihenfolge zu prüfen.

I. V ———→ M Schadensersatz gem. § 280 I

1. Schuldverhältnis: Mietvertrag i. S. d. § 535 (+)
2. Pflichtverletzung – Missachtung der Schutz- und Sorgfaltspflicht,
   §§ 280 I 1, 241 II (+)
3. Vertretenmüssen, §§ 280 I 2, 276 (+), § 538 (–)
4. Schaden (+)

Ergebnis: V ———→ M Schadensersatz § 280 I (+)

Umfang des Schadensersatzes: §§ 249ff. (§ 249 II 1 – Geld)

II. V ———→ M Schadensersatz gem. § 823 I

1. Tatbestandsmäßigkeit der Handlung des M (+)
   a) Verletzung eines der in § 823 I genannten Rechtsgüter; hier: Eigentum
   b) Ursächlichkeit der Handlung für die Rechtsgutsverletzung
2. Rechtswidrigkeit (+)
3. Verschulden, Fahrlässigkeit (+)
4. Schaden (+)

---

1 Ein etwa entstandener höherer Verzugsschaden kann gem. § 288 III geltend gemacht werden.

Ergebnis: V ⟶ M Schadensersatz gem. § 823 I (+)

Umfang des Schadensersatzanspruchs: §§ 249 ff. (§ 249 II 1 – Geld)

V ——— Z
§ 535

Aufgabe 3:

V ⟶ Z Rückgabe bzw. Räumung der Mietwohnung gem. § 546 I

1. Mietvertrag zwischen V und Z (+)
2. Beendigung des befristeten Mietverhältnisses – §§ 575, 542 II[2] (+)
   a) Zeitmietvertrag gem. § 575 I
   b) Vermieter will gründlich sanieren, § 575 I Nr. 2
   c) Vermieter hat dem Mieter diese Absicht bei Vertragsschluss schriftlich mitgeteilt
   d) Vermieter hat dem Mieter innerhalb der Fristen von § 575 II schriftlich mitgeteilt, dass diese Verwendungsabsicht noch besteht

Ergebnis: V ⟶ Z Rückgabe bzw. Räumung der Mietwohnung gem. § 546 I (+)

Fall 11: Ausarbeitung (Gutachten)

Aufgabe 1 a):

Die Stadt V könnte von M die Rückgabe der Mietsache, d.h. Räumung der Wohnung, gem. § 546 I verlangen.

1. *Voraussetzung ist ein zwischen V und M bestehender Mietvertrag i.S.v. § 535.* Da M seit 1.1. Mieter einer städtischen Wohnung ist, ist diese Voraussetzung gegeben.
2. *Der Mietvertrag muss beendet worden sein.*
   a) *Dies könnte durch die seitens V ausgesprochene außerordentliche fristlose Kündigung erfolgt sein. Die Kündigung ist eine einseitige, empfangsbedürftige Willenserklärung, die nach § 568 I der Schriftform bedarf.* Die Stadt beruft sich in ihrem

2 Nach dieser Vorschrift ist der Abschluss von Zeitmietverträgen ohne Kündigungsschutz möglich.

Schreiben, das dem M am 2.8. zugegangen ist, auf die seit längerer Zeit erfolgte zu geringe Mietzahlung sowie Verstöße gegen die Hausordnung. Die Schriftform (vgl. § 126) ist folglich eingehalten. *In Betracht kommt eine außerordentliche fristlose Kündigung aus wichtigem Grund gem. § 543 II 1 Nr. 3. Voraussetzung hierfür ist, dass der Mieter für zwei aufeinander folgende Termine mit der Entrichtung der Miete (oder eines nicht unerheblichen Teils davon) – vgl. § 543 II 1 Nr. 3 a – oder aber in einem sich über mehr als zwei Termine erstreckenden Zeitraum mit der Entrichtung der Miete in Höhe eines Betrages in Verzug gekommen ist, der die Miete für zwei Monate erreicht (§ 543 II Nr. 3 b). Gem. § 569 III Nr. 1 ist bei Wohnraum außerdem zu beachten, dass der rückständige Teil der Miete im Falle des § 543 II 1 Nr. 3 a nur dann als nicht unerheblich anzusehen ist, wenn er die Miete für einen Monat übersteigt.* M zahlt seit 1.1. monatlich jeweils 100 € zu wenig Miete. Somit ist er am 2.8. mit 700 € und somit nicht mit einem erheblichen Teil der Miete in Verzug. Ein außerordentlicher Kündigungsgrund gem. § 543 II Nr. 3 liegt nicht vor.
Eine außerordentliche fristlose Kündigung könnte nach § 569 II möglich sein. Voraussetzung hierfür ist, dass der Mieter schuldhaft den Hausfrieden so nachhaltig stört, dass dem Vermieter die Fortsetzung des Mietverhältnisses nicht zugemutet werden kann. M hält sich manchmal nicht an die Hausordnung. Dies stellt keine schwerwiegende Vertragsverletzung dar, die eine außerordentliche fristlose Kündigung nach § 569 II ermöglicht. Es ist daher auch unmaßgeblich, dass dieser Grund im Kündigungsschreiben nicht angegeben ist.

b) Die Stadt weist in dem Kündigungsschreiben darauf hin, dass M auf jeden Fall zum nächstmöglichen Zeitpunkt die Wohnung räumen müsse. Somit kommt eine *Umdeutung der fristlosen Kündigung in eine ordentliche Kündigung gem. § 140 in Betracht. Danach ist Voraussetzung, dass ein nichtiges Rechtsgeschäft den Erfordernissen eines anderen Rechtsgeschäfts entspricht.* Die außerordentliche fristlose Kündigung ist – wie oben geprüft – unwirksam. Dieses Rechtsgeschäft gleicht mit allen wesentlichen Merkmalen einem anderen Rechtsgeschäft, nämlich der ordentlichen Kündigung. Nach § 140 gilt das letztgenannte, wenn anzunehmen ist, dass dessen Geltung bei Kenntnis der Nichtigkeit gewollt sein würde. Da V auf alle

Fälle das Mietverhältnis beenden will, kann deren Willenserklärung in eine ordentliche Kündigung umgedeutet werden.[3] *Ein Mietverhältnis über Wohnraum kann nach § 573 I bei einem berechtigten Interesse des Vermieters gekündigt werden.*

aa) *Als Kündigungsgrund kommt § 573 II Nr. 1 in Betracht, wonach ein berechtigtes Interesse besteht, wenn der Mieter seine vertraglichen Verpflichtungen schuldhaft nicht unerheblich verletzt.* Zu den Vertragspflichten des Mieters M zählt die pünktliche Zahlung der vereinbarten Miete (§ 535 II), die aufgrund der vertraglichen Vereinbarung spätestens am 3. eines Monats fällig ist. Eine ständige, sich über sieben Monate erstreckende Zahlung von jeweils 100 € zu wenig Miete stellt eine nicht unerhebliche Vertragsverletzung dar. *M muss diese zu vertreten, d.h. nach § 276 I vorsätzlich oder fahrlässig gehandelt haben. Fahrlässig handelt, wer die im Verkehrs erforderliche Sorgfalt außer Acht lässt (vgl. § 276 II).* M hat durch die Einbehaltung eines Teils der Miete die im Verkehr erforderliche Sorgfalt außer Acht gelassen und somit fahrlässig gehandelt (§ 276 II). Folglich liegt ein Kündigungsgrund nach § 573 II Nr. 1 vor.

bb) Fraglich ist, ob die ordentliche Kündigung der V auch auf die Verstöße gegen die Hausordnung gestützt werden kann. *Nach § 573 III werden als berechtigte Interessen des Vermieters nur die in der Kündigung (die gem. § 568 I der Schriftform bedarf) genannten Gründe berücksichtigt.* Die Stadt V hat sich in ihrem Kündigungsschreiben nur auf den Zahlungsverzug berufen. Somit sind die außerdem (mündlich) vorgebrachten Verstöße gegen die Hausordnung nicht berücksichtigungsfähig.

3. *Nach § 573c 1 ist die Kündigung eines Mietverhältnisses über Wohnraum spätestens am dritten Werktag eines Kalendermonats für den Ablauf des übernächsten Monats zulässig.* Das Kündigungsschreiben ist dem M, der die Wohnung erst seit 1.1. gemietet hat, am 2.8. zugegangen (vgl. § 130 I 1). Somit läuft die Kündigungsfrist bis zum 31.10.

---

3 Siehe auch BGH NJW 1981, 976, BGH NJW 2007, 1269 (Mietvertrag); zur Umdeutung einer unwirksamen außerordentlichen in eine ordentliche Kündigung eines Arbeitsvertrages s. BAG NJW 2002, 2979.

4. Allerdings könnte M gem. *§ 574 I 1 der Kündigung widersprechen und vom Vermieter die Fortsetzung des Mietvertrages verlangen, wenn die vertragsmäßige Beendigung des Mietverhältnisses für ihn oder seine Familie eine Härte bedeuten würde.* Der Mieter M beruft sich in seinem Widerspruch lediglich darauf, dass die Stadt ihm wegen der „Kleinigkeiten" nicht kündigen könne. Dies ist allerdings kein Grund für einen Härtefall nach § 574 I 1.

Daher hat die Stadt V gegen M einen Anspruch gem. § 546 I auf Räumung der Wohnung zum 31.10.

Aufgabe 1 b):

Die Stadt V könnte gegen M einen Anspruch auf Verzugszinsen in Höhe von 5 % über dem Basiszinssatz gem. §§ 288 I, 286 haben.

1. *Voraussetzung hierfür ist zunächst, dass zwischen V und M ein Schuldverhältnis besteht.* Wie unter Aufgabe 1 erläutert wurde, haben beide einen Mietvertrag i. S. d. § 535 geschlossen. Es liegt also ein vertragliches Schuldverhältnis vor.
2. *M muss mit einer Geldschuld in Verzug gekommen sein.* Nach § 535 II i. V. m. der vertraglichen Vereinbarung hatte er die Pflicht, die Miete – also eine Geldschuld – monatlich in der vereinbarten Höhe zu zahlen. *Nach § 286 ist für den Schuldnerverzug erforderlich, dass die Leistung fällig war, die Gläubigerin (hier: V) gemahnt hat – sofern die Mahnung nicht gem. § 286 II Nr. 1 entbehrlich war – und dass der Schuldner (M) die Leistung nicht erbracht hat.* Der Mietzins war laut vertraglicher Vereinbarung am 3. des Monats fällig (vgl. auch § 556 b I). Mit diesem Termin ist eine Zeit nach dem Kalender bestimmt (§ 286 II Nr. 1); folglich bedurfte es nicht einer Mahnung nach § 286 I 1. M hat nach Ablauf des dritten Tages eines Monats seine Verpflichtung gegenüber V nicht voll erfüllt, weil er seit 1.1. monatlich jeweils 100 € zu wenig Miete entrichtet. Er kommt *nach § 286 IV nur dann nicht in Schuldnerverzug, wenn er die Verzögerung der Leistung nicht zu vertreten hat.* M führt keine Tatsachen an, die sein Verschulden ausschließen. Mithin befand sich M jeweils ab dem 4. eines Monats mit der für diesen Monat fälligen Mietzahlung in Höhe von 100 € in Verzug.

3. Somit hat die Gläubigerin V nach §§ 288 I, 286 als Verzugsfolge Anspruch auf Verzugszinsen in Höhe von 5 % über dem Basiszinssatz.[4]

Aufgabe 2:

I. Die Stadt V könnte gegen M einen Anspruch auf Schadensersatz gem. § 280 I haben.

1. *Voraussetzung für diesen Schadensersatzanspruch ist ein bestehendes Schuldverhältnis zwischen V und M.* Wie bei Aufgabe 1 bereits festgestellt wurde, haben V und M einen wirksamen Mietvertrag geschlossen.
2. *M muss eine aus dem Schuldverhältnis resultierende Pflicht verletzt haben. Jeder Vertragspartner hat aufgrund des Schuldverhältnisses die Pflicht, die Rechtsgüter des anderen, auf die er eine durch den Vertrag bedingte Einwirkungsmöglichkeit hat, nicht zu beschädigen. Generell bestehen hinsichtlich einer gemieteten Sache Sorgfalts- und Obhutspflichten (§ 241 II).* M ist beim Putzen mit dem Schrubber nicht sorgfältig genug gewesen und hat so die Fensterscheiben beschädigt. Seine Zigarettenreste hätte er in einen Aschenbecher oder andere Abfallbehälter geben und nicht auf dem Teppichboden „beseitigen" sollen. Durch dieses Verhalten hat M die genannten Pflichten verletzt.
3. *M muss diese Pflichtverletzung zu vertreten haben (§ 280 I 2). Nach § 276 I 1 hat der Schuldner Vorsatz und Fahrlässigkeit zu vertreten. Fahrlässig handelt, wer die im Verkehr erforderliche Sorgfalt außer Acht lässt (vgl. § 276 II). Veränderungen oder Verschlechterungen der Mietsache, die durch den vertragsgemäßen Gebrauch herbeigeführt werden, muss der Mieter gem. § 538 nicht vertreten.* Die Schäden an Fensterscheiben und Teppichboden sind durch vertragswidrigen Gebrauch entstanden. M ließ beim Putzen die erforderliche Sorgfalt außer Acht und handelte hinsichtlich der zersprungenen Scheiben fahrlässig; Gleiches gilt für

---

4 Dieser ergibt sich aus § 247 I 1 und ändert sich jeweils zum 1. 1. und 1. 7. eines Jahres; abrufbar ist er im Internet unter www.basiszinssatz.de. Hierbei handelt es sich um den Ersatz des objektiven Mindestschadens; gleichgültig ist, ob der Gläubiger tatsächlich einen entsprechenden Schaden erlitten hat. Höhere Zinsen (§ 288 IV) können sich aus § 352 HGB (5 %), Art. 48 I Nr. 2, 49 Nr. 2 WG, Art. 45 Nr. 2, 46 Nr. 2 ScheckG (2 % über dem jeweiligen Basiszinssatz, mindestens 6 %), ergeben. Sofern V einen höheren Verzugsschaden haben sollte (hierfür gibt es im Sachverhalt keine Anhaltspunkte), kann dieser nach §§ 280 I, II, 286 geltend gemacht werden.

die Brandflecken auf dem Teppichboden. Demnach liegt ein Verschulden seitens M vor.

4. *Durch die Pflichtverletzung muss der Stadt ein Schaden entstanden sein. Darunter ist jeder Nachteil zu verstehen, den jemand durch ein bestimmtes Ereignis erleidet.* Aufgrund der Verletzung der Schutz- und Sorgfaltspflicht hat die Stadt eine unfreiwillige Vermögenseinbuße und somit einen Schaden erlitten.

Die Geschädigte, also die Stadt V kann von M den durch die Verletzung der leistungsbegleitenden Nebenpflichten (gem. § 241 II) entstandenen Schaden gem. § 280 I ersetzt verlangen (sog. „einfacher Schadensersatz"). Gem. § 249 I hat M den Zustand herzustellen, der ohne das schädigende Ereignis bestehen würde. Bei Beschädigung einer Sache kann nach § 249 II 1 vom Gläubiger statt der Herstellung der hierfür erforderliche Geldbetrag verlangt werden.

Folglich hat M die Kosten für die Reparatur der Fensterscheiben und des Teppichs zu ersetzen.

II. Die Stadt V könnte auch einen Schadensersatzanspruch gegen M gem. § 823 I geltend machen.

1., 2. *Voraussetzung hierfür ist, dass M durch eine Handlung eines der in § 823 I genannten Rechtsgüter kausal verletzt hat und rechtswidrig handelte.* Durch das unsorgfältige Umgehen mit dem Schrubber und das achtlose Fallenlassen der Zigarettenkippen hat M die Fensterscheiben und den Teppichboden beschädigt und somit das Eigentum der Stadt V verletzt. Die Handlung war ursächlich für diese Rechtsgutsverletzung. Ein Rechtfertigungsgrund liegt hierfür nicht vor, sodass M rechtswidrig handelte.

3. *Ferner muss er schuldhaft gehandelt haben.* Gem. § 823 I hat der Schuldner Vorsatz und Fahrlässigkeit zu vertreten. Wie bereits unter I. festgestellt wurde, handelte M fahrlässig.

4. Durch die Rechtsgutsverletzung ist der Stadt V adäquat kausal ein Schaden entstanden (s. o.).

Auch ein Schadensersatzanspruch nach § 823 I ist also begründet. Der Schadensumfang ergibt sich wiederum aus § 249 II 1 (s. o. – § 280 I).[5]

---

5 Ein Schadensersatzanspruch gem. § 823 II i. V. m. § 303 StGB kommt nicht in Betracht, da nur die vorsätzliche Sachbeschädigung nach § 303 StGB strafbar ist, nicht aber – wie hier – eine fahrlässig begangene Sachbeschädigung.

Aufgabe 3:

Die Stadt V könnte von Z die Räumung der Wohnung gem. § 546 I verlangen.

1. V und Z haben am 1. 1. schriftlich einen auf ein halbes Jahr befristeten Mietvertrag abgeschlossen.
2. Das zwischen ihnen bestehende Mietverhältnis könnte durch Zeitablauf gem. §§ 575, 542 II beendet worden sein.
   a) *Gem. § 575 I Nr. 2 kann ein Mietvertrag auf bestimmte Zeit – hier ein halbes Jahr – eingegangen werden, wenn der Vermieter die Räume danach so wesentlich verändern oder instand setzen will, dass die Maßnahmen durch eine Fortsetzung des Mietverhältnisses erheblich erschwert werden.* Die Stadt V beabsichtigt, nach Vertragsende die Wohnung gründlich zu sanieren und zu modernisieren, sodass diese Voraussetzung gegeben ist.
   b) *Ferner muss der Vermieter dem Mieter diese Absicht bei Vertragsschluss schriftlich mitgeteilt haben.* Bereits am 1. 1. hat die Stadt V im Rahmen des schriftlichen Mietvertrags darauf hingewiesen.
   c) *Schließlich kann der Mieter frühestens vier Monate vor Ablauf der Befristung vom Vermieter verlangen, dass dieser ihm binnen eines Monats mitteilt, ob der Befristungsgrund noch besteht (§ 575 II 1).* Die Stadt V hat dem Z auf dessen Anfrage vom 28. 2. am 15. 3. die noch bestehende Sanierungsabsicht schriftlich mitgeteilt.

Damit sind alle Voraussetzungen des § 575 erfüllt. Die Mietzeit ist beendet, und die Stadt V hat gegen Z einen Anspruch auf Räumung der Mietwohnung gem. § 546 I per 30. 6.

Fall 12: Schuldrecht BT – Ein Mietverhältnis mit Überraschungen

Schwerpunkte:
Mietrecht – Schadenersatzansprüche des Mieters und des Vermieters – Unmöglichkeit der Rückgabepflicht nach § 546 – Wegnahmerecht des Mieters

Die Gemeinde Vossbach (V) vermietet an ihren Angestellten Max Miet (M) im Mai 2015 eine Dreizimmerwohnung im Dachgeschoss eines gemeindeeigenen Mietshauses.

Eine Woche nach Ms Einzug dringt nach einem heftigen Regenschauer Wasser in die Wohnung des M ein und beschädigt dessen neu erworbene Polstermöbel. Es stellt sich heraus, dass – unbemerkt von V und M – das Dach schon seit einigen Wochen undicht war.

M verlangt, dass V für den Schaden an den Polstermöbeln (ein neuer Bezug würde 2.500 € kosten) aufkommen müsse. V versichert, von einem Schaden am Dach des Hauses sei zuvor nichts bekannt gewesen und lehnt deshalb jede Haftung ab.

Aufgabe 1: Hat M gegen V einen vertraglichen Schadensersatzanspruch in der angegeben Höhe?

M ist weiterhin Mieter der Wohnung im Haus der Gemeinde V. Laut Mietvertrag ist V für die Reinigung des Treppenhauses zuständig und lässt diese allwöchentlich durch die bei ihr angestellte Putzfrau Paula Putzig (P) vornehmen. Eines Tages rutscht M auf der kurz zuvor von P übertrieben gebohnerten Treppe aus und zieht sich einen komplizierten Knöchelbruch am Bein zu. Er hatte das neben der Wand aufgestellte Schild „Achtung! Frisch gebohnert" übersehen. Die Heilungskosten (M war nicht versichert) belaufen sich auf 2.000 €.

Aufgabe 2: Kann M gegen V einen vertraglichen Ersatzanspruch hinsichtlich der Heilungskosten geltend machen?

Zum 1.11.2014 zieht M, dem das Treppensteigen lästig ist, in die frei werdende Parterrewohnung des schon bisher bewohnten Mietshauses der V ein, nachdem er mit der V einen neuen Mietvertrag geschlossen hatte.

Ende Januar 2015 bemerkt M, dass die Heizung in seiner Wohnung nicht funktioniert. Da er am nächsten Morgen in den Skiurlaub fährt, versäumt er es, der V den Mangel anzuzeigen. Als er zwei Wochen später aus dem Urlaub zurückkommt, sind infolge eines Kälteeinbruchs sämtliche Wasserleitungen und

Heizungsrohre in seiner Wohnung eingefroren. Beim Auftauen entstehen Rohrbrüche, für deren Reparatur V insgesamt 1.500 € an den Wasserinstallateur bezahlen muss.

Aufgabe 3: Hat V einen vertraglichen Schadensersatzanspruch gegen M?

Nach diesen Vorkommnissen beschließt M, sich eine andere Wohnung zu suchen. Am 31.5. zieht er aus. V stellt bei der Wohnungsübergabe fest, dass in der Küche die beim Einzug des M von V neu installierte Spüle sehr zerkratzt ist. Auf entsprechenden Vorhalt erklärt M, dies sei seiner Freundin Fiona (F) passiert, als sie die Spüle mit einem Topfreiniger aus grobem Stahl säubern wollte, um hartnäckige Flecken zu entfernen. Er, M, brauche dafür aufgrund des Mietvertrages nicht einzustehen. Außerdem sei ihm die Rückgabe des Zweitschlüssels unmöglich, er habe diesen verloren.

Aufgabe 4: Welche Ansprüche kann V gegen M
a) hinsichtlich der zerkratzten Spüle
b) wegen des verlorenen Zweitschlüssels geltend machen?

Wie ist die Rechtslage, wenn M am Tag seines Auszugs aus der Wohnung erklärt, ein wertvolles Marmor-Waschbecken, das er in seinem Bad fest einbauen ließ, mitnehmen zu wollen. Er (M) wolle das Marmor-Waschbecken lieber armen Leuten geben als es der Gemeinde V belassen.

Aufgabe 5: a) Hat V gegenüber M einen Anspruch auf Rückgabe der Wohnung einschließlich des Marmor-Waschbeckens? Kann sie ein evtl. bestehendes Wegnahmerecht des M abwenden?
b) Kann V seine Forderungen aus Aufgabe 4 gegen die Forderung des M (Aufgabe 5 a)) aufrechnen?

Fall 12: Prüfschema/Lösungsskizze

V ———— M
§ 535
Freundin F
(Erfüllungsgehilfin)

Aufgabe 1:

M ——→ V Schadensersatz gem. § 536a I, 1. Alt.?

1. Mietvertrag i. S. d. § 535 zwischen M und V (+)
2. Mangel der Mietsache i. S. d. § 536 I (+)
   - Mangel
   - Minderung bzw. Aufhebung der Gebrauchstauglichkeit
   - Erheblichkeit (§ 536 I 3)
3. Mangel (undichtes Dach) lag schon bei Vertragsschluss vor (+)
4. Schaden (+)
5. Argumentation der V = unbeachtlich (Garantiehaftung)
6. kein Ausschluss des Anspruchs – vertraglich oder gesetzlich (§§ 536b, d) (+)

Ergebnis: M ——→ V Schadensersatz gem. § 536a I, 1. Alt. (+)

Schadensumfang: §§ 249ff. (§ 249 II 1)

Aufgabe 2:

Vorüberlegung:
Es könnte auch noch ein Schadensersatzanspruch des M gegen die V aus § 823 I wegen Eigentumsverletzung angeprüft werden. Das Verschulden der V ist allerdings fraglich. Aufgrund der Fragestellung „Kann M gegen V einen **vertraglichen** Ersatzanspruch .... geltend machen?" ist diese Prüfung nicht erforderlich.

M ——→ V Schadensersatz gem. § 280 I?

1. Schuldverhältnis = Mietvertrag (+)
2. Pflichtverletzung – hier: Schutz- und Sorgfaltspflicht, § 241 II (+)
   durch das übermäßige Bohnern hat V ihre Schutzpflicht verletzt
3. Vertretenmüssen, §§ 276, 278 (+)
   P = Erfüllungsgehilfin

4. Schaden (+)
   = Verletzung des M, Heilkosten

Ergebnis: M ——→ V Schadensersatz gem: § 280 I (+)

Schadensumfang: §§ 249ff., § 254

Aufgabe 3:

V ——→ M Schadensersatz hinsichtlich der Reparaturkosten gem. § 536 c II 1?

1. Mietvertrag (+)
2. § 536c I, 1. Alt. – Mangel im Laufe der Mietzeit (+)
   Heizung wurde erst nach einer Mietdauer von mehreren Wochen defekt
3. Kenntnis des Mieters vom Mangel (+)
4. Unterlassen der Anzeige durch den M – § 536c II (+)
5. M muss die Nichtanzeige zu vertreten haben – M handelte mindestens fahrlässig i. S. d. § 276 II (+)
6. Schaden, der durch die Nichtanzeige entstanden ist (+)

Ergebnis: V ——→ M Schadensersatz hinsichtlich der Reparaturkosten gem. § 536c II 1 (+)

Schadensumfang: §§ 249ff. (Herstellung des Zustandes, der bei rechtzeitiger Anzeige bestanden hätte)

Aufgabe 4 a):

Vorüberlegung:
Für den Schadensersatzanspruch der Stadt V gegenüber M kommen zwei Anspruchsgrundlagen in Betracht: Der vertragliche nach § 280 I sowie der deliktische gem. § 831 I bei Aufgabe 4 a) bzw. § 823 I bei Aufgabe 4 b). Beide Anspruchsgrundlagen sind in der auf S. 40f. aufgezeigten Reihenfolge zu prüfen.

I. V ——→ M Schadensersatz für die zerkratzte Spüle gem. § 280 I

1. Schuldverhältnis: Mietvertrag i. S. d. § 535 (+)
2. Pflichtverletzung – Verletzung der Schutz- und Sorgfaltspflicht, §§ 280 I, 241 II (+)
3. Verschulden – §§ 276 I, 278 S. 1, 540 II (+)
4. Schaden (+)

Ergebnis: V ——→ M Schadensersatz für die zerkratzte Spüle gem. § 280 I (+)

Umfang des zu ersetzenden Schadens: §§ 249ff. (§ 249 II 1 – Geld)

II. V ⟶ M Schadensersatz für die zerkratzte Spüle gem. § 831 I

Freundin F ist nicht Verrichtungsgehilfe

Ergebnis: V ⟶ M Schadensersatz gem. § 831 I (–)

Aufgabe 4 b):

I. V ⟶ M Schadensersatz für den verlorenen Schlüssel gem. §§ 280 I, III, 283 S. 1.

1. Schuldverhältnis: Mietvertrag (+)
2. Pflichtverletzung: geschuldete Leistung (Rückgabe gem. § 546 I) wird nicht erbracht
3. Vertretenmüssen des Schuldners – §§ 280 I 2, 276 I, II (+)
4. Schaden (+)

Ergebnis: V ⟶ M Schadensersatz für den verlorenen Schlüssel gem. §§ 280 I, III, 283 S. 1 (+)

Umfang des zu ersetzenden Schadens: §§ 249 ff. (§ 251 I)

II. V ⟶ M Schadensersatz für den verlorenen Schlüssel gem. § 823 I

1. Tatbestandsmäßigkeit der Handlung des M
   a) Verletzung eines der in § 823 I genannten Rechtsgüter; hier: Eigentum (+)
   b) Ursächlichkeit der Handlung für die Rechtsgutsverletzung (+)
2. Rechtswidrigkeit (+)
3. Verschulden – § 276 II, Fahrlässigkeit (+)
4. Schaden (+)

Ergebnis: V ⟶ M Schadensersatz für den verlorenen Schlüssel gem. § 823 I (+)

Umfang des zu ersetzenden Schadens: §§ 249 ff. (§ 251 I)

Aufgabe 5 a):

V ⟶ M Rückgabe der Mietsache gem. § 546 I

1. Wegnahmerecht des M gem. § 539 II[1] (+)
2. Abwendung der Wegnahme durch V nach § 552 I (+)

Ergebnis: V ⟶ M Rückgabe der Mietsache gem. § 546 I (+)

1 Für das Wegnahmerecht ist es unerheblich, ob die Sache wesentlicher Bestandteil geworden ist (vgl. §§ 946, 93); siehe *Palandt/Weidenkaff*, § 539 Rn. 9.

Aufgabe 5 b):

Aufrechnung V gegenüber M gem. §§ 387 ff.

1. Voraussetzungen der Aufrechnung durch V gem. § 387 (+)
   a) Gegenseitigkeit der Forderungen
   b) Gleichartigkeit der Forderungen
   c) Erfüllbarkeit der Hauptforderung und Fälligkeit der Gegenforderung
2. Erklärung der Aufrechnung – § 388
3. Wirkung der Aufrechnung – § 389

Ergebnis: Aufrechnung ist möglich; die Forderungen erlöschen in Höhe ihrer betragsmäßigen Übereinstimmung.

Fall 12: Ausarbeitung (Gutachten)

Aufgabe 1:

M könnte gegenüber V einen Schadensersatzanspruch gem. § 536 a I, 1. Alt. BGB geltend machen.

1. *Voraussetzung dafür ist, dass zwischen M und V ein wirksamer Mietvertrag i. S. d. § 535 bestanden hat. Hierfür sind zwei übereinstimmende Willenserklärungen, Angebot und Annahme, erforderlich.* Die Gemeinde V hat dem Angestellten M eine Dreizimmerwohnung vermietet, in welche M im Mai einzog. Folglich besteht ein Mietvertrag zwischen diesen Parteien.

2. *Ferner muss ein Mangel der Mietsache vorhanden gewesen sein. Ein solcher Mangel liegt immer vor, wenn die Mietsache mit einem Fehler i. S. d. § 536 I behaftet ist, der ihre Tauglichkeit zum vertragsgemäßen Gebrauch aufhebt oder mindert. Voraussetzung ist also eine Abweichung der Ist-Beschaffenheit der Mietsache von der vertraglich vereinbarten Soll-Beschaffenheit, die eine erhebliche Beeinträchtigung der vertragsgemäßen Gebrauchstauglichkeit zur Folge hat.* Die Vermieterin V war aufgrund des Vertrages verpflichtet, die Wohnung in ordnungsgemäßen Zustand (trockene Wohnung) zu überlassen (vgl. § 535 I 2). Indem das Dach undicht ist und dadurch Nässe in die Wohnung eindringt, liegt eine Abweichung der Ist- von der Soll-Beschaffenheit vor. Die Räume können (vor allem bei Regen) nicht mehr zu Wohnzwecken genutzt werden, sodass diese in ihrer Tauglichkeit zu dem

vertragsmäßigen Gebrauch aufgehoben werden. Somit ist dieser Mangel auch erheblich, und die Voraussetzung des § 536 I ist gegeben.

3. *Nach § 536 a I, 1. Alt. muss dieser Mangel schon bei Abschluss des Mietvertrages vorhanden sein.* Da das Dach schon seit einigen Wochen undicht war, M jedoch erst seit einer Woche in der Wohnung lebt, bestand der Mangel bereits vor und dadurch auch bei dem Abschluss des Vertrages.

Merke:
Es handelt sich bei der 1. Alt. des § 536 a I um eine nicht vom Verschulden des Vermieters abhängige Einstands- und Schadensersatzpflicht für alle anfänglichen, auch unerkennbaren Fehler. Der Gesetzgeber geht – aus Gründen des Mieterschutzes – von der Fiktion aus, dass der Vermieter stillschweigend eine Garantieerklärung abgibt. Diese sehr weitgehende Haftung ist allerdings auch vertraglich abdingbar.

4. *Schließlich muss dem M aufgrund des Mangels ein Schaden entstanden sein. Dazu zählt jede unfreiwillige Einbuße an Rechtsgütern.* Die neu erworbenen Polstermöbel sind durch den eindringenden Regen beschädigt, es liegt eine Vermögenseinbuße seitens M vor.
5. Bei der 1. Alt. des § 536 a I handelt es sich um eine nicht vom Verschulden des Vermieters abhängige Einstands- und Schadensersatzpflicht für alle anfänglichen, auch unerkennbaren Fehler. Insofern ist die Argumentation der V, von einem Schaden nichts gewusst zu haben und deshalb jegliche Haftung abzulehnen, unbeachtlich.
6. *Der Anspruch des M darf weder durch Vertrag noch durch Gesetz ausgeschlossen sein.* Es liegt weder eine vertragliche Vereinbarung des Haftungsausschusses vor, noch hat der Mieter den Mangel bei Abschluss des Vertrages gekannt (§§ 536 b, d).

Somit hat M gegen die Gemeinde V einen Schadensersatzanspruch gem. § 536 a I, 1 Alt. Diese Anspruchsgrundlage umfasst alle Schäden, d.h. auch die Mangelfolgeschäden. Die beschädigten Polstermöbel stellen einen Mangelfolgeschaden dar.

Für den Umfang des zu ersetzenden Schadens gelten die §§ 249 ff. Die Vermieterin V hat den Zustand herzustellen, der ohne das schädigende Ereignis bestehen würde (§ 249 I). Nach § 249 II 1 kann der Gläubiger wegen Beschädigung einer Sache statt der Herstellung den dazu erforderlichen Geldbetrag verlangen. M kann danach die Kosten für den Neubezug der Polstermöbel in Höhe von 2 500 € von der Gemeinde V verlangen.

Aufgabe 2:

M könnte wegen des Knöchelbruchs gegen V einen Schadensersatzanspruch gem. § 280 I geltend machen.

1. *Voraussetzung für diesen Schadensersatzanspruch ist ein zwischen V und M bestehendes Schuldverhältnis.* Wie bereits bei Aufgabe 1 festgestellt, haben V und M einen wirksamen Mietvertrag geschlossen, ein vertragliches Schuldverhältnis liegt somit vor.
2. *V muss eine aus dem Schuldverhältnis resultierende Pflicht verletzt haben. Jeder Vertragspartner hat aufgrund des Schuldverhältnisses die Pflicht, die Rechtsgüter des anderen, auf die er eine durch den Vertrag bedingte Einwirkungsmöglichkeit hat, nicht zu beschädigen (vgl. auch § 241 II). Aus dem Mietvertrag folgt, dass V alles unterlassen muss, was ihre Mieter gefährden könnte.* Durch das übermäßige Bohnern der Treppe (die Reinigung des Treppenhauses war eine Nebenpflicht der V aufgrund des Mietvertrages) ist M zu Fall gekommen und hat sich verletzt. Somit liegt eine objektive Sorgfaltspflichtverletzung der V vor.
3. *V muss diese Pflichtverletzung zu vertreten, also vorsätzlich oder fahrlässig (vgl. § 276 I 1) gehandelt haben. V selbst hat nicht schuldhaft gehandelt. Sie muss aber nach § 278 S. 1 für das Verschulden ihrer Erfüllungsgehilfin einstehen, so dass nur dieses nachgewiesen zu werden braucht. Erfüllungsgehilfe ist, wer mit Wissen und Wollen des Schuldners rein tatsächlich bei der Erfüllung tätig wird.* P hat im Auftrag der V die Treppe gebohnert, folglich ist sie deren Erfüllungsgehilfin. *Ferner muss sie in Erfüllung einer Verbindlichkeit des Schuldners tätig geworden sein.* V hatte die Pflicht, das Treppenhaus, was ebenfalls zur vermieteten Wohnung gehört, in sauberem Zustand zu erhalten und deshalb eine wöchentliche Reinigung vorgenommen. Durch das Putzen ist P in Erfüllung einer Verbindlichkeit der V tätig geworden. *Es kommt eine fahrlässige Pflichtverletzung in Frage. Fahrlässigkeit bedeutet nach § 276 II die Außerachtlassung der im Verkehr erforder-*

lichen Sorgfalt. P hätte die Treppe nicht zu glatt bohnern dürfen und das Warnschild „Vorsicht! Frischt gebohnert!" gut sichtbar – und nicht neben der Wand – aufstellen müssen. Indem sie dies nicht tat, hat sie die erforderliche Sorgfalt nicht beachtet und fahrlässig gehandelt. Dieses Verschulden hat V zu vertreten.

4. *Die schuldhafte Pflichtverletzung muss kausal für den Schaden sein.* Hätte P nicht übertrieben gebohnert, wäre M nicht ausgerutscht und hätte sich nicht einen komplizierten Knöchelbruch zugezogen.

Folglich kann M wegen des Knöchelbruchs gegen V einen Schadensersatzanspruch gem. § 280 I geltend machen.

Der Umfang des zu ersetzenden Schadens ergibt sich aus §§ 249 ff. Nach § 249 I hat V den Zustand herzustellen, der ohne die zu glatt gebohnerte Treppe bestünde. Dann wäre es nicht zu dem Unfall des M (Körperverletzung) gekommen. Nach § 249 II 1 kann im hier vorliegenden Fall der Verletzung einer Person M statt der Herstellung dieses Zustandes den dazu erforderlichen Geldbetrag, also die Heilungskosten in Höhe von 2.000 € verlangen.

Die Ersatzpflicht der V könnte jedoch wegen eines Mitverschuldens des M nach § 254 I eingeschränkt sein oder sogar ganz entfallen. *Voraussetzung hierfür ist, dass M den haftungsbegründenden Tatbestand mit herbeigeführt hat. Das Verhalten des M muss ursächlich für den Unfall gewesen sein. Der Geschädigte muss in vorwerfbarer Weise gegen seine eigenen Interessen verstoßen haben.*[2] *Abzustellen ist auf die Außerachtlassung derjenigen Sorgfalt, die ein ordentlicher und verständiger Mensch zur Vermeidung eigenen Schadens anzuwenden pflegt.*[3] Indem M nicht auf das Schild „Achtung"! Frisch gebohnert!" geachtet hat und vorsichtiger gegangen ist, hat er nicht die gebotene Sorgfalt angewendet. Es ist eine Abwägung der beiderseitigen Verursachungsbeiträge vorzunehmen. Dem Mitverschulden des M steht die Verkehrssicherungspflicht der V gegenüber. Eine Quotelung des Schadens je zur Hälfte ist angemessen.

2 "Verschulden gegen sich selbst". Siehe hierzu *Deutsch/Ahrens*, Rn. 205.

3 BGH NJW 1998, 1137, 1138.

Aufgabe 3:

V könnte gem. § 536 c II 1 Schadenersatz von M bezüglich der Reparaturkosten der Heizungsrohre verlangen.

1. *Voraussetzung dafür ist, dass zwischen beiden ein Mietvertrag i. S. d. § 535 BGB vorliegt.* Zum 1.11.2014 haben M und V einen Mietvertrag über die Parterrewohnung geschlossen.
2. *Es muss sich im Laufe der Mietzeit ein Mangel der Mietsache gezeigt haben* (§ 536 c I, 1. Alt.). *Unter Mangel ist hier – anders als bei § 536 I – jeder schlechte Zustand der Mietsache, der nach der Übergabe entstanden ist, zu verstehen – ohne Rücksicht darauf, ob ihre Brauchbarkeit beeinträchtigt wird.* Die Heizung wurde nach einer Mietdauer von mehreren Wochen defekt, folglich liegt ein Mangel vor.
3. *Der Mieter M muss den Mangel kennen.* Da M noch vor seiner Abreise bemerkte, dass die Heizung nicht ordnungsgemäß funktioniert, hatte er Kenntnis von dem Mangel.
4. *M muss die nach § 536 c I in diesem Fall erforderliche unverzügliche Anzeige an den Vermieter unterlassen haben.* Indem M am nächsten Morgen in den Skiurlaub fährt, versäumt er, den Mangel anzuzeigen.
5. *Der Mieter muss die Nichtanzeige zu vertreten haben. Zu vertreten hat M Vorsatz und Fahrlässigkeit, sofern nicht ein anderer Haftungsmaßstab bestimmt ist (vgl. § 276 I 1). Hier könnte Fahrlässigkeit in Betracht kommen. Fahrlässig handelt, wer die im Verkehr erforderliche Sorgfalt außer Acht lässt (§ 276 II).* Indem M die V vor seiner Abreise nicht über den Defekt an der Heizung informierte, hat M zumindest fahrlässig gehandelt.
6. *Ferner muss durch die Nichtanzeige der V ein Schaden, also ein Vermögensnachteil, entstanden sein.* Der Schaden an den Wasserleitungen und Rohren in Höhe von 5.000 € wäre bei rechtzeitiger Anzeige des Defekts vermieden worden.

Folglich ist M gem. § 536 c II 1 der V zum Schadensersatz verpflichtet.

Der Umfang des zu ersetzenden Schadens ergibt sich aus den §§ 249 ff. Nach § 249 I hat M den Zustand herzustellen, der bei rechtzeitiger Anzeige bestünde. Wäre dies der Fall gewesen, wären die Wasserleitungen und Heizungsrohre nicht in seiner Wohnung eingefroren. Gem. § 249 II 1 kann der Gläubiger statt der Herstellung den erforderlichen Geldbetrag verlangen, wenn wegen einer Beschädigung einer Sache Schadensersatz zu leisten ist, hier also die Reparaturkosten für die Rohrbrüche in Höhe von 5.000 €.

Aufgabe 4 a):

I. V könnte von M Schadensersatz gem. § 280 I verlangen.

1. *Voraussetzung für diesen Schadensersatzanspruch ist ein zwischen V und M bestehendes Schuldverhältnis.* Wie oben bereits erörtert, haben beide einen wirksamen Mietvertrag i. S. d. § 535 geschlossen; ein vertragliches Schuldverhältnis liegt vor.

2. *M muss eine aus dem Schuldverhältnis resultierende Pflicht verletzt haben. Jeder Vertragspartner hat aufgrund des Schuldverhältnisses (vgl. § 241 II) die Pflicht, die Rechtsgüter des anderen, auf die er eine durch den Vertrag bedingte Einwirkungsmöglichkeit hat, nicht zu beschädigen. Die pflegliche Behandlung der Mietsache ist eine nicht leistungsbezogene Nebenpflicht.* Durch das Zerkratzen der dem V gehörenden, von ihm beim Einzug des M neu installierten Spüle wurde die Sorgfaltspflicht objektiv verletzt.

3. *M muss die Pflichtverletzung zu vertreten haben.* M hat nicht schuldhaft gehandelt. *Er muss aber nach § 540 II für das Verschulden eines Dritten einstehen, wenn er diesem den Gebrauch der Mietsache gestattet.* M hatte die Pflicht, die dem Vermieter gehörenden Gegenstände in ordnungsgemäßen, sauberen Zustand zu erhalten. Vor allem Flecken auf der (anfangs neuen) Spüle sollten nicht hinterlassen werden. Beim Reinigen der Spüle ist seine Freundin F somit in Erfüllung einer Pflicht des M aus dem Mietvertrag tätig geworden (§ 540 II ist lex specialis zu § 278). Es entsprach nicht dem vertragsgemäßen Gebrauch der Mietsache (§ 538), als die Freundin F die Spüle mit einem Topfreiniger aus grobem Stahl bearbeitete, um hartnäckige Flecken zu entfernen. Hier kommt eine fahrlässige Pflichtverletzung in Frage. *Fahrlässigkeit bedeutet nach § 276 II die Außerachtlassung der im Verkehr erforderlichen Sorgfalt.* Die Freundin F hätte die Spüle sorgfältiger, evtl. mit einem weichen Tuch, reinigen sollen. Indem sie einen Topfreiniger aus grobem Stahl benutzte, hat sie die erforderliche Sorgfalt nicht beachtet und fahrlässig gehandelt. Dieses Verschulden hat M zu vertreten.

4. *Die schuldhafte Pflichtverletzung muss kausal für den Schaden sein. Dazu zählt jeder Nachteil, den jemand durch ein bestimmtes Ereignis erleidet.* Hätte M sorgfältiger reinigen lassen, so wären die Kratzer an der Spüle nicht entstanden und folglich hätte V keinen Vermögensschaden erlitten. Somit ist die objektive Pflichtverletzung des M ursächlich für den Schaden.

Die Rechtsfolgen bestimmen sich aus § 280 I 1. Danach hat V gegenüber M einen Anspruch auf Schadensersatz.

Der Umfang des zu ersetzenden Schadens ergibt sich aus §§ 249 ff. Nach § 249 I hat M den Zustand herzustellen, der ohne das Zerkratzen der Spüle bestehen würde. Nach § 249 II 1 kann V statt der Herstellung dieses Zustandes bei Beschädigung einer Sache den dazu erforderlichen Betrag verlangen.[4]

II. Außerdem könnte V gegen M einen Schadensersatzanspruch nach § 831 I geltend machen.

Voraussetzung hierfür ist, dass die Freundin F Verrichtungsgehilfin des M ist. Verrichtungsgehilfe ist, wer für einen anderen, von dessen Weisungen er abhängig ist, eine Tätigkeit ausführt.

Die Freundin F ist lediglich zu Besuch bei M und nicht weisungsabhängig für diesen tätig.

Somit ist sie keine Verrichtungsgehilfin, und ein Anspruch nach § 831 I scheidet aus.

Aufgabe 4 b):

I. V könnte von M Schadensersatz für den verlorenen Schlüssel gem. §§ 280 I, III, 283 S. 1 verlangen.

1. Ein Schuldverhältnis ist durch den zwischen V und M bestehenden Mietvertrag (§ 535) gegeben.[5]
2. *M muss eine Pflichtverletzung begangen haben. Es könnte eine Pflichtverletzung dahingehend vorliegen, dass die von M geschuldete Leistung nicht erbracht wird.* M war verpflichtet, nach Ablauf der Mietzeit sämtliche Wohnungsschlüssel zurückzugeben. Aller-

---

4 Dieser Anspruch verjährt nach § 548 I in 6 Monaten; die Verjährung beginnt mit dem Zeitpunkt, in dem der Vermieter die Sache zurückerhält (§ 548 I 2).

5 Diese Voraussetzung kann – im Urteilstil – festgestellt werden, da sie bei Aufgaben 2 und 3 schon erörtert wurde.

dings hat er den Zweitschlüssel verloren. Es ist deshalb die Unmöglichkeit der Rückgabe (Leistung) zu prüfen. Durch den Verlust des Schlüssels ist M die nach § 546 I obliegende Verpflichtung, den zur Wohnung gehörenden Gegenstand nach Beendigung des Mietverhältnisses herauszugeben, nachträglich (subjektiv) unmöglich geworden. Eine Pflichtverletzung liegt also vor.[6]

3. *Der Schuldner muss die pflichtwidrige Herbeiführung der Unmöglichkeit zu vertreten haben (§ 280 I 2).* Nach § 276 I 1 haftet M für Vorsatz und Fahrlässigkeit. M könnte fahrlässig gehandelt haben. *Fahrlässig handelt, wer die im Verkehr erforderliche Sorgfalt außer Acht lässt (§ 276 II).* M hätte besser auf den Zweitschlüssel achten müssen. Indem er ihn verlor, hat er die im Verkehr erforderliche Sorgfalt nicht beachtet und damit fahrlässig, mithin schuldhaft gehandelt.

4. *Dem Gläubiger (V) muss ein Schaden, also eine unfreiwillige Einbuße am Vermögen, entstanden sein.* Indem M dem Hauseigentümer V den Schlüssel nicht mehr zurückgeben kann, hat V eine Vermögenseinbuße erlitten.

Somit hat V gegen M gem. §§ 280 I, III, 283 S. 1 Anspruch auf Schadensersatz statt der Leistung. Der Anspruch ist auf das positive Interesse gerichtet, d. h. der Gläubiger V ist so zu stellen, wie er bei ordnungsgemäßer Erfüllung stehen würde. Da M nicht mehr den Schlüssel übergeben kann (§ 249 I), muss er entweder einen gleichartigen Schlüssel beschaffen[7] oder aber den V in Geld entschädigen (vgl. § 251 I).

II. Darüber hinaus könnte V gegen M wegen des verlorenen Schlüssels einen Schadensersatzanspruch nach § 823 I haben.

1. a) *Voraussetzung hierfür ist, dass M eines der in dieser Vorschrift genannten Rechtsgüter der V verletzt hat.* Durch den Verlust des der V gehörenden Zweitschlüssels hat M deren Eigentum verletzt.

---

6 Der Rückgabeanspruch (Schlüssel) des V ist gem. § 275 I ausgeschlossen. Die ursprüngliche Verpflichtung des M (Primärleistungspflicht) wandelt sich in eine Schadensersatzpflicht (Sekundärleistungspflicht) um.

7 Fraglich ist, ob die Zweitschlüsselbeschaffung für V zumutbar ist. Es besteht nämlich die Möglichkeit, dass ein unredlicher Finder des Schlüssels mit diesem Missbrauch betreiben (z. B. in das Haus der V eindringen) kann. Insofern ist eine Auswechslung der Türschlösser und Kostenerstattung durch M die sachgerechte Lösung.

b) *Die Handlung muss kausal für die Rechtsgutsverletzung sein.* Das Verlieren des Schlüssels durch M führte zur Verletzung des Eigentums.

2. *Weitere Voraussetzung ist die Widerrechtlichkeit der Handlung des M.* Ein Rechtfertigungsgrund liegt nicht vor, sodass Rechtswidrigkeit gegeben ist.
3. *M muss vorsätzlich oder fahrlässig gehandelt haben.* Wie unter I. bereits festgestellt, hat M die im Verkehr erforderliche Sorgfalt außer Acht gelassen und folglich fahrlässig gehandelt.
4. *Ferner muss dem V ein Schaden durch vorgenannte Handlung entstanden sein. Dazu zählt jeder Nachteil, den jemand durch ein bestimmtes Ereignis erleidet.* V hat einen finanziellen Verlust durch den nicht mehr vorhandenen Zweitschlüssel erlitten. Die Handlung war für den eingetretenen Schaden ursächlich.

Somit besteht auch ein Schadensersatzanspruch der V gem. § 823 I gegenüber M. Nach § 249 I hat M den Zustand herzustellen, der bestehen würde, wenn der zum Ersatz verpflichtende Umstand nicht eingetreten wäre. V hätte dann noch einen Schlüssel. Soweit die Wiederherstellung dieses Zustandes nicht möglich ist, hat M die Gemeinde V gem. § 251 I in Geld zu entschädigen.

Aufgabe 5 a):

V könnte gegen M einen Anspruch auf Rückgabe der Mietsache einschließlich des von M eingebauten Marmorwaschbeckens gem. § 546 I haben.

Gem. § 546 I hat der Mieter die Mietwohnung nach Beendigung des Mietverhältnisses zurückzugeben, also ordnungsgemäß zu räumen.

1. *Gem. § 539 II* könnte M hinsichtlich des von ihm in die Wohnung eingebrachten Waschbeckens ein *Wegnahmerecht* haben. *Voraussetzung hierfür ist, dass er die Mietsache mit einer Einrichtung versehen hat.* M hat das Waschbecken mit der Wohnung körperlich fest, aber abtrennbar[8] verbunden, somit steht ihm das Recht zur Wegnahme zu.

---

8 Hier ist auch eine andere Argumentation möglich. Die Verfasserin vertritt die Ansicht, dass ein Waschbecken – zumal es in der Regel mittels Dübeln an der Wand angeschraubt wird – jederzeit wieder (ohne dass die Wand oder das Waschbecken beschädigt werden) abgenommen werden kann.

2. *Nach § 552 I kann allerdings V die Ausübung dieses Wegnahmerechts durch Zahlung einer angemessenen Entschädigung abwenden, sofern M nicht ein berechtigtes Interesse an der Wegnahme hat.*

V müsste dem M also eine angemessene Entschädigung zahlen.[9] Mit dem Argument, das Waschbecken lieber armen Leuten zu geben als der intoleranten V zu überlassen, bringt M zum Ausdruck, dass er es nicht unentgeltlich in der Wohnung lassen will. Es reicht also für ein berechtigtes Interesse des Mieters an der Wegnahme nicht aus.

Somit hat die Gemeinde V gegen M einen Anspruch auf Rückgabe der Wohnung einschließlich des Waschbeckens, sofern sie dem Mieter eine angemessene Entschädigung zahlt.

Aufgabe 5 b):

V könnte mit ihren gegenüber M bestehenden Schadensersatzforderungen (s. o. Aufgabe 4 a)) gegen die Forderung des M aus § 552 I (siehe Aufgabe 5 a)), gem. §§ 387 ff. aufrechnen.

1. a) *Voraussetzung hierfür ist zunächst, dass jeder Vertragspartner eine Forderung gegen den anderen hat.* Wie bereits geprüft wurde, stehen der V gegen M Schadensersatzansprüche gem. §§ 280 I, III, 283 bzw. § 823 I wegen der zerkratzten Spüle und dem verlorenen Schlüssel zu. M kann von V eine angemessene Entschädigung für das in der Wohnung verbleibende Marmorwaschbecken gem. § 552 I verlangen. Die Gegenseitigkeit der Forderungen liegt somit vor.
   b) *Ferner müssen die Forderungen gleichartig, also austauschbar und verrechenbar sein.* Da beides Geldschulden (Euro) sind, ist auch diese Voraussetzung gegeben.
   c) Die Aufrechnung ist dann *möglich, wenn die Hauptforderung erfüllbar und die Gegenforderung durchsetzbar, also frei von Einreden und auch fällig ist.* Da weder V noch M eine Zeit für die Leistung bestimmt haben, kann gem. § 271 I der Gläubiger die Leistung sofort verlangen und der Schuldner sie sofort erbringen. Eine Einrede steht dem M nicht zu. Folglich liegen die Voraussetzungen für eine Aufrechnung vor.

---

9 Diese kann z. B. dadurch ermittelt werden, dass vom Verkehrswert der Sache einschließlich der Anbringungskosten noch die Hälfte der Kosten abzuziehen sind, die der Mieter bei Wegnahme aufzubringen hätte.

2. *Nach § 388 S. 1 erfolgt die Aufrechnung durch Erklärung gegenüber dem anderen Teil.* V muss also gegenüber M die Aufrechnung erklären.
3. Dies bewirkt gem. § 389, dass die Forderungen in Höhe ihrer betragsmäßigen Übereinstimmung – „soweit sie sich decken" – erlöschen.

Vertiefung: Mietrecht[10]

Übersicht:

I. Rechte und Pflichten der Mietvertragsparteien
   1. Pflichten des Vermieters
   2. Rechte des Mieters bei Sach- oder Rechtsmängeln
   3. Haftung des Vermieters nach den allgemeinen Vorschriften
   4. Pflichten des Mieters
   5. Folgen der Nicht- oder Schlechterfüllung der Mieterpflichten

II. Beendigung des Mietvertrages
   1. Aufhebungsvertrag gem. § 311 I
   2. Beendigung durch Zeitablauf, §§ 542 II, 575
   3. Beendigung durch Kündigung
   4. Folgen der Beendigung

Im Mietvertrag wird eine entgeltliche Gebrauchsüberlassung auf Zeit vereinbart (§ 535). Grundsätzlich ist er formlos gültig. Für Mietverträge über Wohnräume und Grundstücke, die auf längere Zeit als ein Jahr geschlossen werden, begründet § 550 S. 1 kein Schriftformerfordernis, sondern enthält lediglich die Rechtsfolge, dass entsprechende – nicht schriftliche (vgl. § 126) – Mietverträge als für unbestimmte Zeit geschlossen gelten. Es handelt sich hierbei um eine Fiktion, also die Annahme eines Sachver-

10 **Literatur zur Vertiefung:** *Brox/Walker* SchuldR BT, §§ 10 ff.; *Dittmann/Reichart,* Betretungsrecht des Wohnraumvermieters, JA 2011, 173; *Fikentscher/Heinemann,* § 77; *Grunewald,* § 16 I, II; *Herrler,* Abwälzung von Schönheitsreparaturen durch Allgemeine Geschäftsbedingungen bei der Wohnraummiete – Wirksamkeitsanforderungen, Folgen unwirksamer Klauseln und Reaktionsmöglichkeiten des Vermieters, JURA 2008, 248 ff.; *Kaiser,* Rn. 671 ff.; *Löhnig/Gietl,* Grundfälle zum Mietrecht, JuS 2011, 107 ff., 202 ff.; *Looschelders* SchuldR BT, §§ 21–23; *Musielak/Hau,* Rn. 657 ff.; *Oetker/Maultzsch,* § 5 Rn. 4 ff.; *Wörlen/Metzler-Müller* SchuldR BT, Rn. 144 ff.

halts, der in Wirklichkeit nicht besteht.[11] Gem. § 550 S. 2 kann ein solcher Mietvertrag mit der Frist der §§ 573c oder 580a frühestens zum Ablauf eines Jahres nach dem vertraglich bestimmten Zeitpunkt zur Überlassung gekündigt werden.

Bei Mietverträgen (Dauerschuldverhältnissen), die vor dem 1.1.2002 abgeschlossen wurden, gilt gem. Art. 229 § 5 S. 2 EGBGB das neue Schuldrecht ab dem 1.1.2003.

I. Rechte und Pflichten der Mietvertragsparteien

1. Pflichten des Vermieters

Hauptpflicht des Vermieters ist die Gebrauchsüberlassung der Mietsache (§ 535 I 1) sowie deren Erhaltung in vertragsgemäßem Zustand während der Mietzeit (§ 535 I 2). Diese Instandhaltungspflicht des Vermieters ist abdingbar. Meistens werden durch einen (Formular-)Mietvertrag die zur Beseitigung der normalen Abnutzung erforderlichen Schönheitsreparaturen – wie z.B. Tapezieren von Wänden, Anstreichen von Decken, Heizkörpern, Innentüren – auf den Mieter abgewälzt. Die Rechtsprechung hat allerdings einige Klauseln in den Formularmietverträgen für unwirksam erklärt, so z.B. die „starren" Fristen für Schönheitsreparaturen[12], die Abgeltungsklausel mit „starrer" Abgeltungsquote,[13] die Klausel, dass bei Schönheitsreparaturen von der „bisherigen Ausführungsarbeit" nicht abgewichen werden darf.[14]

Mit Urteilen vom 18.3.2015[15] hat der BGH seine fast 30 Jahre alte Rechtsprechung zur Übertragung von Schönheitsreparaturen auf den Mieter grundlegend geändert. Danach sind formularmäßige Quotenabgeltungsklauseln sowie die formularmäßige Übertragung der Schönheitsreparaturen auf den Mieter bei einer unrenoviert oder renovierungsbedürftig überlassenen Wohnung unwirksam, sofern dem Mieter kein angemessener Ausgleich gewährt wird.

Außerdem obliegen dem Vermieter allgemeine Nebenpflichten (vgl. u.a. §§ 535 I 3, 536a II, 539).

---

11 So auch die Begründung des Regierungsentwurfs, BT-Drucksache 14/4553, 47. A. A.: *Palandt/Weidenkaff*, § 550 Rn. 1. Danach verlange § 550 S. 1 weiterhin die gesetzliche Schriftform, auch wenn sie nicht wie in § 566 S. 1 a.F. ausdrücklich vorgeschrieben werde.

12 BGH NJW 2006, 3778ff.

13 BGH NJW 2007, 1743f.

14 Eine Auflistung von Entscheidungen zu unwirksamen Renovierungsklauseln ist zu finden bei *Schmidt-Futterer/Langenberg*, § 538 Rn. 151ff.; *Palandt/Weidenkaff*, § 536 Rn. 43ff.

15 Az. VIII ZR 185/14, VIII ZR 242/13, VIII ZR 21/13, juris.de.

2. Rechte des Mieters bei Sach- oder Rechtsmängeln

Nach Überlassung der Mietsache hat der Mieter neben dem Erfüllungsanspruch einen Anspruch auf Nachbesserung (vgl. § 535 I 2) sowie die Mängelgewährleistungsrechte gem. §§ 536 ff. Letztgenannte Ansprüche bestehen neben dem Erfüllungsanspruch. Sofern die Mietsache mit einem Mangel (bei Gebrauchsüberlassung oder später) behaftet ist, der die Tauglichkeit der Sache zum vertragsgemäßen Gebrauch nicht nur unerheblich aufhebt oder beeinträchtigt bzw. dem Mieter aufgrund des privaten Rechts eines Dritten der vertragsgemäße Gebrauch ganz oder teilweise entzogen wird (vgl. § 536 III), ist der Mieter gem. § 536 I 1, 2 ganz oder teilweise von der Mietzinszahlung befreit. Gleiches gilt gem. § 536 II, wenn eine zugesicherte Eigenschaft fehlt oder später wegfällt.

Gewährleistungsrechte im Mietrecht

Mangelbeseitigung § 535 I 2	**Minderung § 536 I**	**Selbstvornahme § 536a II**	**Schadensersatz § 536a I**
Voraussetzungen: – Wirksamer Mietvertrag – Übergabe der Mietsache – Mangel, § 536 – Mängelanzeige **Rechtsfolge:** Anspruch des Mieters auf Mangelbeseitigung	**Voraussetzungen:** – Wirksamer Mietvertrag – Übergabe der Mietsache – Mangel, § 536 – Mängelanzeige – Kein Ausschluss der Gewährleistung (vertraglich oder gesetzlich – §§ 536b, d; beachte § 536 IV) **Rechtsfolge:** Minderung der Miete kraft Gesetzes	**Voraussetzungen:** – Wirksamer Mietvertrag – Übergabe der Mietsache – Mangel, § 536 – Mängelanzeige – Verzug des Mieters mit Mangelbeseitigung oder umgehende Mangelbeseitigung erforderlich **Rechtsfolge:** Aufwendungsersatzanspruch des Mieters	**Voraussetzungen:** – Wirksamer Mietvertrag – Übergabe der Mietsache – Mangel, § 536 – Mängelanzeige – Anfänglicher Mangel oder – Vertretenmüssen des nachträglichen Mangels oder – Verzug des Mieters mit Mangelbeseitigung **Rechtsfolge:** Ersatz von Mangel- und Mangelfolgeschäden

Für den Ausschluss der Mängelhaftung sind die §§ 536b, 536 d, 536 IV relevant.[16] Die Mängelrechte stehen dem Mieter auch dann nicht zu, wenn

16 Die Regelung ist der beim Kauf ähnlich.

er dem Vermieter einen festgestellten Mangel nicht unverzüglich anzeigt (§ 536c II 2).

Prüfschema – Voraussetzungen der Mietminderung gem. § 536 I:

1. Wirksamer Mietvertrag + Übergabe der Mietsache
2. Sachmangel (§ 536 I) oder Rechtsmangel (§ 536 III) der Mietsache
3. Minderung der Tauglichkeit ist erheblich (§ 536 I 3)
4. Mängelanzeige (§ 536c I)
5. Kein Ausschluss der Gewährleistung (vertraglich oder gesetzlich, §§ 536b, d; beachte § 536 IV!)

Rechtsfolge: Mietminderung nach § 536 I 2

Ein Verschulden des Vermieters ist nicht Voraussetzung der Mietminderung!

Außerdem kann der Mieter gem. § 536a I, II Schadens-[17] und Aufwendungsersatz[18] verlangen. Es ist der gesamte, infolge des Mangels eingetretene Schaden – auch der Mangelfolgeschaden – zu ersetzen.[19] Es muss also nicht (wie im Kauf- und Werkvertragsrecht) zwischen Mangel- und Mangelfolgeschaden unterschieden werden. Denn bei der Miete bringt der Mieter seine Vermögensgegenstände in den Einwirkungsbereich des Vermieters, dessen Zugriff diese dann ausgeliefert sind. Daraus ergeben sich eine erhöhte Schutzbedürftigkeit des Mieters und folglich leichtere Haftungsvoraussetzungen (wie z. B. keine Entlastungsmöglichkeit des Vermieters für anfängliche Mängel) für Mängel an der Mietsache und auch für die übrigen Vermögensgegenstände des Mieters.

Prüfschema – Schadensersatz wegen eines Mangels der Mietsache gem. § 536a:

Voraussetzungen:

1. Wirksamer Mietvertrag + Übergabe der Mietsache
2. Mangel der Mietsache i. S. d. § 536
   a) bei Vertragsschluss vorhanden – **Garantiehaftung – (§ 536a I, 1. Alt.) oder**

17 Beispiel in Fall 12, Aufgabe 1.

18 Siehe hierzu Fall 19, Aufgabe 1.

19 H. M.; *Soergel/Heintzmann*, § 536a Rn. 14; *MüKoBGB/Häublein*, § 536a Rn. 12f.; *Palandt/Weidenkaff*, § 536a Rn. 14. Beispiel in Fall 12, Aufgabe 1.

b) nach Vertragsschluss aufgetreten und vom Vermieter zu vertreten **(§ 536a I, 2. Alt.) oder**
c) Verzug des Vermieters mit einer Mängelbeseitigung **(§ 536a I, 3. Alt.)**

3. Mängelanzeige (§ 536c I) bei nachträglich auftretendem Mangel
4. Schaden beim Mieter
5. Kein Ausschluss der Gewährleistung

Rechtsfolge: Ersatz des Mangel- und des Mangelfolgeschadens.

Der Mieter kann bei Verzug des Vermieters mit der Mängelbeseitigung oder, wenn die umgehende Beseitigung des Mangels zur Erhaltung oder Wiederherstellung des Bestands der Mietsache notwendig ist, statt des Schadensersatzes nach § 536a I auch den Mangel selbst beseitigen oder beseitigen lassen und Ersatz der erforderlichen Aufwendungen verlangen (§ 536a II).

Gem. § 543 I, II 1 Nr. 1 kann der Mieter den Mietvertrag ohne Einhaltung einer Kündigungsfrist kündigen. Bei der Wohnraummiete ist dieses Recht nicht abdingbar, vgl. § 569 V 1. Der Mieter muss dem Vermieter zuvor unter Angabe der Mängel eine angemessene Frist für deren Beseitigung gesetzt haben, und diese Frist muss verstrichen sein (§ 543 III). Eine Fristsetzung ist entbehrlich, wenn die sofortige Kündigung unter Abwägung der beiderseitigen Interessen gerechtfertigt ist (§ 543 II 1 Nr. 2), so z.B., wenn die Benutzung der Wohnung infolge eines Sachmangels mit einer erheblichen Gesundheitsgefahr für den Mieter verbunden ist.

3. Haftung des Vermieters nach den allgemeinen Vorschriften

Sofern die Nichterfüllung der Pflichten weder auf einem Sach- noch auf einem Rechtsmangel beruht, haftet der Vermieter nach den allgemeinen Vorschriften der §§ 323–326. An die Stelle des dort geregelten Rücktrittsrechts tritt das Recht zur fristlosen Kündigung gem. § 543.

Sofern allgemeine Schutz- und Sorgfaltspflichten verletzt werden, kommt eine Haftung aus §§ 280 I, 241 II in Betracht. Dies gilt allerdings nicht für die in § 536a geregelten Ansprüche des Mieters, da diese Vorschrift auch Mangelfolgeschäden erfasst.

4. Pflichten des Mieters

Hauptpflicht des Mieters ist die Mietzahlung (§ 535 II). Darüber hinaus darf er den vertragsgemäßen Gebrauch nicht überschreiten (vgl. §§ 538,

540[20], 541, 543 II); er hat hinsichtlich der Mietsache Obhuts- und Sorgfaltspflichten, Duldungspflichten (§ 554 I bei Raummiete) und eine Rückgabepflicht nach Beendigung der Mietzeit (§ 546 I).[21]

5. Folgen der Nicht- oder Schlechterfüllung der Mieterpflichten

Die Vorschriften über Pflichtverletzung wegen Unmöglichkeit[22], Pflichtverletzung wegen Verzugs[23] und „sonstige Pflichtverletzung“[24] finden Anwendung. Folgende Sonderregelungen sind im Mietrecht zu beachten: Bei Verletzung der Zahlungspflicht kommt nur die Kündigung nach § 543 II 1 Nr. 3 bzw. § 573 II Nr. 1 in Betracht[25]; sofern der Mieter Pflichten bzw. Rechte des Vermieters aus dem Mietvertrag in erheblichem Maße verletzt, ist eine fristlose Kündigung gem. §§ 543 II Nr. 2, 543 III unter den dort genannten Voraussetzungen möglich. Eine Entschädigung bei Verletzung der Rückgabepflicht ist in § 546a geregelt, der Schadensersatzanspruch bei Verletzung der Anzeigepflicht in § 536c II.

II. Beendigung des Mietvertrages

1. Aufhebungsvertrag gem. § 311 I

Die Parteien können sich jederzeit über den Beendigungszeitpunkt einigen und einen Aufhebungsvertrag i. S. d. § 311 I schließen.

2. Beendigung durch Zeitablauf, §§ 542 II, 575

Gem. § 542 II endet das Mietverhältnis nach Ablauf der für die Miete bestimmten Zeit, ohne dass es einer Kündigung bedarf. In einem solchen Mietverhältnis ist die ordentliche Kündigung ausgeschlossen (vgl. § 542 II), eine außerordentliche jedoch möglich (s. z. B. §§ 540 I 2, 543 I, II). Bei einem **Mietverhältnis über Wohnraum** kann ein Zeitmietvertrag abgeschlossen werden, wenn der Vermieter die Räume anschließend für sich, seine Familienangehörigen oder Angehörige seines Haushalts nutzen oder die Räume beseitigen will. Wegen weiterer Voraussetzungen siehe § 575 I.

Frühestens vier Monate vor Ablauf der Befristung kann der Mieter vom Vermieter verlangen, dass dieser ihm binnen eines Monats mitteilt, ob der Befristungsgrund noch besteht. Entfällt der Grund, so kann der Mie-

---

20 Beispiel in Fall 12, Aufgabe 4 a).
21 Beispiele in Fall 11, Aufgaben 1 a) und 3 sowie Fall 12, Aufgabe 5 a.
22 Beispiel in Fall 12, Aufgabe 4 b).
23 Beispiel in Fall 11, Aufgabe 1 b).
24 Beispiele in Fall 11, Aufgabe 2.
25 Siehe Fall 11, Aufgabe 1 a) .

ter die Fortsetzung des Mietverhältnisses auf unbestimmte Zeit verlangen (§ 575 II, III).

3. Beendigung durch Kündigung

Alle im Gesetz genannten Arten der Kündigung (die ordentliche, die außerordentliche befristete und die außerordentliche fristlose) erfordern eine **Kündigungserklärung**. Diese ist eine einseitige empfangsbedürftige Willenserklärung des Inhalts, dass das Mietverhältnis beendet wird. Sie ist nur bei der **Wohnraummiete formbedürftig (vgl. § 568 I).** Darüber hinaus soll der Vermieter bei der Kündigung von Wohnraum die Kündigungsgründe in dem Kündigungsschreiben angeben und auf die Möglichkeit des Widerspruchs hinweisen (§§ 568 II, 573 III 1). Die Folgen der Nichtbeachtung sind in den §§ 573 III 2, 574 III geregelt.[26]

a) Die ordentliche Kündigung

Diese Art der Kündigung kommt nur bei Mietverhältnissen über unbestimmte Zeit in Betracht (§ 542 I). Ein **Kündigungsgrund** ist nur bei der **Wohnraummiete** erforderlich:

Der Vermieter kann nach § 573 I, II grundsätzlich nur bei einem berechtigten Interesse an der Beendigung des Mietverhältnisses kündigen – wobei im Prozess nur die im Kündigungsschreiben genannten Gründe berücksichtigt werden, sofern neue Gründe nicht nachträglich entstanden sind (§ 573 III). Berechtigte Gründe sind vor allem die schuldhafte, nicht unerhebliche Vertragsverletzung (§ 573 II Nr. 1),[27] der Eigenbedarf des Vermieters, seiner Familienangehörigen oder Angehörige seines Haushalts (§ 573 II Nr. 2), die Hinderung einer angemessenen wirtschaftlichen Verwertung des Grundstücks (§ 573 II Nr. 3) oder der Ausbau von Nebenräumen eines Gebäudes (§ 573 b I).

Zugunsten des Vermieters ist der in § 573 geregelte Kündigungsschutz in einigen Fällen ausgeschlossen: Sofern der Vermieter mit dem Mieter in einem Zweifamilienhaus zusammenwohnt, ist für die Kündigung des Vermieters kein Grund erforderlich (§ 573 a I). Weitere Ausnahmen sind in §§ 573 a I und 549 II, III geregelt.

Bei der ordentlichen Kündigung sind gem. § 580 a bestimmte **Fristen** einzuhalten. Es kommt hier nicht auf die Zahlungsweise des Mietzinses an, sondern auf die Zeiträume, die der Bemessung (also der Festlegung des Mietbetrages) zugrunde liegen. Hinsichtlich der Wohnraummiete ist

---

26 Siehe hierzu Fall 11, Aufgabe 1 a).

27 Beispiel hierfür in Fall 11, Aufgabe 1 a).

§ 573 c[28] zu beachten, wonach spätestens am dritten Werktag eines Kalendermonats für den Ablauf des übernächsten Monats gekündigt werden kann. Die Vorschriften des § 573 c I und III sind **nicht** abdingbar (vgl. § 573 c IV). Die Kündigungsfrist für den Vermieter verlängert sich nach fünf und acht Jahren um jeweils drei Monate (§ 573 c I 2).

Einen besonderen Schutz des Wohnraummieters gegenüber einer ordentlichen Kündigung enthält die sog. **Sozialklausel** des § 574: In besonderen Härtefällen kann der Mieter der Kündigung widersprechen und vom Vermieter eine Fortsetzung des Mietverhältnisses so lange verlangen, „wie dies unter Berücksichtigung aller Umstände angemessen ist" (§ 574 a).[29]

b) Die außerordentliche Kündigung mit gesetzlicher Frist

Gem. §§ 540 I 2, 544, 563 IV, 564 S. 2, 575 a ist eine vorzeitige Beendigung von Mietverhältnissen über Wohnraum durch außerordentliche Kündigung mit der gesetzlichen Frist möglich. Gem. § 573 d II ist die Kündigung spätestens am dritten Werktag eines Kalendermonats zum Ablauf des übernächsten Monats zulässig. Beim Tod des Mieters ist die Frist nach § 564 S. 2 zu berechnen.

c) Die außerordentliche fristlose Kündigung

Eine solche Kündigung führt zur sofortigen Beendigung des Mietverhältnisses. § 543 I enthält – generalklauselartig – das Recht beider Vertragsparteien, das Mietverhältnis aus wichtigem Grund außerordentlich fristlos zu kündigen. In Abs. 2 dieser Vorschrift werden die wichtigsten, aber nicht abschließenden Gründe für die fristlose Kündigung genannt – u. a. die Gewährleistungskündigung des Mieters (Nr. 1), die Kündigung wegen vertragswidrigen Gebrauchs (Nr. 2) sowie die Kündigung wegen Zahlungsverzugs seitens des Mieters (Nr. 3). In § 569 finden sich zwei weitere Kündigungstatbestände für die Wohnraummiete: die Kündigung des Mieters bei gesundheitsgefährdender Beschaffenheit der Räume (§ 569 I) sowie die Kündigung wegen nachhaltiger Störung des Hausfriedens durch die andere Vertragspartei (§ 569 II).

Gem. § 569 IV ist der zur Kündigung führende wichtige Grund (bei Wohnraum) in dem Kündigungsschreiben anzugeben.

28 Berechnungsbeispiele in Fall 11, Aufgabe 1 a).
29 Kurz erörtert bei Fall 11, Aufgabe 1 a).

4. Folgen der Beendigung

Gem. § 546 I muss der Mieter die Mietsache zurückgeben, der Vermieter etwaige Verwendungen des Mieters ersetzen (§§ 536 a II, 539 I) oder dessen Wegnahmerecht dulden (§ 539 II).[30]

Prüfschema – Anspruch des Vermieters gegen den Mieter auf Rückgabe/ Räumung der Wohnung gem. § 546 I:

Voraussetzungen:

1. wirksamer Mietvertrag
2. Beendigung des Mietverhältnisses
   a) durch Aufhebungsvertrag (§ 311 I)
   b) durch Zeitablauf (§ 575)
   c) durch Kündigung – Schriftform der Kündigung (§ 568)
      aa) Gründe für eine außerordentliche fristlose Kündigung: §§ 543 II 1 Nr. 2 und Nr. 3, 569 III (ggf. Umdeutung in eine ordentliche Kündigung § 140)
      bb) Gründe für eine ordentliche Kündigung: §§ 573, 573 a
3. Kündigungsfrist (bei der ordentlichen Kündigung): § 573 c
4. Härtefall gem. §§ 574, 574 a, 574 b?

Rechtsfolge: Rückgabe/Räumung der Wohnung

30 Beispiel in Fall 12, Aufgabe 5 a).

Fall 13: Schuldrecht BT – Eine Geburtstagsfeier mit Hindernissen

Schwerpunkte:
Deliktische Haftung – Tierhalterhaftung – Anstiftung – Rechtfertigungsgrund – Erfüllungsgehilfe – Verrichtungsgehilfe

Moritz Maier (M) will seinen Geburtstag zünftig feiern. Auf Anfrage überlässt ihm die Stadt Vorberg (V) eine am Stadtrand gelegene Grillhütte zu einer angemessenen Miete für einen Abend. Leider verläuft der Abend nicht so, wie von M erhofft.

M will es sich bequem machen und auf einer zur Einrichtung der Grillhütte gehörenden Holzbank niederlassen. Kaum hat er sich gesetzt, kracht die Bank zusammen. Die Hose des M wird dabei zerrissen, er selbst verstaucht sich den Arm.

Doch nicht genug. Als die Stimmung sich dem Höhepunkt zuneigt, fordert der aufgrund seines Alkoholgenusses schon volltrunkene Gast Alfred Alki (A) den 16-jährigen Kurt Knüppel (K) heimlich auf, seiner ungeliebten Tischnachbarin Nele Nebenan (N) ein Glas Bier über den Kopf zu schütten. Als der zu Scherzen aufgelegte K sich der N von hinten nähert und bereits zum Schwung ausholt, bemerkt N die ihr drohende Gefahr und wehrt den Arm des K mit der Hand ab, wobei die Armbanduhr der N beschädigt wird. Hierdurch verliert K das Gleichgewicht, fällt hin und verschmutzt seine Kleidung.

Als sowohl M wie auch der Abend „geschafft" waren, bittet der M seinen allgemein als ungeschickt bekannten Freund Fritz Flink (F), die Grillhütte zu reinigen, weil er wegen des verstauchten Armes hierzu nicht mehr imstande sei, andererseits die Stadt die Endreinigung in ihren Vertragsbedingungen zur Pflicht gemacht hat. Wie nicht anders zu erwarten, zerstört F dabei eine zur Ausstattung der Grillhütte gehörende Lampe.

Außerdem bringt F seinen Mischlingswelpen Rex mit. Während F die Reinigung vornimmt, hat er Rex vor der Türe an einem Pfosten angebunden. Als der ebenfalls anwesende M – durch merkwürdige Geräusche aufmerksam geworden – nach dem Hund schauen will, beißt ihn dieser in die Hand. Die Verletzung des M muss ärztlich versorgt werden.

Aufgabe 1: M verlangt von der Stadt V Schadensersatz wegen der zerrissenen Hose und Schmerzensgeld.

Ein Sachverständiger hatte festgestellt, dass die Bank seit geraumer Zeit defekt gewesen sein muss. Dieser Mangel konnte aber von dem bei der Stadt angestellten und mit der Wartung der Grillanlage beauftragten, sorgfältig ausgesuchten und überwachten Arbeiter Xaver Xanten (X) trotz der in hinreichenden Abständen vorgenommenen Überprüfungen nicht festgestellt werden.

Aufgabe 2: K verlangt von N die Reinigungskosten für seine verschmutzte Kleidung.

Aufgabe 3: N verlangt von K und A Ersatz der Reparaturkosten für ihre Armbanduhr, die bei der Abwehrreaktion beschädigt wurde.

Aufgabe 4: Die Stadt V verlangt von M Ersatz der von F zerstörten Lampe.

Aufgabe 5: M macht gegenüber F Arzt- und Heilkosten wegen des Hundebisses geltend.

Zu Recht? Prüfen Sie alle in Betracht kommenden Anspruchsgrundlagen.

Fall 13: Prüfschema/Lösungsskizze

V ——————— M
§ 535

F (Erfüllungsgehilfe) · X (Verrichtungsgehilfe)

Vorüberlegung:
Die Ansprüche sind immer im Zwei-Personenverhältnis zu erörtern.

Für den Schadensersatzanspruch des M gegenüber der Stadt V kommen zwei Anspruchsgrundlagen in Betracht: Der vertragliche nach § 536a I, 1. Alt. sowie der deliktische gem. § 831 I. Beide Anspruchsgrundlagen sind in der auf S. 40f. aufgezeigten Reihenfolge zu prüfen.

Aufgabe 1:

I. M ———→ Stadt V Schadensersatz (Hose) gem. § 536a I, 1. Alt.

1. Mietvertrag M – V (+)
2. Mangel der Mietsache bei Abschluss des Vertrages (+)
3. Schaden des M (+)

Ergebnis: M ⟶ Stadt V Schadensersatz gem. § 536a I, 1. Alt. (+)
Umfang des zu ersetzenden Schadens: §§ 249ff. (§ 249 II 1 – Geld, § 253 II)

II. M ⟶ Stadt V Schadensersatz (Hose) gem. § 831 I

1. Verrichtungsgehilfe = X (+)
2. tatbestandsmäßige und rechtswidrige unerlaubte Handlung des Verrichtungsgehilfen (+)
3. Schädigung in Ausführung der (weisungsgebundenen) Verrichtung (+)
4. Schaden (+)
5. Exkulpation gem. § 831 I 2 möglich

Ergebnis: M ⟶ Stadt V Schadensersatz gem. § 831 I (–)

Aufgabe 2:

Sachverhalt (Kurzbeschreibung):

A (volltrunken) stiftet K (16-jährig) an, ein Bierglas über den Kopf der N zu schütten. N wehrt sich. K: Kleidung verschmutzt; N: Armbanduhr beschädigt

K ⟶ N Schadensersatz (Reinigungskosten) gem. § 823 I

1. Tatbestandsmäßigkeit der Handlung der N
   a) Verletzung eines der in § 823 I genannten Rechtsgüter; hier: Eigentum (+)
   b) Ursächlichkeit der Handlung für die Rechtsgutsverletzung (+)
2. Rechtswidrigkeit (–)
   Notwehr, § 227

Ergebnis: K ⟶ N Schadensersatz gem. § 823 I (–)

Aufgabe 3:

I. N ⟶ K Schadensersatz (Reparaturkosten Armbanduhr) gem. § 823 I

1. Tatbestandsmäßigkeit der Handlung des K
   a) Verletzung eines der in § 823 I genannten Rechtsgüter; hier: Eigentum (+)
   b) Ursächlichkeit der Handlung für die Rechtsgutsverletzung (+)
2. Rechtswidrigkeit (+)
3. Verschulden – bedingter Vorsatz, § 828 III (+)
4. Schaden (+)

Ergebnis: N ⟶ K Schadensersatz gem. § 823 I (+)
Umfang des Schadensersatzanspruchs: §§ 249ff.

II. N ⟶ K Schadensersatz (Reparaturkosten Armbanduhr) gem. § 823 II i.V.m. § 303 StGB

1. Verletzung des Schutzgesetzes (+)
2. Rechtswidrigkeit (+)
3. Verschulden (+)
4. Schaden (+)

Ergebnis: N ⟶ K Schadensersatz gem. § 823 II i.V.m. § 303 StGB (+)
Umfang des Schadensersatzanspruchs: §§ 249ff.

III. N ⟶ A Schadensersatz (Reparaturkosten Armbanduhr) gem. §§ 823, 830 II

1. vorsätzlich begangene rechtswidrige Haupttat (§ 823) eines anderen, hier: K (+)
2. Anstiftung (+)
3. Rechtswidrigkeit (+)
4. Verschulden; A ist verantwortlich für die Tat nach § 827 S. 2 (+)

Ergebnis: N ⟶ A Schadensersatz gem. §§ 823, 830 II (+)
Umfang des Schadensersatzanspruchs: §§ 249ff.

Aufgabe 4:

I. Stadt V ⟶ M Schadensersatz aus § 280 I (zerstörte Lampe)

1. Wirksames Schuldverhältnis – Mietvertrag i.S.d. § 535 (+)
2. Objektive Pflichtverletzung durch den Schuldner – § 241 II (+)
3. Vertretenmüssen, §§ 280 I 2, 276, 278 (+)
4. Schaden beim Gläubiger als Folge der Pflichtverletzung (+)

Ergebnis: Stadt V ⟶ M Schadensersatz aus § 280 I (+)
Umfang des Schadensersatzanspruchs: §§ 249ff.

II. Stadt V ⟶ M Schadensersatz für die zerstörte Leuchte gem. § 831 I 1

F ist kein Verrichtungsgehilfe

Ergebnis: Stadt V ⟶ M Schadensersatz gem. § 831 I (–)

Aufgabe 5:

M ⟶ F Schadensersatz (Arzt- und Heilkosten) gem. § 833 S. 1

1. Rechtsgutsverletzung (+)
2. Anspruchsgegner F ist Tierhalter i.S.d. § 833 S. 1 (+)

3. Die Rechtsgutsverletzung muss durch ein Tier verursacht worden sein (+) Kausalität, Verwirklichung der typischen Tiergefahr
4. Verschulden nicht erforderlich, da Luxustier (+)
5. Schaden (+)

Ergebnis: M ⟶ F Schadensersatz Arzt- und Heilkosten gem. § 833 S. 1 (+)

Umfang des Schadensersatzanspruchs: §§ 249 ff.

Fall 13: Ausarbeitung (Gutachten)

Aufgabe 1:

I. M könnte gegen die Stadt V einen Anspruch auf Schadensersatz wegen der zerrissenen Hose gem. § 536a I, 1. Alt. haben.

1. *Voraussetzung für diesen Anspruch ist zunächst, dass M und V einen Mietvertrag i. S. d. § 535 geschlossen haben. Hierfür sind zwei übereinstimmende Willenserklärungen, Angebot und Annahme, erforderlich.* M hat bei der Stadt wegen der Vermietung einer am Stadtrand gelegenen Grillhütte angefragt, und V hat diese dem M für eine angemessene Miete überlassen. Somit ist zwischen beiden ein wirksamer Mietvertrag zustande gekommen.
2. *Ferner muss ein Mangel der Mietsache i. S. d. § 536 schon bei Abschluss des Mietvertrages vorhanden gewesen sein, der ihre Tauglichkeit zum vertragsgemäßen Gebrauch aufhebt oder mindert und erheblich ist.*

   Voraussetzung ist also eine Abweichung der Ist-Beschaffenheit der Mietsache von der vertraglich vereinbarten Soll-Beschaffenheit. Die Vermieterin war aufgrund des Vertrages verpflichtet, die Grillhütte einschließlich der hierzu gehörenden Holzbänke dem M in ordnungsgemäßem Zustand zu überlassen. Die bereits seit einiger Zeit defekte Holzbank, die beim Sitzen sogar „zusammenkracht“, stellt eine Abweichung der Ist-Beschaffenheit von der Soll-Beschaffenheit dar. Man kann sie überhaupt nicht mehr als Sitzgelegenheit benutzen; ihre Tauglichkeit zum vertragsgemäßen Gebrauch ist aufgehoben, der Mangel mithin erheblich. Somit liegt ein Mangel i. S. d. § 536 I vor, der bereits zum Zeitpunkt des Vertragsschlusses vorhanden war.

3. *Schließlich muss dem M durch diesen Mangel ein Schaden entstanden sein. Dazu zählt jeder Nachteil, den jemand durch ein bestimmtes Ereignis erleidet.* Indem bei dem Sturz von der defekten Holzbank die Hose von M zerrissen wurde, hat er eine Vermögenseinbuße erlitten. Somit ist ihm ein Schaden entstanden.

Rechtsfolge ist, dass M gegenüber der Stadt V einen Schadensersatzanspruch gem. § 536a I, 1. Alt. hat. Diese Anspruchsgrundlage umfasst alle Schäden, d.h. auch die Mangelfolgeschäden. Die zerrissene Hose stellt einen Mangelfolgeschaden dar.

Für den Umfang des zu ersetzenden Schadens gelten die §§ 249ff. Die Stadt V hat den Zustand herzustellen, der ohne das schädigende Ereignis bestehen würde (§ 249 I). Nach § 249 II 1 kann der Gläubiger wegen Beschädigung einer Sache statt der Herstellung den dazu erforderlichen Geldbetrag verlangen oder eine Geldentschädigung in Höhe des Wiederbeschaffungswertes, dem Betrag also, der zum Ankauf einer gleichwertigen Hose erforderlich ist.

Gem. § 253 II erstreckt sich der Umfang des Schadensersatzanspruchs im Fall der Verletzung des Körpers und der Gesundheit auch wegen des Nichtvermögensschadens auf eine „billige Entschädigung in Geld“. Da sich M den Arm verstauchte (= Körperverletzung), kann er von der Stadt V wegen der erlittenen Schmerzen (= Nichtvermögensschaden) ein angemessenes Schmerzensgeld fordern

II. Weiterhin könnte ein Schadensersatzanspruch des M gegen die Stadt V gem. § 831 I möglich sein.

1. *Dann muss X als Verrichtungsgehilfe für die Stadt tätig gewesen sein. Verrichtungsgehilfe ist X, wenn ihm vom Geschäftsherrn in dessen Interesse eine Tätigkeit übertragen worden ist, und er von den Weisungen des Geschäftsherrn abhängig ist.* X ist bei der Stadt V angestellt, und die Wartung der Grillanlage gehört zu seinem übertragenen Aufgabengebiet. Der Arbeitgeber (= Geschäftsherr) kann die Tätigkeit des X jederzeit beschränken, untersagen oder nach Zeit und Umfang bestimmen. X ist also Verrichtungsgehilfe der Stadt V.

2. *Ferner muss X eine tatbestandsmäßige und rechtswidrige unerlaubte Handlung bzw. Unterlassung begangen haben.* Aufgrund seines Arbeitsvertrages ist X für die Wartung der Grillanlage zuständig. Zu seinem Verantwortungsbereich gehört es, berechtigte Benutzer vor Gefahren im Bereich der Grillanlage zu schüt-

zen. Dieser Rechtspflicht ist X nicht nachgekommen. Er hat es unterlassen, die defekte Bank rechtzeitig zu reparieren. *Weitere Voraussetzung ist, dass eines der in § 823 I geschützten Rechtsgüter verletzt wurde. In Betracht kommt die Verletzung des Eigentums. Darunter ist jede Zerstörung oder Beschädigung einer Sache zu verstehen.* Durch den Sturz wurde die Hose des M zerrissen und somit dessen Eigentum beschädigt. Außerdem verstauchte er sich den Arm, wodurch ein Gesundheits- und Körperschaden entstand. *Die Unterlassung muss für die Rechtsgutsverletzung ursächlich sowie rechtswidrig gewesen sein.* Hätte X die Bank repariert, wäre es nicht zu dem Unfall gekommen. Deshalb war die Unterlassung des X kausal für die Rechtsgutsverletzung. Es liegt kein Rechtfertigungsgrund vor, somit war die Unterlassung auch widerrechtlich.

3. *Als weitere Voraussetzung muss die Schädigung in Ausführung der Verrichtung geschehen sein.* X war aufgrund des Arbeitsvertrages mit der Stadt V verpflichtet, die Grillhütte einschließlich der hierzu gehörenden Holzbänke in einwandfreiem Zustand zu erhalten. Die Reparatur dieser Bank gehörte zum Leistungsbereich des X. Die Unterlassung dieser Aufgabe war eine Fehlleistung im Zusammenhang mit einer Verrichtung, die X weisungsgebunden zu erledigen hatte.
4. *Ferner muss dem M ein Schaden, also eine unfreiwillige Einbuße an seinem Vermögen, entstanden sein.* Die Hose des M wurde durch die zusammenbrechende Bank zerrissen. Somit ist eine Vermögenseinbuße eingetreten.
5. *Die Ersatzpflicht ist allerdings ausgeschlossen, wenn die Stadt V bei der Auswahl und Überwachung des X die im Verkehr erforderliche Sorgfalt beachtet hat (§ 831 I 2).* X wurde für diese Aufgabe sorgfältig ausgesucht und pflichtgemäß überwacht. Somit kann sich die Stadt V exkulpieren.

Ein Schadensersatzanspruch des M gegen die Stadt V gem. § 831 I 1 ist nicht gegeben.

Aufgabe 2:

K könnte von N Schadensersatz, d. h. die Reinigungskosten für seine verschmutzte Kleidung, gem. § 823 I verlangen.

1. *Dann muss N durch eine Handlung kausal eines der in § 823 I genannten Rechtsgüter verletzt haben. In Betracht kommt die Verletzung des Eigentums, die bei einer Zerstörung oder Beschädigung einer Sache gegeben ist.* N hat mit ihrer Hand gegen den Arm des K geschlagen. Durch den Schlag verlor K das Gleichgewicht, fiel hin und verschmutzte seine Kleidung. Somit war die Handlung der N ursächlich für die Verletzung des Eigentums, d. h. der Kleidung des K.
2. *Weitere Voraussetzung eines deliktischen Schadensersatzanspruchs ist ein rechtswidriges Handeln der N.* Hier könnte der Rechtfertigungsgrund der Notwehr gem. § 227 zugunsten der N eingreifen. *Gem. § 227 II ist Notwehr diejenige Verteidigung, die erforderlich ist, um einen gegenwärtigen rechtswidrigen Angriff von sich abzuwenden.* K näherte sich der N mit einem Glas Bier von hinten, um ihr das Bier über den Kopf zu schütten. K hatte sogar schon zum Schwung ausgeholt, als N die ihr drohende Gefahr bemerkte und den Arm des K mit der Hand abwehrte. Folglich hat N durch den Schlag mit der Hand gegen den Arm des K einen gegenwärtigen rechtswidrigen Angriff des K abgewehrt und in Notwehr gehandelt.

Ein Rechtfertigungsgrund für das Handeln der N ist gegeben, sodass N nicht rechtswidrig handelte (§ 227 I).

Ein Schadensersatzanspruch des K gegen N gem. § 823 I scheidet daher aus.

Aufgabe 3:

I. N könnte gegen K einen Anspruch auf Schadensersatz in Höhe der Reparaturkosten für ihre Armbanduhr gem. § 823 I haben.

1. *Voraussetzung hierfür ist zunächst, dass K durch eine Handlung eines der in § 823 I genannten Rechtsgüter der N kausal verletzt hat. In Betracht kommt die Verletzung des Eigentums. Darunter ist jede Zerstörung oder Beschädigung einer Sache zu verstehen.* K wollte der N – von hinten kommend – ein Glas Bier über deren Kopf entleeren. Beim Ausholen zum Schwung erkannte N aller-

dings die drohende Gefahr und wehrte den Arm des K ab. Dabei kam K mit seinem Arm gegen die Armbanduhr der N und beschädigte diese. Somit verletzte K das Eigentum der N; sein Schlagen gegen deren Arm war ursächlich für die Rechtsgutsverletzung.

2. *Das Handeln des K muss widerrechtlich sein.* Ein Rechtfertigungsgrund liegt nicht vor, sodass diese Voraussetzung erfüllt ist.

3. *Weiterhin ist Voraussetzung, dass K schuldhaft, d.h. vorsätzlich oder fahrlässig das Eigentum der N verletzte. Hier könnte K vorsätzlich gehandelt haben. Unter Vorsatz versteht man das Wissen und Wollen der Tatbestandsverwirklichung.* K hat sich den Erfolg (Verletzung von Rechtsgütern der N) als möglich vorgestellt und seinen Eintritt billigend in Kauf genommen. Er handelte mit bedingtem Vorsatz und somit schuldhaft. Fraglich ist allerdings, ob K dafür verantwortlich gemacht werden kann, zumal K erst 16 Jahre alt und somit minderjährig (§ 2) ist. *Gem. § 828 III ist ein Minderjähriger nicht verantwortlich, wenn er bei Begehung der schädigenden Handlung nicht die zur Erkenntnis der Verantwortlichkeit erforderliche Einsicht hatte.* Bei einem 16-Jährigen ist i.d.R. das Einsichtsbewusstsein vorhanden, dass sein Verhalten eine allgemeine Gefahr darstellt und einen Schaden verursachen kann. Eine Verschuldensfähigkeit des K liegt somit vor.

4. *Der N muss durch die Rechtsgutsverletzung adäquat kausal ein Schaden entstanden sein. Die Verletzung des Rechtsgutes muss also eine Vermögensdifferenz zur Folge haben.* Die Beschädigung der Armbanduhr führt zu einer Vermögensdifferenz in Höhe der Reparaturkosten; die Rechtsgutsverletzung ist folglich ursächlich für den Schaden.

Nach alledem hat N gegen K einen Anspruch auf Schadensersatz gem. § 823 I. Nach § 249 I hat K den Zustand herzustellen, der ohne den Schlag gegen die Uhr bestand. Gem. § 249 II 1 kann N bei Beschädigung einer Sache statt der Herstellung dieses Zustandes den für eine Reparatur erforderlichen Geldbetrag von K verlangen.

II. Außerdem könnte N gegenüber K einen Schadensersatzanspruch (Reparaturkosten der Armbanduhr) gem. § 823 II i. V. m. § 303 StGB haben.

1.–3. *Voraussetzung hierfür ist, dass § 303 StGB ein Schutzgesetz darstellt, d.h., diese Vorschrift muss gerade den Einzelnen bzw. einen bestimmten Personenkreis schützen.* § 303 StGB bezweckt den Schutz des Eigentums des Einzelnen, folglich liegt ein Schutzgesetz vor. *Dieses muss verletzt sein. K muss also durch eine ursächliche Handlung eine fremde Sache rechtswidrig und vorsätzlich beschädigt oder zerstört haben.* Wie oben (s. I.) bereits erörtert wurde, hat K vorsätzlich und rechtswidrig das Eigentum der N beschädigt.

4. Aufgrund der Verletzung des Schutzgesetzes ist der N adäquat kausal ein Schaden an der Armbanduhr entstanden.

Somit steht N gegen K auch ein Schadensersatzanspruch gem. § 823 II i. V. m. § 303 StGB zu, dessen Umfang sich ebenfalls aus § 249 I, II 1 ergibt (siehe die Ausführungen unter I.).

III. Ebenfalls könnte N gegen A einen Anspruch auf Schadensersatz gem. §§ 823, 830 II geltend machen.

1. *Eine Anstiftung setzt eine vorsätzlich begangene rechtswidrige Tat eines anderen voraus (vgl. § 26 StGB). K hat eine vorsätzliche und rechtswidrige unerlaubte Handlung begangen. Folglich ist dem Erfordernis der Haupttat genügt.*
2. *Der Anstifter muss den anderen zu dieser Tat bestimmt haben. Er muss also in ihm den Tatentschluss hervorgerufen haben.* A fordert den K heimlich auf, seiner ungeliebten Tischnachbarin N ein Glas Bier über den Kopf zu schütten. Ohne A hätte K nicht an diese Möglichkeit gedacht. Also hat ihn A zu dieser Tat bestimmt.
3. *Der Anstifter muss die Haupttat in allen ihren Merkmalen gekannt und gewollt haben und rechtswidrig handeln.* A wusste und wollte, dass der K der N ein Glas Bier über den Kopf schüttet. Da keine Rechtfertigungsgründe für das Handeln des A gegeben sind, handelte er rechtswidrig.
4. *Ferner muss Verschulden seitens des A vorliegen, er muss also vorsätzlich oder fahrlässig gehandelt haben. Unter Vorsatz wird das Wissen und Wollen der Tatbestandsverwirklichung verstanden.* A hat bewusst und gewollt den K zu seiner Haupttat bestimmt. Fraglich ist allerdings, ob er hierfür verantwortlich ist, zumal A zu diesem Zeitpunkt aufgrund des Alkoholgenusses volltrunken war. *Gem. § 827 S. 1 ist jemand, der im Zustande der Bewusstlosigkeit einem anderen einen Schaden zufügt, für diesen Schaden nicht verantwortlich. Allerdings gilt dies nicht, wenn er sich durch geistige Getränke in einen vorübergehenden Zustand*

dieser Art versetzt. Für den in diesem Zustand widerrechtlich verursachten Schaden ist er gem. § 827 S. 2 in gleicher Weise verantwortlich, wie wenn ihm Fahrlässigkeit zur Last fiele. A hat sich durch erheblichen Alkoholkonsum selbst in einen Zustand der Volltrunkenheit versetzt und ist deshalb für sein Handeln verantwortlich.

Folglich ist ein Schadensersatzanspruch der N auch gegen A gem. §§ 823, 830 II gegeben.[1] Wegen des Schadensumfangs wird auf die Ausführungen unter I. verwiesen.

Aufgabe 4:

I. Die Stadt V könnte gegen M einen Anspruch auf Schadensersatz für die zerstörte Lampe gem. § 280 I haben.

1. *Voraussetzung ist ein zwischen der Stadt V und M bestehendes Schuldverhältnis.* Beide haben durch zwei übereinstimmende Willensklärungen einen Mietvertrag i. S. d. § 535 abgeschlossen.
2. *M muss eine vertragliche Nebenpflicht verletzt haben. Nach § 241 II sind die Parteien eines Schuldverhältnisses verpflichtet, sich so zu verhalten, dass die Rechtsgüter und Rechte der anderen Partei nicht verletzt werden.* Durch die ungeschickte, vertraglich vereinbarte Endreinigung der Grillhütte wurde eine in der Hütte befindliche, der Stadt V gehörende Lampe zerstört. Folglich ist die Sorgfaltspflicht des M objektiv verletzt.
3. *Diese Pflichtverletzung muss M zu vertreten haben (§ 280 I 2). Nach § 276 I hat der Schuldner Vorsatz und Fahrlässigkeit zu vertreten, sofern nicht ein anderer Haftungsmaßstab vorliegt.* Im vorliegenden Fall hat M nicht schuldhaft gehandelt. *Er muss aber nach § 278 S. 1 für das Verschulden seines Erfüllungsgehilfen einstehen, sodass nur dieses nachgewiesen zu werden braucht. Erfüllungsgehilfe ist, wer mit Wissen und Wollen des Schuldners bei der Erfüllung von dessen Verbindlichkeit tätig wird.* F wird auf Anweisung des M bei der Reinigung der Hütte tätig. Damit wollte F keine eigene, sondern eine dem Mieter M obliegende Pflicht erfüllen. Folglich ist F Erfüllungsgehilfe des M. Hier kommt eine fahrlässige Pflichtverletzung in Frage. *Fahrlässigkeit bedeutet nach § 276 II die Außerachtlassung der im Verkehr erforderlichen*

[1] K und A haften der N als Gesamtschuldner (§ 840 I).

Sorgfalt. Der F hätte die Reinigung sorgfältiger durchführen müssen, dann hätte er nicht aufgrund seiner Ungeschicklichkeit die in der Grillhütte befindliche Lampe zerstört. Somit hat F fahrlässig i. S. d. § 276 II gehandelt. M hat gem. § 278 S. 1 das Verschulden des F in gleichem Umfang zu vertreten wie eigenes Verschulden.

4. *Der Stadt V muss aufgrund der Pflichtverletzung ein Schaden entstanden sein. Darunter wird jeder Nachteil verstanden, den jemand durch ein bestimmtes Ereignis erleidet.* Durch die nicht fachgemäße Reinigung hat die Stadt V eine unfreiwillige Vermögenseinbuße und folglich einen Schaden erlitten.

Somit sind die Voraussetzungen des § 280 I erfüllt, und die Stadt V kann von M Schadensersatz verlangen. Für den Umfang des Schadensersatzes gelten die §§ 249 ff. M hat den Zustand herzustellen, der ohne das schädigende Ereignis bestehen würde (§ 249 I). Gem. § 249 II 1 kann der Geschädigte im Fall der Beschädigung einer Sache den für ihre Herstellung erforderlichen Geldbetrag verlangen. Da die Lampe zerstört wurde, muss M eine gleiche Lampe kaufen oder den zum Kauf erforderlichen Geldbetrag zahlen (§ 249 II 1).

II. Außerdem könnte ein Schadensersatzanspruch der Stadt V gegen M gem. § 831 I möglich sein.

Dann muss F als Verrichtungsgehilfe für M tätig gewesen sein. Verrichtungsgehilfe ist, wer für einen anderen, von dessen Weisungen er abhängig ist, eine Tätigkeit ausführt.

F ist ein Freund des M und nicht an dessen Weisungen gebunden. Somit ist er kein Verrichtungsgehilfe, und ein Schadensersatzanspruch nach § 831 I kommt nicht in Betracht.

Aufgabe 5:

M könnte gegen F einen Schadenersatzanspruch gem. § 833 S. 1 für die entstandenen Arzt- und Heilmittelkosten geltend machen.

1. *Voraussetzung ist eine Verletzung der in § 833 S. 1 genannten Rechtsgüter.* In Betracht kommt die Verletzung des Körpers und der Gesundheit. *Eine Körperverletzung ist ein Eingriff in die körperliche Unversehrtheit einer Person in Form einer körperlichen Misshandlung oder einer Gesundheitsschädigung. Unter einer Gesundheitsverletzung versteht man jede medizinisch erhebliche Störung der körperlichen, geistigen oder seelischen Lebensvor-*

gänge. Durch den Biss des Hundes in seine Hand hat M Verletzungen erlitten, die sich nicht im Bagatellbereich bewegen. Die körperlichen Lebensvorgänge des M sind folglich erheblich gestört worden. Eine Körper- und eine Gesundheitsverletzung liegen vor.

2. *Der Anspruchsgegner F muss Tierhalter sein. Hierbei ist darauf abzustellen, wem die Bestimmungsmacht über das Tier zusteht und wer aus eigenem Interesse für die Kosten des Tieres aufkommt und das wirtschaftliche Risiko trägt.* F hat die Bestimmungsmacht über den Welpen und kommt für dessen Kosten auf. Folglich ist er Tierhalter i. S. d. § 833 S. 1.

3. *Die Rechtsgutsverletzung muss durch ein Tier verursacht worden sein. Es ist also eine Kausalität i. S. d. Äquivalenztheorie erforderlich sowie eine Verwirklichung der spezifischen Tiergefahr.* Der Biss des Hundes kann nicht hinweggedacht werden, ohne dass die Verletzung an der Hand des M entfiele. Dessen Verhalten war somit kausal. *Die spezifische Tiergefahr äußert sich in einem der tierischen Natur entsprechenden und selbstständigen Verhalten. Dazu zählt auch das Beißen von Hunden.* Der Biss des Welpen stellt ein der tierischen Natur entsprechendes unberechenbares Verhalten dar; dieses ist durch menschliche „Einwirkung" nicht zu kontrollieren. Folglich hat sich bei der Verletzung des M die spezifische Tiergefahr realisiert.

4. *Fraglich ist, ob ein Verschulden des F erforderlich ist. Denn bei gewerblich genutzten Haustieren (Nutztieren) i. S. d. § 833 S. 2 wird für vermutetes Verschulden gehaftet; hingegen normiert § 833 S. 1 eine verschuldensunabhängige Garantiehaftung für sog. Luxustiere. Maßgeblich ist somit, ob der Welpe ein Luxus- oder ein Nutztier ist. Erstgenanntes ist entweder nicht als Haustier anzusehen oder dient als Haustier nicht dem Beruf, der Erwerbstätigkeit oder dem Unterhalt des Tierhalters. Ein Nutztier hingegen ist ein Haustier, das dem Beruf o. Ä. zu dienen bestimmt ist.* F hält den Welpen ausschließlich zu privaten Zwecken, so dass es sich um ein Luxustier handelt und kein Verschulden des Tierhalters erforderlich ist.

5. *Weitere Voraussetzung ist ein durch den Hund entstandener Schaden. Ein Schaden ist jede Beeinträchtigung einer Rechtsposition.* Der M wird von dem Hund in die Hand gebissen. Dies stellt

eine Beeinträchtigung der Gesundheit dar. Somit ist ein Schaden entstanden.

Folglich sind alle Voraussetzungen erfüllt, und M hat gegen F einen Schadensersatzanspruch gem. § 833 S. 1. Die Art und der Umfang des Ersatzes richten sich nach den §§ 249 ff. Gem. § 249 II 1 kann der Gläubiger wegen Verletzung einer Person den zur Herstellung der Gesundheit erforderlichen Geldbetrag, also die Arzt- und Heilungskosten, verlangen.[2]

2 Es besteht auch die Möglichkeit, gem. § 253 II Schmerzensgeld zu verlangen. Nach diesem Anspruch war allerdings nicht gefragt.

Fall 14: Schuldrecht BT – Media-Hit

Schwerpunkte:
Konkurrenz: vertragliche und deliktische Schadensersatzansprüche – Erfüllungsgehilfe – Verrichtungsgehilfe – Handeln „bei Gelegenheit"

Viktor Vaupel (V), Inhaber des Elektrofachhandels „Media-Hit", bietet Karli Kunde (K) schriftlich einen besonders preiswerten Computer an. Als K daraufhin das Geschäft des V betritt, stolpert er über eine von dem Angestellten des V Albert Adler (A) ungenügend befestigte Blechleiste und zertrümmert beim Hinfallen seine Brille. Trotzdem kauft er den Computer.

Beim Hinausgehen kommt er erneut zu Fall, diesmal, weil die Putzfrau Paula Putzig (P) den Fußboden zu glatt gebohnert hat. Dabei zerbricht ein wertvoller Füllfederhalter, den er in der Brusttasche trägt. Der Inhalt verbreitet sich sofort über Jacke und Hemd und hinterlässt dort Flecken, die nicht mehr entfernt werden können.

Zu Hause stellt K dann auch noch fest, dass ihm ein Verkäufer des V namens Fritz Flink (F) beim Testen des Computers die goldene Rolex-Armbanduhr gestohlen hat.

Aufgabe 1: Kann K von V Ersatz für die zertrümmerte Brille verlangen? V erwidert, es habe zu dem fraglichen Zeitpunkt überhaupt noch kein Vertrag vorgelegen. Außerdem habe er sich bisher stets auf seinen Angestellten A verlassen können, der bereits seit vielen Jahren bei ihm angestellt ist und sich als besonders sorgfältiger Mitarbeiter erwiesen hat.

Aufgabe 2: K verlangt von V Ersatz für die Rolex. V erklärt, für gestohlene Wertsachen komme er nicht auf.

Aufgabe 3: Kann K von V Ersatz für den Füllfederhalter, die Jacke und das Hemd verlangen?

Fall 14: Prüfschema/Lösungsskizze

V · · · · · · · · · · · K

· § 433

·

·

·

A/F/P
(Erfüllungsgehilfe,
Verrichtungsgehilfe)

Aufgabe 1:

I. K ——→ V Schadensersatz für die zertrümmerte Brille gem. § 280 I i. V. m. § 311 II Nr. 2

1. wirksames vorvertragliches Schuldverhältnis gem. § 311 II Nr. 2 (+) Anbahnung eines Vertrags, K betritt Elektrofachhandel des V
2. objektive Pflichtverletzung durch den Schuldner i. S. d. § 241 II (+)
3. Vertretenmüssen, §§ 280 I 2, 276, 278 (+) – A ist Erfüllungsgehilfe
4. Schaden (+) – Vermögensschaden

Ergebnis: V ——→ M Schadensersatz für die zertrümmerte Brille gem. § 280 I i. V. m. § 311 II Nr. 2 (+)

Umfang: §§ 249 ff.

II. K ——→ V Schadensersatz für die zertrümmerte Brille gem. § 831 I

1. Verrichtungsgehilfe = Angestellter A (+)
2. tatbestandsmäßige und rechtswidrige unerlaubte Handlung des Verrichtungsgehilfen (+)
   a) Verletzung eines der in § 823 I genannten Rechtsgüter; hier: Eigentum des K
   b) haftungsbegründende Kausalität
   c) Rechtswidrigkeit
3. Schädigung in Ausführung der (weisungsgebundenen) Verrichtung (+)
4. Schaden (+)
5. Exkulpation gem. § 831 I 2 möglich

Ergebnis: K ——→ V Schadensersatz für die zertrümmerte Brille gem. § 831 I (–)

Aufgabe 2:

I. K ———→ V Schadensersatz für die gestohlene Rolex gem. § 280 I i. V. m. § 311 II Nr. 2

1. wirksames vorvertragliches Schuldverhältnis gem. § 311 II Nr. 2 (+)
2. objektive Pflichtverletzung durch den Schuldner i. S. d. § 241 II (+)
3. Vertretenmüssen, §§ 280 I 2, 276, 278 (–) – Flink handelt „bei Gelegenheit"

Ergebnis: K ———→ V Schadensersatz für die gestohlene Rolex gem. § 280 I i. V. m. § 311 II Nr. 2 (–)

II. K ———→ V Schadensersatz für die gestohlene Rolex gem. § 831 I

1. Verrichtungsgehilfe = Angestellter Flink (+)
2. tatbestandsmäßige und rechtswidrige unerlaubte Handlung des Verrichtungsgehilfen (+)
   a) Verletzung eines der in § 823 I genannten Rechtsgüter; hier: Eigentum des K
   b) haftungsbegründende Kausalität
   c) Rechtswidrigkeit
3. Schädigung in Ausführung der (weisungsgebundenen) Verrichtung (–)

Ergebnis: K ———→ V Schadensersatz für die zertrümmerte Brille gem. § 831 I (–)

Aufgabe 3:

K ———→ V Schadensersatz für Füllfederhalter, Jacke, Hemd gem. §§ 280 I, 241 II

1. Schuldverhältnis = Kaufvertrag (+)
2. objektive Pflichtverletzung durch den Schuldner i. S. d. § 241 II (+)
3. Vertretenmüssen, §§ 280 I 2, 276, 278 (+) – die Putzfrau ist Erfüllungsgehilfin
4. Schaden (+) – Vermögensschaden

Ergebnis: K ———→ V Schadensersatz für Füllfederhalter, Jacke, Hemd gem. §§ 280 I, 241 II (+)

Umfang: §§ 249 ff.

II. K ———→ V Schadensersatz für die Füllfederhalter, Jacke, Hemd gem. § 831 I

1. Verrichtungsgehilfin = Putzfrau (+)
2. tatbestandsmäßige und rechtswidrige unerlaubte Handlung der Verrichtungsgehilfin (+)

a) Verletzung eines der in § 823 I genannten Rechtsgüter; hier: Eigentum des K
b) haftungsbegründende Kausalität
c) Rechtswidrigkeit

3. Schädigung in Ausführung der (weisungsgebundenen) Verrichtung (+)
4. Schaden (+)
5. Exkulpation gem. § 831 I 2 nicht möglich – kein Vortrag des V

Ergebnis: K ⟶ V Schadensersatz für Füllfederhalter, Jacke, Hemd gem. § 831 I (+)

Umfang s. o. unter I.

Fall 14: Ausarbeitung (Gutachten))

Aufgabe 1:

I. K könnte gegen V einen Anspruch auf Ersatz der zertrümmerten Brille gem. § 280 I i. V. m. § 311 II Nr. 2 haben.

1. *Voraussetzung dafür ist, dass zwischen K und V ein Schuldverhältnis besteht.* Mangels vertraglicher Beziehungen zwischen den Parteien kommt hier nur ein *vorvertragliches Schuldverhältnis i. S. d. § 311 II in Betracht. Ein solches liegt bereits vor, wenn es zur Anbahnung eines Vertrages kommt (§ 311 II Nr. 2). Eine Vertragsanbahnung ist dann gegeben, wenn ein Unternehmer sein Geschäft für den Verkehr geöffnet hat und ein Kunde sich mit der Absicht zur Kontaktaufnahme in dieses Geschäft begibt.* Der Inhaber des Elektrofachhandels „Media-Hit“ V bietet dem K schriftlich einen besonders preiswerten Computer an. Hierbei handelt es sich noch nicht um ein Angebot, sondern um eine sogenannte „invitatio ad offerendum“, die Aufforderung zur Abgabe eines Angebots. Der K betritt daraufhin das Geschäft des V mit der Absicht, in Vertragsverhandlungen zu gehen. Es handelt sich demnach um ein vorvertragliches Schuldverhältnis gem. § 311 II Nr. 2.

2. *Weiterhin muss eine objektive Pflichtverletzung durch den Schuldner V gem. § 280 I 1 vorliegen. Aus einem vorvertraglichen Schuldverhältnis erwachsen nach § 311 II Nebenpflichten im Sinne des § 241 II. Fraglich ist folglich, ob V eine der dort genann-*

ten Schutz- oder Sorgfaltspflichten verletzt hat. Danach bestehen Pflichten zur Rücksicht auf die Rechte, Rechtsgüter und Interessen des potenziellen Vertragspartners. Jeder, der Geschäftsräume eröffnet, muss folglich für die Verkehrssicherheit Sorge tragen. V musste auf einen ordnungsgemäßen Zustand des Fußbodens achten (Verkehrssicherungspflicht). Durch die ungenügend befestigte Blechleiste hat er seine Sorgfaltspflicht bezüglich der Bodenbeschaffenheit durch Unterlassen missachtet. Demzufolge liegt eine objektive Pflichtverletzung nach § 280 I 1 vor.

3. *Außerdem muss V diese Pflichtverletzung gem. § 280 I 2 zu vertreten haben. V hat gem. § 276 I 1 grundsätzlich Vorsatz und Fahrlässigkeit zu vertreten (sofern* – was vorliegend nicht der Fall ist – *kein anderer Haftungsmaßstab eingreift).* Allerdings hat hier nicht V, sondern der Angestellte A gehandelt. *V könnte jedoch nach § 278 S. 1 für das Verhalten des A einstehen müssen, wenn der A Erfüllungsgehilfe ist. Erfüllungsgehilfe ist, wer mit Wissen und Wollen des Geschäftsherrn in dessen Pflichtenkreis tätig wird.* A hatte als Ladenangestellter des V auf die Bodenbeschaffenheit und mögliche „Stolperfallen“ zu achten und damit die dem V bestimmte Verkehrssicherungspflicht zu erfüllen. Somit ist A in Erfüllung des Pflichtenkreises des V tätig gewesen. A ist Erfüllungsgehilfe des V. *Weiterhin muss der Erfüllungsgehilfe vorsätzlich oder fahrlässig gehandelt haben. Gem. § 276 II handelt derjenige fahrlässig, der die im Verkehr erforderliche Sorgfalt außer Acht lässt.* A hat die Blechleiste nur ungenügend befestigt. Er hat also fahrlässig gem. § 276 II gehandelt. Das Verschulden seines Erfüllungsgehilfen A hat V gem. § 278 S. 1 zu vertreten.

4. *Es muss ein kausaler Schaden entstanden sein, also ein Vermögensnachteil, den jemand durch ein bestimmtes Ereignis erleidet.* Durch die ungenügend befestigte Blechleiste ist K gestürzt. Bei dem Sturz wurde die Brille des K zertrümmert. Die ungenügend befestigte Blechleiste war ursächlich für den Sturz und der daraus resultierenden Vermögenseinbuße. Es liegt also ein kausaler Schaden vor.

Folglich hat K gegen V einen Anspruch auf Schadensersatz für die zertrümmerte Brille gem. § 280 I i. V. m. § 311 II Nr. 2.

Der Umfang des Schadenersatzes richtet sich nach §§ 249 ff. Gem. § 249 I hat V den Zustand herzustellen, der bestehen würde, wenn K nicht das Geschäft betreten hätte. Dann wäre er nicht über die ungenügend befestige Blechleiste gestolpert, gestürzt, und seine Brille wäre nicht kaputt gegangen. Nach § 249 II 1 kann der Gläubiger bei Beschädigung einer Sache statt der Herstellung den dazu erforderlichen Geldbetrag verlangen. Folglich hat V dem K die Kosten einer Ersatzbeschaffung für die Brille zu erstatten.

II. Weiterhin könnte K gegen V einen Anspruch auf Schadenersatz für die zertrümmerte Brille aus § 831 I 1 haben.

1. *Voraussetzung dafür ist, dass A als Verrichtungsgehilfe des V gehandelt hat. Verrichtungsgehilfe ist eine Person, die für einen anderen weisungsgebunden eine Tätigkeit ausführt.* Der A ist bei V angestellt. V kann die Arbeitszeiten des A, den Umfang der Arbeit sowie die Art der Ausführung weitgehend bestimmen. Folglich ist A als Angestellter des V weisungsgebunden und demnach Verrichtungsgehilfe i. S. d. § 831 I 1.

2. *Der Verrichtungsgehilfe A muss durch eine tatbestandsmäßige und rechtswidrige unerlaubte Handlung eines der Rechtsgüter des K aus § 823 I kausal verletzt haben.* In Betracht kommt eine Eigentumsverletzung des K. K stürzt beim Betreten des Geschäfts über eine durch A ungenügend befestigte Blechleiste. Durch den Sturz wird seine Brille zertrümmert. Demnach hat A durch die ungenügend befestigte Blechleiste das Eigentum des K (dessen Brille) verletzt. Die Handlung des A, die ungenügende Befestigung der Blechleiste, ist auch ursächlich für die Beschädigung der Brille. A hat folglich eine tatbestandsmäßige unerlaubte Handlung begangen. Es liegen auch keine Rechtfertigungsgründe vor, dadurch ist die unerlaubte Handlung rechtswidrig.

3. *Weiterhin muss die Handlung des A in Ausführung der weisungsgebundenen Verpflichtung erfolgt sein.* A geht seiner Arbeitspflicht nach, zu der es auch gehört, die Wege im Ladengeschäft in einem verkehrssicheren Zustand zu erhalten. Die Handlung des A erfolgte also in Ausführung der Verrichtung.

4. *Es muss ein kausaler Schaden entstanden sein* (Definition siehe oben I.). Durch die ungenügend befestigte Blechleiste ist K gestürzt. Bei dem Sturz wurde die Brille des K zertrümmert. Die ungenügend befestigte Blechleiste war ursächlich für den Sturz. Es liegt also ein kausaler Schaden vor.

Folglich sind die Voraussetzungen des § 831 I 1 erfüllt.

5. *Es ist jedoch zu prüfen, ob gem. § 831 I 2 Gründe vorliegen, durch die die Ersatzpflicht nicht eintritt. Fraglich ist demnach, ob V sich exkulpieren kann. Nach § 831 I 2 ist die Ersatzpflicht ausgeschlossen, wenn V bei der Auswahl des A die im Verkehr erforderliche Sorgfalt beachtet hat.* V gibt an, dass er sich bisher stets auf seinen Angestellten A verlassen konnte, der bereits seit vielen Jahren bei ihm angestellt ist und sich als besonders sorgfältiger Mitarbeiter erwiesen hat. V hat also die im Verkehr erforderliche Sorgfalt beachtet. V kann sich exkulpieren und wird somit von der Ersatzpflicht gem. § 831 I 2 frei.

Es besteht demnach kein Anspruch auf Schadenersatz des K gegen V für die zertrümmerte Brille gem. § 831 I 1.

Aufgabe 2:

I. K könnte gegen V einen Anspruch auf Schadenersatz für die gestohlene Rolex-Armbanduhr gem. § 280 I in Verbindung mit § 311 II Nr. 2 haben.

1. Wie bereits bei Aufgabe 1 geprüft wurde, liegt ein vorvertragliches Schuldverhältnis vor.
2. *Weitere Voraussetzung ist eine objektive Pflichtverletzung durch den Schuldner V nach § 280 I 1. Nach § 311 II begründet ein vorvertragliches Schuldverhältnis Pflichten im Sinne des § 241 II. Es ist folglich zu prüfen, ob V eine in § 241 II genannte Schutz- oder Sorgfaltspflicht verletzt hat.* V hat als Inhaber des Geschäfts die Pflicht, die Rechtsgüter des K zu schützen. Dem K wurde im Geschäft des V seine Rolex-Armbanduhr gestohlen, das heißt, es wurde sein Eigentum an der Uhr verletzt. Demnach liegt eine Verletzung der Schutzpflicht des V nach § 241 II und somit auch eine objektive Pflichtverletzung nach § 280 I 1 vor.
3. *Außerdem muss V diese Pflichtverletzung zu vertreten haben, § 280 I 2. V hat gem. § 276 I 1 grundsätzlich Vorsatz und Fahrlässigkeit zu vertreten, sofern* – was vorliegend nicht der Fall ist – *kein anderer Haftungsmaßstab eingreift.* Allerdings hat hier der Verkäufer Flink die Rolex-Armbanduhr gestohlen. *V könnte jedoch nach § 278 S. 1 für das Verhalten des Flink einstehen müssen, wenn der Verkäufer Flink Erfüllungsgehilfe des V ist und in Erfüllung seiner Pflicht gehandelt hat. Erfüllungsgehilfe ist, wer mit Wissen und Wollen des Geschäftsherrn in dessen Pflichten-*

kreis tätig wird. Flink ist Angestellter bei V. Er befand sich in einem Verkaufsgespräch mit K. Flink handelte also innerhalb seines Aufgabenbereichs als Verkäufer mit Wissen und Wollen des V. Zudem wurde er auch im Pflichtenkreis des V tätig. Flink ist Erfüllungsgehilfe des V.

Es ist fraglich, ob Flink in Erfüllung seiner Pflicht gehandelt hat. Das heißt, zwischen dem Diebstahl und der Tätigkeit des Flink muss ein äußerer und innerer Zusammenhang bestehen. Flink ist Verkäufer im Elektrofachhandel des V. Zu seinen Aufgaben gehört es, mit Kunden Beratungs- und Verkaufsgespräche zu führen. Im Rahmen seiner Aufgaben hat Flink mit K einen Computer getestet. Der äußere Zusammenhang besteht durch das Beratungsgespräch zwischen Flink und K. Durch diese Beratung bekam Flink erst die Möglichkeit, die Rolex-Armbanduhr zu stehlen. Der innere Zusammenhang besteht, wenn zwischen dem Diebstahl und Flinks Tätigkeit eine unmittelbare Verbindung besteht. Flink ist jedoch für Beratung und Verkauf von Elektroartikeln eingestellt. Hier besteht kein innerer Zusammenhang zum Diebstahl der Rolex-Armbanduhr. Flink handelte nicht in Erfüllung seiner Pflicht, sondern bei Gelegenheit. V hat demnach die Pflichtverletzung des Flink nicht gem. § 278 S. 1 zu vertreten.

K hat gegenüber V keinen Anspruch auf Schadenersatz für die gestohlene Rolex-Armbanduhr gem. § 280 I in Verbindung mit § 311 II Nr. 1.

II. Außerdem könnte K gegen V einen Anspruch auf Schadenersatz für die gestohlene Rolex-Armbanduhr aus § 831 I 1 haben.

1. *Voraussetzung dafür ist, dass Flink Verrichtungsgehilfe des V ist. Verrichtungsgehilfe ist, wer für eine andere Person weisungsgebunden eine Tätigkeit verrichtet.* Flink ist bei V angestellt und ist für die Beratung und den Verkauf von Elektroartikeln zuständig. V kann die Arbeitszeiten des Flink bestimmen, einteilen und dessen Aufgaben beschränken oder anordnen. Aus diesem Grunde ist Flink für V weisungsgebunden tätig; er ist somit Verrichtungsgehilfe des V im Sinne des § 831 I 1.

2. *Der Verrichtungsgehilfe Flink muss durch eine tatbestandsmäßige und rechtswidrige unerlaubte Handlung eines der Rechtsgüter des K aus § 823 I kausal verletzt haben.* Flink stiehlt dem K während des Beratungsgesprächs seine Rolex-Armbanduhr.

Durch den Diebstahl hat Flink ursächlich das Eigentum des K verletzt. Er hat somit tatbestandsmäßig gehandelt. Zudem liegen auch keine Rechtfertigungsgründe vor, folglich ist die Handlung rechtswidrig.

3. *Weiterhin muss die Handlung des Flink in Ausführung der Verrichtung erfolgt sein. Das heißt, zwischen dem Diebstahl und der Tätigkeit des Flink muss ein äußerer und innerer Zusammenhang bestehen.* Flink ist bei V angestellt und geht seiner Arbeitspflicht nach, indem er Kunden berät und Elektroartikel verkauft. Der äußere Zusammenhang besteht durch das Beratungsgespräch zwischen Flink und K. Durch diese Beratung bekam Flink erst die Möglichkeit, die Rolex-Armbanduhr zu stehlen. Der innere Zusammenhang besteht, wenn zwischen dem Diebstahl und Flinks Tätigkeit eine unmittelbare Verbindung besteht. Flink ist jedoch für Beratung und Verkauf von Elektroartikeln eingestellt. Hier besteht kein innerer Zusammenhang zum Diebstahl der Rolex-Armbanduhr.

Folglich besteht kein Anspruch auf Schadenersatz für die gestohlene Rolex-Armbanduhr des K gegen V gem. § 831 I.

Aufgabe 3:

I. Es könnte ein Anspruch auf Schadenersatz des K gegen V für den Füller, die Jacke und das Hemd gem. § 280 I in Verbindung mit § 241 II bestehen.

1. *Voraussetzung dafür ist gem. § 280 I 1 ein wirksames Schuldverhältnis zwischen K und V. Ein wirksames Schuldverhältnis könnte ein Kaufvertrag nach § 433 sein.* K kauft nach einem Beratungsgespräch mit dem Verkäufer Flink den getesteten Computer. Ein wirksamer Kaufvertrag liegt demnach zwischen K und V vor. Ein vertragliches Schuldverhältnis im Sinne des § 280 I 1 ist gegeben.
2. *Weiterhin muss eine objektive Pflichtverletzung durch den Schuldner V nach § 280 I 1 vorliegen. Es kommt eine Verletzung der in § 241 II genannten Nebenpflichten in Betracht. Hierzu muss V eine Schutz- oder Sorgfaltspflicht verletzt haben. V hat als Inhaber die Pflicht, den Kunden im Geschäft Sicherheit zu gewährleisten. Er darf keine Rechtsgüter seiner Kunden schädigen.* K ist im Geschäft des V auf dem zu glatt gebohnerten Boden gestürzt.

Durch den Sturz zerbrach ein wertvoller Füllfederhalter des K, und seine Jacke und sein Hemd wurden verschmutzt. Es liegt eine Verletzung des Eigentums des K vor. V hat dadurch seine Schutz- und Sorgfaltspflicht im Sinne des § 241 II verletzt; folglich liegt eine objektive Pflichtverletzung nach § 280 I 1 vor.

3. *Außerdem muss V diese Pflichtverletzung gem. § 280 I 2 zu vertreten haben. V hat gem. § 276 I 1 grundsätzlich Vorsatz und Fahrlässigkeit zu vertreten (sofern* – was vorliegend nicht der Fall ist – *kein anderer Haftungsmaßstab eingreift).* Allerdings hat hier die Putzfrau des V gehandelt. *V könnte jedoch nach § 278 S. 1 für das Verhalten der Putzfrau einstehen müssen, wenn die Putzfrau Erfüllungsgehilfin ist. Erfüllungsgehilfe ist, wer mit Wissen und Wollen des Geschäftsherrn in dessen Pflichtenkreis tätig wird.* Die Putzfrau ist Angestellte bei V, sie ist im Geschäft des V unter anderem für die Reinigung der Fußböden zuständig. Sie handelte also innerhalb ihres Aufgabenbereichs als Putzfrau und erfüllte eine Pflicht des V. Somit ist die Putzfrau in Erfüllung des Pflichtenkreises des V mit dessen Wissen und Wollen tätig gewesen. Die Putzfrau ist Erfüllungsgehilfin des V. *Weiterhin muss P schuldhaft, das bedeutet vorsätzlich oder fahrlässig, gehandelt haben. Gem. § 276 II handelt derjenige fahrlässig, der die im Verkehr erforderliche Sorgfalt außer Acht lässt.* Die Putzfrau hat den Fußboden des Geschäfts gebohnert. Allerdings hat sie den Boden unachtsam zu glatt gebohnert, so dass die Gefahr eines Sturzes bestand. Sie hat also fahrlässig gem. § 276 II gehandelt. Das Verschulden der Putzfrau als Erfüllungsgehilfin hat V gem. § 278 S. 1 wie eigenes Verschulden zu vertreten.
4. *Es muss auch ein kausaler Schaden entstanden sein* (Definition siehe oben Aufgabe 1, I.). Durch den zu glatt gebohnerten Fußboden ist K gestürzt. Bei dem Sturz zerbrach der wertvolle Füllfederhalter des K, und seine Jacke und sein Hemd wurden verschmutzt. Die Flecken lassen sich nicht mehr entfernen. Es ist also ein Vermögensschaden entstanden. Der glatte Fußboden war ursächlich für den Sturz und den daraus folgenden Schaden.

Folglich hat K gegen V einen Anspruch auf Schadensersatz für den zerbrochenen Füllfederhalter, die verschmutzte Jacke und das verschmutzte Hemd gem. § 280 I in Verbindung mit § 241 II.

Der Umfang des Schadenersatzes richtet sich §§ 249 ff. *Gem. § 249 I hat V den Zustand herzustellen, der ohne den Sturz auf dem glatten*

Fußboden bestehen würde. Gem. § 249 II 1 kann der Gläubiger K bei Beschädigung einer Sache den für die Herstellung (Wiederbeschaffung) der Sache erforderlichen Geldbetrag verlangen. Der Stift ist zerbrochen und die Flecken in Jacke und Hemd lassen sich nicht mehr entfernen. Somit hat V an K einen Geldbetrag für den Füllfederhalter, die Reinigung der Jacke und des Hemdes zu zahlen.

II. Außerdem könnte K gegen V einen Anspruch auf Schadenersatz für den zerbrochenen Füllfederhalter, die Jacke und das Hemd aus § 831 I 1 haben.

1. *Voraussetzung dafür ist, dass die Putzfrau Verrichtungsgehilfin des V ist. Verrichtungsgehilfe ist, wer für eine andere Person weisungsgebunden eine Tätigkeit verrichtet.* Die Putzfrau ist bei V angestellt und reinigt im Geschäft des V die Fußböden. V kann als Arbeitgeber die Arbeitszeit der Putzfrau bestimmen, Arbeiten anordnen und einschränken. Folglich ist die Putzfrau weisungsgebunden gegenüber V. Demnach ist sie Verrichtungsgehilfin im Sinne des § 831 I 1.
2. *Die Putzfrau als Verrichtungsgehilfin muss durch eine tatbestandsmäßige und rechtswidrige unerlaubte Handlung eines der Rechtsgüter des K aus § 823 I kausal verletzt haben. In Frage kommt eine Eigentumsverletzung des K.* Die Putzfrau hat den Fußboden im Geschäft des V zu glatt gebohnert. Auf dem glatten Fußboden ist der K ausgerutscht und zerbrach dabei seinen wertvollen Füllfederhalter. Außerdem hat die Tinte des zerbrochenen Füllfederhalters seine Jacke und sein Hemd beschmutzt. Durch den glatten Fußboden wurde demnach ursächlich das Eigentum des K verletzt. Es liegen auch keine Rechtfertigungsgründe vor, somit hat die Putzfrau eine tatbestandsmäßige, rechtswidrige unerlaubte Handlung begangen.
3. *Weiterhin muss die Handlung der Putzfrau in Ausführung der Verrichtung erfolgt sein.* Sie befindet sich innerhalb ihrer normalen täglichen Arbeitszeit an ihrem Arbeitsplatz. Sie reinigt die Fußböden im Geschäft des V. Die Handlung der Putzfrau erfolgte also in Ausführung der Verrichtung.
4. *Durch die Handlung der Putzfrau muss ein kausaler Schaden entstanden sein* (Definition siehe oben Aufgabe 1, I.). Der Boden war durch die Putzfrau zu glatt gebohnert worden. K ist auf diesem glatten Boden gestürzt und zerbrach dabei seinen wertvollen Füll-

federhalter, der auch Flecken auf seiner Jacke und seinem Hemd hinterließ. Der glatte Boden war ursächlich für den Sturz und den daraus entstandenen Schaden.

Folglich sind die Voraussetzungen des § 831 I 1 erfüllt.

5. *Es ist jedoch zu prüfen, ob gem. § 831 I 2 Gründe vorliegen, durch die die Ersatzpflicht nicht eintritt. Fraglich ist demnach, ob V sich exkulpieren kann. Die Ersatzpflicht ist dann ausgeschlossen, wenn V bei der Auswahl der Putzfrau die im Verkehr erforderliche Sorgfalt beachtet hat.* V macht dazu keine Angaben. Eine Exkulpationsmöglichkeit ist nicht gegeben, und V wird somit nicht von der Ersatzpflicht frei.

Es besteht folglich ein Anspruch auf Schadenersatz des K gegen V für den zerbrochenen Füllfederhalter, die verschmutzte Jacke und das verschmutzte Hemd gem. § 831 I 1.

Wegen des Umfangs des zu ersetzenden Schadens wird auf die Ausführungen unter I. verwiesen.

Fall 15: Schuldrecht BT – Weitere Streiche von Max und Moritz

Schwerpunkte:
Haftung mehrerer – Forderungsübergang von gesetzlichem Schadensersatzanspruch (in der öffentlichen Verwaltung)

Die Studenten Max und Moritz sind nach Bestehen der Modulprüfungen „übermütig" und werfen gemeinsam Steinchen gegen die Fensterscheiben des Rathauses der hessischen Stadt Schönburg. Plötzlich geht ein Fensterglas zu Bruch. Es lässt sich allerdings nicht feststellen, wer von den beiden Übeltätern getroffen hat.

Aufgabe 1: Kann die Stadt Schönburg (S) als Eigentümerin des Gebäudes Anspruch auf Schadenersatz von Max und Moritz als Gesamtschuldner verlangen?

Der zufällig den Vorgang beobachtende Polizist Pit Polente (P) stellt beide Studenten zu Rede. Max ist darüber erbost und versetzt dem P einen Schlag ins Gesicht. P erleidet dadurch einen Kieferbruch. Das Land Hessen zahlt ihm während der vierwöchigen Dienstunfähigkeit 4.000 € an Dienstbezügen. Da die Verletzung des P als Dienstunfall zu beurteilen war, zahlt das Land Hessen ferner für P Heilungskosten in Höhe von 1.500 €.

Aufgabe 2: Stehen dem Land Hessen gegen Max Ansprüche für die für vier Wochen gezahlten Dienstbezüge (Besoldungsgruppe A 12) und Heilungskosten (insgesamt 5.500 €) zu? Das Land beruft sich darauf, dass sich Max gegenüber P schadensersatzpflichtig gemacht habe. Nach den gesetzlichen Bestimmungen seien diese Ersatzansprüche auf das Land Hessen übergegangen.

Fall 15: Prüfschema/Lösungsskizze

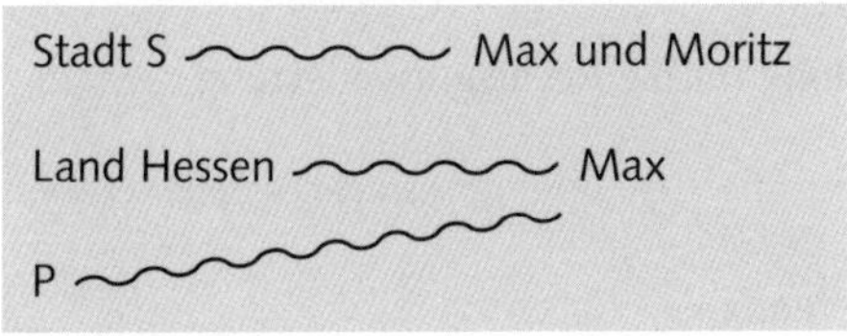

Aufgabe 1:

Stadt S ⟶ Max und Moritz Schadensersatz gem. §§ 830 I 2, 823 I, 840 I, 421 S. 1

1. Gesamtschuldnerverhältnis zwischen Max und Moritz gem. § 840 I (+)
   Rechtsgutverletzung gem. § 823 I; hier: Eigentum (+)
2. Alternative Kausalität (+) § 830 I 2
3. Rechtswidrigkeit (+)
4. Verschulden – Vorsatz (§ 276 II) (+)
5. Schaden (+)

Ergebnis: Stadt S ⟶ Max und Moritz Schadensersatz gem. §§ 830 I 2, 823 I, 840 I, 421 S. 1 (+)

Umfang: §§ 249 ff.

Aufgabe 2:

Land Hessen ⟶ Max Schadensersatz gem. § 823 I i. V. m. § 57 S. 1 HBG[1]

1. Gesetzlicher Schadensersatzanspruch des P gegen einen Dritten (infolge der Körperverletzung) gem. § 823 I

1 § 57 HBG (Übergang eines Schadensersatzanspruchs gegen Dritte) hat folgenden Wortlaut: „Werden Beamtinnen, Beamte oder Versorgungsberechtigte oder ihre Angehörigen körperlich verletzt oder getötet, so geht ein gesetzlicher Schadensersatzanspruch, der diesen Personen infolge der Körperverletzung oder der Tötung gegen Dritte zusteht, insoweit auf den Dienstherrn über, als dieser während einer auf der Körperverletzung beruhenden Aufhebung oder Einschränkung der Dienstfähigkeit oder infolge der Körperverletzung oder der Tötung zur Gewährung von Leistungen verpflichtet ist. Satz 1 gilt sinngemäß für gesetzliche Schadensersatzansprüche wegen der Beschädigung, Zerstörung oder Wegnahme von Heilmitteln, Hilfsmitteln oder Körperersatzstücken. Ist eine Versorgungskasse zur Gewährung von Versorgungsleistungen verpflichtet, so geht der Anspruch auf sie über. Der Übergang des Anspruchs kann nicht zum Nachteil der Verletzten oder der Hinterbliebenen geltend gemacht werden." Diese Vorschrift ist ein Beispiel für einen Forderungsübergang in der öffentlichen Verwaltung. Eine vergleichbare Regelung enthält § 6 EFZG für Arbeitnehmer.

a) Tatbestandsmäßigkeit der Handlung des Max (+)
Verletzung eines der in § 823 I genannten Rechtsgüter, hier: Körper, Gesundheit
Ursächlichkeit der Handlung für die Rechtsgutsverletzung
b) Rechtswidrigkeit (+)
c) Verschulden (+)
d) Schaden (+)
2. Gesetzlicher Forderungsübergang
a) Körperliche Verletzung eines Beamten (+)
b) Gewährung von Leistungen des Dienstherrn während der auf der Körperverletzung beruhenden Dienstunfähigkeit (+)

Der gesetzliche Schadensersatzanspruch des P gegen Max ist in Höhe von 5.500 € auf den Dienstherrn übergegangen.

Ergebnis: Land Hessen ——→ Max Schadensersatz gem. § 823 I i.V.m. § 57 S. 1 HBG (+)

Fall 15: Ausarbeitung (Gutachten)

Aufgabe 1:

Die Stadt S könnte einen Schadenersatzanspruch gegen Max und Moritz als Gesamtschuldner gem. §§ 830 I 2, 823 I, 840 I, 421 S. 1 geltend machen.

1. *Voraussetzung hierfür ist, dass zwischen Max und Moritz ein Gesamtschuldverhältnis gem. §§ 840 I, 421 Satz 1 besteht. Sowohl Max als auch Moritz muss den Tatbestand des § 823 I verwirklich haben. Jeder muss also durch eine Handlung eines der dort genannten Rechtsgüter der S verletzt haben. In Betracht kommt die Verletzung des Eigentums der Stadt S. Darunter ist jede Zerstörung oder Beschädigung einer Sache zu verstehen.* Indem Max und Moritz Steine gegen die im Eigentum der Stadt S stehenden Fensterscheiben des Rathauses geworfen, das Glas getroffen und dieses so beschädigt haben, dass es zu Bruch ging, haben sie das Rechtsgut „Eigentum“ verletzt. *Die Handlung muss kausal für die Rechtsgutsverletzung gewesen sein.* Die Stadt S kann aber nicht beweisen, dass der Steinwurf des Max für den „Glasbruch“ verantwortlich war. Andererseits kann sich Moritz darauf berufen, dass auch Max geworfen hat, und somit dieser das Fensterglas evtl. kaputt gemacht hat.

2. Da mangels gemeinschaftlicher Begehung kein Fall des § 830 I 1 vorliegt, könnte für S eine *Beweiserleichterung nach § 830 I 2* in Betracht kommen. *Danach ist jeder der Beteiligten für den Schaden verantwortlich. Diese Vorschrift setzt ein nach § 823 I tatbestandsmäßiges, rechtswidriges und schuldhaftes Verhalten der Beteiligten voraus, das für die Rechtsgutsverletzung kausal sein konnte. Für die Beteiligung reicht ein enger zeitlicher und räumlicher Zusammenhang zwischen dem betreffenden Verhalten und der zum Schaden führenden (möglichen) Verletzung des Rechtsguts aus, wobei der Schwerpunkt bei der im Wesentlichen gleichartigen Gefährdung des Rechtsguts liegt.* Da Max und Moritz in etwa gleichzeitig Steine auf das Rathaus geworfen haben, somit in zeitlichem und räumlichem Zusammenhang auf im wesentlichen gleichartige Weise das Fensterglas und somit das Eigentum der Stadt S gefährdet haben, sind sie als Beteiligte im Sinn des § 830 I 2 anzusehen. Die Stadt S muss also die haftungsbegründende Kausalität hier nicht nachweisen. Nach Sachlage kann auch keiner der Beteiligten die Verursachungsvermutung des § 830 I 2 durch den Nachweis entkräften, dass sein Handeln nicht schadensursächlich geworden sein konnte. Max und Moritz haften der S also für den eingetretenen Schaden, wenn auch die weiteren tatbestandsmäßigen Voraussetzungen der unerlaubten Handlung vorliegen.

Merke:
Mit § 830 I 2 wird der Tatsache Rechnung getragen, dass bei einem gefährdenden Verhalten mehrerer Menschen nicht immer geklärt werden kann, wer letztlich die Ursache für den Schadenseintritt gesetzt hat. Der Geschädigte soll seinen Anspruch auf Schadensersatz nicht dadurch verlieren, dass er den Nachweis der Ursächlichkeit dem einzelnen gegenüber nicht führen kann. § 830 I 2 ist folglich eine Beweislastregel.

3. *Die Handlung des Max und Moritz muss rechtswidrig gewesen sein.* Das ist der Fall, wenn kein Rechtfertigungsgrund vorliegt, was hier der Fall ist. Folglich haben Max und Moritz rechtswidrig gehandelt.

4. *Ferner müssen Max und Moritz schuldhaft gehandelt haben. Sie haben gem. § 823 I Vorsatz und Fahrlässigkeit zu vertreten. Vorsatz liegt vor, wenn man mit Wissen und Wollen einen rechtswid-*

rigen Erfolg herbeiführt. Fahrlässig handelt, wer die im Verkehr erforderliche Sorgfalt außer Acht lässt (§ 276 II). Max und Moritz wussten, dass das Fensterglas durch ihr rechtswidriges Handeln kaputt gehen würde. Folglich haben Max und Moritz hier Vorsatz zu vertreten.

5. *Erforderlich ist weiterhin, dass ein durch die Rechtsgutverletzung adäquat kausal eingetretener Schaden vorliegt. Darunter ist jeder Vermögensnachteil zu verstehen, den jemand durch ein bestimmtes Ereignis erleidet.* Aufgrund der kaputten Fensterschriebe ist der Stadt S ein Schaden entstanden. Die Rechtsgutverletzung (hier der eingetretene Wertverlust in Bezug auf das kaputte Fensterglas) des Max und Moritz waren ursächlich für den Schaden der S.

Folglich kann die Stadt S einen Schadenersatzanspruch gegen Max und Moritz als Gesamtschuldner gem. §§ 830 I 2, 823 I, 840 I, 421 S. 1 BGB geltend machen.

Beide haben gem. § 249 I den Zustand herzustellen, der ohne das schädigende Ereignis bestanden hätte. Nach § 249 II 1 kann bei Beschädigung einer Sache von der Stadt S der für die Reparatur erforderliche Geldbetrag verlangt werden.

Merke:
Das Wesen der Gesamtschuld besteht darin, dass bei einer Mehrheit von Schuldnern jeder zur ganzen Leistung verpflichtet ist, der Gläubiger, also in diesem Fall die Stadt S, sie nur einmal fordern kann (§ 421). Die Gesamtschuld vermittelt dem Gläubiger somit erhöhte Sicherheit. Es bleibt ihm freigestellt, bei wem er die Forderung einzieht. Er kann sie vor allem auch dann realisieren, wenn einer der Schuldner z. B. wegen Zahlungsunfähigkeit ausfällt.

Aufgabe 2:

Das Land Hessen könnte gegenüber Max den auf den Dienstherrn übergegangenen gesetzlichen Schadensersatzanspruch des P gem. § 823 I i. V. m. § 57 S. 1 HBG geltend machen.

1. *P muss einen gesetzlichen Schadensersatzanspruch gegen den Dritten, der die Körperverletzung verursachte (hier: Max), haben.*

Gem. § 57 S. 1 HBG geht dieser in Höhe der vom Land Hessen zu gewährenden Leistungen auf das Land über.

a) *Der gesetzliche Schadensersatzanspruch des P gegen Max könnte gem. § 823 I gegeben sein. Dann muss Max durch eine Handlung eines der in § 823 I genannten Rechtsgüter kausal verletzt haben.* Durch den Schlag ins Gesicht hat Max den Kiefer des P gebrochen und somit dessen Körper verletzt. Die Handlung war ursächlich für diese Rechtsgutsverletzung.
b) *Sie muss außerdem widerrechtlich sein.* Ein Rechtfertigungsgrund für dieses Verhalten liegt nicht vor, sodass Max widerrechtlich handelte.
c) *Ferner muss Max schuldhaft gehandelt haben. Nach § 823 I hat der Schuldner Vorsatz und Fahrlässigkeit zu vertreten. Hier könnte Max vorsätzlich, also mit Wissen und Wollen, gehandelt haben.* Max war erbost und versetzte dem P in dieser Gemütsverfassung den Schlag. Er handelte mit Wissen und Wollen, also vorsätzlich.
d) *Durch die Rechtsgutsverletzung muss dem P adäquat kausal ein Schaden entstanden sein. Dazu zählt jede Einbuße an rechtlich anerkannten Rechtsgütern und Interessen.* Aufgrund der von Max begangenen Körperverletzung hat P einen Kieferbruch erlitten und war vier Wochen dienstunfähig. Ihm sind entsprechende Heilungskosten entstanden.

Somit besteht ein gesetzlicher Schadensersatzanspruch des P gegenüber Max gem. § 823 I, dessen Umfang sich aus § 249 und § 842 ergibt. Max muss den Zustand herstellen, der vor dem schädigenden Ereignis, d. h. dem Schlag ins Gesicht, bestand. Bei Verletzung einer Person kann der Gläubiger nach § 249 II 1 statt der Herstellung den erforderlichen Geldbetrag, d. h. Erstattung der Heilkosten verlangen. Darüber hinaus ist Max nach § 842 auch zur Zahlung des Erwerbsausfalls, der Dienstbezüge für die vier Wochen, verpflichtet.

2. *Dieser Anspruch muss gem. § 57 S. 1 HBG auf das Land Hessen übergegangen sein.*
   a) *Voraussetzung hierfür ist, dass ein Beamter des Landes Hessen körperlich verletzt worden ist.* Wie oben bereits erörtert wurde, erlitt P, der Landesbeamter ist, eine Körperverletzung.
   b) *Das Land Hessen muss während der auf der Körperverletzung beruhenden Dienstunfähigkeit dem P zur Gewährung von Leistungen verpflichtet gewesen sein.* Während des genannten Zeitraumes war das Land nach § 3 HBesG zur Weitergewäh-

rung der Bezüge (A 12) in Höhe von insgesamt 4.000 € und, da es sich um einen Dienstunfall i. S. d. § 36 I 1 HBeamtVG handelte, auch zur Zahlung der Heilkosten nach § 39 I HBeamtVG (1.500 €) verpflichtet.

D*as Land Hessen* hat dem P also Leistungen in Höhe von insgesamt 5.500 € (4.000 € Dienstbezüge, 1.500 € Heilungskosten) gewährt. Der gesetzliche Schadensersatzanspruch des P gegen Max (§ 823 I) geht in dieser Höhe nach § 57 S. 1 HBG auf das Land Hessen über.

Nach alledem kann das Land Hessen von Max gem. § 823 I i. V. m. § 57 S. 1 HBG insgesamt 5.500 € verlangen.

Fall 16: Schuldrecht BT – Der privatisierte Reinigungsdienst und die Baukontrolle

Schwerpunkte:
Haftung bei Amtspflichtverletzung – Eigenhaftung des Beamten – Haftung im fiskalischen und hoheitlichen Bereich

Die Stadtverordnetenversammlung der hessischen Stadt Auerberg beschließt im Juni 2015, den Reinigungsdienst ab Januar 2016 einer Privatfirma zu übertragen. Deshalb wird u. a. die Stelle des „Leiter/Leiterin Reinigungsdienst" (Entgeltgruppe 7) im Haushaltsplan für des kommende Jahr gestrichen. Dem Stelleninhaber M. Propper wird im April 2015 zum Jahresende 2015 gekündigt, obwohl dessen Einsatz auf einer anderen Stelle möglich gewesen wäre.

Aufgrund der Kündigung bemüht sich M. Propper auf eine vom Finanzamt in Auerberg (= Land Hessen) ausgeschriebene gleichartige Position, die mit der (besseren) Entgeltgruppe 8 vergütet wird. Ende April 2015 erhält er ein von Oberamtsrat Max Maier, der die bisherigen Einstellungsverhandlungen für das Finanzamt mit M. Propper geführt hatte, unterzeichnetes Schreiben, in dem ihm die Einstellung zum 1.1.2016 verbindlich zugesagt wird. M. Propper unterlässt es daher, gegen die Kündigung durch die Stadt Auerberg etwas zu unternehmen. Im Juli 2015 erhält M. Propper ein weiteres Schreiben des Finanzamtes, mit dem ihm nunmehr mitgeteilt wird, dass die Einstellung zum 1.1.2016 doch nicht realisiert werden könne, da der Personalrat die Zustimmung zur Einstellung M. Proppers nicht erteilt und man den Bedenken des Personalrats nachgegeben habe.

Weitere Bemühungen M. Proppers, eine Stelle zu finden, sind zunächst nicht erfolgreich. Erst zum 1.4.2016 gelingt es ihm, anderweitig einen Arbeitsvertrag abzuschließen. Vom 1.1.2016 bis 1.4.2016 ist M. Propper arbeitslos. Er hat bei der Agentur für Arbeit keine Arbeitslosengeld I-Leistungen beantragt.

Aufgabe 1: Welche Ansprüche des M. Propper kommen gegen das Land Hessen in Betracht?

Aufgabe 2: Kann M. Propper wegen des in der Zeit vom 1. 1. bis 1.4.2016 entgangenen Verdienstes gegen Oberamtsrat (OAR) Maier einen Schadensersatzanspruch geltend machen?

In der Stadt Auerberg ist auch Bauoberrat Benno Blaumann (B) tätig, dessen Aufgabengebiet u. a. die Genehmigung von Bauvorhaben sowie die Überwachung und ggf. Beseitigung von rechtswidrig erstellten Gebäuden und Gebäuden, die durch ihre Beschaffenheit eine Gefährdung der öffentlichen Sicherheit und Ordnung darstellen, ist. Eines Tages bekommt er den Hinweis, dass an einem an einer öffentlichen Straße gelegenen Haus die Dachkonstruktion defekt ist und das Dach auf die Straße zu stürzen droht. B entschließt sich, das Gebäude zu inspizieren, um festzustellen, ob eine Abrissverfügung erlassen werden muss. Bei der Inspektion des Daches fällt ihm ein Hammer aus der Hand und verletzt den auf dem Bürgersteig vorbeigehenden Passanten Karl-Otto (KO) am Kopf. KO entstehen Behandlungskosten; außerdem hat er wochenlang starke Kopfschmerzen.

Aufgabe 3: Kann KO von der Stadt Auerberg Schadensersatz und Schmerzensgeld verlangen?

Fall 16: Prüfschema/Lösungsskizze

M. Propper – – – – – – – – Land Hessen
.
.
.
.
OAR Maier
(Erfülllungsgehilfe,
Verrichtungsgehilfe)

Aufgabe 1:

I. M. Propper ⟶ Land Hessen Schadensersatz gem. Art. 34 S. 1 GG i. V. m. § 839 I 1 BGB (–)

Hoheitliche Tätigkeit des M? (–), M handelte fiskalisch

II. M. Propper ⟶ Land Hessen Schadensersatz gem. § 280 I i. V. m. §§ 311 II Nr. 1, 241 II

1. Wirksames (vorvertragliches) Schuldverhältnis, § 311 II Nr. 1 (+)
2. Objektive Pflichtverletzung durch den Schuldner i. S. v. § 241 II (+)
3. Vertretenmüssen, § 280 I 2 i. V. m. §§ 276, 278[1];
   OAR Maier: Erfüllungsgehilfe (+)
4. Schaden beim Gläubiger als Folge der Pflichtverletzung (+)
   = entgangener Verdienst in Auerberg

Ergebnis: M. Propper ⟶ Land Hessen SE gem. § 280 I i. V. m. §§ 311 II Nr. 1, 241 II (+)

Umfang des zu ersetzenden Schadens: §§ 249 ff.

1 Falls Maier ein sog. Organ (z. B.: Leiter des Finanzamts) ist: §§ 31, 89 sind zu prüfen.

III. M. Propper ⟶ Land Hessen Schadensersatz gem. § 831 I[2]

1. Verrichtungsgehilfe = OAR Maier (+)
2. tatbestandsmäßige und rechtwidrige unerlaubte Handlung des Verrichtungsgehilfen?
   hier: kein absolutes Recht i. S. d. § 823 I wurde verletzt (–)
   Vermögen = geschädigt

Ergebnis: M. Propper ⟶ Land Hessen Schadensersatz gem. § 831 I (–)

Aufgabe 2:

M. Propper ⟶ OAR Maier Schadensersatz gem. § 839 I 1

1. Beamter im staatsrechtlichen Sinn = OAR Maier (+)
2. Amtspflichtverletzung ist kausal für die Rechtsgutsverletzung gegenüber Dritten (+)
   falsche Zusicherung i. R. d. arbeitsvertraglichen Verhandlungen
3. Rechtswidrigkeit (+)
4. Verschulden, § 276 II – OAR Maier handelte fahrlässig (+)
5. Schaden = entgangener Verdienst in Auerberg (+)
6. Kein Haftungsausschluss nach § 839 I 2 (–)

M handelte fahrlässig – andere Haftungsgrundlage gegen den Arbeitgeber? – siehe Aufgabe 1

OAR Maier kann auf die Haftung des Landes Hessen verweisen.[3]

Ergebnis: M. Propper ⟶ OAR Maier Schadensersatz gem. § 839 I 1 (–)

Aufgabe 3:

KO ⟶ Stadt Auerberg Schadensersatz gem. Art. 34 S. 1 GG i. V. m. § 839 I 1

1. Beamter im haftungsrechtlichen Sinn (= B) handelt hoheitlich (+)
2. Amtspflichtverletzung (Rechts- oder Dienstpflichten) ist kausal für Rechtsgutsverletzung gegenüber Dritten (+)
3. Rechtswidrigkeit (+)
4. Verschulden (Vorsatz oder Fahrlässigkeit) – hier: § 276 II (+)

---

2 Falls Maier ein sog. Organ (z. B.: Leiter des Finanzamts) ist: Der Schadensersatzanspruch gem. §§ 823 i. V. m. 31, 89 ist zu erörtern.

3 Dieses hat bei Vorsatz bzw. grober Fahrlässigkeit die Möglichkeit des Regresses gegen OAR Maier nach Art. 34 S. 2 GG, § 48 BeamtStG.

5. Schaden
6. kein Haftungsausschluss nach § 839 I 2 oder § 839 III

Ergebnis: KO ———→ Stadt Auerberg Schadensersatz gem. Art. 34 S. 1 GG i. V. m. § 839 I 1 (+)

Umfang des zu ersetzenden Schadens: §§ 249 ff.

Fall 16: Ausarbeitung (Gutachten)

Aufgabe 1:

I. M. Propper könnte einen Schadensersatzanspruch gegen das Land Hessen gem. Art. 34 S. 1 GG i. V. m. § 839 I 1 haben.

Danach haftet die anstellende Körperschaft, wenn jemand in Ausübung eines ihm anvertrauten öffentlichen Amtes schuldhaft die einem Dritten gegenüber obliegende Amtspflicht verletzt und dabei einen Schaden verursacht.

Da OAR Maier für die arbeitsvertraglichen Einstellungsverhandlungen im Finanzamt zuständig ist, handelt er fiskalisch.

Folglich kommt ein Schadensersatzanspruch des M. Propper gegen das Land Hessen gem. Art. 34 S. 1 GG i. V. m. § 839 I 1 nicht in Betracht.

II. M. Propper könnte gegenüber dem Land Hessen einen Anspruch auf Schadensersatz gem. § 280 I i. V. m. §§ 311 II Nr. 1, 241 II haben.

1. *Voraussetzung hierfür ist, dass zwischen dem M. Propper und dem Land Hessen ein Schuldverhältnis besteht.* Da noch kein wirksamer Arbeitsvertrag zwischen diesen Parteien zustande gekommen ist, kommt ein vorvertragliches Schuldverhältnis in Betracht. *Dies liegt bereits bei der Aufnahme von Vertragsverhandlungen vor (§ 311 II Nr. 1).* Indem M. Propper sich beim Land Hessen beworben hat und ihm Ende April 2015 per Schreiben die Einstellung zum 01.01.2016 verbindlich zugesagt wurde, ist diese Voraussetzung gegeben.

2. *Des Weiteren muss das Land Hessen gegenüber M. Propper eine Pflicht verletzt haben. In Betracht kommt die Verletzung einer Nebenpflicht nach § 241 II. Danach bestehen Pflichten zur Rücksicht auf die Rechte, Rechtsgüter und die Interessen des poten-*

ziellen Vertragspartners. Bei einer Einstellung eines Arbeitnehmers ist der Personalrat gem. § 77 I Nr. 2a HPVG zu beteiligen. Dieser verweigert seine Zustimmung und man will diesen Bedenken zunächst nachgehen. Indem die Einstellung vor der Beteiligung des Personalrates schriftlich zugesagt wurde, hat das Land Hessen seine Sorgfaltspflicht gegenüber dem M. Propper verletzt.

3. *Diese Pflichtverletzung muss das Land Hessen zu vertreten haben (§ 280 I 2). Nach § 276 I hat der Schuldner Vorsatz und Fahrlässigkeit zu vertreten, sofern* – was hier nicht der Fall ist – *kein anderer Haftungsmaßstab greift.* Im vorliegenden Fall hat allerdings nicht das Land Hessen, sondern OAR Maier vergessen, den Personalrat vor der Zusage zu beteiligen. Deshalb ist ein Eigenverschulden des Landes Hessens abzulehnen. *Gem. § 278 S. 1 haftet der Schuldner jedoch auch für das Verschulden seines Erfüllungsgehilfen (hier: OAR Maier). Voraussetzung ist, dass* OAR *Maier Erfüllungsgehilfe ist. Erfüllungsgehilfe ist, wer mit Wissen und Wollen des Schuldners bei der Erfüllung von dessen Verbindlichkeiten aus einem Schuldverhältnis – dazu gehören auch vorvertragliche – tätig wird.* OAR Maier hat als Beamter des Land Hessens die Einstellungsverhandlungen für das Finanzamt in Auerberg geführt und dabei die dem Land Hessen obliegende Sorgfaltspflicht zu erfüllen. Folglich ist er Erfüllungsgehilfe des Landes Hessens. *Außerdem ist ein Verschulden des* OAR *Maier Voraussetzung. Es kommt Fahrlässigkeit in Betracht. Fahrlässig handelt, wer die im Verkehr erforderliche Sorgfalt außer Acht lässt (§ 276 II).* Indem OAR Maier den Personalrat zu spät beteiligt und vorzeitig die schriftliche Einstellungszusage an M. Propper erteilt hat, hat er die im Verkehr erforderliche Sorgfalt außer Acht gelassen und somit fahrlässig gehandelt. Somit hat das Land Hessen das Verschulden des OAR Maier in gleichem Umfang zu vertreten wie eigenes Verschulden.

4. *Letztlich muss dem M. Propper aus der Pflichtverletzung ein Schaden entstanden sein. Unter Schaden wird allgemein jede Einbuße verstanden, die jemand infolge eines bestimmten Ereignisses erleidet.* Indem M. Propper durch die Zusage des Finanzamtes nichts gegen die Kündigung der Stadt Auerberg unternimmt, auch in dem Zeitraum von April bis Juli keine weiteren Bewerbungen schreibt, somit keine neue Stelle findet und daher seit 1.1.2016 arbeitslos ist, hat er einen Entgeltausfall und damit einen Vermögensschaden erlitten.

Demnach kann M. Propper gegenüber dem Land Hessen Schadensersatz gem. §§ 280 I i. V. m. 311 II Nr. 1, 241 II verlangen.

Für den Umfang des Schadensersatzanspruches gelten die §§ 249 ff. Gem. § 249 I ist M. Propper so zu stellen, wie er gestanden hätte, wenn er nicht auf die Zusage des Landes Hessen vertraut und folglich gegen die sozial nicht gerechtfertigte Kündigung durch die Gemeinde etwas unternommen hätte. Deshalb ist ihm der entgangene Verdienst in Auerberg für die drei Monate (Januar bis März) zu erstatten.

III. Außerdem kommt ein Schadensersatzanspruch des M. Propper gegen das Land Hessen gem. § 831 I in Betracht.

1. *Voraussetzung dafür ist, dass OAR Maier als Verrichtungsgehilfe des Landes Hessen gehandelt hat. Verrichtungsgehilfe ist eine Person, die für einen anderen weisungsgebunden eine Tätigkeit ausführt.* OAR Maier ist Beamter des Landes Hessen. Dieses kann dessen Arbeitszeiten sowie den Umfang der Arbeit und die Art der Ausführung weitgehend bestimmen. Folglich ist OAR Maier als Beamter des Landes weisungsgebunden und demnach Verrichtungsgehilfe i. S. d. § 831 I 1.
2. *Der Verrichtungsgehilfe OAR Maier muss durch eine tatbestandsmäßige und rechtswidrige unerlaubte Handlung eines der Rechtsgüter des M. Propper aus § 823 I kausal verletzt haben.* Im vorliegenden Fall wurde durch den Verdienstausfall das Vermögen des M. Propper geschädigt. Dieses ist allerdings kein besonders geschütztes Rechtsgut i. S. d. § 823 I.

Somit kommt ein Schadensersatzanspruch des M. Propper gegen das Land Hessen gem. § 831 I nicht in Betracht.

Aufgabe 2:

M. Propper könnte gegen OAR Maier einen Schadensersatzanspruch gem. § 839 I 1 haben.

1. *Voraussetzung ist, dass ein Beamter im staatsrechtlichen Sinn gehandelt hat. Das ist der Fall, wenn dem OAR Maier eine Ernennungsurkunde mit den Worten „unter Berufung in das Beamtenverhältnis" ausgehändigt worden ist (vgl. § 8 BeamtStG, § 9 HBG).* Indem es sich bei Maier um einen zwischenzeitlich zum OAR beförderten Beamten handelt, ist diese Voraussetzung gegeben.

2. *Maier muss eine dem Anspruchsteller gegenüber obliegende Amtspflicht verletzt haben, und zwar im fiskalischen Bereich.* Da OAR Maier für die arbeitsvertraglichen Einstellungsverhandlungen im Finanzamt zuständig ist, handelt er fiskalisch. Im Rahmen der Vertragsverhandlungen darf er keine falschen Auskünfte geben. Durch die falsche Mitteilung dahingehend, dass die Einstellung des M. Propper im Finanzamt Auerberg zum 1.1.2016 verbindlich sei, was nicht den Tatsachen entsprochen hat, hat er seine gegenüber M. Propper bestehende Amtspflicht kausal verletzt.

3. *Das verletzende Verhalten muss rechtswidrig sein. Eine Amtspflichtverletzung ist regelmäßig widerrechtlich, sofern nicht ausnahmsweise ein Rechtfertigungsgrund vorliegt.* Für die falsche Auskunft des OAR Maier gibt es keinen Rechtfertigungsgrund, so dass ein rechtswidriges Verhalten von ihm vorliegt.

4. *Außerdem muss der Beamte vorsätzlich oder fahrlässig bei der Amtspflichtverletzung gehandelt haben.* Im vorliegenden Fall kommt fahrlässiges Handeln des Maier in Betracht. *Fahrlässig handelt, wer die im Verkehr erforderliche Sorgfalt außer Acht lässt (§ 276 II).* Indem M, ohne sich zu erkundigen, ob die für eine Einstellung erforderliche Zustimmung des Personalrats vorliegt, die schriftliche Einstellungszusage gegenüber M. Propper abgegeben hat, hat er die im Verkehr erforderliche Sorgfalt außer Acht gelassen und fahrlässig gehandelt.

5. *Die Amtspflichtverletzung muss einen Schaden beim Anspruchsteller M. Propper verursacht haben. Dazu zählt jeder Vermögensschaden, der durch die Verletzungshandlung entstanden ist und vom Schutzzweck der Amtspflicht erfasst wird.* Aufgrund der falschen verbindlichen Zusage unterlässt es M. Propper, gegen die Kündigung durch die Stadt Auerberg etwas zu unternehmen. Er ist drei Monate arbeitslos. Deshalb ist ihm ein Vermögensschaden in Höhe des entgangenen Verdienstes in Auerberg (Entgeltgruppe 8) entstanden.

6. *Die Haftung des Beamten Maier tritt allerdings gem. § 839 I 2 nicht ein, wenn er lediglich fahrlässig gehandelt hat und ein anderer endgültig und vollständig die Kosten trägt.* Da Maier lediglich fahrlässig gehandelt hat und – wie unter Aufgabe 1 geprüft – das Land Hessen dem M. Propper Schadensersatz leisten muss, ist die Haftung des Maier ausgeschlossen.

Folglich kann M. Propper gegen OAR Maier keinen Schadensersatzanspruch gem. § 839 I 1 geltend machen.

Aufgabe 3:

KO könnte einen Schadensersatzanspruch gegen die Stadt Auerberg gem. Art. 34 S. 1 GG i. V. m. § 839 I haben.

1. *Der handelnde Bauoberrat B müsste in Ausübung eines ihm anvertrauten öffentlichen Amtes, also hoheitlich, gehandelt haben.* B ist in seiner Funktion als Bauoberrat für die Bauüberwachung zuständig. Er wird damit auf der Grundlage der HBO tätig, um Gefahren für die öffentliche Sicherheit oder Ordnung abzuwehren. Diese Funktion obliegt ausschließlich dem Staat. B inspiziert den Bauzustand eines Daches, um festzustellen, ob möglicherweise eine Abrissverfügung erlassen werden muss. Er handelt somit aufgrund öffentlich-rechtlicher Vorschriften und damit hoheitlich. Auch die Verletzung der Verkehrssicherungspflicht durch Fallenlassen des Hammers bezieht sich auf die Erfüllung der hoheitlichen Aufgabe, zumal ein innerer Zusammenhang zur Baukontrolle besteht. Denn es ist die gesamte Tätigkeit des Amtsträgers einheitlich zu beurteilen.[4]
2. *Der B muss die einem Dritten gegenüber obliegende Amtspflicht und dadurch ein Rechtsgut von KO verletzt haben. B hat gem. § 34 S. 2 BeamtStG die Pflicht, sein Amt vertrauensvoll auszuüben, d. h. er muss bestehende Sorgfaltspflichten beachten und darf keine unerlaubten Handlungen gegenüber Dritten begehen.* B lässt bei der Inspektion des Daches den mitgeführten Hammer fallen, der daraufhin vom Dach fällt und den vorbeigehenden Passanten KO am Kopf verletzt. B hat damit seine Sorgfaltspflichten missachtet und die einem Dritten gegenüber obliegende Amtspflicht verletzt.
3. *Das verletzende Verhalten muss rechtswidrig sein. Eine Amtspflichtverletzung ist regelmäßig widerrechtlich, sofern nicht ausnahmsweise ein Rechtfertigungsgrund vorliegt.* Für das Fallenlassen des Hammers gibt es keinen Rechtfertigungsgrund, so dass ein rechtswidriges Verhalten von B vorliegt.

---

4 *Palandt/Sprau*, § 839 Rn. 19.

4. *Diese Amtspflichtverletzung müsste vorsätzlich oder fahrlässig erfolgt sein. Vorsatz bedeutet mit Wissen und Wollen. Fahrlässig handelt gem. § 276 II, wer die im Verkehr erforderliche Sorgfalt außer Acht lässt.* B hätte davon ausgehen müssen, dass bei der Inspektion gegebenenfalls der Hammer herunterfallen kann. Das Gebäude ist an einer öffentlichen Straße gelegen, an der Verkehrsteilnehmer vorbei kommen. B hätte entsprechende Vorkehrungen treffen können, beispielsweise durch eine Absperrung oder einen Warnhinweis. Dies ist nicht der Fall gewesen, sodass B die im Verkehr erforderliche Sorgfalt außer Acht gelassen und damit fahrlässig gehandelt hat.
5. *Schließlich muss durch die Pflichtverletzung ein adäquat kausaler Schaden, also eine Einbuße an rechtlich geschützten Gütern entstanden sein.* KO wurde durch den herunterfallenden Hammer am Kopf verletzt. Dies wäre nicht passiert, wenn B seine Sorgfaltspflicht beachtet hätte. Es liegt somit ein kausaler Schaden vor.

KO hat demnach gegen die Stadt Auerberg einen Schadensersatzanspruch gem. Art. 34 S. 1 GG i. V. m. § 839 I 1.

Der Umfang des zu ersetzenden Schadens bestimmt sich nach §§ 249 ff. Danach hat der Schädiger den Zustand herzustellen, der bestehen würde, wenn das schädigende Ereignis nicht eingetreten wäre. Gem. § 249 II 1 ist im hier vorliegenden Fall der Verletzung einer Person Geldersatz zu leisten. Der KO kann demnach die Kosten für die Heilbehandlung ersetzt verlangen. Nach § 253 II kann im Falle einer Körperverletzung auch eine billige Entschädigung in Geld verlangt werden. KO hat durch die Kopfverletzung einen körperlichen Schaden und damit entsprechende Schmerzen erlitten, sodass er Schmerzensgeld verlangen kann.[5]

5 Die Stadt Auerberg könnte im Innenverhältnis gegenüber B einen Regeressanspruch gem. Art. 34 S. 2 GG, § 48 BeamtStG haben.
Dann muss ein Beamter infolge einer vorsätzlichen oder grob fahrlässigen Dienstpflichtverletzung dem Dienstherrn einen Schaden zugefügt haben. B ist Beamter und hat, wie oben ausgeführt, seine Dienstpflichten verletzt. Es ist jedoch fraglich, ob er dabei grob fahrlässig gehandelt hat. Grobe Fahrlässigkeit liegt vor, wenn jemand in besonderem Maße die im Verkehr erforderliche Sorgfalt außer Acht lässt. Das Herunterfallen des Hammers folgte aus Unachtsamkeit. Es ist nicht erkennbar, dass B in besonderem Maße unsorgfältig war. B hat somit nicht grob fahrlässig gehandelt. Die Stadt Auerberg hat folglich keinen Regeressanspruch gegen B gem. Art. 34 S. 2 GG, § 48 BeamtStG.

Vertiefung: Unerlaubte Handlungen (Deliktsrecht)[6]

Übersicht:

---

6 **Literatur zur Vertiefung:** *Brand*, Die Haftung des Aufsichtspflichtigen nach § 832 BGB, JuS 2012, 673; *Brox/Walker* Schuldrecht BT, §§ 44 f.; *Deutsch/Ahrens*, §§ 14 ff.; *Diederichsen*, Der deliktsrechtliche Schutz des Persönlichkeitsrechts, JURA 2008, 1 ff.; *Eisenhardt*, § 23; *Emmerich*, §§ 20 ff.; *Fikentscher*/Heinemann, §§ 106 ff.; *Führich*, § 26; *Kötz/Wagner*, Rn. 95–327; *Looschelders* SchuldR BT, §§ 57–60; *Medicus/Lorenz* SchuldR II BT, §§ 142–157; *Medicus/Petersen* BürgerlR, §§ 24–25; *Musielak/Hau*, Rn. 757 ff.; *Neuner*, Das Schmerzensgeld, JuS 2013, 577; *Röthel*, Gefährdungshaftung, JURA 2012, 444; *Röthel*, Grundstudium Zivilrecht, Unerlaubte Handlungen: Eine Einführung, JURA 2013, 95; *Röthel*, Kraftfahrzeughalter und Tierhalter, JURA 2014, 1124; *Schellhammer*, Rn. 921 ff.; *Staake*, §§ 7–10; *Wandt*, §§ 14–16; *Wörlen/Metzler-Müller*, SchuldR BT, Rn. 387 ff.

d) Haftungsausschluss
e) Rückgriffsmöglichkeit des Staates

VII. Haftung mehrerer Schädiger
1. Verantwortlichkeit von Teilnehmern und Beteiligten, § 830
2. Gesamtschuldnerschaft, § 840

VIII. Verjährung

Das Recht der unerlaubten Handlungen ist in den §§ 823–853 geregelt. Es wird auch „Deliktsrecht" genannt: „delictum" (lat.) = Vergehen. Das Deliktsrecht ist nicht mit Straftatbeständen des StGB bzw. den Ordnungswidrigkeiten zu verwechseln, die eine Bestrafung oder Bußgeldzahlung zur Folge haben, während es im Privatrecht um die Schadensersatzleistung geht.

Sofern ein Tatbestand der §§ 823 ff. erfüllt ist, entsteht kraft Gesetzes eine schuldrechtliche Beziehung (= gesetzliches Schuldverhältnis).[7] Die **tatbestandsmäßige, rechtswidrige** und **schuldhafte** Handlung verpflichtet den Handelnden zum Schadensersatz gegenüber dem Verletzten. Das Gesetz enthält – neben einigen Sondertatbeständen wie z. B. §§ 831 ff., § 18 I StVG (Haftung für vermutetes Verschulden), § 839 (Haftung für Amtspflichtverletzung), § 825 (Haftung für Verletzung der Geschlechtsehre) – drei Grundtatbestände: Verletzung bestimmter absoluter Rechte (§ 823 I), Verstoß gegen ein Schutzgesetz (§ 823 II) und vorsätzliche sittenwidrige Schädigung (§ 826), wobei letztgenannte Vorschrift eine Generalklausel darstellt.

I. Der Grundtatbestand des § 823 I

Wer vorsätzlich oder fahrlässig das Leben, den Körper, die Gesundheit, die Freiheit, das Eigentum oder ein sonstiges Recht eines anderen widerrechtlich verletzt, ist dem anderen nach § 823 I zum Ersatz des daraus entstehenden Schadens verpflichtet.

1. Tatbestandsmäßigkeit

Durch die **Handlung** des Schädigers, das verletzende Verhalten, muss eines der in § 823 I genannten absoluten Rechtsgüter (Leben, Körper, Gesundheit, Freiheit, Eigentum) verletzt worden sein. Zu den „sonstigen

7 Weitere gesetzliche Schuldverhältnisse: §§ 677 ff. (Geschäftsführung ohne Auftrag), §§ 701 ff. (Haftung des Gastwirts), §§ 812 ff. (ungerechtfertigte Bereicherung) sowie §§ 823 ff. Siehe auch die Aufzählung bei *Palandt/Grüneberg*, vor § 311 Rn. 5. Im Gegensatz hierzu stehen die vertraglichen Schuldverhältnisse, die durch zwei sich deckende Willenserklärungen der Beteiligten (Angebot und Annahme) entstehen. Gem. § 311 I ist zu ihrer Begründung regelmäßig ein Vertrag erforderlich.

Rechten" zählen alle dinglichen Rechte, Immaterialgüterrechte (Patent-, Urheber-, Warenzeichen-, Gebrauchsmusterrechte, der Besitz). Durch richterliche Rechtsfortbildung sind außerdem das „Recht am eingerichteten und ausgeübten Gewerbebetrieb" und das „allgemeine Persönlichkeitsrecht" als sonstige Rechte anerkannt.

> **Merke:**
> Das **Vermögen** ist kein absolutes (und in § 823 I geschütztes) Rechtsgut, zumal es die Aktiva einer Person darstellt und auch relative Rechte (z. B. Forderungen aus Schuldverhältnissen) erfasst. Das Vermögen wird aber durch § 263 StGB erfasst – einem Schutzgesetz i. S. d. § 823 II.

Der Tatbestand des § 823 I kann auch durch ein **Unterlassen** verwirklicht werden – allerdings nur dann, wenn der Unterlassende objektiv eine ihm gegenüber dem Geschädigten bestehende Pflicht zum Tätigwerden verletzt hat. Diese kann sich aus Gesetz, Vertrag oder vorangegangenem Tun ergeben. Bedeutsam ist hinsichtlich des Letztgenannten die **Verkehrs(sicherungs)pflicht**. Diese wurde erstmals vom Reichsgericht hinsichtlich der Streupflicht einer Gemeinde bei Schneeglätte anerkannt.[8] Fallgruppen der Verletzung der allgemeinen Verkehrspflicht sind u. a. die Sorgfaltspflichten aus Verkehrseröffnung (Vermieter eines Mietshauses hinsichtlich Treppen, Beleuchtung), die Sorgfaltspflichten aus Teilnahme am Verkehr, bei Veranstaltungen usw.[9] Derjenige, der eine Gefahrenquelle schafft oder unterhält *bzw.* eine Sache beherrscht, die für Dritte gefährlich werden kann oder der gefährliche Sachen in den Verkehr bringt (siehe hierzu auch das ProdHaftG, das eine (verschuldensunabhängige) Gefährdungshaftung des Herstellers für fehlerhafte Produkte begründet), ist verpflichtet, die erforderlichen und zumutbaren Maßnahmen und Vorkehrungen zum Schutze Dritter zu treffen.

Das Handeln muss dem Anspruchsgegner zuzurechnen sein, d. h., die Handlung des Schädigers muss für die Rechtsgutsverletzung ursächlich gewesen sein (sog. **haftungsbegründende Kausalität**). Außerdem muss das verletzende Verhalten nach der Lebenswahrscheinlichkeit geeignet sein, eine Verletzung des betreffenden Rechtsgutes herbeizuführen (sog. Adäquanztheorie). Die Erörterung dieser Theorie unterbleibt hier in den Falllösungen, da keine völlig unwahrscheinlichen Kausalverläufe (deren objektive Zurechenbarkeit von der Adäquanztheorie ausgeschlossen werden) vorkommen.

---

8 RGZ 54, 33.

9 Zahlreiche Beispiele bei *Palandt/Sprau*, § 823 Rn. 185 ff.

2. Rechtswidrigkeit

Außer der Verletzungshandlung ist stets erforderlich, dass das verletzende Verhalten rechtswidrig war. Damit wird die Normwidrigkeit bzw. das Unrecht des schädigenden Verhaltens festgestellt. Die Rechtswidrigkeit wird in der Regel durch die Erfüllung des Tatbestands indiziert und ist nur zu verneinen, wenn ein Rechtfertigungsgrund vorliegt, wie z. B. Notwehr (§ 227), defensiver Notstand (§ 228), Selbsthilferecht (§ 229), aggressiver Notstand (§ 904), Einwilligung des Verletzten.

3. Verschulden

Eine Haftung aus § 823 I setzt Verschulden voraus. In § 823 I werden die in § 276 I 1 genannten allgemeinen Voraussetzungen des Verschuldens wiederholt. Das Gesetz sieht auch eine Haftung **ohne** Verschulden vor: Bei der **Gefährdungshaftung** kommt es nur darauf an, dass sich eine bestimmte von dem Verantwortlichen (z. B. Kraftfahrer, Tierhalter) beherrschte Gefahr verwirklicht (vgl. u. a. § 7 I StVG; § 833). Unter Vorsatz wird das Wissen und Wollen der Tatbestandsverwirklichung verstanden; die Fahrlässigkeit ist in § 276 II definiert – wobei auch „leichteste" Außerachtlassung der im Verkehr erforderlichen Sorgfalt für ein Verschulden i. R. d. § 823 I genügt. Weitere Voraussetzung ist die Verschuldensfähigkeit (vgl. §§ 827, 828), die z. B. bei einem sechsjährigen Kind nicht gegeben ist. Diese ist allerdings nur dann zu prüfen, wenn der Sachverhalt entsprechende Anhaltspunkte liefert.[10]

4. Schaden

Ferner ist der Eintritt eines Schadens erforderlich. Hier kommt jede Beeinträchtigung einer Rechtsposition in Betracht. Der Schaden kann sich unmittelbar aus der Rechtsgutsverletzung ergeben (z. B. führt die Zerstörung eines Pkw unmittelbar zu einer Vermögensminderung) oder aber in einer eingetretenen Vermögensverschlechterung bestehen (z. B. entstehen durch die Körperverletzung Krankenhaus- und Arztkosten).

Es muss ein Kausalzusammenhang zwischen Rechtsgutsverletzung und Schaden bestehen, der wiederum nach der Adäquanztheorie bestimmt wird. Das heißt, nur die Handlung ist für den eingetretenen Schaden kausal, die vom Standpunkt eines objektiven Beobachters generell geeignet ist, unter normalen, voraussehbaren Umständen den konkreten Schaden herbeizuführen (sog. **haftungsausfüllende Kausalität**).

10 Beispiel in Fall 13, Aufgabe 3.

Merke:
Die haftungsausfüllende Kausalität betrifft den Kausalzusammenhang zwischen der Rechtsgutsverletzung und dem Schaden. Bei der haftungsbegründenden Kausalität geht es um die Ursächlichkeit des Handelns für die Rechtsgutsverletzung.

Der Erfolg darf also nicht außerhalb jeder Wahrscheinlichkeit liegen. Darüber hinaus ist die auf eine Wahrscheinlichkeitsbetrachtung ausgerichtete Adäquanztheorie zu ergänzen durch eine wertende Beurteilung: Eine Schadensersatzpflicht besteht nur, wenn der geltend gemachte Schaden unter den **Schutzzweck** der verletzten Norm fällt. Es müssen also solche Nachteile sein, die aus dem Bereich der Gefahren stammen, zu deren Abwendung die verletzte Norm erlassen oder die verletzte (vor- bzw.) vertragliche Pflicht übernommen worden ist.[11]

Beispiel:
Der Halter eines Kraftfahrzeuges haftet nicht für Schäden, die durch Panikreaktionen bei Tieren infolge von Unfallgeräuschen ausgelöst werden.[12]

Rechtsfolge:
Der Geschädigte hat einen Anspruch auf Schadensersatz, dessen Umfang sich aus den §§ 249 ff.[13] sowie den Sonderregelungen der §§ 842 ff. ergibt.

Prüfschema – Grundtatbestand der unerlaubten Handlung, § 823 I:

Voraussetzungen:

1. Tatbestandsmäßigkeit
   a) Verletzung eines der in § 823 I genannten absoluten Rechte
   b) Kausalität der Handlung für die Rechtsgutsverletzung – ggf. Adäquanztheorie
2. Rechtswidrigkeit
3. Verschulden (Vorsatz oder Fahrlässigkeit); evtl. Verschuldensfähigkeit (§§ 827, 828)
4. Schaden
   Kausalität zwischen Rechtsgutsverletzung und Schaden – Adäquanztheorie

Rechtsfolge: Schadensersatz; Umfang des zu ersetzenden Schadens: §§ 249 ff., ggf. §§ 842 ff.

---

11 *Palandt/Grüneberg*, Vorbem. vor § 249 Rn. 62 m. w. N.

12 BGH, Urteil vom 2.7.1991, Az. VI ZR 67, BGHZ 115, 84 ff.

13 Siehe „Vertiefung: Art und Umfang des Schadensersatzes" S. 194 ff.

II. Verletzung eines Schutzgesetzes

Nach § 823 II ist derjenige schadensersatzpflichtig, der rechtwidrig und schuldhaft „gegen ein den Schutz eines anderen bezweckendes Gesetz" verstößt und dadurch dem anderen einen Schaden zufügt. Damit werden vor allem die Fälle erfasst, in denen der Schädiger kein Rechtsgut i. S. d. § 823 I verletzt, sondern – z. B. durch Betrug nach § 263 StGB – das Vermögen eines anderen schädigt.

1. Tatbestandsmäßigkeit

Anders als bei § 823 I kommt es hier bei der Tatbestandsmäßigkeit nicht auf eine bestimmte Rechts(gut)verletzung an, sondern nur darauf, dass ein Schutzgesetz verletzt worden ist. Der Täter muss durch den Verstoß gegen ein Schutzgesetz einen Schaden verursacht haben.

a) Schutzgesetz

Dazu zählt jede Rechtsnorm, die dem Schutz der Interessen anderer dient. Zu den Schutzgesetzen gehören die meisten Vorschriften des StGB, aber auch solche der Verfassung (GG), des BGB u. a.

Beispiele:
Unerlaubtes Entfernen vom Unfallort (§ 142 StGB), fahrlässiger Falscheid (§ 161 StGB), Beleidigungsdelikte (§§ 185 ff. StGB), Körperverletzung (§§ 223 ff. StGB), Diebstahl (§ 242 StGB), Betrug (§ 263 StGB), Pressefreiheit (Art. 5 GG), Verbot der Benutzung eines nicht zugelassenen Kraftfahrzeugs (§§ 1, 22 StVG), Verbot von Beeinträchtigungen des Grundeigentums durch Zuführung unwägbarer Stoffe (§§ 906 ff.).

b) Verstoß gegen ein Schutzgesetz

Es muss ein Verstoß gegen ein Schutzgesetz vorliegen. Wenn es sich hierbei um ein Strafgesetz handelt, hat die Prüfung nach den Regeln des Strafrechts zu erfolgen, d. h., der Täter muss den objektiven Tatbestand der Strafnorm erfüllt haben, Rechtswidrigkeit sowie Schuld müssen gegeben sein.

Merke:
Da nach § 15 StGB nur vorsätzliches Handeln strafbar ist, sofern nicht das Gesetz fahrlässiges Handeln ausdrücklich mit Strafe bedroht, ist z. B. eine Sachbeschädigung (§ 303 StGB) – mangels entsprechender Regelung – nur bei Vorsatz gegeben.

2. Rechtswidrigkeit

Diese liegt in der Regel mit dem objektiven Verstoß gegen das Schutzgesetz vor. Rechtswidrigkeit und Verschulden sind meist schon im Rahmen des Tatbestands zu prüfen: Wenn es sich bei dem Schutzgesetz z. B. um ein Strafgesetz handelt, gehören zum Straftatbestand auch Rechtswidrigkeit und Verschulden.

3. Verschulden

Wenn das Schutzgesetz kein Verschulden voraussetzt, kommt die Verschuldenshaftung nach § 823 II nur dann in Betracht, wenn den Täter eine Schuld – mindestens Fahrlässigkeit – trifft. Diese muss sich nur auf den Verstoß gegen das Schutzgesetz, nicht auf den dadurch verursachten Schaden beziehen.

4. Schaden

Es muss durch den Verstoß gegen das Schutzgesetz ein Schaden adäquat kausal verursacht worden sein. Der Schutzbereich der verletzten Norm muss die Person des Geschädigten und den erlittenen Schaden umfassen.

Rechtsfolge des § 823 II ist, dass der Schädiger den aus dem Schutzgesetzverstoß entstandenen Schaden zu ersetzen hat.

Prüfschema – Schadensersatz wegen Verletzung eines Schutzgesetzes § 823 II i. V. m. Schutzgesetz:

Voraussetzungen:

1. Tatbestandsmäßigkeit: Verletzung eines Schutzgesetzes (z. B. StGB)
2. Rechtswidrigkeit
3. Verschulden
4. Schaden

Rechtsfolge: Schadensersatz; Umfang §§ 249 ff., ggf. §§ 842 ff.

III. Vorsätzliche sittenwidrige Schädigung, § 826

Diese Vorschrift stellt eine Generalklausel dar: Jede sittenwidrige Schädigung eines anderen, unabhängig von der Art des Rechts oder des Rechtsguts, führt zu einem Schadensersatzanspruch. Sittenwidrigkeit liegt vor, wenn die Handlung gegen „das Anstandsgefühl aller billig und gerecht Denkenden" verstößt. Die Rechtsprechung hat zu § 826 bestimmte Fallgruppen herausgebildet: arglistiges Verhalten (z. B. um einen Vertrag zum

Abschluss zu bringen), Verleiten zum Vertragsbruch, Erteilen wissentlich falscher Auskünfte, Ausnutzen wirtschaftlicher Machtstellungen.

Der Schädiger muss vorsätzlich handeln. Da der Geschädigte für Vorsatz und Sittenvorstoß darlegungs- und beweispflichtig ist, ist die praktische Bedeutung des § 826 gering. In den Fällen dieses Buches kommt deshalb auch kein Beispiel für diesen Schadensersatzanspruch vor.

IV. Sondertatbestand der Verschuldenshaftung: Haftung für den Verrichtungsgehilfen, § 831

Derjenige, der einen anderen zu einer Verrichtung bestellt hat, haftet für den Schaden, den der Verrichtungsgehilfe in Ausführung der Verrichtung einem Dritten widerrechtlich zufügt. Das Gesetz geht davon aus, dass die eigentliche Ursache des Schadens in einem Sorgfaltsverstoß des Geschäftsherrn liegt: dessen schuldhaftes Handeln wird vermutet. Er haftet also – sofern er die Verschuldensvermutung nicht widerlegt – für **eigenes Verschulden.**

1. Voraussetzungen der (selbstständigen) Anspruchsgrundlage des § 831

Derjenige, der die Verletzungshandlung begeht, muss **Verrichtungsgehilfe** des Geschäftsherrn sein. Verrichtungsgehilfe ist, wer für einen anderen, von dessen Weisungen er abhängig ist, eine Tätigkeit ausführt, z. B. ein Arbeitnehmer, nicht aber ein selbstständiger Unternehmer (wie z. B. Spediteur, Taxiunternehmer – es fehlt hier die Weisungsabhängigkeit).[14] Der Verrichtungsgehilfe muss eine **tatbestandsmäßige und rechtswidrige unerlaubte Handlung nach §§ 823 ff.** begangen haben; ein Verschulden ist nicht erforderlich.

Der **Schaden** muss in **Ausführung der Verrichtung verursacht** worden sein, es muss also zwischen aufgetragener Verrichtung und Schadenszufügung ein innerer Zusammenhang bestehen. Ebenso wie bei § 278 gibt es auch hier das Problem der Abgrenzung zu Handlungen, die nur **„bei Gelegenheit der Ausführung“** vorgenommen werden. Ein solches Handeln ist zu bejahen, wenn der sachliche Zusammenhang gänzlich entfällt, der Verrichtungsgehilfe sich also vom Auftrag löst oder sich einem anderen Arbeitsfeld widmet.[15]

---

14 Ausführlich: *Palandt/Sprau*, § 831 Rn. 5 ff.

15 Beispiel in Fall 14, Aufgabe 2.

Beispiel:
Der Malergeselle des Malermeisters nutzt bei der Ausführung von Malerarbeiten einen unbeobachteten Augenblick, um Geld aus dem Schreibtisch des Bestellers zu entwenden.

In diesem Fall haftet nicht der Geschäftsherr (im Beispielsfall der Malermeister), sondern der Gehilfe allein nach § 823 BGB.[16]

2. Ausschluss der Haftung

Die Schadensersatzpflicht tritt nicht ein, wenn den Geschäftsherrn kein Verschulden trifft. Gem. § 831 I 1 kann er sich auf zweifache Weise entlasten: Entweder er weist nach, dass er den Verrichtungsgehilfen sorgfältig überwacht und ausgewählt hat **(Widerlegung der Vermutung des eigenen Verschuldens)**[17], oder er **widerlegt die Kausalitätsvermutung** und beweist, dass der Schaden auch bei Anwendung der Auswahl- und Überwachungssorgfalt eingetreten wäre. Für Großbetriebe hat die Rechtsprechung den dezentralisierten Entlastungsbeweis anerkannt: Der Geschäftsherr muss sich nur für den – zur Aufsicht „zwischengeschalteten" – Gehilfen exkulpieren. Evtl. kommt aber in solchen Fällen eine Haftung des Geschäftsherrn wegen eigenen Organisationsverschuldens gem. § 823 I in Betracht.

Prüfschema – Haftung für den Verrichtungsgehilfen, § 831 I:

Voraussetzungen:

1. Verrichtungsgehilfe – weisungsgebundene Tätigkeit
2. tatbestandsmäßige und rechtswidrige unerlaubte Handlung (§§ 823 ff.) des Verrichtungsgehilfen
3. Schadenszufügung in Ausübung der Verrichtung
4. Schaden
5. Exkulpationsmöglichkeit gem. § 831 I 2
   a) Widerlegung der Vermutung des (eigenen) Verschuldens
   b) Widerlegung der Kausalitätsvermutung

Rechtsfolge: Schadensersatz (Umfang §§ 249 ff., ggf. §§ 842 ff.), falls Exkulpation nicht möglich

16 juris PK/*Matusche-Beckmann*, § 831 Rn. 82 m. w. N. Anderer Ansicht: *Looschelders*, SchuldR BT, Rn. 1326 f.

17 Siehe hierzu Fall 13, Aufgabe 1.

3. Abgrenzung von § 831 zu § 278

Beide Vorschriften regeln die Haftung für Hilfspersonen. § 831 ist eine (selbstständige) deliktische Anspruchsgrundlage und regelt **eigenes Verschulden** des Geschäftsherrn. § 278 behandelt Fälle der Zurechnung **fremden Verschuldens**, und zwar im Rahmen eines **vertraglichen** Anspruchs;[18] diese Zurechnungsnorm setzt also ein bestehendes Schuldverhältnis voraus. Die Möglichkeit zur Exkulpation besteht im Rahmen des § 278 nicht. **§ 278 darf niemals bei der Erörterung eines deliktischen Anspruchs geprüft werden!**

Oft ist der Erfüllungsgehilfe auch ein Verrichtungsgehilfe.[19] Der Unterschied liegt allerdings darin, dass der Erfüllungsgehilfe auch eine Person sein kann, die nicht weisungsgebunden ist.[20]

4. Besonderheiten bei juristischen Personen, § 31

Ist der Geschäftsherr i. S. d. § 831 eine juristische Person, so haftet diese gem. § 31 (bzw. i. V. m. § 89, sofern es sich um eine juristische Person des öffentlichen Rechts handelt) für einen Schaden, den leitende Angestellte, die als ihre „verfassungsmäßig berufenen Vertreter" (Organe) anzusehen sind, einem Dritten in Ausführung der dem Organ zustehenden Verrichtung zugefügt haben. Durch § 31 wird das Handeln der Organe im Rahmen der ihnen zustehenden Verrichtung der juristischen Person als eigenes Handeln zugerechnet. Eine Exkulpationsmöglichkeit besteht nicht.

> **Merke:**
> § 31 ist keine selbstständige Anspruchsgrundlage, sondern setzt eine zum Schadensersatz verpflichtende Handlung des Organs (z. B. gem. §§ 823 ff.) voraus. Anspruchsgrundlage für einen Schadensersatzanspruch gegen die juristische Person ist z. B. § 823 I i. V. m. § 31.

V. Weitere Fälle der Haftung für vermutetes Verschulden[21]

Haftung des Aufsichtspflichtigen (§ 832), Haftung des Tierhalters bei einem Nutztier (§ 833), Haftung des Tieraufsehers (§ 834), Haftung für die von Gebäuden ausgehenden Schäden (§§ 836–838), Haftung des Fahrzeugführers (§ 18 StVG).

---

18 Siehe hierzu Fall 13, Aufgabe 4, Fall 19, Aufgabe 4b).

19 So bei Fall 13, Aufgabe 4 b).

20 So in Fall 12, Aufgabe 4 a) und Fall 13, Aufgabe 4.

21 Die Gefährdungshaftung wird hier nicht erörtert.

VI. Haftung bei Amtspflichtverletzung

1. Die Eigenhaftung des Beamten nach § 839 I

Wenn ein Beamter schuldhaft die ihm einem Dritten gegenüber obliegende Amtspflicht verletzt, hat er nach § 839 I 1 dem Dritten den daraus entstehenden Schaden zu ersetzen. Diese sog. **Beamtenhaftung** greift nur bei **Wahrnehmung fiskalischer Interessen**[22] ein; § 839 ist lex specialis zu §§ 823, 831 und 832.

Daneben haftet die Körperschaft, für die der Beamte tätig ist. Wenn er als Organ handelt, ergibt sich die Haftung aus § 280 I i. V. m. §§ 31, 89 und/oder § 823 I i. V. m. §§ 31, 89. Handelt der Beamte als Gehilfe, haftet die Anstellungskörperschaft nach § 280 I i. V. m. § 278 (Erfüllungsgehilfe) und/oder § 831 I (Verrichtungsgehilfe).[23]

Handelt der Beamte fahrlässig, haftet im Ergebnis nur die Körperschaft (§ 839 I 2).

a) Tatbestandsmäßigkeit

Voraussetzung des § 839 I 1 ist, dass ein **Beamter im staatsrechtlichen Sinn** gehandelt hat. Das ist der Fall, wenn ihm eine entsprechende Urkunde, die die Worte „unter Berufung in das Beamtenverhältnis" enthält, ausgehändigt wurde (geregelt in § 6 BBG/§ 9 HBG und § 8 BeamtStG). Er muss eine dem Anspruchsteller gegenüber obliegende Amtspflicht verletzt haben, und zwar im fiskalischen Bereich.

Beispiele:
Unerlaubte Handlungen im Rahmen der übertragenen Tätigkeit; Verletzung von Verkehrssicherungspflichten hinsichtlich öffentlicher Sachen (Gebäude, Grundstück); Anmietung von Räumen als Wahllokal und deren Beschädigung; zu späte Erteilung eines Arbeitszeugnisses und dadurch bedingter finanzieller Schaden beim (ehemaligen) Arbeitnehmer.

Zu den geschützten Rechtsgütern zählt auch das Vermögen. Die Handlung des Beamten muss für die Rechtsgutsverletzung ursächlich gewesen sein (haftungsbegründende Kausalität).

b) Rechtswidrigkeit

Das verletzende Verhalten muss rechtswidrig sein. Eine Amtspflichtverletzung ist regelmäßig widerrechtlich, wenn nicht (ausnahmsweise) ein Rechtfertigungsgrund vorliegt.

---

22 Beispiel in Fall 16, Aufgabe 2.
23 Beispiel in Fall 16, Aufgabe 1.

c) Verschulden

Der Beamte muss vorsätzlich oder fahrlässig gehandelt haben. Das Verschulden muss sich nur auf die Amtspflichtverletzung, nicht auch auf den Schaden beziehen. Vorsätzlich handelt der Amtsträger, der die Tatsachen, die die Pflichtverletzung objektiv ergeben, kennt und sich auch der Pflichtwidrigkeit bewusst ist. Fahrlässig handelt der Amtsträger, der bei Beachtung der erforderlichen Sorgfalt hätte voraussehen müssen, dass er seiner Amtspflicht zuwiderhandelt.

d) Schaden

Die Amtspflichtverletzung muss einen Schaden beim Anspruchsteller verursacht haben. Dazu zählt jeder (Vermögens)Schaden, der durch die Verletzungshandlung entstanden ist und vom Schutzzweck der Amtspflicht erfasst wird.

Rechtsfolge des § 839 I 1 ist, dass der Beamte selbst den aus der Amtspflichtverletzung entstandenen Schaden ersetzen muss. Der Schadensersatzanspruch geht regelmäßig nur auf Ersatz in Geld,[24] nicht auf Naturalrestitution. Es sind die §§ 249 ff. (einschl. § 253 II) sowie §§ 843–845 anwendbar.

e) Haftungsausschluss

Die Haftung des Beamten tritt nicht ein, wenn er lediglich fahrlässig gehandelt hat (Maßstab hierfür ist der pflichtgetreue Durchschnittsbeamte) und ein anderer endgültig und vollständig die Kosten trägt (sog. subsidiäre Haftung, vgl. § 839 I 2).[25] Zweck dieser Bestimmung ist der Schutz des handelnden Amtsträgers. Die Ersatzpflicht ist nach § 839 III stets ausgeschlossen, wenn der Verletzte es schuldhaft unterlassen hat, den Schaden durch Gebrauch eines Rechtsmittels abzuwenden.

2. Die Haftung im hoheitlichen Bereich

Bei einer **hoheitlichen Tätigkeit** ist die **Eigenhaftung des Beamten** im Außenverhältnis zwingend **ausgeschlossen**. Denn nach Art. 34 GG haftet der Staat (bzw. eine andere Körperschaft) anstelle des Beamten (sog. **Staatshaftung**).[26]

---

24 BGH NVwZ 2003, 1285.

25 Beispiel in Fall 16, Aufgabe 2.

26 Beispiel in Fall 16, Aufgabe 3.

> **Merke:**
> § 839 ist die haftungsbegründende, Art. 34 GG die haftungsverlagernde Norm. Art. 34 GG enthält also keine vollständige Regelung der Haftung aus Amtspflichtverletzung. Die Haftung des Staates bzw. der Körperschaft richtet sich vielmehr im hoheitlichen Bereich in Voraussetzung und Umfang nach § 839.

a) Hoheitliches Handeln

Nach Art. 34 S. 1 GG muss „jemand in Ausübung eines ihm anvertrauten öffentlichen Amtes" gehandelt haben. Entscheidend ist, dass der Handelnde **Amtsträger** ist; auf die Beamteneigenschaft kommt es nicht an.

Beispiele:
Beamte, Beschäftigte (Angestellte, Arbeiter), Kfz-Sachverständige, bevollmächtigter Bezirksschornsteinfeger, Richter, Rechtspfleger, Schöffen, Mitglieder der Freiwilligen Feuerwehr, Abschleppunternehmer, der von der Polizei beauftragt wird.[27]

Zu einem solchen hoheitlichen Handeln zählt u. a. eine Tätigkeit unter Einsatz staatlicher Zwangsmittel, im Bereich der Leistungsverwaltung, der Eingriffsverwaltung oder im Rahmen der Daseinsvorsorge. Im Einzelfall kann die Abgrenzung zwischen hoheitlichem und fiskalischem Handeln schwierig sein. Die höchstrichterliche Rechtsprechung wertet das Verhalten dann als Ausübung eines öffentlichen Amtes i. S. d. Art. 34 GG, wenn die Zielsetzung der Tätigkeit dem Bereich hoheitlicher Betätigung zuzurechnen ist und zwischen dieser Zielsetzung und der schädigen Handlung ein innerer Zusammenhang besteht.[28]

Beispiele:
Tätigkeiten von Polizeibeamten, Gerichtsvollziehern, Ärzten beim Gesundheitsamt, Lehrern an öffentlichen Schulen.

Jemand muss **in Ausübung eines öffentlichen Amtes** gehandelt haben. Dies ist nicht der Fall, wenn er die schädigende Handlung nur bei Gelegenheit der Amtsausübung vornimmt.

b) Amtspflichtverletzung gegenüber Dritten

Außer den bereits bei § 839 I 1 aufgezeigten Pflichten kommen hier die Pflichten des Beamten im haftungsrechtlichen Sinne hinzu: Er muss Ermessensfehler vermeiden, die Selbstbindung der Verwaltung beachten, gehorsam handeln, unbestimmte Rechtsbegriffe richtig auslegen sowie

---

27 Siehe die Auflistung bei *Palandt/Sprau*, § 839 Rn. 17, 22 ff.

28 BGH NJW 1992, 1227; ausführlich *Brox/Walker* SchuldR BT, § 42 Rn. 32 mit Beispielen und weiteren Nachweisen. Beispiel in Fall 16, Aufgabe 3.

den Verhältnismäßigkeitsgrundsatz beachten. Die Amtspflicht besteht gegenüber dem Geschädigten, wenn er zu dem Kreis der zu schützenden Personen gehört.

Beispiel:
Die Amtspflicht eines Polizeibeamten, strafbare Handlungen zu verhüten, besteht nicht nur im Interesse der Allgemeinheit, sondern auch gegenüber jedem gefährdeten Einzelnen. Wenn ein Polizeibeamter nicht einschreitet, obwohl er gerade einen Einbruch bei B beobachtet, verletzt er seine Amtspflicht. B kann den durch den Einbruch entstandenen Schaden gegenüber der Anstellungskörperschaft des Polizeibeamten geltend machen.

Die Amtspflichtverletzung muss kausal für die Rechtsgutsverletzung sein.

c) Rechtswidrigkeit, Verschulden, Schaden

Hier gibt es keine Besonderheiten gegenüber § 839. Siehe die Ausführungen oben unter VI. 1.b) bis d).

Rechtsfolge der Haftung nach Art. 34 GG, § 839 I 1 ist eine Schadensersatzpflicht der Körperschaft, die das öffentliche Amt übertragen hat. Das ist in der Regel die Anstellungskörperschaft. Dies gilt für Gemeindebedienstete auch dann, wenn sie staatliche Auftragsangelegenheiten erfüllen. Bei Amtsträger mit mehreren Dienstherren

Beispiele:
Die Oberfinanzpräsidenten und die Leiter der Oberfinanzkassen, die zugleich Bundes- und Landesbeamte sind; Landräte, die – in vielen Bundesländern – zugleich kommunale und staatliche Ämter wahrnehmen

ist auf die Anvertrauenstheorie abzustellen. In diesen Fällen trifft die Haftung denjenigen der beiden Dienstherrn, der dem Beamten die konkrete Aufgabe, bei der es zur Amtspflichtverletzung gekommen ist, anvertraut hat.[29]

d) Haftungsausschluss

Auch im Rahmen der Amtshaftung kann die haftende Körperschaft auf einen anderweitigen Ersatz bei fahrlässigem Handeln oder § 839 III (schuldhaftes Unterlassen, Rechtsmittel einzulegen) verweisen. Von der Subsidiaritätsklausel des § 839 I 2 gibt es allerdings Ausnahmen:

Kein „Ersatz auf andere Weise“ sind
- beamtenrechtliche Versorgungsleistungen,
- Entgeltfortzahlungen,

29 jurisPK-BGB/*Zimmerling*, § 839 Rn. 20 m. W. N.

- gesetzliche Kranken-, Unfall- und Rentenversicherungen,
- private Versicherungen.[30]

Bei der Teilnahme am allgemeinen Straßenverkehr hat der Grundsatz der haftungsrechtlichen Gleichbehandlung aller Verkehrsteilnehmer Vorrang.

In diesen Fällen haftet also der Staat immer.

Nimmt ein Amtsträger allerdings Sonderrechte wahr (z. B. Fahren mit Blaulicht, siehe auch § 35 StVO), greift die Subsidiaritätsklausel des § 839 I 2 ein; denn hier hat der Handelnde nicht die gleichen Rechte und Pflichten wie andere Verkehrsteilnehmer.

e) Rückgriffsmöglichkeit des Staates

Wenn der Beamte vorsätzlich oder grob fahrlässig gehandelt hat, besteht nach Art. 34 S. 2 GG für den Staat oder die Körperschaft die Möglichkeit des Rückgriffs (geregelt in § 75 BBG und § 48 BeamtStG).

Prüfschema – Schadensersatzanspruch gegen den Beamten gem. § 839 I (Eigenhaftung des Beamten bei fiskalischer Tätigkeit):

Voraussetzungen:

1. Beamter im staatsrechtlichen Sinn
2. Amtspflichtverletzung ist kausal für Rechtsgutsverletzung gegenüber Dritten
3. Rechtswidrigkeit
4. Verschulden (Vorsatz oder Fahrlässigkeit)
5. Schaden
6. kein Haftungsausschluss nach § 839 I 2 oder § 839 III

Rechtsfolge: Schadensersatz; Umfang des zu ersetzenden Schadens: §§ 249 ff., §§ 843–845 (Geldersatz!)

30 *Palandt/Sprau*, § 839 Rn. 56 ff.

Prüfschema – Schadensersatzanspruch gegen den Dienstherrn gem. Art. 34 S. 1 GG i. V. m. § 839 I (bei hoheitlichem Handeln):

Voraussetzungen:

1. Beamter im haftungsrechtlichen Sinn handelt hoheitlich
2. Amtspflichtverletzung (Rechts- oder Dienstpflichten) ist kausal für Rechtsgutsverletzung gegenüber Dritten
3. Rechtswidrigkeit
4. Verschulden (Vorsatz oder Fahrlässigkeit)
5. Schaden
6. kein Haftungsausschluss nach § 839 I 2 oder § 839 III

Rechtsfolge: Schadensersatz; Umfang des zu ersetzenden Schadens: §§ 249 ff., §§ 843–845 (Geldersatz)

VII. Haftung mehrerer Schädiger

1. Verantwortlichkeit von Teilnehmern und Beteiligten, § 830

Gem. § 830 ist jeder Teilnehmer einer unerlaubten Handlung dem Geschädigten für den vollen Schaden verantwortlich. Voraussetzung dieser **selbstständigen Anspruchsgrundlage** ist die Teilnahme an einer tatbestandsmäßig, rechtswidrig und schuldhaft begangenen unerlaubten Handlung i. S. d. §§ 823 ff., und zwar als

- Mittäter (§ 25 II StGB: bewusstes und gewolltes Zusammenwirken zur Herbeiführung des Verletzungserfolgs),
- Anstifter (§ 26 StGB: derjenige, der vorsätzlich einen anderen zu dessen vorsätzlich begangener rechtswidriger Tat bestimmt hat)[31] oder
- Gehilfe (§ 27 StGB: derjenige, der vorsätzlich einem anderen zu dessen vorsätzlich begangener rechtswidriger Tat Hilfe geleistet hat), § 830 I und II.

Sollte nicht zu ermitteln sein, wer von mehreren Beteiligten den Schaden durch seine Handlung verursacht hat, trifft nach § 830 I 2 jeden Beteiligten die volle Haftung für den eingetretenen Schaden.[32]

2. Gesamtschuldnerschaft, § 840

Bei der Haftung mehrerer Personen ist zwischen dem Außenverhältnis (d. h. der Haftung gegenüber dem Geschädigten) und dem Innenverhältnis

31 Siehe hierzu Fall 13, Aufgabe 3.

32 Beispiel in Fall 15, Aufgabe 1.

(d.h. das Verhältnis der einzelnen Schädiger untereinander) zu unterscheiden.

a) Außenverhältnis

Täter einer unerlaubten Handlung, die nebeneinander verantwortlich sind, haften gem. § 840 dem Geschädigten als Gesamtschuldner, so Mittäter, Anstifter, Gehilfen (§ 830 I, II), Beteiligte (§ 830 I 2), Nebentäter nach §§ 823 ff., auch wenn der eine vorsätzlich, der andere fahrlässig gehandelt hat; der Geschäftsherr nach § 831 und der Verrichtungsgehilfe nach §§ 823 ff.

b) Innenverhältnis

Durch § 426 I wird ein Ausgleichsschuldverhältnis unter den Gesamtschuldnern begründet: Die Gesamtschuldner sind im Verhältnis zueinander zu gleichen Anteilen verpflichtet, sofern nicht das Gesetz etwas anderes bestimmt. Gesetzliche (abweichende) Regelungen sind in § 840 II und III für die Gesamtschuldner getroffen. Gem. § 426 II geht, sofern ein Gesamtschuldner den Gläubiger befriedigt, die Forderung des Gläubigers gegen die übrigen Schuldner auf ihn über. Diese Vorschrift ist Beispiel für einen gesetzlichen Forderungsübergang; weitere Fälle sind z.B. § 774 (Bürgschaft), § 57 HBG[33] und § 94 SGB XII.

VIII. Verjährung

Die Ansprüche aus unerlaubter Handlung unterliegen der Regelverjährung des § 195. Diese beträgt drei Jahre und beginnt mit dem Schluss des Jahres, in dem der Anspruch entstanden ist und der Gläubiger von den den Anspruch begründenden Umständen und der Person des Schuldners Kenntnis erlangt hat oder ohne grobe Fahrlässigkeit erlangen müsste (§ 199 I).

Nach § 199 II verjähren Schadensersatzansprüche, die auf der Verletzung des Lebens, des Körpers und der Gesundheit oder der Freiheit beruhen – ohne Rücksicht auf ihre Entstehung und die Kenntnis oder grob fahrlässige Unkenntnis – in 30 Jahren von der Begehung der Handlung oder dem sonstigen, den Schaden auslösenden Ereignis an.

Die Schadensersatzansprüche, die nicht auf der Verletzung der vorgenannten höchstpersönlichen Rechtsgüter beruhen, verjähren nach § 199 III Nr. 1 in zehn Jahren, beginnend mit der Anspruchsentstehung. Beachte auch die Maximalfrist bei der Verletzung sonstiger Rechtsgüter ohne Rücksicht auf die Anspruchsentstehung nach § 199 III Nr. 2.

---

33 Beispiel in Fall 15, Aufgabe 2.

Fall 17: Schuldrecht BT und Sachenrecht – Der undankbare Nachbar

Schwerpunkte:
Vertragliche und dingliche Herausgabeansprüche – ungerechtfertigte Bereicherung – Unterlassungsansprüche im Nachbarrecht – Unterlassungs- und Schadensersatzansprüche bei Verletzungen des Persönlichkeitsrechts

Grundstückseigentümer Egon Eigen (E) ist Eigentümer des landwirtschaftlichen Grundstücks „Weidenhof" samt Inventar, zu dem auch zwei Traktoren gehören. Bauer Norbert Nebenan (N) ist der Nachbar von E.

Norbert braucht nun dringend zur Feldbestellung einen Traktor, weil sein eigener Traktor bei einem Verkehrsunfall zerstört worden war. Norbert beauftragt seinen 17-jährigen Sohn Hans, bei E einen Traktor zu leihen. Er gibt ihm einen Zettel mit, auf den er geschrieben hat. „Mein Sohn Hans ist ermächtigt, bei Ihnen, Herrn Egon Eigen, für mich einen Traktor zu leihen und gleich mitzunehmen. – Unterschrift: Norbert."

Hans geht zu E und schildert ihm die Notlage seines Vaters. Er übergibt ihm den Zettel. E erklärt, damit sei er einverstanden; der Traktor müsse aber in 14 Tagen zurückgegeben werden. Damit erklärt sich Norbert, von Hans hierüber informiert, einverstanden.

E und Hans (H) stellen gemeinsam fest, dass einer der Traktoren voll funktionsfähig und in Ordnung ist. E tankt den Traktor voll und übergibt ihn Norbert, der ihn gleich zu seinem Hof fährt.

Nachdem Norbert 14 Tage lang mit dem Traktor die dringende Feldarbeit erledigt hat, weigert er sich, den – inzwischen mit leerem Tank stehen gebliebenen – Traktor des E herauszugeben.

Darüber hinaus fährt Bauer Norbert mit einem beim Maschinenhändler gemieteten Traktor immer wieder über die Futterwiese seines Nachbarn Paul, um den Weg zu seinem Grundstück abzukürzen. Norbert beruft sich auf Gewohnheitsrecht, weil E außer ständiger Abmahnungen nichts gegen ihn unternommen hat.

Als der Streit eskaliert, lässt der aggressive Norbert im Ortsblatt einen Leserbrief unter seinem Namen veröffentlichen, in dem er den E als Eigentümer des „Weidenhofes" übel beschimpft: Er bezeichnet den Bauern E als „Betrüger", weil er seine Produkte als „biologisch-dynamischer Anbau" und „kontrolliert ökologische Erzeugnisse ohne Verwendung von chemischen Düngern und chemischer Spritzmittel" verkaufe. Er (Norbert) habe aber wiederholt gesehen, dass E seine Felder mit Kunstdünger gedüngt habe. Weitere „Enthüllungen" droht Norbert in dem Leserbrief an. E kann allerdings nachweisen, dass er nur mit natürlichem Dünger aus seinen Ställen gearbeitet hat. Für eine Gegendarstellung in der örtlichen Zeitung muss er 300 € investieren.

Aufgabe 1: Kann E den Traktor von Norbert (N) nach Ablauf der 14 Tage herausverlangen? (Prüfen Sie alle in Betracht kommenden Anspruchsgrundlagen!)

Aufgabe 2: Kann E außerdem von N eine (neue) Tankfüllung verlangen?

Aufgabe 3: Steht E gegen N ein Anspruch auf Unterlassung des Überfahrens seiner Futterwiese zu?

Aufgabe 4: Hat E gegen N einen Anspruch auf Unterlassung der Verleumdung und Beleidigungen?

Aufgabe 5: Kann E von N Schadensersatz wegen Verletzung seines Persönlichkeitsrechts verlangen?

Fall 17: Prüfschema/Lösungsskizze

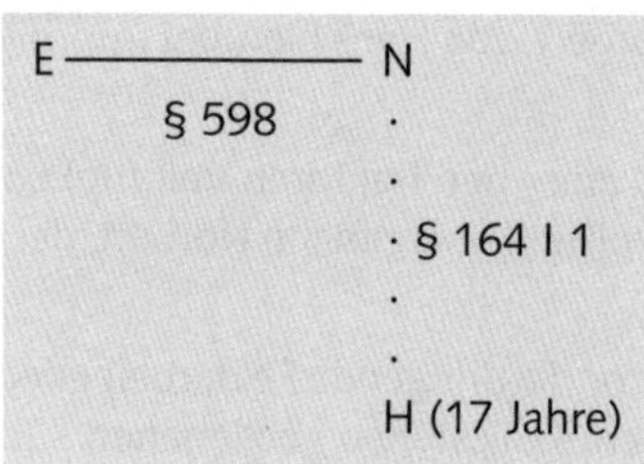

Aufgabe 1:

I. E ⟶ N Rückgabe des Traktors gem. § 604 I

1. Leihvertrag E – N gem. § 598 (+)
   a) Angebot durch 17-jährigen H als Vertreter des N, § 164 I 1
      aa) WE, § 165
      bb) im Namen des N
      cc) innerhalb der Vertretungsmacht, § 167 I
   b) Gegenangebot durch E, § 150 II (+)
   c) Annahme durch N (+)
2. Ablauf der für die Leihe bestimmten Zeit (+)

Ergebnis: E ⟶ N Herausgabe des Traktors gem. § 604 I (+)

II. E ⟶ N Herausgabe des Traktors gem. § 985

1. Besitzer = N (+)
2. Eigentümer = E (+)
3. kein Besitzrecht des N mehr gem. § 986 I 1 (+)

Ergebnis: E ⟶ N Herausgabe des Traktors gem. § 985 (+)

Anmerkung:
Die Prüfungsreihenfolge „1. Besitz, 2. Eigentum" ist nicht zwingend und kann auch umgekehrt sein. Zu bevorzugen ist das vorgenannte Prüfungsschema, zumal der Besitz (= tatsächliche Gewalt einer Person über eine Sache) meist ohne Schwierigkeiten festzustellen ist. Bei der Anspruchsvoraussetzung „Eigentum" hingegen muss oft chronologisch vorgegangen werden; die Studierenden sollten dann alle Geschehnisse erörtern, welche hinsichtlich des Eigentums zu rechtlichen Änderungen geführt haben können.[1]

III. E ⟶ N Herausgabe des Traktors gem. § 812 I 2, 1. Alt.

1. etwas erlangt: Besitz am Traktor (+)
2. durch Leistung des E (+)
3. ohne Rechtsgrund: Leihvertrag ist nach 14 Tagen beendet (+)

Ergebnis: E ⟶ N Herausgabe des Traktors gem. § 812 I 2, 1. Alt. (+)

Aufgabe 2:

E ⟶ N Tankfüllung gem. § 607 I 2

Sachdarlehensvertrag zwischen E und N (+)

1. konkludentes Angebot durch P: Füllen des Tanks (+)
2. konkludente Annahme durch N: Wegfahren mit vollem Tank (+)

Ergebnis: E ⟶ N Tankfüllung gem. § 607 I 2 (+)

Aufgabe 3:

E ⟶ N Unterlassung des Überfahrens der Futterwiese gem. § 1004 I 2

1. Eigentumsbeeinträchtigung (+)
2. Handlungsstörer (+)

---

1 Siehe Fall 18, Aufgaben 1, 3 und 4; Fall 19, Aufgabe 2.

3. keine Duldungspflicht gem. § 1004 II (+)
4. Wiederholungsgefahr (+)

Ergebnis: E ⟶ N Unterlassung des Überfahrens der Futterwiese gem. § 1004 I 2 (+)

Aufgabe 4:

E ⟶ N Unterlassung der Verleumdung und Beleidigungen gem. § 1004 I 2 analog

1. Verletzung des Persönlichkeitsrechts (+)
2. Handlungsstörer (+)
3. keine Duldungspflicht gem. § 1004 II (+)
4. Wiederholungsgefahr (+)

Ergebnis: E ⟶ N Unterlassung der Verleumdung und Beleidigungen gem. § 1004 I 2 analog (+)

Aufgabe 5:

I. E ⟶ N Schadensersatz wegen Verletzung seines Persönlichkeitsrechts gem. § 823 I

1. Tatbestandsmäßigkeit der Handlung des N
   a) Verletzung eines der in § 823 I genannten Rechtsgüter; hier: „sonstiges Recht" = Persönlichkeitsrecht (+)
   b) Ursächlichkeit der Handlung für die Rechtsgutsverletzung (+)
2. Rechtswidrigkeit (+)
3. Verschulden – Vorsatz (+)
4. Schaden (+)

Ergebnis: E ⟶ N Schadensersatz wegen Verletzung seines Persönlichkeitsrechts gem. § 823 I (+)

Umfang des zu ersetzenden Schadens: §§ 249 ff. (§ 249 I – Geld)

II. E ⟶ N Schadensersatz wegen Verletzung seines Persönlichkeitsrechts gem. § 823 II i. V. m. § 185 StGB

1. Schutzgesetz (+)
2. Verletzung des Schutzgesetzes (+)
3. Schaden (+)

Ergebnis: E ⟶ N Schadensersatz wegen Verletzung seines Persönlichkeitsrechts gem. § 823 II i. V. m. § 185 StGB (+)

Fall 17: Ausarbeitung (Gutachten)

Aufgabe 1:

I. E könnte gegen N einen Anspruch auf Rückgabe des Traktors gem. § 604 I haben.

1. *Voraussetzung hierfür ist zunächst, dass zwischen E und N ein Leihvertrag i. S. v. § 598 zustande gekommen ist. Ein Leihvertrag setzt zwei übereinstimmende Willenserklärungen (Angebot und Annahme) des Inhalts voraus, dass der Entleiher den Gebrauch der Sache einem anderen unentgeltlich gestattet.*
   a) *Erforderlich ist zunächst ein hinreichend bestimmtes Angebot, i. S. d. §§ 145ff., also eine empfangsbedürftige Willenserklärung, die vom Gegenstand und vom Inhalt so formuliert sein muss, dass der andere Vertragsteil mit einem schlichten „Ja" den Vertrag zustande bringen kann.* Das erforderliche Angebot, einen Traktor von E zu leihen, hat allerdings nicht N, sondern dessen 17-jähriger Sohn H gegenüber E abgegeben. Fraglich ist, ob diese Willenserklärung unmittelbar für N wirkt. Dies ist gem. § 164 I 1 der Fall, wenn H für N wirksam als Vertreter gehandelt hat. *Voraussetzung hierfür ist, dass H eine eigene Willenserklärung im Namen des N innerhalb der ihm zustehenden Vertretungsmacht abgegeben hat.* H ist allerdings nach § 2 minderjährig und gem. § 106 in der Geschäftsfähigkeit beschränkt. Willenserklärungen, die ein Minderjähriger für einen anderen abgibt, verpflichten ihn aber nicht selbst und sind deshalb für ihn sog. neutrale Geschäfte. Dementsprechend *schadet nach § 165 die beschränkte Geschäftsfähigkeit eines Vertreters der Wirksamkeit seiner Willenserklärung nicht.* H ging zu Egon Eigen, schilderte diesem die Notlage seines Vaters und übergab einen von N geschriebenen Zettel, in dem H ermächtigt wurde, bei E einen Traktor für ihn, d. h. N, zu leihen. Somit gab er im Namen des Vertretenen (N) das Angebot zum Abschluss eines Leihvertrages ab und handelte auch innerhalb der erteilten schriftlichen Vollmacht (§§ 167 I, 166 II 1). Folglich wirkt das von H erklärte Angebot, den Traktor zu leihen, unmittelbar für N.
   b) *Dieses Angebot muss E angenommen haben. Die Annahme ist eine empfangsbedürftige Willenserklärung, die in der vorbehaltlosen Bejahung des Antrags besteht.* E hat allerdings

bekundet, dass der Traktor in 14 Tagen zurückgegeben werden müsse. *Eine Annahme unter der Erweiterung gilt gem. § 150 II als Ablehnung verbunden mit einem neuen Antrag.* N hat diesen angenommen; auch diese Willenserklärung wirkt gem. § 164 I für und gegen N. Folglich ist zwischen E und N ein Leihvertrag i. S. v. § 598 zustande gekommen.

2. Nach Ablauf der Leihzeit, d. h. nach 14 Tagen, ist N gem. § 604 I verpflichtet, dem E den Traktor zurückzugeben.

II. E könnte von N Herausgabe des Traktors gem. § 985 verlangen.

1. *N muss Besitzer und E Eigentümer des Traktors sein. Besitz ist gem. § 854 die von einem tatsächlichen Willen getragene Gewalt über die Sache.* N hat die tatsächliche Sachherrschaft über das Fahrzeug, folglich ist er Besitzer.
2. *Unter Eigentum wird die rechtliche Sachherrschaft verstanden.* E hat sein Eigentum an dem Traktor nicht verloren und hat somit weiter die rechtliche Sachherrschaft inne.
3. N könnte allerdings die *Herausgabe des Traktors verweigern, wenn er nach § 986 I 1 dem Eigentümer gegenüber zum Besitz berechtigt ist.* Ein Besitzrecht bestand während der Dauer des Leihvertrages. Nach 14 Tagen ist jedoch die Leihzeit abgelaufen und das Besitzrecht somit erloschen.

Folglich kann E von N gem. § 985 die Herausgabe des Traktors verlangen.

III. Außerdem könnte sich ein Herausgabeanspruch des E gegen N hinsichtlich des Traktors aus § 812 I 2, 1. Alt. ergeben.

1. *N muss etwas erlangt haben. Darunter ist jede vermögenswerte Rechtsposition zu verstehen.* Wie oben bereits erörtert wurde, hat N am Traktor Besitz erlangt.
2. *Dies muss durch Leistung des E geschehen sein. Unter Leistung versteht man eine bewusste und zweckgerichtete Vermehrung fremden Vermögens.* Indem E dem N bewusst den Besitz an dem landwirtschaftlichen Fahrzeug übertragen hat, wollte er damit seine Verpflichtung aus dem Leihvertrag erfüllen.
3. *Schließlich muss der rechtliche Grund später weggefallen sein.* Rechtsgrund war der Leihvertrag. Nach Ablauf der 14-tägigen Leihfrist ist dieser entfallen.

Somit ist N verpflichtet, dem E den Traktor gem. § 812 I 2, 1. Alt. herauszugeben.

Aufgabe 2:

E könnte gegen N einen Anspruch auf eine Tankfüllung gem. § 607 I 2 haben.

Voraussetzung hierfür ist ein zwischen E und N zustande gekommener Sachdarlehensvertrag über eine vertretbare Sache. E und N müssen zwei übereinstimmende Willenserklärungen dahingehend abgegeben haben, dass die Tankfüllung (vertretbare Sache gem. §§ 607 I, 91) dem N als Darlehen gewährt wird.

1. Indem E den Traktor vollgetankt hat, hat er konkludent das Angebot zum Abschluss eines Darlehensvertrages erklärt.
2. N hat den Traktor benutzt und den Treibstoff verbraucht. Somit hat er konkludent die Annahme erklärt.

Folglich ist ein wirksamer Darlehensvertrag zustande gekommen. N ist gem. § 607 I 2 verpflichtet, dem E das Empfangene in Sachen von gleicher Art, Güte und Menge, d.h. eine Tankfüllung, zurückzuerstatten.[2]

Aufgabe 3:

E könnte gegen N einen Anspruch auf Unterlassung des Überfahrens der Futterwiese gem. § 1004 I 2 haben.

1. *Voraussetzung des Abwehranspruchs ist zunächst eine Beeinträchtigung des Eigentums des E durch eine Handlung des N, die nicht in der Entziehung oder Vorenthaltung des Besitzes besteht.*[3] *Eine Eigentumsbeeinträchtigung ist gegeben bei tatsächlicher Einwirkung auf die Sache selbst.* Indem N mit dem beim Maschinenhändler gemieteten Traktor über die Futterwiese des Nachbarn E fährt, beeinträchtigt er das Eigentum des P.
2. *Anspruchsgegner ist der Störer, d.h. derjenige, der für die Eigentumsbeeinträchtigung verantwortlich ist. Dabei ist Handlungsstörer derjenige, der die Beeinträchtigung durch sein Verhalten*

2 Ein Darlehensentgelt (§ 607 I 2) wurde zwischen den Vertragsparteien nicht vereinbart. § 607 I ist dispositiv.

3 Hierfür ist § 985 lex specialis (lat., besonderes Gesetz).

adäquat kausal verursacht hat. Bauer N fährt mit dem Traktor über die Futterwiese des P. Damit hat er ursächlich das Eigentum des E beeinträchtigt, ist also Handlungsstörer.

3. *Der Anspruch darf nicht nach § 1004 II aufgrund einer Duldungspflicht ausgeschlossen sein. Die Duldungspflicht kann sich aufgrund des nachbarschaftlichen Gemeinschaftsverhältnisses nach § 242 ergeben. Daraus resultiert eine Pflicht zur gegenseitigen Rücksichtnahme.* Das Überfahren eines fremden Grundstücks, um den Weg abzukürzen, verletzt das Vertrauensverhältnis zwischen Nachbarn und muss nicht geduldet werden. Norbert beruft sich auf Gewohnheitsrecht, weil P außer ständiger Abmahnungen nichts gegen ihn unternahm. *Die Entstehung von Gewohnheitsrecht erfordert jedoch eine lang dauernde tatsächliche Übung. Hinzukommen muss die Überzeugung der Beteiligten, durch die Einhaltung der Übung bestehendes Recht zu befolgen.*[4] Es kann dahingestellt bleiben, wie lange N den Abkürzungsweg über die fremde Wiese benutzt hat, da N selbst zugibt, dass er von E ständig abgemahnt wurde. Daraus folgt, dass E immer wieder auf das Unrecht des N hingewiesen hat und dass dem N dies auch bewusst sein musste. Damit ist kein Gewohnheitsrecht entstanden und eine Duldungspflicht nach § 1004 II ist nicht gegeben.
4. *Ein Anspruch* des E *gegen N auf Unterlassung des Überfahrens seiner Futterwiese steht dem E gem. § 1004 I 2 zu, wenn weitere Beeinträchtigungen zu besorgen sind.* Da N glaubt, ein Recht auf die Benutzung der Futterwiese seines Nachbarn als Abkürzungsweg zu seinem Grundstück zu haben und immer wieder entsprechend handelt, ist Wiederholungsgefahr gegeben.

Deshalb hat E gegenüber N einen Anspruch auf Unterlassung des Überfahrens seiner Futterwiese gem. § 1004 I 2.

Aufgabe 4:

E könnte gegen N einen Anspruch auf Unterlassung der Verleumdung und Beleidigungen gem. § 1004 I 2 analog haben.

1. *Voraussetzung des Abwehrrechts ist eine Verletzung des Persönlichkeitsrechts des P. Unter dem allgemeinen Persönlichkeitsrecht ist das Recht des Einzelnen auf Achtung seiner Menschenwürde*

4 Siehe *Palandt/Sprau*, Einleitung vor § 1, Rn. 22.

und Entfaltung seiner individuellen Persönlichkeit zu verstehen.[5] *Unmittelbar gilt § 1004 nur zum Schutz des Eigentums. Das allgemeine Persönlichkeitsrecht wird jedoch in entsprechender Anwendung des § 1004 ebenfalls geschützt.*[6] Bauer N bezeichnet seinen Nachbarn, den Bauern P, als Betrüger und behauptet Unwahres über dessen Anbauweise. Er bezichtigt P, die Käufer seiner landwirtschaftlichen Erzeugnisse zu täuschen. Diese würden die Produkte gerade deshalb kaufen, weil sie glaubten, dass die Lebensmittel frei von chemischen Rückständen seien. Damit versetzte er die Verbraucher in einen Irrtum, der zu erhöhter Geldausgabe und zu einer Vermögensschädigung führte. Das Wort „Betrüger" und die Vorgeschichte veröffentlicht N in einem Leserbrief des Ortsblattes. Damit greift N in die Individualsphäre des E ein. Er verletzt dessen Recht auf Achtung, Ansehen und Ehre in der Öffentlichkeit. Folglich hat N das allgemeine Persönlichkeitsrecht des E verletzt.

2. *Ferner muss N Störer sein. Handlungsstörer ist derjenige, der die Beeinträchtigung durch sein Verhalten, also durch aktives Tun oder pflichtwidriges Unterlassen, adäquat kausal verursacht hat.* N veranlasst, dass der Leserbrief im Ortsblatt erscheint. Leserbriefe werden im Allgemeinen unter der Eigenverantwortung des Verfassers veröffentlicht. Damit hat N die Verletzung des Persönlichkeitsrechts des E durch sein Verhalten adäquat kausal verursacht und ist Handlungsstörer i. S. d. § 1004.

3. *Es darf keine Duldungspflicht seitens E (§ 1004 II) bestehen.* Eine Formalbeleidigung wie das Wort „Betrüger" ist stets eine rechtswidrige Verletzung des Persönlichkeitsrechts,[7] die nicht geduldet werden muss.

4. *Ein Unterlassungsanspruch setzt außerdem voraus, dass weitere Beeinträchtigungen zu besorgen sind.* Da N weitere Enthüllungen in dem Leserbrief androht, ist die Wiederholungsgefahr gegeben.

Folglich steht dem E gegen N ein Anspruch auf Unterlassung der Verleumdung und Beleidigungen gem. § 1004 I 2 analog zu.

---

5 BGHZ 24, 76; 27, 286.

6 BGHZ 91, 239; *Palandt/Bassenge*, § 1004 Rn. 4.

7 *Soergel/Zeuner*, § 823 Rn. 93. § 1004 verlangt kein Verschulden des Störers im Gegensatz zum Schadensersatzanspruch nach § 823.

Aufgabe 5:

I. E könnte gegen N einen Anspruch auf Schadensersatz wegen Verletzung seines Persönlichkeitsrechts gem. § 823 I haben.

1. *Voraussetzung hierfür ist, dass N durch eine Handlung eines der in § 823 I genannten Rechtsgüter des E kausal verletzt hat. In Betracht kommt die Verletzung des Persönlichkeitsrechts, das als sonstiges Recht i.S.d. § 823 I anerkannt ist.*[8] *Die Verletzungshandlung kann mittelbar auch in einer Fehlinformation der Presse liegen.*[9] Durch die Bezeichnung „Betrüger“ im Leserbrief des Ortsblattes hat N das Persönlichkeitsrecht des E verletzt. Die Veröffentlichung in der Zeitung war ursächlich für diese Rechtsgutsverletzung.
2. *Die Handlung des N muss rechtswidrig gewesen sein.* Formalbeleidigungen und ehrverletzende unwahre Tatsachenbehauptungen sind immer rechtswidrig. Ein Rechtfertigungsgrund liegt nicht vor, sodass N rechtswidrig handelte.
3. *Weitere Voraussetzung ist das schuldhafte, d.h. vorsätzliche oder fahrlässige Handeln des N. Hier könnte N vorsätzlich gehandelt haben. Unter Vorsatz versteht man das Wissen und Wollen der Tatbestandsverwirklichung.* Indem N die Diffamierung des E in der Zeitung veröffentlichen ließ, handelte er mit Wissen und Wollen. Insbesondere bei Presseveröffentlichungen ist hinsichtlich des Verschuldens stets eine Güter- und Interessenabwägung in Bezug auf den Persönlichkeitsschutz einerseits und das Informationsbedürfnis der Bevölkerung andererseits vorzunehmen. Bewusst wahrheitswidrige, ehrverletzende Tatsachenbehauptungen sind nicht entschuldbar. Damit handelte N schuldhaft i.S.d. § 823 I.
4. *Durch die Rechtsgutsverletzung muss dem E ein Schaden, also eine unfreiwillige Einbuße am Vermögen, entstanden sein.* Bei

---

8 *Palandt/Sprau*, § 823 Rn. 83ff., 123. Es handelt sich allerdings nur um einen sog. Auffangtatbestand: Soweit ein spezielles Gesetz (lat.: lex specialis) die Rechte wegen Verletzung des allgemeinen Persönlichkeitsrechts abschließend regelt (z.B. Recht am eigenen Bild gem. § 22 Kunsturhebergesetz oder Namensrecht nach § 12), scheidet § 823 I als weitere Anspruchsgrundlage aus. Es kann jedoch ein Anspruch auf Ersatz des Vermögensschadens nach § 823 II wegen Verletzung eines Schutzgesetzes in Betracht kommen. Bei Interesse: *Diederichsen*, Der deliktsrechtliche Schutz des Persönlichkeitsrechts, JURA 2008, 1ff.

9 *Palandt/Sprau*, § 823 Rn. 94.

rechtswidrigen Presseveröffentlichungen steht dem Verletzten insbesondere ein Recht auf Gegendarstellung zu.[10] Von diesem Recht hat E Gebrauch gemacht. Die Veröffentlichung erfolgt grundsätzlich in der nächsten Ausgabe der Zeitung. Dadurch sind dem E Kosten, also ein materieller Schaden entstanden.

Somit hat E gegen N einen Schadensersatzanspruch gem. § 823 I.

Der Schadensumfang ergibt sich aus § 249. Nach § 249 I hat N den Zustand herzustellen, der vor der Persönlichkeitsverletzung des E bestand. Die Wiederherstellung der Ehre und des Ansehens des E in der Öffentlichkeit erfolgte hier durch die Gegendarstellung. Deshalb kann E den für die Veröffentlichung bezahlten Geldbetrag in Höhe von 300 € von N ersetzt verlangen.[11]

II. Ein weiterer Anspruch des E gegen N auf Schadensersatz wegen Verletzung seines Persönlichkeitsrechts könnte sich aus § 823 II i. V. m. § 185 StGB ergeben.

1. *Voraussetzung hierfür ist, dass § 185 StGB (Beleidigung) ein Schutzgesetz darstellt. Darunter fällt jede Rechtsnorm, die dem*

---

10 *Jauernig/Teichmann*, § 823 Rn. 81.

11 Im Sachverhalt wird in erster Linie von dem Schaden ausgegangen, der durch die Gegenerklärung entstanden ist. Deshalb kann hier dahingestellt bleiben, ob dem P gegen N auch ein Anspruch auf „Schmerzensgeld" wegen besonders schwerer Verletzung seines Persönlichkeitsrechts zusteht (BGHZ 128, 1 ff. – *Caroline von Monaco;* NJW 1996, 984). Eine solche Verletzung kann auch in einer Diffamierung gesehen werden, wenn sie ein besonderes Maß an Rücksichtslosigkeit und Verletzungswillen offenbart (*Steffen*, Die Persönlichkeitsrechte, NJW 1997, 10 ff.). Interessant ist die Herleitung dieses Anspruchs durch den BGH aus § 823 I i. V. m. Art. 1 und Art. 2 GG, da bei dieser Entschädigung – anders als beim Schmerzensgeld nach § 253 II – regelmäßig der Gesichtspunkt der Genugtuung des Opfers im Vordergrund steht. So auch bei folgender Entscheidung: Ein bekannter Fernsehmoderator, zwei Produktionsfirmen sowie ein privater Fernsehsender wurden durch Urteil des OLG Hamm vom 4.2.2004 (Az. 3 U 168/03, juris.de) wegen Verletzung des allgemeinen Persönlichkeitsrechts zu einer Schmerzensgeldzahlung in Höhe von 70.000 € verurteilt. Der Moderator hatte ein 16-jähriges Mädchen in seiner Sendung mehrfach beleidigt und deren Namen in anzügliche Zusammenhänge gebracht.
Auch zur Prüfung der Frage, ob ein Schadensersatzanspruch wegen eines Eingriffs in das „Recht am eingerichteten und ausgeübten Gewerbebetrieb" als Schutzposition i. S. v. § 823 I (sonstiges Recht) vorliegt, ergeben sich aus dem Sachverhalt keine weiteren Anhaltspunkte. Es handelt sich hierbei um ein von der Rechtsprechung „entwickeltes" sonstiges Recht, das bestimmte Verletzungen der wirtschaftlichen Tätigkeit anderer (z. B. Umsatzrückgang infolge von rechtswidrigen Behauptungen über den Geschäftsbetrieb) einem Ersatzanspruch unterstellt und Vermögensschäden ausgleicht (vgl. *Palandt/Sprau*, § 823 Rn. 126 ff.; *Jauernig/Teichmann*, § 823 Rn. 95 ff.).

Schutz der Interessen anderer dienen soll. Das StGB bezweckt mit dem Beleidigungstatbestand einen Individualschutz.

2. *Das Schutzgesetz muss verletzt sein, und zwar rechtswidrig und schuldhaft.* Indem N den E als Betrüger bezeichnete, hat er den objektiven Tatbestand der Beleidigung erfüllt. Wie bereits ausgeführt wurde, handelte N auch rechtswidrig und schuldhaft.
3. *Aus der Schutzgesetzverletzung muss dem E ein Schaden entstanden sein.* E hat – wie oben erörtert – einen materiellen Schaden erlitten.

Somit steht dem E gegen N auch ein Schadensersatzanspruch gem. § 823 II i. V. m. § 185 StGB zu, dessen Umfang sich ebenfalls aus § 249 I ergibt.

Vertiefung: Ungerechtfertigte Bereicherung[12]

Übersicht:

I. Die Leistungskondiktionen des § 812 I
   1. Der Schuldner (= Leistungsempfänger, Anspruchsgegner) muss etwas erlangt haben
   2. Dies muss durch die Leistung des Gläubigers (= Leistender, Anspruchsinhaber) geschehen sein
   3. Die Leistung muss ohne Rechtsgrund erfolgt sein, § 812 I 1, 1. Alt.
   4. Weitere Tatbestände der Leistungskondiktion

---

12 **Literatur zur Vertiefung:** *Brox/Walker* SchuldR BT, §§ 36 ff.; *Conrad*, Die bereicherungsrechtliche Rückabwicklung nach Anfechtung wegen arglistiger Täuschung (§ 123 I Var. 1 BGB), JuS 2009, 397 ff.; *Emmerich*, §§ 16 ff.; *Eisenhardt*; § 40; *Fikentscher/Heinemann*, §§ 101 ff.; *Führich*, § 25; *Grunewald*, §§ 29–31; *Gursky*, 6. Teil, 1. Abschnitt, A–C; *Jülch*, Der Bereicherungsausgleich im 3-Personen-Verhältnis nach §§ 816 II BGB, JA 2013, 324; *Jülch*, Obligatorische Schwäche dinglichen Rechts am Beispiel von § 816 I 2 BGB, JA 2012, 326; *Kaiser*, Rn. 859 ff.; *Köhler*, Dritthaftung gem. § 816 I 2 BGB oder § 822 BGB nach Rücktritt, JuS 2013, 769; *Looschelders* SchuldR BT §§ 51–55; *Lorenz/Cziupka*, Grundwissen Zivilrecht: Bereicherungsrecht – Grundtypen der Kondiktionen, JuS 2012, 777; *Medicus/Lorenz* Schuldrecht II BT, §§ 132–139; *Medicus/Petersen* Grundwissen, §§ 26–28; *Mohr*, Grundwissen Zivilrecht: Bereicherungsrecht – Grundtypen der Kondiktionen, JuS 2012, 777; *Müller/Eckel*, Grundfälle zur Rückabwicklung sittenwidriger „Schenkkreise“, JuS 2013, 966; *Musielak/Hau*, Rn. 725 ff.; *Petersen*, Die Leistung an einen Nichtberechtigten, JURA 2010, 281 ff.; *Röthel*, Bereicherungsausgleich für Nutzungen, JURA 2013, 1110; *Röthel*, Der Anspruch auf Herausgabe des Erlangten, JURA 2012, 844; *Staake* §§ 2–6; *Schellhammer*, Rn. 846 ff.; *Wandt*, §§ 9–13; *Wörlen/Metzler-Müller* SchuldR BT, Rn. 360 ff.

II. Die Nichtleistungskondiktion des § 812 I 1, 2. Alt. (Bereicherung in sonstiger Weise)
   1. Anwendbarkeit der Nichtleistungskondiktion
   2. Etwas erlangt
   3. In sonstiger Weise auf Kosten des Anspruchstellers
   4. Ohne rechtlichen Grund
III. Sondertatbestände der Eingriffskondiktion, § 816
   1. Entgeltliche Verfügung eines Nichtberechtigten, § 816 I 1
   2. Unentgeltliche Verfügung eines Nichtberechtigten, § 816 I 2
   3. Leistung an einen Nichtberechtigten, § 816 II
IV. Umfang eines Bereicherungsanspruchs

Die Bereicherungsansprüche (§§ 812 ff.) sollen nicht gerechtfertigte Vermögensverschiebungen ausgleichen. Sofern jemand einen Vermögensvorteil erlangt hat, der ihm nach der Rechtsordnung nicht zusteht, wird die Vermögensvermehrung beim Bereicherten zugunsten des Entreicherten wieder beseitigt, d. h. rückgängig gemacht.

Den **Grundtatbestand des Bereicherungsrechts stellt § 812 I 1, 1. Alt., die sog. Leistungskondiktion** dar. Die Vorschriften gehen auf das römische Recht zurück: „condictio" (lat.) = eine Klage, die auf Rückerstattung eines nicht gerechtfertigten Vermögensgewinns geht. Die Leistungskondiktion ist immer als Erstes zu prüfen. Nur wenn keine Leistung erfolgt ist, können andere Bereicherungstatbestände erörtert werden.[13]

I. Die Leistungskondiktionen des § 812 I

Diese betrifft in der Regel Fälle, in denen eine Leistung aufgrund eines Vertrages, der (z. B.) unwirksam ist, erbracht wurde.[14] Die Voraussetzungen der bereicherungsrechtlichen Rückabwicklung sind:

1. Der Schuldner (= Leistungsempfänger, Anspruchsgegner) muss etwas erlangt haben

Hierzu zählt jeder Vermögensvorteil, wie der Erwerb eines dinglichen oder persönlichen Rechts (Eigentum, Forderungen), der Besitz, die Ersparnis von Aufwendungen, der Wegfall von Schulden. Nach der sog. gegenständlichen Betrachtungsweise ist konkret darauf abzustellen, was sich

13 Ausnahme: § 816 I 1. Diese Vorschrift geht der allgemeinen Eingriffskondiktion des § 812 I 1, 2. Alt. als Spezialregelung vor.

14 Beispiel hierfür: Fall 17, Aufgabe 1 – Vertrag ist beendet.

infolge des bereichernden Vorgangs zusätzlich im Vermögen des Schuldners befindet.

2. Dies muss durch Leistung des Gläubigers (= Leistender, Anspruchsinhaber) geschehen sein

Unter Leistung wird die bewusste und zweckgerichtete Vermehrung fremden Vermögens verstanden. Erforderlich ist also neben der bewussten Vermögensverschiebung (z. B. der Zahlung eines Geldbetrages), dass damit ein bestimmter Zweck verfolgt wird (z. B. Tilgung der Kaufpreisschuld).

Das Merkmal „auf dessen Kosten" dient der Bestimmung des Bereicherungsgläubigers. Dieses ist aufgrund des vorgenannten Leistungsbegriffs nach h. M. entbehrlich[15] und muss deshalb nicht gesondert geprüft werden. Dies lässt sich auch mit dem Wortlaut des § 812 I 1 vereinbaren, zumal man die Wendung „auf dessen Kosten" sprachlich allein auf die zweite Alternative („in sonstiger Weise") beziehen kann.

3. Die Leistung muss ohne Rechtsgrund erfolgt sein, § 812 I 1, 1. Alt.

Der Rechtsgrund fehlt, wenn die Verbindlichkeit, die der Leistende erfüllen wollte, nicht bestand; so z. B., wenn der Vertrag nichtig war oder aber das gesetzliche Schuldverhältnis (§§ 823 ff. oder Geschäftsführung ohne Auftrag) nicht existierte.

Prüfschema – Leistungskondiktionen, § 812 I:

Voraussetzungen:

1. Anspruchsgegner muss etwas erlangt haben,
2. durch eine Leistung des Anspruchstellers.
3. a) Fehlen des rechtlichen Grundes, § 812 I 1, 1. Alt.
   b) späterer Wegfall des rechtlichen Grundes, § 812 I 2, 1. Alt.
   c) Nichteintritt des bezweckten Erfolges, § 812 I 2, 2. Alt.

Rechtsfolge: Herausgabe oder Wertersatz (§ 818)

4. Weitere Tatbestände der Leistungskondiktion

In § 812 I 2 sind zwei weitere Tatbestände der Leistungskondiktion geregelt: Der Herausgabeanspruch gem. § 812 I besteht auch dann, wenn

15 *Looschelders,* SchuldR BT, Rn. 1029; *Palandt/Sprau,* § 812 Rn. 5; *PWW/Leupertz,* § 812 Rn. 31; a. A. *Kupisch,* Rechtspositivismus im Bereicherungsrecht JZ 1997, 213 ff.

- der rechtliche Grund der Leistung später wegfällt (§ 812 I 2,1. Alt – so in den Fällen einer Anfechtung, §§ 119 ff.[16]) oder
- eine auflösenden Bedingung, § 158 II, gegeben ist (zur Leistungszeit hat der rechtliche Grund vorgelegen) oder
- der mit der Leistung bezweckte Erfolg nicht eintritt (§ 812 I 2, 2. Alt.).

Beispiel:
X zahlt dem späteren Erblasser (E) 10.000 €, um als dessen Erbe eingesetzt zu werden, was E aber nicht macht. Der bezweckte Erfolg ist also nicht eingetreten. Diese Fälle sind relativ selten.

Das Prüfschema (s. o.) ist nur bei der 3. Anspruchsvoraussetzung entsprechend zu ändern.

II. Die Nichtleistungskondiktion des § 812 I 1, 2. Alt. (Bereicherung in sonstiger Weise)

1. Anwendbarkeit der Nichtleistungskondiktion

Wegen des **Grundsatzes des Vorrangs der Leistungskondiktion** muss zunächst geprüft werden, ob nicht eine Bereicherung durch Leistung vorliegt, die die Bereicherung in sonstiger Weise hinsichtlich desselben Bereicherungsgegenstandes ausschließen würde.

2. Etwas erlangt

„Etwas" ist jeder Vermögensvorteil; hier gilt das Gleiche wie bei der Leistungskondiktion.

3. In sonstiger Weise auf Kosten des Anspruchstellers

Die Bereicherung in sonstiger Weise kann zum einen als **Eingriffskondiktion** in Betracht kommen:

- Der Bereicherte greift selbst (durch eigene Handlung) in das Recht eines anderen ein und vermehrt auf diese Weise auf dessen Kosten sein Vermögen ohne rechtlichen Grund,

  Beispiel:
  N entwendet die Kohlen seines Nachbarn aus dem gemeinsamen Kellerraum und heizt damit seine Wohnung.

---

16 Bei der Anfechtung wird z. T. (wegen der Rückwirkung der Anfechtung gem. § 142 I) von der Leistungskondiktion gem. § 812 I 1, 1. Alt, ausgegangen. Da der Rechtsgrund der Leistung tatsächlich bis zur Erklärung der Anfechtung bestanden hat, wird allerdings auch § 812 I 2, 1. Alt. als einschlägige Anspruchsgrundlage angesehen (so *Palandt/Sprau*, § 812 Rn. 26).

- beziehungsweise der Eingriff erfolgt durch einen Dritten oder ohne menschliches Zutun (Naturereignis).

  Beispiel:
  Die Kühe des Bauern B laufen auf die Weide des Bauern N und grasen sie ab.

Die **Rückgriffskondiktion** ist gegeben, wenn ein Dritter den Schuldner von dessen Verbindlichkeit gegenüber dem Gläubiger befreit.

Beispiel:
Fälle der Tilgung fremder Schuld. In diesen Fällen kommt § 812 allerdings selten zur Anwendung, da sich meist Ersatzansprüche aus Geschäftsführung ohne Auftrag ergeben.

Eine **Verwendungskondiktion** kommt in Betracht, wenn jemand Aufwendungen zugunsten eines anderen tätigt.

Beispiel:
Aus Versehen sprüht der Weinbauer W nicht seinen Weinberg, sondern den seines Nachbarn N vom Flugzeug aus mit Schädlingsbekämpfungsmitteln.

Das Merkmal „auf dessen Kosten“ ermöglicht die Bestimmung des Bereicherungsgläubigers.

4. Ohne rechtlichen Grund

Ein Rechtsgrund liegt dann nicht vor, wenn weder Vertrag noch Gesetz ein Recht zum Behaltendürfen des „Etwas“ geben.

Prüfschema – Nichtleistungskondiktion, § 812 I 1, 2. Alt.:

Voraussetzungen:
1. Anwendbarkeit der Nichtleistungskondiktion
2. Anspruchsgegner muss etwas erlangt haben
3. in sonstiger Weise auf Kosten des Anspruchstellers
4. ohne Rechtsgrund

Rechtsfolge: Herausgabe oder Wertersatz (§ 818)

III. Sondertatbestände der Eingriffskondiktion, § 816

§ 816 enthält drei Tatbestände der Eingriffskondiktion:

1. Entgeltliche Verfügung eines Nichtberechtigten, § 816 I 1

Grundsätzlich kann nur der Rechtsinhaber, z. B. der Eigentümer, wirksam über sein Recht verfügen. Das Gesetz sieht allerdings in einigen Fällen vor, dass auch die Verfügung eines Nichtberechtigten über ein fremdes Recht wirksam ist: So kann gem. §§ 929, 932 ein Dritter vom Nichtberechtigten gutgläubig Eigentum erwerben[17]. Die Verfügung des Nichtberechtigten wird dem Berechtigten gegenüber auch wirksam, wenn dieser die Verfügung nach § 185 II genehmigt. Der gegen Entgelt verfügende Nichtberechtigte erhält einen Vermögenszuwachs, der Rechtsinhaber erleidet einen Vermögensverlust.[18] Gem. § 816 I 1 muss der Nichtberechtigte das durch die Verfügung „Erlangte" dem Berechtigten (= Anspruchsteller) herausgeben; konkret: das, was er durch das der Verfügung zugrunde liegende Kausalgeschäft (z. B. einen Kaufvertrag) erlangt hat. Es ist nur das erlangte Entgelt herauszugeben, auch wenn dieses niedriger ist als der Wert des Gegenstandes, denn nur insoweit ist der Anspruchsgegner bereichert. Die Wertdifferenz kann der Anspruchsteller als Schadensersatz (evtl. aus Vertrag, gem. § 823 I oder gem. § 823 II i. V. m. § 246 StGB) verlangen. Sollte das Entgelt höher sein als der Wert des Gegenstandes, so ist nach herrschender Meinung auch der erzielte Veräußerungsgewinn herauszugeben (= das „Erlangte").[19]

Prüfschema – Entgeltliche Verfügung eines Nichtberechtigten, § 816 I 1:

Voraussetzungen:
1. Entgeltliche Verfügung eines Nichtberechtigten (z. B. nach § 929)
2. Die Verfügung ist dem Berechtigten (= Anspruchsteller) gegenüber wirksam (z. B. nach § 932 oder gem. § 185 II)

Rechtsfolge: Herausgabe des durch die Verfügung Erlangten (= die tatsächlich erlangte Gegenleistung)

2. Unentgeltliche Verfügung eines Nichtberechtigten, § 816 I 2

Sofern der Nichtberechtigte über den Gegenstand eines anderen unentgeltlich (z. B. durch Schenkung an einen Dritten) verfügt und diese Ver-

17 Beispiel in Fall 18, Aufgabe 1.
18 Siehe hierzu Fall 18, Aufgabe 2.
19 Beispiel in Fall 18, Aufgabe 2.

fügung dem Berechtigten gegenüber wirksam ist. So hat der Nichtberechtigte keine Gegenleistung erlangt, die er dem Anspruchsteller herausgeben könnte. Allerdings ist der Dritte durch die unentgeltliche Zuwendung bereichert; deshalb sieht § 816 I 2 als Rechtsfolge vor, dass der Dritte das durch die Verfügung Erlangte an den Berechtigten herauszugeben hat.

Prüfschema – Unentgeltliche Verfügung eines Nichtberechtigten, § 816 I 2:

Voraussetzungen:

1. Unentgeltliche Verfügung eines Nichtberechtigten; Anspruchsgegner = Dritter (unentgeltlicher Erwerber)
2. Die Verfügung ist dem Berechtigten (= Anspruchsteller) gegenüber wirksam

Rechtsfolge: Herausgabe des unentgeltlich erworbenen Gegenstandes durch den Dritten (Erwerber) an den Anspruchsteller

3. Leistung an einen Nichtberechtigten, § 816 II

Der Anwendungsbereich des § 816 II betrifft in der Regel die Fälle, in denen der Schuldner an den „falschen" Gläubiger leistet; aufgrund der Schutzvorschriften der §§ 407, 408 ist seine Leistung dem „richtigen" Gläubiger gegenüber allerdings wirksam.[20]

Prüfschema – Leistung an einen Nichtberechtigten, § 816 II:

Voraussetzungen:

1. Leistung an einen Nichtberechtigten (= Anspruchsgegner)
2. Die Leistung ist dem Berechtigten gegenüber wirksam (gem. §§ 407 f. oder aufgrund Genehmigung des Berechtigten)

Rechtsfolge: Herausgabe des Geleisteten

IV. Umfang des Bereicherungsanspruchs

Für alle vorgenannten Anspruchsgrundlagen ergibt sich der Umfang des Bereicherungsanspruchs aus § 818. Grundsätzlich muss der Bereicherte das Erlangte herausgeben (Herausgabe in natura). Außerdem kann der Anspruchsteller auch gezogene Nutzungen bzw. das Surrogat, also Gegen-

20 Beispiel in Fall 19, Aufgabe 3 b).

stände oder Geld, die an die Stelle des Erlangten getreten sind, herausverlangen (§ 818 I). Sofern der erlangte Gegenstand veräußert wurde, umfasst die Herausgabepflicht nach herrschender Meinung nicht den Verkaufserlös, der seitens des Bereicherten erzielt worden ist.[21]

Der Anspruchsgegner (Bereicherungsschuldner) muss bei Unmöglichkeit der Herausgabe gem. § 818 II Wertersatz leisten, und zwar in Höhe des Verkehrswertes. Da die Bereicherungsvorschriften nicht zu einer Vermögensminderung beim Anspruchsgegner führen sollen (deren Zweck ist nur die Rückgängigmachung von dessen Vermögensmehrung), ist der Bereicherungsanspruch ausgeschlossen, wenn der Empfänger nicht oder nicht mehr bereichert ist (§ 818 III). Zu prüfen ist, ob die Bereicherung wertmäßig noch im Vermögen des Schuldners vorhanden ist, ob dieser ggf. Aufwendungen erspart hat. Es ist eine Gegenüberstellung vorzunehmen: Wie hätte der Schuldner gestanden, wenn der Bereicherungsgegenstand ihm nicht zugewachsen wäre? Ergibt sich aus der Gegenüberstellung der beiden Vermögenslagen keine Wertdifferenz, ist keine Bereicherung vorhanden.

Beispiel:
Vornahme einer Luxusreise, die der Betroffene sonst nie unternommen hätte. Der mit der Reise erlangte Vermögensvorteil ist nicht mehr dem Vermögen des Schuldners zuzurechnen, da er keine Aufwendungen erspart hat.[22]

Allerdings kann sich der Schuldner nicht auf die Entreicherung berufen, wenn er gem. §§ 818 IV und 819 I verschärft haftet. Das ist der Fall, wenn er den Mangel des rechtlichen Grundes kannte oder später erfuhr oder aber der Bereicherungsanspruch rechtshängig war. Rechtshängigkeit tritt mit Zustellung der Klageschrift gem. §§ 261, 253 ZPO ein. Folge der verschärften Haftung ist, dass der Empfänger von einer Geldschuld nicht frei wird und sie nach § 291 zu verzinsen hat. Sofern der herauszugebende Gegenstand verschlechtert wird oder untergeht, hat der Schuldner nach §§ 292, 989 Ersatz zu leisten.

21 *Jauernig/Stadler* § 818 Rn. 11 m.w.N. (str.).
22 Vgl. BGHZ 55, 128.

Fall 18: Sachenrecht/bewegliche Sachen – Das verschwundene Fahrrad

Schwerpunkte:
Eigentumserwerb an beweglichen Sachen – dinglicher Herausgabeanspruch – Rechtsschein des Besitzes – gutgläubiger Eigentumserwerb – Werkunternehmerpfandrecht

Nick Nichts (N) hat sich von seinem Bekannten Egon Eigen (E) für eine mehrtägige Fahrradtour dessen Mountainbike im Wert von 1.000 € ausgeliehen.

Am letzten Abend der Tour wird er in der Pension, in der er übernachtet, von dem Gast Karl Kaufmann (K) gefragt, ob er ihm sein Rad für 1.200 € verkaufe. N zögert nicht lange und sagt sogleich zu, da er sich in finanziellen Schwierigkeiten befindet.

Er kehrt am nächsten Tag mit dem Zug nach Hause zurück und erklärt E, das Fahrrad sei in der letzten Nacht vom Parkplatz der Pension „verschwunden", wahrscheinlich gestohlen worden.

E geht der Angelegenheit nach und deckt den wahren Sachverhalt auf.

Aufgabe 1: Welche Ansprüche kann E gegen K geltend machen?

Aufgabe 2: Welche Ansprüche kann E gegen N geltend machen?

Bearbeitungshinweis: Bei Aufgaben 1 und 2 sind nur gesetzliche Ansprüche zu prüfen![1]

Abwandlung:

N wird das Fahrrad nach der Rückkehr – kurz bevor er es E zurückbringen will – tatsächlich gestohlen. Der Dieb Detlef Dösel (D) benutzt das Rad nur für eine kurze Fahrt und lässt es dann im Stadtgebiet stehen. Dort wird es von städtischen Mitarbeitern entdeckt und zum Fundamt gebracht. Bei der alljährlichen öffentlichen Versteigerung von Fundsachen der Stadt erwirbt Bernd Bringewald (B) das Fahrrad und bringt es sofort in die Fahrradwerkstatt des Ulf Untermann (U) zur Reparatur. E, der ebenfalls Kunde dieser Fahrradwerkstatt ist, erkennt in dem zur Abholung bereit stehenden Rad sein Mountainbike.

B soll für die Reparatur des Fahrrads 250 € bezahlen. Er möchte das Fahrrad nach einer Anzahlung von 100 € mitnehmen und den Rest eine Woche später bezah-

---

1 In dieser Fallfrage befindet sich ein „Hinweis" auf die einschlägige Anspruchsgrundlage! Siehe hierzu die Zusammenfassung im 3. Abschnitt, S. 407.

len. U weigert sich jedoch, das Fahrrad an B herauszugeben, bevor dieser den vollen Betrag von 250 € entrichtet hat.

Aufgabe 3: Kann B einen Herausgabeanspruch gegen U geltend machen?

Aufgabe 4: B hat das Fahrrad inzwischen von U ausgehändigt bekommen. Welchen Anspruch kann E gegen B nunmehr geltend machen?

Fall 18: Prüfschema/Lösungsskizze

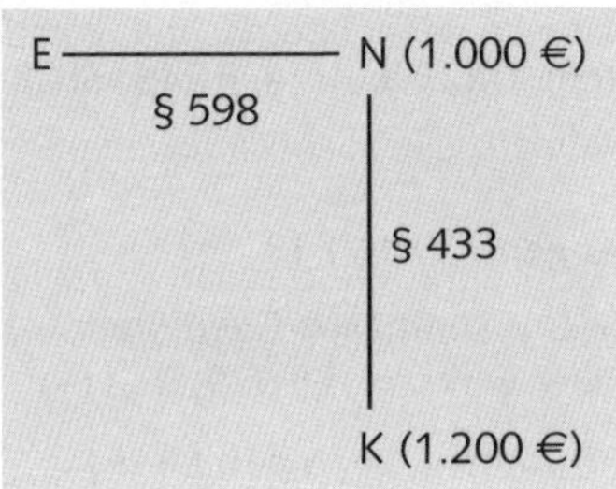

Aufgabe 1:

E ⟶ K Herausgabe des Fahrrads gem. § 985?

1. Besitz des K, § 854 (+)
2. Eigentum des E?
   a) § 929 S. 1 (N – K)
   b) N = Berechtigter?
   c) § 932 I 1
      aa) Rechtsschein des Besitzes, § 1006
      bb) K = gutgläubig, § 932 II
      cc) § 935 I

Ergebnis: E ⟶ K Herausgabe des Fahrrads gem. § 985 (–)

Aufgabe 2:

I. E ⟶ N Schadensersatz gem. § 823 I?

1. Tatbestandsmäßigkeit der Handlung des N (+)
   a) Verletzung eines der in § 823 I genannten Rechtsgüter; hier: Eigentum
   b) Ursächlichkeit der Handlung für die Eigentumsverletzung, haftungsbegründende Kausalität

2. Rechtswidrigkeit (+)
3. Verschulden – Vorsatz (+)
4. Schaden, haftungsausfüllende Kausalität (+)

Ergebnis: E ⟶ N Schadensersatz gem. § 823 I (+)

Schadensberechnung: §§ 249 I, 251 I (Wert des Fahrrads: 1.000 €)

II. E ⟶ N Schadensersatz gem. § 823 II i. V. m. § 246 I StGB (Unterschlagung)?

1. Schutzgesetz
2. Verstoß gegen das Schutzgesetz
3. Schaden

Ergebnis: E ⟶ N Schadensersatz gem. § 823 II i. V. m. § 246 I StGB (+)

Schadensumfang: s. o. I.

III. E ⟶ N Herausgabe der 1.200 € gem. § 816 I 1?

1. N hat als Nichtberechtigter verfügt, E war ursprünglich Eigentümer (+)
2. Die Verfügung des N ist dem E gegenüber wirksam, §§ 929, 932 (+)

Ergebnis: E ⟶ N Herausgabe der 1.200 € gem. § 816 I 1 (+)

E —— N (1.000 €)
· § 242 StGB
Dieb – öffentliche Versteigerung B —— U
§ 631

Aufgabe 3:

B ⟶ U Herausgabe des Fahrrads gem. § 985?

1. Besitz des U, § 854 (+)
2. Eigentum des B (+)
   Eigentumserwerb durch öffentliche Versteigerung, § 935 II
3. Besitzrecht des U gem. § 986 I 1 i. V. m. § 647 (Werkunternehmerpfandrecht)
   a) Werkvertrag B – U i. S. d. § 631
   b) Forderung des U gegenüber B aus dem Werkvertrag

c) Besitz des U (zwecks Ausbesserung)
d) bewegliche Sache

Ergebnis: B ⟶ U Herausgabe des Fahrrads gem. § 985 (–), solange das Unternehmerpfandrecht des U besteht

Aufgabe 4:

E ⟶ B Herausgabe des Fahrrads gem. § 985?

1. Besitz des B, § 854 (+)
2. Eigentum des E?
   E war ursprünglich Eigentümer.
   Fahrrad war zwar gestohlen, aber: Eigentumserwerb des B durch öffentliche Versteigerung, § 935 II
   E hat dadurch sein Eigentum am Fahrrad verloren.

Ergebnis: E ⟶ B Herausgabe des Fahrrads gem. § 985 (–)

Fall 18: Ausarbeitung (Gutachten)

Aufgabe 1:

E könnte gegen K einen Anspruch auf Herausgabe des Fahrrads gem. § 985 haben.

1. *Dazu muss K Besitzer des Rades sein. Besitzer ist, wer die tatsächliche Sachgewalt innehat (vgl. § 854).* Dem K wurde von N das Fahrrad übergeben; er ist somit Besitzer.
2. E *muss Eigentümer sein. Unter Eigentum versteht man die rechtliche Sachherrschaft.* Zunächst war E Eigentümer des Mountainbikes. Er könnte das Eigentum jedoch durch eine Übereignung des Rades von N an K nach § 929 S. 1 verloren haben.
   a) *Für eine Übereignung nach § 929 S. 1 ist zunächst eine Einigung über den Übergang des Eigentums erforderlich.* N und K waren sich darüber einig, dass das Eigentum an dem Fahrrad auf K übergehen sollte. *Weiterhin ist die Übergabe der Sache erforderlich.* N hat dem K das Fahrrad auch übergeben.
   b) *N muss zur Übertragung des Eigentums berechtigt gewesen sein.* Dies ist dann der Fall, wenn N Eigentümer des Mountainbikes oder vom Eigentümer zu der Verfügung ermächtigt gewesen ist. Eigentümer war jedoch noch E, der N hatte sich das Rad

lediglich ausgeliehen. Da N auch nicht von E zu einer Übereignung ermächtigt war, hat er als Nichtberechtigter gehandelt.

c) *K könnte jedoch gem. § 932 I 1 gutgläubig Eigentum vom Nichtberechtigten erworben haben. K muss bei der Übereignung durch N bezüglich dessen Eigentümerstellung gutgläubig gewesen sein und die Sache darf dem ursprünglichen Eigentümer nicht abhandengekommen sein (§ 935 I).*

aa) *Der Veräußerer N muss durch den Rechtsschein des Besitzes legitimiert sein.*[2] *Nach § 1006 I wird zugunsten des Besitzers einer beweglichen Sache vermutet, dass er auch der Eigentümer ist.* Indem N das Fahrrad in der Pension bei sich hatte, hatte K keinen Grund anzunehmen, dass dieser nicht Eigentümer des Mountainbikes ist; der Rechtsschein seiner Eigentümerstellung ist gegeben.

bb) *K muss bezüglich der Eigentümerstellung des N gutgläubig gewesen sein. Nach § 932 II schaden hierbei positive Kenntnis sowie grob fahrlässige Unkenntnis.* K wusste im Zeitpunkt der Übereignung nicht, dass N nicht der Eigentümer des Fahrrads war. Es lagen auch keine Anhaltspunkte für die Nichteigentümerstellung des N vor, die sich dem K geradezu aufdrängen mussten. K war damit gutgläubig.

cc) *Es darf kein Fall des § 935 I vorliegen. Nach § 935 I ist ein gutgläubiger Eigentumserwerb nach den §§ 932–934 ausgeschlossen, wenn die Sache dem Eigentümer gestohlen wurde oder abhandengekommen ist. § 935 I greift immer dann ein, wenn der Eigentümer den unmittelbaren Besitz ohne oder gegen seinen Willen verloren hat.* E hat den unmittelbaren Besitz an dem Mountainbike im Rahmen eines Leihvertrages gem. § 598 willentlich an N übergeben. Damit liegt kein Fall des § 935 I vor.

Folglich hat K gutgläubig Eigentum an dem Fahrrad gem. §§ 929 S. 1, 932 I 1 erworben. E hat dadurch sein Eigentum verloren.

Da E nicht mehr Eigentümer des Fahrrads ist, hat er keinen Herausgabeanspruch gegen K aus § 985.

---

2 Gegenstand des guten Glaubens ist das Eigentum des Veräußerers (hier: N) an der übereigneten Sache. Auf den Zeitpunkt des Besitzerwerbs ist abzustellen (vgl. *Palandt/Bassenge*, § 932 Rn. 14).

Aufgabe 2:

I. E könnte gegen N einen Anspruch auf Schadensersatz aus § 823 I haben.

1. *Dazu muss N tatbestandsmäßig gehandelt haben.*
   a) *Erforderlich ist eine Rechtsgutsverletzung. In Betracht kommt eine Eigentumsverletzung, welche dann vorliegt, wenn eine Beeinträchtigung der Eigentümerrechte aus § 903 gegeben ist.* Hier ist dem E das Eigentum an dem Fahrrad entzogen worden. Damit liegt eine Eigentumsverletzung vor.
   b) *Erforderlich ist außerdem die haftungsbegründende Kausalität, die vorliegt, wenn die Rechtsgutverletzung kausal auf einer Handlung oder Unterlassung des N beruht.* Hätte N das Fahrrad nicht an K übereignet, wäre der Eigentumsverlust bei E nicht eingetreten. Ferner ist eine Übereignung durch einen Nichtberechtigten an einen Gutgläubigen generell geeignet, einen Eigentumsverlust beim Berechtigten herbeizuführen. Damit ist die haftungsbegründende Kausalität gegeben. N handelte tatbestandsmäßig.
2. *N muss auch rechtswidrig gehandelt haben.* Da hier kein Rechtfertigungsgrund ersichtlich ist, handelte N rechtswidrig.
3. *N muss schuldhaft gehandelt haben. § 823 I verlangt vorsätzliches oder fahrlässiges Handeln. Vorsätzlich handelt, wer den Tatbestand mit Wissen und Wollen verwirklicht.* N wusste, dass er durch die Übereignung des Mountainbikes an K dem E das Eigentum an dem Fahrrad entzieht, und er wollte dies auch. N handelte vorsätzlich und damit auch schuldhaft.
4. *Erforderlich ist ein Schaden, also eine unfreiwillige Einbuße an Rechtsgütern des E.* Da E das Eigentum an dem Fahrrad verloren hat, hat er einen Schaden in Höhe des Wertes dieses Rades (1.000 €) erlitten.

   Schließlich muss die haftungsausfüllende Kausalität gegeben sein. Darunter ist die Kausalität zwischen der Rechtsgutverletzung und dem Schaden zu verstehen. E hat durch die Eigentumsentziehung den Sachwert des Fahrrads verloren; folglich ist diese kausal für den Schaden in Höhe von 1.000 €. Der erlittene Schaden fällt ferner unter den Schutzzweck des § 823 I. Somit ist auch die haftungsausfüllende Kausalität gegeben.

E hat damit einen Anspruch gegen N auf Schadensersatz aus § 823 I. Der Schadensumfang bestimmt sich nach den §§ 249 ff. Gem. § 249 I muss der Schadensersatzpflichtige selbst den tatsächlichen Zustand herstellen, der bestehen würde, wenn das Schadensereignis nicht eingetreten wäre. N müsste dem E also das Eigentum an dem Fahrrad verschaffen. Nach § 251 I, 1. Alt. tritt an die Stelle der Naturalrestitution nach § 249 die Schadenskompensation, wenn die Herstellung nicht möglich ist. Da die Eigentumsverschaffung an dem Mountainbike wegen des gutgläubigen Eigentumserwerbs durch K (s. oben Aufgabe 1) nicht möglich ist, hat N den E gem. § 251 I in Geld zu entschädigen, wobei der objektive Verkehrswert zu ersetzen ist. Dieser Wert beträgt hier 1.000 €.

II. E könnte gegen N einen Anspruch auf Schadensersatz aus § 823 II i.V.m. § 246 I StGB haben.

1. *Dafür muss ein Schutzgesetz verletzt sein. Schutzgesetze i.S.d. § 823 II sind alle Rechtsnormen, die zumindest auch dazu dienen, dem Einzelnen Schutz vor Verletzung seiner Rechte, Rechtsgüter und rechtlich geschützten Interessen zu gewähren.* Bei § 246 StGB (Unterschlagung) handelt es sich um eine Rechtsnorm, die den Einzelnen vor Eigentumsverletzungen schützen soll. Es liegt mit § 246 StGB ein Schutzgesetz vor.

2. *N muss gegen dieses Schutzgesetz verstoßen haben. Der Tatbestand der Unterschlagung verlangt die rechtswidrige Zueignung einer fremden beweglichen Sache, die sich bereits in seinem Besitz befindet.* Da E Eigentümer des Fahrrads war, handelte es sich für N bei dem Rad um eine fremde bewegliche Sache. Eine Zueignung liegt vor, wenn der Täter die Sache selbst oder den in ihr verkörperten Sachwert seinem eigenen Vermögen einverleibt, indem er sich unter Verdrängung des Berechtigten eine eigentümerähnliche Herrschaftsposition über die Sache anmaßt. N hat durch die Übereignung den E aus seiner Eigentümerposition verdrängt und sich selbst als Eigentümer ausgegeben. Ein Rechtfertigungsgrund für dieses Verhalten ist nicht gegeben. Ferner hat er durch die Veräußerung den Sachwert des Fahrrads seinem eigenen Vermögen einverleibt. *§ 246 I StGB erfordert vorsätzliches Verhalten.* N hat dem E das Eigentum vorsätzlich entzogen und sich den Sachwert ebenfalls wissentlich und willentlich zugeeignet. N hat daher gegen das Schutzgesetz verstoßen.

3. *Weitere Voraussetzung ist, dass ein Schaden vorliegt.* Wie oben unter I. bereits festgestellt wurde, hat E einen Schaden in Höhe von 1.000 € erlitten.

4. *Dieser Schaden muss kausal auf dem Verstoß gegen das Schutzgesetz beruhen.* Der Schaden in Höhe des Wertes des Fahrrads ist kausal durch die „Verdrängung" des E aus seiner Eigentümerposition entstanden.

E hat damit gegen N einen Anspruch auf Schadensersatz aus § 823 II i. V. m. § 246 I StGB. Gem. § 251 I beträgt der Schadensumfang 1.000 € (siehe die Ausführungen unter I.).

III. E könnte gegen N einen Anspruch auf Herausgabe der 1.200 E aus § 816 I 1 haben.

1. *Es muss eine Verfügung eines Nichtberechtigten vorliegen. Unter einer Verfügung ist jedes Rechtsgeschäft zu verstehen, durch das ein bestehendes Recht unmittelbar übertragen, belastet oder inhaltlich verändert wird.* N hat das Eigentum an dem Mountainbike gem. § 929 S. 1 auf K übertragen und somit eine Verfügung vorgenommen. N war allerdings nicht der Eigentümer des Rades und auch nicht vom Eigentümer E zu der Verfügung ermächtigt. N hat daher als Nichtberechtigter verfügt.

2. *Die Verfügung muss dem Berechtigten gegenüber wirksam sein.* Die Übereignung des N an K ist E gegenüber gem. § 932 I 1 wirksam. *Außerdem muss die Verfügung entgeltlich erfolgt sein*[3]. N hat von K für das Fahrrad 1.200 € erhalten, sodass diese Voraussetzung gegeben ist.

Die Voraussetzungen des § 816 I 1 liegen somit vor. Rechtsfolge ist die Herausgabe des durch die Verfügung tatsächlich Erlangten. Fraglich ist, wie es sich auswirkt, dass N das Fahrrad 200 € über dem objektiven Verkehrswert verkauft hat. Man könnte der Ansicht sein, dass er diesen Veräußerungsgewinn behalten darf, da er auf dem eigenen Verhandlungsgeschick des N beruht. Dagegen spricht jedoch der Wortlaut des § 816 I 1. Durch „die Verfügung erlangt" ist der komplette Betrag, den N von K für die Eigentumsübertragung erhalten hat.

E hat damit gegen N einen Anspruch auf Herausgabe der 1.200 € aus § 816 I 1.

---

3 Dies ergibt sich aus § 816 I 2.

Aufgabe 3:

B könnte gegen U einen Anspruch auf Herausgabe des Fahrrads aus § 985 haben.

1. *Dazu muss U Besitzer des Rades sein.* Das Mountainbike befindet sich in der Fahrradwerkstatt des U. Er hat somit die tatsächliche Gewalt über das Fahrrad und ist Besitzer im Sinne des § 854 I.
2. *B muss Eigentümer des Mountainbike sein.* B hat das Fahrrad bei einer öffentlichen Versteigerung (vgl. § 383 III) erworben. Nach § 935 II tritt in diesem Fall der Eigentumserwerb gem. §§ 929 ff. auch ein, wenn dem Berechtigten das Fahrrad gestohlen worden ist. B hat somit Eigentum an dem Fahrrad erworben.
3. *U darf kein Recht zum Besitz im Sinne des § 986 haben. Ein Recht zum Besitz gem. § 986 I 1 stellen auch die Pfandrechte dar.* U könnte ein Werkunternehmerpfandrecht gem. § 647 haben.
   a) *Dazu muss zwischen U und B ein wirksamer Werkvertrag i. S. d. § 631 I bestehen.* B und U haben sich über die Herstellung eines Werkes, nämlich die Reparatur des Fahrrads, gegen eine Vergütung geeinigt. Dabei wird ein Erfolg geschuldet. Ein wirksamer Werkvertrag i. S. d. § 631 liegt damit vor.
   b) *U muss gegenüber B eine offene Forderung aus dem Werkvertrag haben.* Da B die Vergütung noch nicht bezahlt hat, ist dies der Fall.[4]
   c) *Ferner muss nach § 647 die Sache zwecks Ausbesserung in den Besitz des Unternehmers gelangt sein.* Da das Fahrrad zur Reparatur in den Besitz des U gelangt ist, ist diese Voraussetzung gegeben.
   d) *Schließlich muss es sich um eine bewegliche Sache des Bestellers handeln.* B ist, wie bereits festgestellt, Eigentümer des Fahrrads, bei dem es sich um eine bewegliche Sache handelt. Da die Voraussetzungen des § 647 vorliegen, hat U an dem Fahrrad kraft Gesetzes ein Werkunternehmerpfandrecht erworben. Er hat damit ein Recht zum Besitz gem. § 986 I 1.

B hat damit keinen Anspruch auf Herausgabe des Fahrrads aus § 985 gegen U, solange das Unternehmerpfandrecht des U besteht.

---

4 Gem. § 641 I 1 ist die Vergütung bei Abnahme des Werkes zu entrichten.

Aufgabe 4:

E könnte gegen B einen Anspruch auf Herausgabe des Fahrrads aus § 985 haben.

1. *Voraussetzung ist, dass der Anspruchsgegner Besitzer des Mountainbike ist.* Nachdem B das Fahrrad ausgehändigt bekommen hat, ist er Besitzer im Sinne des § 854 I.
2. *Der Anspruchsteller muss Eigentümer des Mountainbike sein.* Wie bereits bei Aufgabe 3 dargelegt wurde, hat B durch die Versteigerung Eigentum an dem Rad erworben. Damit ist E nicht mehr Eigentümer des Fahrrads.

E hat damit keinen Anspruch gegen B auf Herausgabe des Fahrrads aus § 985.

Vertiefung: Gutgläubiger Eigentumserwerb vom Nichtberechtigten[5]

Prüfschema – Rechtsgeschäftlicher Eigentumserwerb gem. § 929 S. 1:

Den Grundfall des rechtsgeschäftlichen Eigentumserwerbs regelt § 929 S. 1.

Dessen Voraussetzungen sind:

1. **Einigung** zwischen dem **berechtigten** Veräußerer und dem Erwerber über den Eigentumsübergang sowie
2. **Übergabe** der Sache, d. h. Übertragung des unmittelbaren Besitzes vom Veräußerer auf den Erwerber

Die Einigung ist ein (sachenrechtlicher) Vertrag, d.h. sie kommt durch zwei übereinstimmende Willenserklärungen zustande. Die Vorschriften des Allgemeinen Teils des BGB über Willenserklärungen und Rechtsgeschäfte (vor allem §§ 104 ff., 145 ff., 164 ff.) sind anwendbar. Die Einigung

5 **Literatur zur Vertiefung:** *Baur/Stürner*, § 52; *Kindler/Paulus*, Redlicher Erwerb – Grundlagen und Grundprinzipien, JuS 2013, 393, 490: *Lorenz*, Grundwissen – Zivilrecht: Das Eigentümer-Besitzer-Verhältnis, JuS 2013, 495; *Schmidt*, Ausschluss des gutgläubigen Erwerbs von Gold- und Sammlermünzen, JuS 2014, 169; *Prütting*, § 35; *Schreiber*, Die Eigentumsvermutung für den Besitzer, JURA 2003, 392; *Schreiber*, Der Eigentumserwerb an abhandengekommenen Sachen, JURA 2004, 238; *Vieweg/Werner*, § 5; *Westermann* SachenR, §§ 7 und 8; *Wörlen/Kokemoor*, Rn. 114 ff.; *Wolf/Wellenhofer*, §§ 7 f.

im Rahmen des § 929 S. 1 ist allerdings von der Einigung hinsichtlich des Kausalgeschäfts (= schuldrechtliches Verpflichtungsgeschäft, wie z.B. Kaufvertrag) zu trennen. Nach dem Abstraktionsprinzip sind beide Verträge unabhängig voneinander. Deutlich wird dies beim Eigentumsvorbehalt gem. § 449: Es wird ein Kaufvertrag mit schuldrechtlicher Einigung (Angebot und Annahme, §§ 145 ff., 433) abgeschlossen. Davon zu unterscheiden ist die sachenrechtliche Einigung gem. § 929, wonach das Eigentum erst übergehen soll, wenn der volle Kaufpreis bezahlt ist. Diese aufschiebend bedingte Einigung gehört zum Erfüllungsgeschäft (§§ 929, 158 I).

Die **Übergabe** ist ein Realakt, die vorgenannten Paragrafen finden keine Anwendung.

In der Regel kann der Erwerber nicht überprüfen, ob der Veräußerer zur Übertragung des Eigentums berechtigt ist. Es besteht insofern ein Interessenkonflikt, als der Erwerber befürchten müsste, evtl. nicht Eigentümer zu werden, bzw. der rechtmäßige Eigentümer sein Eigentum evtl. durch die Verfügung eines Nichtberechtigten verlieren könnte. Das BGB enthält folgende Regelungen:

- Der Erwerber wird nur dann Eigentümer, wenn sich der Veräußerer ihm gegenüber durch den **Rechtsschein des Besitzes** (vgl. § 1006) als berechtigter Eigentümer ausweist (die Sache also – z. B. aufgrund eines Leih- oder Mietvertrages – in unmittelbarem[6] Besitz hat) und der Erwerber **gutgläubig** hinsichtlich dessen Berechtigung ist (§§ 932–934). Somit verliert der „richtige“ Eigentümer nur dann sein Eigentum, wenn er die Sache bewusst und freiwillig einem anderen übergibt und somit den vorgenannten Rechtsschein ermöglicht. Der Erwerber ist gem. § 932 II nur dann nicht gutgläubig, wenn ihm bekannt oder infolge grober Fahrlässigkeit unbekannt ist, dass die Sache dem Veräußerer nicht gehört.[7]

  Beispiel:
  Beim Erwerb eines Gebrauchtwagens von einer Privatperson handelt der Käufer grob fahrlässig, wenn er sich den Fahrzeugbrief (Bezeichnung seit 1.1.2005: Zulassungsbescheinigung Teil II, vgl. § 12 Fahrzeug-Zulassungsverordnung) nicht vorlegen lässt. Beim Erwerb eines Neuwagens von einem autorisierten Vertragshändler darf ein Privatkäufer regelmäßig auch ohne Vorlage des Fahrzeugbriefs darauf vertrauen, dass der Händler verfügungsbefugt ist.[8]

---

6 Der mittelbare Besitz (vgl. § 868) wird hinsichtlich der Rechtsscheinfunktion dem unmittelbaren Besitz gleichgestellt. Dies ergibt sich aus § 1006 III.

7 Beispiel in Fall 18, Aufgabe 1.

8 Siehe hierzu *Palandt/Bassenge*, § 932 Rn. 10 ff. mit weiteren Einzelfällen.

- Ein Eigentumserwerb scheidet aus, wenn die Sache dem Berechtigten gestohlen wurde, verloren gegangen oder sonst abhandengekommen war (§ 935 I 1).

Das Gesetz hält hier den Eigentümer für schutzwürdiger als den gutgläubigen Erwerber. Der Eigentümer kann die Sache von jedem späteren Erwerber nach §§ 985 ff. herausverlangen, sofern er das Eigentum nicht nach den §§ 937 ff. (Ersitzung) und §§ 946 ff. (Verbindung, Vermischung, Verarbeitung) verloren hat. Er kann allerdings die Weiterveräußerung durch einen Erwerber nach § 185 genehmigen und von ihm den Erlös (gem. § 816 I 1) verlangen.

Eine Ausnahmeregelung enthält § 935 II: Bei in- und ausländischem Geld, das als Zahlungsmittel geeignet ist, bei Inhaberpapieren (z.B. §§ 793 ff., § 10 I AktG) und bei Sachen, die im Wege öffentlicher Versteigerung nach § 383 III veräußert werden, tritt gutgläubiger Erwerb an abhandengekommenen Sachen ein.[9]

Prüfschema – Gutgläubiger Erwerb vom Nichtberechtigten gem. § 932 I 1:

Voraussetzungen:

1. Veräußerer und Erwerber tätigen einen rechtsgeschäftlichen Eigentumserwerb gem. § 929 S. 1 (Einigung + Übergabe)
2. Der Veräußerer ist durch den Rechtsschein des Besitzes als Berechtigter ausgewiesen
3. Der Erwerber ist im Hinblick auf das Eigentum des Veräußerers gutgläubig (vgl. § 932 II)
4. Die Sache ist dem Eigentümer nicht abhandengekommen (§ 935)

Rechtsfolge: Der Erwerber wird Eigentümer

Weitere Fälle des gutgläubigen Erwerbs vom Nichtberechtigten sind in den §§ 929 S. 2, 932 I 2; §§ 929 S. 1, 930, 933; §§ 929 S. 1, 931, 934 geregelt.[10]

In Klausurfällen wird der Erwerb vom Nichtberechtigten in der Regel bei Prüfung der Anspruchsgrundlage des § 985 relevant, und zwar bei der Erörterung, ob der Anspruchsteller noch Eigentümer der herausverlangten Sache ist.[11]

---

9 *Palandt/Bassenge*, § 935 Rn. 11. Beispiel in Fall 18, Aufgabe 4.

10 Diese werden hier nicht vertieft, sondern können – bei Bedarf – in einem Lehrbuch zum Sachenrecht (empfehlenswert: *Wörlen/Kokemoor*, Rn. 114 ff.) nachgelesen werden.

11 Siehe hierzu Fall 18, Aufgabe 1.

Prüfschema – Herausgabeanspruch gem. § 985:

Voraussetzungen:

1. Anspruchsteller ist Eigentümer
2. Anspruchsgegner ist Besitzer
3. Anspruchsgegner hat kein Recht zum Besitz, § 986

Rechtsfolge: Herausgabe der Sache

Ein weiterer Anwendungsfall des § 932 ist der § 816 I 1, wonach der Nichtberechtigte verpflichtet ist, dem Berechtigten das durch die Verfügung Erlangte herauszugeben.[12]

Testen Sie zum Schluss dieses Lernbuchs Ihr erworbenes Falllösungswissen mit folgender Übungsklausur, die eine „Mixtur" aus mehreren Rechtsgebieten enthält.

12 Vgl. Fall 18, Aufgabe 2 und Vertiefung „Ungerechtfertigte Bereicherung".

Fall 19: „Mixtur" – Eine Panne kommt selten allein

Schwerpunkte:
Schadensersatz- und Herausgabeansprüche bei der Vermietung beweglicher Sachen – Abtretung

Karl Kaufmann (K) besichtigt beim Gebrauchtwagenhändler Viktor Vorndran (V) einen gebrauchten Pkw Golf GT, zu dessen Kauf er sich aber zunächst noch nicht entschließen kann, weil er einen Getriebedefekt bemerkt, der auch V bekannt ist.

Max Maier (M), der kurzfristig ein Fahrzeug benötigt, um eine seit längerer Zeit geplante Urlaubsreise durchzuführen, mietet am 30. 3. bei V denselben Pkw für die Zeit vom 1. 4. bis 21. 4. Den Getriebedefekt bemerkt er nicht. Als Miete wird ein am Ende der Mietzeit fälliger Pauschalbetrag in Höhe von 1.500 € vereinbart.

Als M am 1. 4. den Pkw übernimmt, bleibt dieser bereits nach wenigen Kilometern wegen eines Getriebeschadens liegen. Der sofort benachrichtigte V lässt den Golf abschleppen und reparieren, wofür ein ganzer Tag benötigt wird. M gelangt daher erst einen Tag später an seinen Urlaubsort, wo er aber bereits ein Zimmer für 100 € pro Übernachtung gemietet hatte.

Aufgabe 1: Steht M gegen V ein Schadensersatzanspruch in Höhe von 100 € zu, weil er das gemietete Zimmer in der ersten Nacht nicht nutzen konnte, aber gleichwohl die Zimmermiete entrichten musste?

Als K erfährt, dass das Getriebe inzwischen repariert worden ist, kauft er am 5. 4. bei V den Golf. Übereignung und Übergabe des Golf sowie Kaufpreiszahlung sollen erst nach Rückgabe des Pkw durch M an V erfolgen.

Aufgabe 2: Hat K gegen M noch vor Ablauf der Mietzeit einen Anspruch auf Herausgabe des Golf?

Außerdem tritt V an K seine Mietzinsforderung gegen M am 5. 4. ab. Als M am 21.4. den Pkw an V zurückgibt, zahlt er die Miete in Höhe von 1 500 € an V, nicht wissend, dass V die Mietforderung an K abgetreten hat.

Aufgabe 3: a) Steht K gegen M ein Anspruch auf nochmalige Mietzahlung in Höhe von 1.500 € zu?
b) Steht K gegen V, der zum Empfang der Leistung nicht berechtigt war, ein gesetzlicher Anspruch auf Herausgabe der erhaltenen Miete zu?

Bevor V den Golf an K übergibt, beauftragt er seinen Angestellten Gustav Gründlich (G), der als besonders sorgfältig bekannt ist und dessen Arbeit V regelmäßig kontrolliert, den Golf zu warten und zu reinigen. Infolge Unachtsamkeit verunglückt G bei einer Probefahrt, wodurch der Pkw völlig zerstört wird. K hatte für den Golf bereits einen speziell angefertigten Dachgepäckträger für 300 € gekauft und bezahlt. Dieser ist nunmehr für ihn wertlos.

Aufgabe 4: a) Hat K gegen G einen gesetzlichen Schadensersatzanspruch?
b) Hat K gegen V einen vertraglichen Aufwendungsersatzanspruch und/oder gesetzlichen Schadensersatzanspruch?

Fall 19: Prüfschema/Lösungsskizze

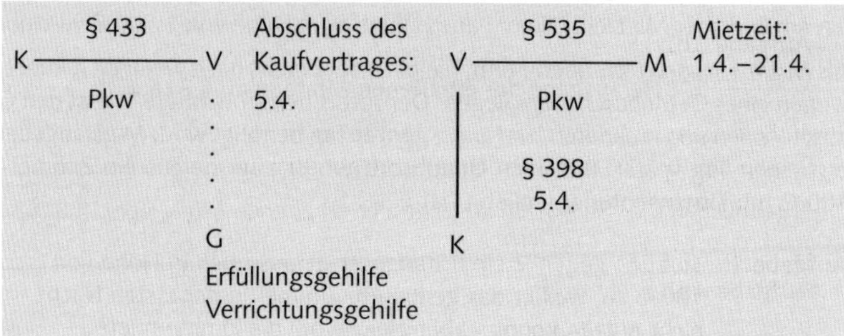

Aufgabe 1:

M ⟶ V auf Schadensersatz in Höhe von 100 € gem. § 536 a I, 1. Alt.

1. Mietvertrag M–V i. S. d. § 535 (+)
2. Mangel der Mietsache, § 536 I (+)
   Mangel lag schon bei Vertragsschluss vor (+)
3. Schaden (+)
4. keine grob fahrlässige Unkenntnis des M (+), § 536 b S. 2

Ergebnis: M ⟶ V auf Schadensersatz in Höhe von 100 € gem. § 536 a I, 1. Alt. (+)
Umfang des zu ersetzenden Schadens: §§ 249 ff.

Aufgabe 2:

K ⟶ M Herausgabe des Pkw gem. § 985

1. Besitz des M (+)

2. Eigentum des K (–)
   § 929 S. 1: Einigung + Übergabe – noch nicht erfolgt

Ergebnis: K ⟶ M Herausgabe des Pkw gem. § 985 (–)

Aufgabe 3 a):

K ⟶ M Mietzahlung gem. § 535 II i. V. m. § 398

1. wirksame Abtretung V an K gem. § 398 (+)
2. § 407 – K muss die Zahlung von M an V gegen sich gelten lassen, weil M von der Abtretung nichts wusste.

Ergebnis: K ⟶ M Mietzahlung gem. § 535 II i. V. m. § 398 (–)

Aufgabe 3 b):

K ⟶ V Herausgabe der erhaltenen Miete gem. § 816 II

1. Bewirken der Leistung an einen Nichtberechtigten (+)
2. Die Leistung ist dem Berechtigten gegenüber wirksam (+) wegen § 407

Ergebnis: K ⟶ V Herausgabe der erhaltenen Miete gem. § 816 II (+)

Aufgabe 4 a):

K ⟶ G Schadensersatz gem. § 823 I

Tatbestandsmäßigkeit der Handlung des G (–)

K war noch nicht Eigentümer des Pkw X.

Ergebnis: K ⟶ G Schadensersatz gem. § 823 I (–)

Aufgabe 4 b):

I. K ⟶ V Aufwendungsersatz gem. § 284

1. Die Voraussetzungen für Schadensersatz statt der Leistung gem. § 280 I, III i. V. m. § 283 müssen vorliegen:
   a) Wirksames Schuldverhältnis (+)
      Kaufvertrag
   b) Leistungsbefreiung des Schuldners nach § 275 (+)
   c) Pflichtverletzung des Schuldners (+)
      geschuldete Leistung wird nicht erbracht (nachträgliche Unmöglichkeit)
   d) Vertretenmüssen, §§ 280 I 2, 276, 278 (+)
      G = Erfüllungsgehilfe
   e) Schaden (+)

2. Vergebliche Aufwendungen des K (+)
3. Kein Ausschluss des Anspruchs nach § 284, 2. HS (+)

Ergebnis: Anstelle des Schadensersatzes statt der Leistung (gem. § 280 I, III i. V. m. § 283): Aufwendungsersatz gem. § 284 (+)

II. K ———> V Schadensersatz gem. § 831 I

1. Verrichtungsgehilfe = G (+)
2. Tatbestandsmäßige und rechtswidrige unerlaubte Handlung des Verrichtungsgehilfen (–)
   s. o. Aufgabe 4 a)

Ergebnis: K ———> V Schadensersatz gem. § 831 I (–)

Fall 19: Ausarbeitung (Gutachten)

Aufgabe 1:

M könnte von V Schadensersatz in Höhe von 100 € gem. § 536 a I, 1. Alt. verlangen.

1. *Voraussetzung für diesen Anspruch ist zunächst, dass M und V einen Mietvertrag i. S. d. § 535 geschlossen haben. Hierfür sind zwei übereinstimmende Willenserklärungen, das Angebot und die Annahme, erforderlich.* Indem M am 30. 3. bei V den Pkw X mietet, ist zwischen beiden ein wirksamer Mietvertrag zustande gekommen.

2. *Ferner muss ein Mangel der Mietsache i. S. d. § 536 I, der ihre Tauglichkeit zum vertragsgemäßen Gebrauch aufhebt oder mindert, schon bei Abschluss des Mietvertrages vorhanden gewesen sein. Voraussetzung ist also eine negative Abweichung der Ist-Beschaffenheit des gemieteten Pkw von der vertraglich vereinbarten Soll-Beschaffenheit.* Der Vermieter war aufgrund des Vertrages verpflichtet, dem M für dessen Urlaubsreise einen fahrbereiten Pkw zu überlassen. Der – dem V sogar bei Vertragsschluss bereits bekannte – Getriebedefekt führt dazu, dass der Pkw bereits nach wenigen Kilometern liegen bleibt; der Defekt stellt eine erhebliche Abweichung der Ist-Beschaffenheit von der Soll-Beschaffenheit dar. Die Tauglichkeit des Fahrzeugs zum vertragsgemäßen Gebrauch ist aufgehoben. Somit liegt ein Mangel, der auch erheb-

lich ist, i. S. d. § 536 I vor. Dieser war bereits zum Zeitpunkt des Vertragsschlusses vorhanden.

3. *Schließlich muss dem M ein Schaden, also eine unfreiwillige Vermögenseinbuße, entstanden sein.* M konnte wegen des Ausfalls des Fahrzeugs seinen Urlaubsort erst einen Tag später erreichen und musste dennoch 100 € für das bereits gemietete – aber in der ersten Nacht nicht genutzte – Zimmer bezahlen. § 536 a umfasst alle Schäden, d. h. auch die Mangelfolgeschäden. Die Bezahlung der Miete stellt einen Mangelfolgeschaden dar.
4. *Der Anspruch könnte gem. § 536 b S. 1 ausgeschlossen sein, wenn der Mieter bei Vertragsschluss den Mangel der Mietsache gekannt hat.* Da dem M der Getriebedefekt am 30.3. nicht bekannt war, scheidet ein Gewährleistungsausschluss gem. § 536 b S. 1 aus.

Rechtsfolge ist, dass M gegenüber V einen Schadensersatzanspruch gem. § 536 a, 1. Alt. hat.

Für den Umfang des zu ersetzenden Schadens gelten die §§ 249 ff. Nach § 249 I hat V den Zustand herzustellen, der ohne das schädigende Ereignis bestehen würde. D. h., V hat dem M die Kosten für das gemietete Zimmer in Höhe von 100 €, die durch den Sachmangel verursacht sind, zu ersetzen.

Aufgabe 2:

K könnte von M die Herausgabe des Pkw gem. § 985 verlangen.

1. *K muss Eigentümer und M Besitzer des Fahrzeugs sein. Eigentümer ist, wer die rechtliche Sachherrschaft, Besitzer, wer die tatsächliche Sachherrschaft innehat.* M hat den Pkw von V am 1. 4. – wie im Mietvertrag vereinbart – erhalten. Ihm ist also der unmittelbare Besitz durch Verschaffung der tatsächlichen Gewalt (vgl. § 854 I) übertragen worden.
2. Es ist allerdings fraglich, ob K bereits Eigentümer des Pkw ist. Ursprünglich stand der Pkw im Eigentum des V. K könnte Eigentümer des Wagens geworden sein, wenn *gem. § 929 S. 1 Einigung und Übergabe der beweglichen Sache* erfolgt wären. V und K haben vereinbart, dass die Übereignung und Übergabe des Golf GT erst nach Rückgabe des Wagens durch M an V erfolgen sollte. Deshalb ist K noch nicht Eigentümer des Wagens, und ein Herausgabeanspruch des K gegen M gem. § 985 kommt nicht in Betracht.

Aufgabe 3 a):

Ein Mietzahlungsanspruch des K gegen M könnte sich aus § 535 II i. V. m. § 398 ergeben.

1. *Voraussetzung ist, dass K Inhaber der Mietforderung gem. § 535 II geworden ist.* Dies ist der Fall, wenn die Abtretung des Anspruchs von V an K wirksam ist. *Gem. § 398 S. 1 ist hierfür Voraussetzung, dass V (im Zeitpunkt der Abtretung) Inhaber der Forderung ist und V und K einen Abtretungsvertrag hinsichtlich dieses Anspruchs geschlossen haben.* V hat einen Mietzahlungsanspruch gegen M aufgrund des am 30. 3. geschlossenen Mietvertrages. V und K haben sich am 5. 4. über die Abtretung dieses Anspruchs geeinigt, d. h. zwei übereinstimmende Willenserklärungen abgegeben. Somit ist K gem. § 398 S. 2 mit Abschluss dieses Vertrages Gläubiger der genannten Forderung geworden.
2. Dem Zahlungsbegehren des K könnte allerdings § 407 entgegenstehen. *Danach muss der neue Gläubiger (= K) eine Leistung, die der Schuldner (= M) nach Abtretung an den bisherigen Gläubiger (= V) bewirkt, gegen sich gelten lassen, sofern der Schuldner von der Abtretung bei der Leistung keine Kenntnis hatte.* V und K haben den Schuldner M über den am 5. 4. geschlossenen Abtretungsvertrag nicht informiert, sodass dieser am 21. 4. an den Zedenten (= bisheriger Gläubiger) zahlte. M kann deshalb dem Zessionar (= neuer Gläubiger) die Wirksamkeit der Leistung entgegenhalten.

Somit ist der Mietzahlungsanspruch des K gegen M gem. § 535 II i. V. m. § 398 nicht gegeben.

Aufgabe 3 b):

K könnte von V Herausgabe der erhaltenen Miete gem. § 816 II verlangen.

1. *Zunächst muss eine Leistung an einen Nichtberechtigten erfolgt sein.* Wie bei Aufgabe 3 a) bereits erörtert wurde, hat M die Miete in Höhe von 1 500 € am 21. 4. an V, der nicht mehr Inhaber der Forderung und somit Nichtberechtigter war, gezahlt.
2. *Die Leistung muss dem Berechtigten gegenüber wirksam sein.* Der Schuldner M wird durch die Leistung an den bisherigen Gläubiger gem. § 407 befreit [siehe 3 a)], sodass der Gläubiger K nicht mehr berechtigt ist, die Leistung von M zu verlangen.

Folglich kann K von V Herausgabe des von M Geleisteten, also die Mietzahlung in Höhe von 1.500 € verlangen.

Aufgabe 4 a):

In Betracht kommt ein Anspruch des K gegen G auf Schadensersatz gem. § 823 I.

Voraussetzung hierfür ist, dass G eines der in dieser Vorschrift genannten Rechtsgüter des K verletzt hat. Es könnte eine Eigentumsverletzung vorliegen. Dann muss K bereits Eigentümer des Pkw gewesen sein. Voraussetzung *hierfür ist nach § 929 S. 1, dass sich V und K über den Eigentumsübergang geeinigt haben und die Übergabe des Wagens erfolgt ist.* Da allerdings das Fahrzeug, bevor es dem K vom bisherigen Eigentümer übergeben werden konnte, völlig zerstört wurde, ist – mangels Eigentums des K – eine Verletzung dieses Rechtsguts nicht gegeben.

Nach alledem kann K von G keinen Schadensersatzanspruch gem. § 823 I verlangen.

Aufgabe 4 b):

I. K könnte von V Aufwendungsersatz hinsichtlich der Kosten für den Dachgepäckträger gem. § 284 geltend machen.

1. Da der Ersatz für die vergeblichen Aufwendungen gem. § 284 „anstelle des Schadensersatzes statt der Leistung“ – also alternativ – vom Gläubiger verlangt werden kann, müssen die Voraussetzungen für diesen Schadensersatz gem. §§ 280 I, III i. V. m. § 283 dem Grunde nach vorliegen:
   a) *Voraussetzung ist zunächst, dass zwischen K und V ein wirksames Schuldverhältnis besteht.* K und V haben einen Kaufvertrag i. S. d. § 433 über den Golf GT geschlossen.
   b) *V muss nach § 275 von seiner Leistungspflicht befreit sein.* Nach Abschluss des Vertrages, aber vor Übergabe des Fahrzeugs an K, wird der Wagen auf einer Probefahrt völlig zerstört. Somit kann V gegenüber K nicht mehr seine Verpflichtung aus dem Kaufvertrag (vgl. § 433 I 1) erfüllen und ihm kein Eigentum nach § 929 S. 1 übertragen. Wegen dieser (nachträglichen) Unmöglichkeit ist der Anspruch des K auf die Leistung gem. § 275 I ausgeschlossen.

c) *Diese Befreiung von der Leistungspflicht muss auf eine Pflichtverletzung des Schuldners V zurückzuführen sein. Dies ist der Fall, wenn bei Vertragsschluss eine Leistungspflicht bestand, das Leistungshindernis also erst auf einen nach Vertragsschluss eintretenden Umstand zurückzuführen ist.* Erst nach Abschluss des Kaufvertrages zwischen K und V wurde das Fahrzeug zerstört. Das Leistungshindernis ist also erst nachträglich eingetreten, und eine Pflichtverletzung liegt vor.

d) *V muss nach § 280 I 2 diese Pflichtverletzung zu vertreten haben. Das Vertretenmüssen richtet sich nach § 276 I 1, d.h., V hat grundsätzlich Vorsatz und Fahrlässigkeit zu vertreten.* Im vorliegenden Fall hat allerdings nicht V, sondern G die Zerstörung des Pkw verursacht. *Der Schuldner muss nach § 278 S. 1 für das Verschulden des G einstehen, wenn der Angestellte G Erfüllungsgehilfe ist und in Erfüllung einer Verpflichtung des Schuldners tätig geworden ist. Erfüllungsgehilfe ist, wer mit Wissen und Wollen des Schuldners rein tatsächlich in dessen Pflichtenkreis tätig wird.* G ist als Angestellter des V bei der Erfüllung von dessen vertraglichen Pflichten (Gebrauchtwagenan- und -verkauf) tätig. Folglich ist er Erfüllungsgehilfe. Es kommt Fahrlässigkeit des G in Betracht. *Fahrlässigkeit bedeutet nach § 276 II die Außerachtlassung der im Verkehr erforderlichen Sorgfalt.* Der Angestellte G war bei der mit dem Pkw X unternommenen Probefahrt unachtsam und hat folglich fahrlässig gehandelt. Dessen Verschulden hat V wie eigenes Verschulden zu vertreten.

e) *Ferner muss dem K ein Schaden, also eine unfreiwillige Vermögenseinbuße entstanden sein.* Er hat zwar noch nicht seinen Kaufpreis gezahlt, allerdings nutzlos gewordene Aufwendungen für den Dachgepäckträger getätigt.

Somit sind die Voraussetzungen der §§ 280 I, III i.V.m. § 283 erfüllt. Ein Schadensersatzanspruch des K gegenüber V statt der Leistung besteht dem Grunde nach.

2. *K muss vergebliche Aufwendungen (freiwillige Vermögensopfer) gemacht haben.* Den speziell angefertigten Dachträger hat er im Vertrauen auf den Erhalt der Leistung (= Pkw) für 300 € gekauft und bezahlt. Diese Aufwendungen haben sich infolge der unterbliebenen Durchführung des Geschäfts als nutzlos erwiesen.

K musste die Aufwendungen „billigerweise"[1] machen dürfen. Den Dachgepäckträger hat er nicht voreilig bestellt und von der Vertragsstörung nichts gewusst; insoweit bestehen keine Bedenken.

3. Der Ersatzanspruch ist nach § 284, 2. HS ausgeschlossen, wenn der Zweck der Aufwendung „auch ohne die Pflichtverletzung nicht erreicht worden wäre". Hierfür ist nichts ersichtlich.

K hat somit einen Aufwendungsersatzanspruch gegen V aus § 284 in Höhe von 300 €.

II. K könnte von V Schadensersatz gem. § 831 I verlangen

1. *Voraussetzung hierfür ist, dass G Verrichtungsgehilfe des V ist. Verrichtungsgehilfe ist, wer für einen anderen, von dessen Weisungen er abhängig ist, eine Tätigkeit ausführt.* G ist Angestellter des V, der seine Tätigkeit jederzeit nach Zeit oder Umfang bestimmen kann. Folglich ist er dessen Verrichtungsgehilfe.
2. *Der Verrichtungsgehilfe muss eine tatbestandsmäßige und rechtswidrige unerlaubte Handlung begangen haben.* Wie bei Aufgabe 4 a) bereits festgestellt wurde, hat G durch seine Handlung nicht das Eigentum des K verletzt.

Somit scheidet ein deliktischer Schadensersatzanspruch gem. § 831 I des K gegen V aus.

Klausurtipp:
Die Lösung dieses Falles erfordert die einwandfreie Beherrschung des **Abstraktionsprinzips** (= Grundsatz, dass Verpflichtungsgeschäft und Erfüllungsgeschäft in ihrem Bestand voneinander unabhängig sind). Der schuldrechtliche Kaufvertrag begründet lediglich die Pflicht des Verkäufers V zur Übergabe der verkauften Sache an den Käufer und zur Übertragung des Eigentums, lässt aber die dingliche Rechtslage (Eigentum) unberührt. Das Eigentum muss erst durch besonderes dingliches Rechtsgeschäft gem. § 929 S. 1 übertragen werden. So kommt es bei Aufgabe 2 i. R. d. § 985 und bei den Aufgaben 4 a) und b) bei Prüfung des § 823 I bzw. § 831 I auf das Verfügungsgeschäft (Eigentumserwerb am Pkw durch K) an. Bei Aufgabe 4 b) – vertraglicher Aufwendungsersatzanspruch – hingegen ist das Verpflichtungsgeschäft (= Kaufvertrag) relevant.

---

1 Dieses Merkmal wird eng an § 254 angelehnt: Der Gläubiger darf nicht voreilig Aufwendungen machen, die er genauso gut noch aufschieben könnte, wenn Anzeichen für Vertragsstörungen schon erkennbar sind (*Canaris*, Die Reform des Rechts der Leistungsstörungen, JZ 2001, 499, 517). Siehe auch *Hk-BGB/Schulze*, § 284 Rn. 11.

Exkurs: Abtretung

Übersicht:
I. Voraussetzungen
II. Schuldnerschutz

I. Voraussetzungen

Forderungen aus Schuldverhältnissen können auf eine andere Person übertragen werden: Die Abtretung (Zession) ist ein zwischen dem alten und dem neuen Gläubiger geschlossener Vertrag, durch den der bisherige Gläubiger seine Forderung gegen den Schuldner auf den neuen Gläubiger überträgt (vgl. § 398 S. 1, der eine Legaldefinition enthält).

Merke:
Die Person, die eine Forderung abtritt, nennt man den **Zedenten**. Der Ze**dent** ist abtre**tend**, bzw. er **zediert** die Forderung. Die Person, die die Forderung erwirbt, heißt **Zessionar**.

Der Rechtsgrund der Abtretung ist unerheblich. Der Ausdruck „Vertrag" in § 398 bezieht sich auf den sachenrechtlichen Einigungsvertrag über die Abtretung und nicht auf den Rechtsgrund der Abtretung.

Beispiel:
Gläubiger G 1 hat gegen Schuldner Schmitt (Sch) eine Forderung aus Darlehensvertrag in Höhe von 1.000 €. Gläubiger G 2 hat gegen G 1 eine Forderung aus Kaufvertrag von 1.000 €. Da G 1 gerade „knapp bei Kasse" ist, vereinbart er mit G 2, dass dieser die Forderung des G 1 gegen Sch aus dem Darlehensvertrag erwerben soll. Damit will er seine Schuld aus dem Kaufvertrag tilgen.
G 1 hat folglich seine Forderung gegen Sch an G 2 abgetreten. Künftig kann G 2 die 1.000 € gem. § 488 I i. V. m. § 398 von Sch verlangen, da er durch die Abtretung Inhaber der Forderung geworden ist.

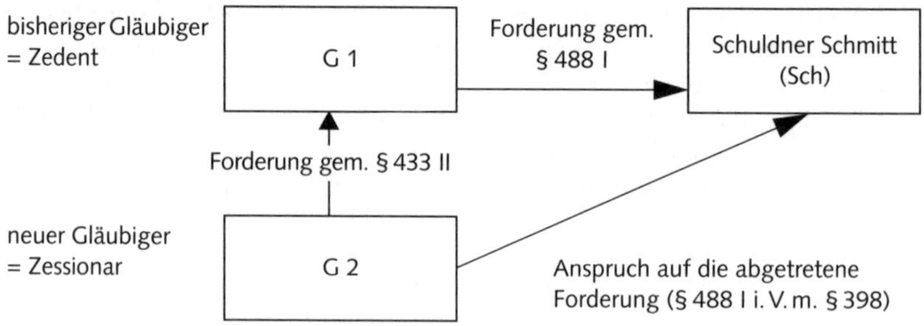

Voraussetzungen der Abtretung:

1. Vertrag zwischen altem Gläubiger (G 1) und neuem Gläubiger (G 2)
2. Bestehen und Zustehen der Forderung (kein gutgläubiger Erwerb möglich)
3. Bestimmbarkeit der Forderung
4. Übertragbarkeit der Forderung (vgl. § 399)

Rechtsfolge: Der neue Gläubiger (G 2) tritt an die Stelle des alten Gläubigers (G 1)

Merke:
Da die Abtretung auf die **Übertragung** der Forderung (also unmittelbar auf eine **Rechtsänderung** gerichtet ist), handelt es sich um eine **Verfügung**. Insofern müssten die §§ 398 ff. eigentlich zu den Vorschriften des Sachenrechts gehören. Es gibt – anders als bei den anderen dinglichen Rechtsgeschäften – keinen gutgläubigen Erwerb der Forderung.[2] Denn bei dieser ist – anders als der Besitz bei beweglichen Sachen oder das Grundbuch bei Grundstücken – kein Rechtscheinsträger vorhanden, auf den der Erwerber vertrauen könnte. Der Erwerber vertraut nur auf das, was ihm der Zedent erzählt.

Forderungen werden häufig auch zur Sicherung eines Kredits vorübergehend auf Dritte übertragen (sog. **Sicherungszession**).

Beispiel:
Geschäftsinhaber G erhält von der Bank B ständig Kredite. Zur Sicherheit tritt er der Bank im Voraus alle Kundenforderungen ab. Wenn G insolvent wird und seine Kredite nicht mehr zurückzahlen kann, kann die Bank die Kundenforderungen verwerten und ist auf diese Weise gesichert.

Wenn die Forderung abgetreten wird, gehen gem. § 401 alle für die Forderung bestellten, akzessorischen Sicherheiten mit über (z. B. Bürgschaften, Pfandrechte, Hypotheken).

II. Schuldnerschutz

An der Abtretung ist der Schuldner nicht beteiligt; er kann deshalb seine Interessen nicht wahrnehmen. Zum einen besteht die Gefahr, dass er Einreden gegen seinen bisherigen Gläubiger, dem Zessionar, nicht mehr ent-

2 Ausnahme: § 405, sofern eine Urkunde über die Forderung ausgestellt wurde. Ein gutgläubiger Forderungserwerb ist auch aufgrund eines Erbscheins gem. §§ 2366, 2367 möglich.

gegensetzen kann. Zum anderen kann der Fall eintreten, dass er in Unkenntnis der Abtretung an den Zedenten (auch Altgläubiger genannt) zahlt, und der neue Gläubiger trotzdem gegen ihn aus der übergegangenen Forderung vorgeht.

Die §§ 404 ff. enthalten Schuldnerschutzvorschriften. Der Schuldner kann nach § 404 Einwendungen, die ihm gegen den Altgläubiger zustanden, auch dem Neugläubiger entgegenhalten.

Beispiel:
G 1 hatte dem Sch dessen Schuld in Höhe von 1 000 € für sieben Monate gestundet. Wenn G 1 die Forderung an G 2 abtritt, kann Sch diese Stundungseinrede auch dem G 2 entgegenhalten.

§ 406 enthält eine Aufrechnungsmöglichkeit. Nach § 407 muss der Zessionar eine Rechtshandlung, die der Schuldner gegenüber dem Zedenten nach der Abtretung vornimmt, gegen sich gelten lassen, wenn der Schuldner nichts von der Abtretung wusste. Dies betrifft vor allem die Fälle, dass der Schuldner an den bisherigen Gläubiger (Altgläubiger) zahlt.[3]

In der Praxis informiert der Neugläubiger den Schuldner i. d. R. nach erfolgter Abtretung mit einer **Abtretungsanzeige** (vgl. § 409); der Schuldner kann sich dann nicht mehr auf § 407 berufen. Der in § 408 geregelte Fall der mehrfachen Abtretung einer Forderung kommt in Klausuren selten vor.[4]

Gem. § 412 gelten die Vorschriften über die Abtretung auch für den gesetzlichen Forderungsübergang, wie z. B. den gesetzlichen Forderungsübergang auf den Bürgen nach § 774, den Forderungsübergang vom Arbeitnehmer auf den Arbeitgeber bei Dritthaftung nach § 6 EFZG bzw. den Forderungsübergang des gesetzlichen Schadensersatzanspruchs eines Beamten auf den Dienstherrn nach § 57 HBG, den Übergang von Ansprüchen gegen einen nach bürgerlichem Recht Unterhaltspflichtigen auf den Träger der Sozialhilfe gem. § 94 SGB XII.[5]

---

3 Beispiel hierfür in Fall 19, Aufgabe 3 a).

4 Bei Interesse: *Wörlen/Metzler-Müller* SchuldR AT, Rn. 431 f.

5 Weitere Beispiele bei *Palandt/Grüneberg*, § 412 Rn. 1.

3. Abschnitt
Zusammenfassung

Bei der Lösung eines Zivilrechtsfalles ist meist die Frage zu erörtern, ob eine Person gegenüber einer anderen einen Anspruch hat. Außerdem kann auch gefragt werden, ob sich ein Vertragsteil von dem Vertrag lösen bzw. zurücktreten kann,[1] ob eine Anfechtungsmöglichkeit besteht, die Kündigung wirksam ist u. Ä.

Die Studierenden sollten den Sachverhalt in Handlungskomplexe aufteilen und innerhalb der Zwei-Personen-Verhältnisse die einzelnen Ansprüche erörtern.

Die wichtigsten Anspruchsgruppen (vertragliche Ansprüche, quasivertragliche Ansprüche, dingliche Ansprüche, deliktische Ansprüche, bereicherungsrechtliche/ausgleichende Ansprüche)[2] sind in der genannten Reihenfolge zu überprüfen. Diese Auflistung ist zwar nicht vollständig und ausschließlich. Doch lassen sich daraus in den meisten Fällen die Anspruchsgrundlagen ermitteln. Für das Anspruchsbegehren kann **eine** Anspruchsgrundlage zu prüfen sein; es kommt aber auch die Erörterung mehrerer (verschiedener) in Betracht: so zum Beispiel Rückgabeanspruch aus Vertrag oder Herausgabeanspruch gem. § 985 und gem. § 812[3] oder Schadensersatzansprüche aus Vertrag bzw. § 280 und Delikt.[4]

Das Schema für die Prüfungsreihenfolge der Ansprüche kann man sich mit folgendem Merksatz einprägen:

> „**V**iel **Q**uatsch **s**chreibt **d**er **B**earbeiter“.

Die Anfangsbuchstaben eines jeden Wortes stehen für die zu prüfenden Ansprüche:

Viel	vertragliche Ansprüche
Quatsch	quasivertragliche Ansprüche
schreibt	sachenrechtliche/dingliche Ansprüche
der	deliktische Ansprüche
Bearbeiter	bereicherungsrechtliche Ansprüche

---

1 Beispiele in Fall 5, Aufgabe 2.

2 Siehe die Übersicht auf S. 40 f.

3 Beispiel hierfür in Fall 17, Aufgabe 1.

4 Beispiele hierfür in Fall 8, Aufgabe 4; Fall 11, Aufgabe 2; Fall 12, Aufgabe 4 a).

Manchmal befindet sich auch in der (konkreten) Fallfrage ein „Hinweis" auf die einschlägige Anspruchsgrundlage:

Beispiel:
„Kann die Stadt K von V die Lieferung eines neuen Beamers verlangen?"[5]
Ein solcher Anspruch ergibt sich aus § 433 I 1.

Beispiele:
„Kann V von K Kaufpreiszahlung verlangen?"[6] oder: „Hat V gegen die Stadt K einen Anspruch auf die Bezahlung des vereinbarten Kaufpreises?"[7]
Hier kommt nur der Anspruch gem. § 433 II in Betracht.

Beispiel:
Kann K von V Rückzahlung des Kaufpreises verlangen?[8]
Hier sind die §§ 346 I, 323, 437 Nr. 2, 1. Alt., 434 zu prüfen.

Beispiel:
„Hat K gegen V einen vertraglichen Schadensersatzanspruch?"[9]
Hier kommt nur ein Anspruch aus der Anspruchsgruppe „vertragliche Ansprüche" in Betracht, also §§ 280 I, 281 I 1, 282, 283, 284, 311 a II...

Beispiele:
„Inspektor I. . . soll prüfen, ob. . . die Stadt V von M die Räumung der Wohnung verlangen kann." bzw. „ob eine Räumungsklage Aussicht auf Erfolg hat[10] oder „Hat V gegenüber M einen Anspruch auf Rückgabe der Wohnung...?"[11]
Der vertragliche Rückgabeanspruch gem. § 546 I ist hier einschlägig.

Beispiel:
„Steht K gegen V, der zum Empfang der Leistung nicht berechtigt war, ein gesetzlicher Anspruch auf Herausgabe der erhaltenen Miete zu?"[12]
Die Studierenden müssen hier im Recht der ungerechtfertigten Bereicherung (§§ 812 ff.) die einschlägige Anspruchsgrundlage (§ 816 II) finden.

Beispiel:
„Hat K gegen V einen gesetzlichen Anspruch auf Schadensersatz?"[13]
In diesem Fall kommt meist ein Anspruch aus der Anspruchsgruppe „deliktische Ansprüche" (i.d.R. § 823 I) in Betracht.

---

5 Siehe Fall 7, Aufgabe 1.
6 Siehe Fall 1, Aufgabe 1 und Fall 5 Aufgabe 4.
7 Siehe Fall 7, Aufgabe 2.
8 Siehe Fall 9, Aufgabe 1.
9 Siehe Fall 8 Aufgabe 2 und Fall 19, Aufgabe 4 b).
10 Siehe Fall 11, Aufgaben 1 a) und 3.
11 Siehe Fall 12, Aufgabe 5 a).
12 Siehe Fall 19, Aufgabe 3 b).
13 Siehe Fall 19, Aufgabe 4 a).

Auch die **vor** der Falllösung zu erstellende Skizze[14] ist hilfreich für die Suche nach der Anspruchsgrundlage:

Besteht zwischen dem Anspruchsteller und dem Anspruchsgegner **kein Vertrag**, so kommen selbstverständlich auch **keine vertraglichen Ansprüche** in Betracht. Verlangt in einem entsprechenden Fall der Anspruchsteller vom Anspruchsgegner die **Herausgabe** der Sache, so sind nur §§ 985 f. (dingliche Ansprüche), evtl. auch §§ 812 ff., einschlägig.[15]

Beim Auffinden der Anspruchsgrundlage können auch das Sachregister und das Inhaltsverzeichnis der benutzten Gesetzessammlung hilfreich sein.

Die Studierenden sollten immer nur **einen** Anspruch und nicht mehrere nebeneinander prüfen. Dabei ist nach dem Schema

Wer	will von wem	was	woraus?
z. B.: V	will von K	Kaufpreiszahlung	§ 433 II

vorzugehen.

Dieses Schema kann man sich als „Die 5 Goldenen Ws“ merken:

Unter „**W**er“ versteht man die Person, welche einen möglichen Anspruch geltend machen will (= Gläubiger/Anspruchsteller).

Damit einher geht das Fragewort „(von) **w**em“, welches den Anspruchsgegner (Schuldner) beschreibt.

Mittels „**w**ill“ und „**w**as“ ist zu ermitteln, was der Gläubiger genau begehrt, z. B. Kaufpreiszahlung.

„**Wo**raus“ steht für die Anspruchsgrundlage, z. B. den Anspruch auf Kaufpreiszahlung nach § 433 II, auf welche sich der Anspruchsteller stützt.

14 Siehe die „Allgemeine Anleitung zur Lösung eines Zivilrechtsfalles“, I. 2, S. 26.

15 Beispiele hierfür in Fall 18, Aufgabe 1 und Fall 19, Aufgabe 2.

Lösung der Übung auf S. 29

1. Aufgabe:

Hat V gegen K einen Anspruch auf Kaufpreiszahlung in Höhe von 1.000 €?

Anspruchsteller: V

Anspruchsgegner: K

Anspruchsziel: Zahlung von 1 000 € aus dem Kaufvertrag

Anspruchsgrundlage: § 433 II

V ——→ K Kaufpreiszahlung von 1 000 € gem. § 433 II

2. Aufgabe:

Hat V gegen K einen Anspruch auf Zahlung von 1.000 €?

Anspruchsteller: V

Anspruchsgegner: K

Anspruchsziel: Zahlung von 1.000 €

Anspruchsgrundlage: Hier müssen alle in Betracht kommenden Anspruchsgrundlagen selbst gesucht werden.

V——→ K Zahlung von 1.000 € gem. § 433 II oder § 535 II oder § 611 oder § 823 I oder …

3. Aufgabe:

Welche Ansprüche hat K gegen V?

Anspruchsteller: K

Anspruchsgegner: V

Anspruchsziele: Müssen anhand der wirtschaftlichen Interessenlage selbst herausgearbeitet werden

Anspruchsgrundlagen: für jedes Anspruchsziel müssen alle in Betracht kommenden Anspruchsgrundlagen gesucht werden.

K——→ V Zahlung von 1.000 € gem. § 433 II oder Schadensersatz in Höhe von 1.000 € gem. § 280 I oder § 823 I oder…

4. Aufgabe:

Welche Ansprüche hat M?

Anspruchsteller: M

Anspruchsgegner: sämtliche sonst im Sachverhalt genannten Personen (evtl. B, U, V)

Anspruchsziele: müssen für jedes **Zweipersonenverhältnis** herausgearbeitet werden.

Anspruchsgrundlagen: es muss für jedes **Zweipersonenverhältnis** und innerhalb dessen für jedes Anspruchsziel die Anspruchsgrundlage gesucht werden.

M ⟶ B/M ⟶ U/M ⟶ V

5. Aufgabe:

Im Sachverhalt kommen A, B und C vor.
Die Fragestellung lautet: Wie ist die Rechtslage?

Es sind alle denkbaren Anspruchsziele und Anspruchsgrundlagen in folgenden Rechtsverhältnissen zu untersuchen:

A ⟶ B

B ⟶ A

B ⟶ C

C ⟶ B

C ⟶ A

A ⟶ C

Lösung der Übung zur Struktur einer Anspruchsgrundlage auf S. 32

1. § 433 I 1

Tatbestandsvoraussetzung: Kaufvertrag

Rechtsfolge: Verpflichtung des Verkäufers zur Übergabe und Übereignung der Kaufsache

2. § 823 I

Tatbestandsvoraussetzungen: Tatbestandsmäßigkeit (Rechtsgutsverletzung, Handlung, Kausalität), Rechtswidrigkeit, Verschulden, Schaden

Rechtsfolge: Schadensersatz

3. § 631 I

Tatbestandsvoraussetzung: Werkvertrag

Rechtsfolge 1: Herstellung des versprochenen Werkes durch den Werkunternehmer

Rechtsfolge 2: Entrichtung der vereinbarten Vergütung durch den Besteller

4. § 812 I 1, 1. Alt

Tatbestandsvoraussetzungen: Etwas erlangt/durch Leistung eines anderen/ohne rechtlichen Grund

Rechtsfolge: Herausgabe des Erlangten

5. § 985

Tatbestandsvoraussetzungen: Besitzer, Eigentümer

Rechtsfolge: Herausgabe

Stichwortverzeichnis

© sk_design / julien tromeur - Fotolia
AchSo! einfach kann Jura sein.
Winfried Schwabe
Holger Kleinhenz
Lernen mit Fällen
AchSo!
Schuldrecht I
Allgemeiner Teil und vertragliche Schuldverhältnisse
Materielles Recht & Klausurenlehre
9. Auflage
Musterlösungen im Gutachtenstil
SCHWABE/KLEINHENZ
Schuldrecht I
Allgemeiner Teil und vertragliche Schuldverhältnisse
Materielles Recht
& Klausurenlehre
2015, 9. Auflage,
350 Seiten, € 19,80
ISBN 978-3-415-05452-3
Das Buch vermittelt die klausurrelevanten Themen und Probleme des Allgemeinen Schuldrechts und der vertraglichen Schuldverhältnisse. Das Besondere: Zu jedem Fall gibt es neben der Lösung auch kurze Gutachten, die den optimalen Weg in der Klausur aufzeigen. Die ausführlichen Lösungen sagen dem Leser klipp und klar, was er machen soll – und was nicht.
www.achso.de
Jurabücher, die jeder versteht!
Zu beziehen bei Ihrer Buchhandlung.
RICHARD BOORBERG VERLAG GmbH & Co KG
Stuttgart · München · Hannover · Berlin · Weimar · Dresden